普通高等教育“十二五”规划教材

路桥工程施工与检测

张铁志 主编

北 京
冶 金 工 业 出 版 社
2013

内容提要

本书为交通土建专业应用型人才培养教材。全书分两篇共15章，主要内容有：路基施工、路面基层施工、沥青路面施工、水泥混凝土路面施工、桥梁基础施工、桥梁墩台施工、钢筋混凝土简支梁桥施工、预应力混凝土梁的预制、桥梁的悬臂施工、公路工程试验检测技术基础知识、路基路面工程检测、桥梁工程检测、公路工程质量评定等。

本书可作为高等学校交通土建工程领域中的公路工程、城市道路工程、市政工程、桥梁隧道工程、机场工程、港口渡河工程等专业的教材，也可供有关专业的工程技术人员参考。

图书在版编目（CIP）数据

路桥工程施工与检测/张铁志主编．—北京：冶金工业出版社，2013.8

普通高等教育"十二五"规划教材

ISBN 978-7-5024-6189-8

Ⅰ.①路… Ⅱ.①张… Ⅲ.①道路工程—工程施工—高等学校—教材 ②道路工程—检测—高等学校—教材 ③桥梁施工—高等学校—教材 ④桥梁工程—检测—高等学校—教材 Ⅳ.①U415 ②U445

中国版本图书馆CIP数据核字（2013）第173512号

出版人 谭学余

地　址 北京北河沿大街嵩祝院北巷39号，邮编100009

电　话 (010)64027926 电子信箱 yjcbs@cnmip.com.cn

责任编辑 谢冠伦 美术编辑 吕欣童 版式设计 孙跃红

责任校对 石 静 责任印制 牛晓波

ISBN 978-7-5024-6189-8

冶金工业出版社出版发行；各地新华书店经销；北京虎彩文化传播有限公司印刷

2013年8月第1版，2013年8月第1次印刷

787mm×1092mm 1/16；17印张；451千字；262页

39.00元

冶金工业出版社投稿电话：(010)64027932 投稿信箱：tougao@cnmip.com.cn

冶金工业出版社发行部 电话：(010)64044283 传真：(010)64027893

冶金书店 地址：北京东四西大街46号(100010) 电话：(010)65289081(兼传真)

（本书如有印装质量问题，本社发行部负责退换）

前　言

根据国家“十二五”教育发展规划纲要的精神，按照工程教育培养模式和创新人才培养模式要求，我们编写了《路桥工程施工与检测》这本教材，旨在培养学生的动手能力、实践能力和创新能力，也是贯彻工程教育，培养应用型专门人才的重要环节。应用型人才是能将专业知识和技能应用于所从事的专业的一种专门人才类型，是熟练掌握社会生产一线的基础知识和基本技能，主要从事一线生产的技术人才或专业人才。其知识结构是围绕着一线生产的实际需要加以设计，能力体系也是以一线生产的实际需要为核心目标，强调与一线生产实践相结合。为此，本书紧紧围绕路桥工程建设活动的生产实际，依据施工、检测的环节和程序，提炼实用的、两者相互关联的精华内容，使施工与检测成为有机结合的知识体系。

在工程实践中，施工与检测是密切相关的。没有检测，施工就没有标准和质量保证；没有施工，检测就没有意义。本书详尽阐述了路桥各分项施工的施工技术和要求，同时介绍了各个阶段的检测方法和技术，通过本书的教学，学生可以完整地掌握路桥施工和检测实践知识。此外，本书对从事路桥基本建设的人员也具有很好的指导意义。

全书由张铁志主编并负责统稿，具体编写分工如下：

第 1 章、第 4 章由张铁志编写；第 2 章由费爱萍编写；第 3 章由李丹编写；第 5 章由张晏编写；第 6 章由田帅编写；第 7 章由仇成竹编写；第 8 章由孙丽霞编写；第 9 章由李建强编写；第 10 章由张艳辉编写；第 11 章由林增华编写；第 12 章由王玉杰编写；第 13 章由高松编写；第 14 章由张铁志、高松编写；第 15 章由王玉杰、田帅编写。

大连理工大学潘宝峰副教授对本书进行了详细审阅，在此表示衷心的感谢。

本书在编写过程中，参考了大量的文献资料，在此向这些文献的作者表示衷心的感谢。

由于作者水平所限，书中不足之处，敬请读者批评指正。

编　者

2013 年 5 月 21 日

于辽宁科技大学

目　　录

下篇　路桥试验检测技术

绪　论

公路工程基础设施建设的实体实施阶段，主要工作内容就是路桥施工与试验检测。施工行为是主体，需要合理的组织、先进的技术；试验检测是质量保证，为施工质量保驾护航。随着道路交通事业的蓬勃发展以及交通量和车辆荷载的与日俱增，对路桥工程质量提出了更高的要求，作为工程技术人员有必要掌握好现代路桥工程施工技术与试验检测技术。

一、路桥工程施工技术的主要内容

路桥工程施工技术主要包括道路工程施工技术和桥梁工程施工技术两大部分，道路工程施工技术主要有路基工程施工（包括土质路基施工和石质路基施工）技术、路面基层施工技术、沥青路面施工技术、水泥混凝土路面施工技术；桥梁工程施工包括桥梁基础施工、桥梁墩台施工、钢筋混凝土简支梁桥施工、预应力混凝土梁的预制、桥梁的悬臂施工。

二、路桥试验检测技术的主要内容

路桥试验检测技术与路桥工程施工紧密相连，相辅相成。每个环节的施工必然有相应的试验检测来保证和支撑，没有路桥施工也不存在路桥试验检测技术。路桥试验检测技术从原材料到混合材料，从小试件到大构件，形成了一个严密的试验检测整体。鉴于《道路工程材料》（人民交通出版社，2011）对原材料的试验已详细介绍和要求，本教材对试验检测部分主要介绍了公路工程试验检测技术基础知识、路基路面工程检测、桥梁工程检测以及公路工程质量评定方面的相关内容。

三、路桥工程施工与试验检测技术课程特点

路桥工程施工与试验检测技术是一门实践性和操作性都非常强的专业课程，涉及路桥工程实体实施的各个方面和环节，要求学习者应具有一定的路基路面和桥梁工程的专业知识，需要不断充实现场实践知识，不断掌握动手操作技能，这样才能使理论知识与实践知识形成互动，相互促进，更好地学习和掌握本门课程的知识。

四、与本门课程相关的标准、规范和规程

为了更好地学习掌握路桥工程施工与试验检测技术，下列标准、规范和规程与本门课程紧密关联，可供参考。

公路工程技术标准	JTG B01—2003
公路土工试验规程	JTG E40—2007
公路工程沥青及沥青混合料试验规程	JTG E20—2011
公路工程水泥及水泥混凝土试验规程	JTG E30—2005
公路工程岩石试验规程	JTG E41—2005

公路工程无机结合料稳定材料试验规程	JTG E51—2009
公路工程集料试验规程	JTG E42—2005
公路路基路面现场测试规程	JTJ E60—2008
公路土工合成材料试验规程	JTG E50—2006
公路路基施工技术规范	JTG F10—2006
公路路面基层施工技术规范	JTJ 034—2000
公路水泥混凝土路面施工技术规范	JTG F30—2003
公路沥青路面施工技术规范	JTG F40—2004
公路桥涵施工技术规范	JTG TF50—2011
公路工程基桩动测技术规程	JTG/T F81-01—2004
公路工程质量检验评定标准（第一册土建工程）	JTG F80/1—2004
公路水泥混凝土路面养护技术规范	JTJ 073.1—2001

上篇

路桥工程施工技术

1 总　论

【本章概要】

本章简要精练地介绍了基本建设工程按包含的工程范围划分的层次；当前公路工程基本建设应遵循的程序和步骤；公路工程施工从开始准备到竣工验收的过程和内容以及公路工程施工中，各方面管理的相关内容。

【关键词】

基本建设程序，准备阶段，施工阶段，竣工验收阶段，施工管理，质量控制，造价控制，进度控制，安全控制，施工方法与程序

【章节重点】

本章重点掌握基本建设工程按包含的工程范围的层次划分、基本建设程序主要包括的八项步骤、施工管理的任务和主要内容。

1.1 公路工程基本建设程序

基本建设是现代化大生产的一项工程，从计划建设到建成投产，要经过许多阶段和环节，有其客观规律性。基本建设工程按包含的工程范围一般可划分为：建设项目、单项工程、单位工程、分部工程、分项工程五级。

建设程序是对基本建设项目从酝酿、规划到建成投产所经历的整个过程中的各项工作开展先后顺序的规定，它反映了工程建设各个阶段之间的内在联系，是从事建设工作的各有关部门和人员都必须遵守的原则。

在我国，按照基本建设的技术经济特点及其规律性，规定基本建设程序主要包括八项步骤。步骤的顺序不能任意颠倒，但可以合理交叉。这些步骤的先后顺序为：（1）编制项目建议书：对建设项目的必要性和可行性进行初步研究，提出拟建项目的轮廓设想。（2）开展可行性研究和编制设计任务书：具体论证和评价项目在技术和经济上是否可行，并对不同方案进行分析比较；可行性研究报告作为设计任务书（也称计划任务书）的附件。设计任务书对是否上这个项目，采取什么方案，选择什么建设地点，作出决策。（3）进行设计：从技术和经济上对拟建工程作出详尽规划。大中型项目一般采用两段设计，即初步设计与施工图设计。技

术复杂的项目，可增加技术设计，按三个阶段进行。(4) 安排计划：可行性研究和初步设计，送请有条件的工程咨询机构评估，经认可，报计划部门，经过综合平衡，列入年度基本建设计划。(5) 进行建设准备：包括征地拆迁，搞好“三通一平”（通水、通电、通道路、平整土地），落实施工力量，组织物资订货和供应以及其他各项准备工作。(6) 组织施工：准备工作就绪后，提出开工报告，经过批准，即开工兴建；遵循施工程序，按照设计要求和施工技术验收规范，进行施工安装。(7) 生产准备。生产性建设项目开始施工后，及时组织专门力量，有计划、有步骤地开展生产准备工作。(8) 验收投产：按照规定的标准和程序，对竣工工程进行验收，编制竣工验收报告和竣工决算，并办理固定资产交付生产使用的手续。对于小型建设项目来说，建设程序可以简化。

1.2　公路工程施工过程

施工单位接受施工任务后，依次经历开工前的规划组织准备阶段、现场条件准备阶段、工程施工阶段、竣工验收阶段，按设计要求完成施工任务。

1.2.1　接受施工任务

施工企业获得施工任务通常有三种方式：一是由上级主管单位统一接受任务，按行政隶属关系安排计划下达；二是经主管部门同意后，对外接受任务；三是自行对外投标，中标后获得任务。随着我国改革开放的深入和社会主义市场经济体制的形成和发展，施工任务将以参加投标的方式为主，在建筑市场的竞争中获得。获得施工任务，从法律角度上讲，是以签订工程承包合同加以确认的。因此，施工企业接受的工程项目，必须与项目业主签订工程施工承包合同，明确双方的经济、技术责任，互相制约，互相促进，共同保证按质、按量、按期完成工程项目的建设任务。合同一经签订，就具有法律效力，双方均应认真履行。

1.2.2　开工前的规划组织准备

施工企业的施工准备工作千头万绪，涉及面广，必须有计划、按步骤、分阶段地进行，才能在较短的时间内为工程开工创造必要的条件。准备工作的基本任务是了解施工现场的客观条件，根据工程的特点、进度要求，合理安排施工力量，从人力、物力、技术和施工组织等方面为工程施工提供一切必要的条件。开工前的施工准备工作分为战略性的规划组织和战术性的现场条件准备两大部分内容。前者是总体的部署，后者是具体的落实。其主要内容包括以下几个方面：

(1) 熟悉和核对设计文件。设计文件是工程施工最重要的依据，组织技术人员熟悉和了解设计文件，是为了明确设计者的设计意图，掌握图纸、资料的主要内容及有关的原始资料。此外，从设计到施工通常都要间隔一段时间，勘测设计时的原始自然状况也许会由于各种原因有所变化，因此，必须对设计文件和图纸进行现场核对。

(2) 补充调查资料。进行现场补充调查，是为了优化和修改设计、编制实施性施工组织设计、因地制宜地布置施工场地等收集资料，调查的主要内容有：工程地点的地形、地质、水文、气候条件；自采加工材料料场储备、当地生产加工情况、施工期间可供利用的房屋数量；当地劳动力资源、工业生产加工能力、运输条件和运输工具；施工场地的水源、水质、电源以及生活物资供应状况；当地民俗风情、生活习惯等。

(3) 组织先遣人员进场。公路施工需要调用大量人员、材料和机械设备，施工先遣人员的任务就是结合施工现场的实际情况，具体落实施工队一旦进入工地后在生产、生活、环境等方面必须解决的问题。对施工中涉及其他部门的问题，做好联系、协调工作，签订相应的会谈纪要、协议书或合同。同时还要及时与当地政府取得联系，积极争取地方政府对工程施工的支持。

（4）编制实施性施工组织设计和施工预算。实施性施工组织设计是指导施工的重要技术文件。公路施工系野外作业，又是线性工程。各地自然地理状况和施工条件差异较大，不可能采用一种定型的、一成不变的施工方案和施工方法，每项工程的施工均需要通过深入细致的工作，分别确定施工方案和施工组织方法。因此，必须认真做好实施性施工组织设计，并编制相应的施工预算。

1.2.3 开工前的现场条件准备

施工企业经过现场核对后，应依据设计文件和实施性施工组织设计，认真做好施工现场的准备工作，包括征地拆迁，技术准备工作，建立临时生产、生活设施以及人员、机具、材料的陆续进场。上述各项具体准备工作完成后，即可向项目业主或监理工程师提出开工申请。开工申请必须按规定的格式编写，并按上级要求或工程合同规定的最后日期之前提出。施工准备工作未做好，不得提出开工申请。必须指出，施工准备工作不仅在施工前进行，还贯穿于整个施工过程之中，因为构成公路工程的路基、路面、桥涵等各项工程，各有其不同的施工方法和工艺要求，且在时间和空间上又都存在相互制约和相互影响的因素。故在各项工程施工之前，必须认真细致地做好相应的现场准备工作。

1.2.4 工程施工

在施工准备工作完成、提交开工申请并被批准之后，才能开始正式施工。施工应严格按照设计图纸进行，如需变更，必须事先按规定程序报经批准。要按照施工组织设计确定的施工方法、施工顺序及进度要求进行施工。各分项工程，特别是地下工程和隐蔽工程，要逐道工序检查合格，做好施工原始记录，才能进入下一道工序的施工。施工要严格按照设计要求和施工技术规范、验收规程进行，保证质量，安全操作，不留隐患，发现问题，及时解决。公路工程施工是一项复杂的系统工程，必须科学合理地组织，建立正常、文明的施工秩序，有效地使用人力、物力和财力。施工方案要因地制宜、结合实际，施工方法要先进合理、切实可行。施工中既要注意工程质量和施工进度，又要注意保护环境、安全生产，确保优质、高效、低耗、安全地全面完成施工计划任务。

1.2.5 竣工验收

建设项目按设计要求建成后，施工企业应自行初验。经初验符合设计要求并具备相应的施工文件资料，应及时报请上级单位组织竣工验收。根据建设项目的规模大小，分别由国家计委或交通部，或省、自治区、直辖市交通主管部门组织验收。参加竣工验收的人员，应包括主管部门、建设单位、交工验收组代表、质量监督、造价管理、设计、施工、监理、接管养护、当地有关部门代表以及特邀专家。竣工验收工作以设计文件为依据，按照国家有关规定。分析检查结果，评定工程质量等级，形成竣工验收鉴定书，并经竣工验收委员会签认。竣工验收通过后，施工单位应认真做好工程施工的技术总结，并建立技术档案按管理等级建档保存。

1.3 公路工程施工管理

公路工程施工管理就是对公路施工过程进行科学的指挥、合理的组织、监督和调节，最有效地利用人力、物力和财力，取得最大的经济效益。

1.3.1 施工管理的任务

项目实施阶段，施工管理的任务主要是：质量控制、造价控制、进度控制、安全控制。具体来说就是：

（1）认真贯彻执行国家基本建设方针、政策和法令，科学合理地组织施工，全面完成施工任务。

（2）不断调整施工人员在施工过程中的关系，正确指挥和使用施工力量，调动一切积极因素，促进生产力的发展。

（3）积极采取先进技术，努力提高工程质量，认真履行工程合同和上级主管部门的指示。

（4）确保安全生产，合理使用材料、机械等施工资源，降低成本，提高劳动生产率。

（5）因地制宜地安排施工计划，并在计划执行过程中加强监督和调节，协调工程施工与其他相关工作的关系，不断提高企业的技术水平和管理水平。

1.3.2 施工管理的主要内容

项目管理的施工系统包括技术、社会、经济三个分系统，具体包括施工项目组织形式、项目经理的工作制度、项目内部的核算和经济承包、项目内部生产要素的优化组合和动态管理以及施工项目实施过程中的工期、质量、成本和安全控制等问题。其中，施工项目管理所要追求的基本目标，就是成本低、工期短、质量高和安全好这四大要素，以达到用户满意的目标。将施工管理的主要内容划分为：计划管理、技术管理、全面质量管理、财务管理、物资管理、劳动工资管理。

1.3.3 公路工程项目施工方法与程序

施工单位从投标接受施工任务到竣工验收，基本程序大致要经过图1－1中所示的几个阶段。

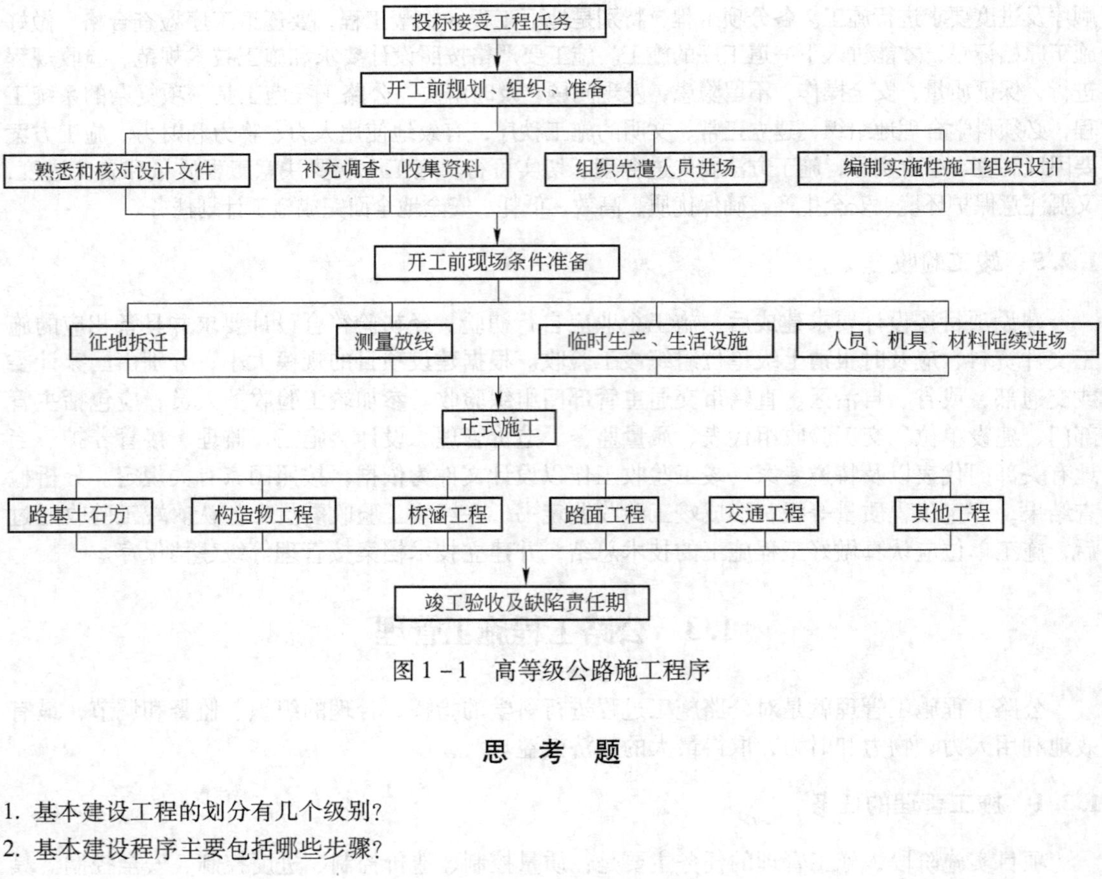

图1－1 高等级公路施工程序

思 考 题

1. 基本建设工程的划分有几个级别？
2. 基本建设程序主要包括哪些步骤？

2 土质路基施工

【本章概要】

本章重点讲述了土质路堤填筑与开挖方案及方法、路基压实的质量控制和要求，并对路基施工的准备和竣工验收作了简单介绍。

【关键词】

路基施工，施工方法，路堤填筑，路堑开挖，机械配制，质量控制，检查验收

【章节重点】

本章重点掌握路基施工的基本方法、施工前的三个方面准备、基底处理方法、填筑方式、开挖方式的确定以及压实方法与质量控制。

2.1 路基施工方法及施工准备

2.1.1 施工的重要性

路基工程是道路工程的重要组成部分，其项目范围涉及土方、石方、圬工砌体等，还与其他工程项目如桥涵、隧道、路面等相互交错，就整个公路工程而言，路基施工往往是施工组织管理的关键。另外，路基工程施工是野外操作受到自然条件、不良地质现象、地面地上设施的影响，需要解决诸多技术难题。因此，要确保快速、高效、安全的施工，必须重视施工技术与管理。

2.1.2 施工方法

路基施工的基本方法按其技术特点大致可分为：人工及简易机械化、综合机械化、水力机械化和爆破方法。

（1）人工及简易机械化方法。人力施工是传统方法，使用手工工具、劳动强度大、功效低、进度慢、工程质量也难以保证，但限于具体条件，短期内还必然存在并适用于地方道路和某些辅助性工作；简易机械施工是在人工施工的基础上，对施工过程中劳动强度大和技术要求相对较高的工序用机具或简易机械完成，以利加快工程进度、提高施工效率和工程质量。但这种施工方法工效有限，只能用于工程量小、工期要求不严的路基或构造物施工，特别不适宜高速公路和一级公路路基的大规模施工。

（2）综合机械化方法。为了加快施工进度，提高劳动生产率，实现高标准高质量施工，对于劳动强度大和技术要求高的工序，应配以数量充足、配套齐全的施工机械。机械化和综合机械化施工是保证高等级公路施工质量和施工进度的重要条件，对于路基土石方工程来说，更具有迫切性。在施工过程中，涉及运输、填筑、摊平、压实等工序，这些都需机械设备作业，任何单一环节出现问题，都将影响到施工作业的整体。实现机械化施工是我国路基施工的发展方

向。因此，综合机械化方法成为路基施工现代化的重要途径。

(3) 水力机械化方法。水力机械化方法是机械化方法的一种。通过利用水泵、水枪等水力机械喷射强力水流，冲散土层并流运至指定地点沉积。这种方法需要充足的电能和水源，可挖掘比较松散的土质及地下钻孔，对于砂砾填筑路堤或基坑回填，可起到密实作用（称为水夯法）。

(4) 爆破方法。爆破方法施工不仅用于石质路基开挖，还可用于冻土、泥沼等特殊路基施工，以及清除路面、开山取料与石料加工等作业。

选择施工方法，应根据工程性质、工程数量、施工期限以及可能获得的人力和机械设备等条件来考虑。在我国，目前已拥有大量的筑路机械，特别是近年来根据高等级公路发展的需要，各地都先后从国外引进了成套的现代化筑路设备，在一批高等级公路的施工中，基本实现了机械化或是半机械化施工作业，因此，必须十分注意提高机械施工技术与管理水平，充分发挥机械设备的作用，提高劳动生产率，使我国公路建设事业早日全面实现施工现代化。

2.1.3　施工准备工作

土质路基施工的基本工作是路堑挖掘成型、土的移运、路堤填筑压实以及与路基直接有关的各项附属工程。其工程量大、施工期长，且所需人力物力资源较大，因而必须集中精力，认真对待。但要保证正常施工，施工前的准备工作极为重要。施工的准备大致可归纳为组织准备、技术准备和物质准备三个方面。

(1) 组织准备工作。组织准备主要是建立和健全施工队伍和管理机构，明确施工任务，制定必要的规章制度，确立施工应达到的目标等，组织准备也是做好一切准备工作的前提。

(2) 技术准备工作。路基开工前，施工单位应在全面熟悉设计文件和设计交底的基础上进行施工现场的勘察、核对与必要时修改设计文件，发现问题应及时根据有关程序提出修改意见并报请变更设计，编制施工组织计划，恢复路线，施工放样与清除施工场地，搞好临时工程的各项工作等。

施工组织计划是具有全局性的大事，其中包括选择施工方案、确定施工方法、布置施工现场（施工总平面布置），编制施工进度计划，拟定关键工程的技术措施等，它是整个工程施工的指导性文件，也是其他各项工作的依据。在当前强调加强施工管理，实现现代化科学管理的时期，如何抓住施工组织计划这一环节，更具有现实意义。

临时工程，包括施工现场的供电、给水、修建便道、便桥，架设临时通讯设施，设置施工用房（生活和生产所必需）等，这些均为展开基本工作的必备条件。

路基恢复定线、清除路基用地范围内一切障碍物等，是施工前的技术准备工作，也是基本工作的一个组成部分，应协调进行。

路基开工前应做好施工测量工作，其内容包括导线、中线、水准点复测，横断面检查与补测，增设水准点等。施工人员还应对路基工程范围内的地质、水文情况详细调查，通过取样、试验确定其性质范围，并了解附近既有建筑物对特殊土的处理方法。

(3) 物质准备工作。物质准备包括各种材料与机具设备的购置、采集、加工、调运与储存以及生活后勤供应等。为了使供应工作能适应基本工作的需要，物质准备工作必须制定具体计划，其中有的计划内容如劳动调配、机具配置及主要材料供应计划，必须服从于保证上述施工组织计划顺利实施，而且也常被列为施工组织计划的一个组成部分。

土质路基施工，仅是整个道路工程中的一个工程项目，以上所述的准备工作，主要对整个工程的施工而言，对某一单项工程，如土质路基、石质路基、路基排水或防护加固，或路基工程以外的桥涵与路面等，准备工作的具体内容与要求，虽有差别，但基本项目不可缺少。

2.2 土质路堤填筑

2.2.1 填料选择

路堤通常是利用沿线就近土石作为填筑材料。选择填料时应尽可能优先选择当地强度高、稳定性好并利于施工的土石作路堤填料。一般情况下，碎石、卵石、砾石、粗砂等具有良好透水性，且强度高、稳定性好，因此可优先采用；亚砂土、亚黏土等经压实后也具有足够的强度，故也可采用；重黏土、黏性土、捣碎后的植物土等由于透水性差，作路堤填料时应慎重采用；粉性土水稳性差，不宜作路堤填料；泥炭、淤泥、沼泽土、冻结土、含残余树根和易于腐烂物质的土不宜用作填筑路堤；含盐量超过规定的强盐渍土和过盐渍土不能用作高等级公路路基填料；膨胀土除非表层用非膨胀土封闭，一般也不宜用作高等级公路路基填料。液限大于50%、塑性指数大于26、含水量不适宜直接压实的细粒土，不得直接作为路基填料，需要使用时，必须采取措施对土质进行处理。路基取土与填筑必须有条不紊、有计划有步骤地进行操作，这不仅是文明施工的需要，而且是选土和合理利用填土的保证。不同性质的路基用土，除按规定予以废弃和适当处置外，一般不允许任意混填。经野外取土试验，符合表2-1的规定时才能使用，二级和二级以下的公路作高级路面时，应符合高速公路及一级公路的规定。表2-1中所列的强度是按《公路土工试验规程》规定方法确定的。

表2-1 路基填方材料最小强度和最大粒径

项目分类（路面底面以下深度）		填料最小强度（CBR）/%			粒料最大粒径/cm
		高速公路及一级公路	二级公路	三、四级公路	
路堤	上路床（0~30cm）	8.0	6.0	5.0	10
	下路床（30~80cm）	5.0	4.0	3.0	10
	上路堤（80~150cm）	4.0	3.0	3.0	15
	下路堤（>150cm）	3.0	2.0	2.0	15
零填及路堑路床（0~30cm）		8.0	6.0	5.0	10

一般的土和石都可以用作路堤的填料。用卵石、碎石、砾石、粗砂等透水性良好的填料，只要分层填筑分层压实，可不控制含水量；用黏性土等透水性不良的填料，应在接近最佳含水量情况下分层填筑与压实。

工业废渣是较好的填料。高炉矿渣或钢渣至少应放置一年以上，必要时应予破碎。粉煤灰属于轻质筑路材料，当路堤修筑在软弱地基或滑坡体上时，采用轻质填料有利于路堤的稳定。有些矿渣使用前应检验有害物质含量，以免污染环境。

应当指出，有多种料源可供选择时，应优先选用那些挖取方便、压实容易、强度高、水稳性好的填料。路堤受水浸淹部分，应尽量选用水稳性好的填料。

2.2.2 基底处理

为了使填筑在天然地面上的路堤与原地面紧密结合以保证填筑后的路堤不至于产生沿基底的滑动和过大变形，填筑路堤前，应根据基底的土质、水文、坡度、植被和填土高度采取一定措施对基底进行处理。

2.2.2.1　密实稳定的土质基底

(1) 当地面横坡度 $i<1:1$ 且路堤高度超过0.5m时，一般不作处理，直接在地面上修筑路堤。

(2) 当地面横坡度 $i=1:1\sim1:5$ 时，需除草皮、杂物，处理深度不小于15cm，如图2－1所示。

(3) 当地面横坡度 $i>1:5$ 时，除草皮、杂物后，需在地表挖台阶处理，台阶宽度不小于2m，高度为0.2～0.3m，如图2－2所示。

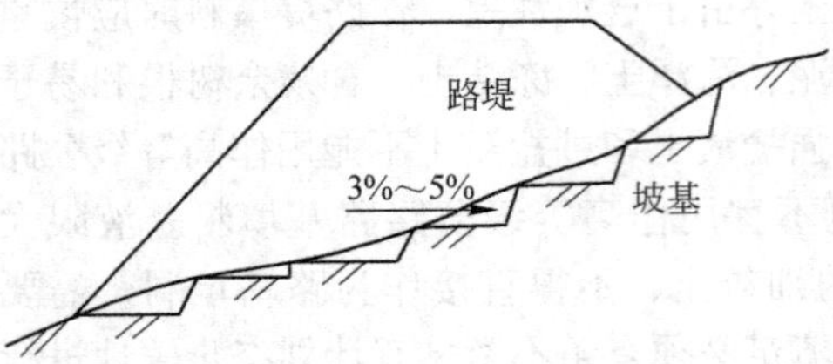

图2－1　山坡路基挖台阶处理示意图

图2－2　清理表层土体

2.2.2.2　耕地或松土基底

(1) 一般情况下应清除有机土、种植土后压实。

(2) 当耕地为深度大于30cm的深耕地时，需先将耕地翻松，结块土打碎后整平压实。

(3) 当遇到水田时，需首先排水，疏干，进行换填土处理。

2.2.2.3　覆盖层不厚的倾斜岩石基底

当地面横坡为1∶5～1∶2.5时，需挖除覆盖层，并将基岩挖成台阶。当地面横坡度陡于1∶2.5时，应进行个别设计和特殊处理，如设置护脚或护墙。

当路基稳定受到地下水影响时，应予拦截或排除，引地下水至路堤基底范围以外。如处理有困难时，则应在路堤底部填以渗水土或不易风化的岩块。

2.2.3　填筑方式及机械配置

2.2.3.1　土质路堤填筑

土质路堤（包括石质土），按填土顺序可分为分层平铺、竖向填筑和混合填筑。

A　分层平铺

水平分层填筑是一种将不同性质的土有规则地分层填筑和压实的填筑方法，该法易于达到规定的压实度，易于保证质量，是填筑路堤的基本方法。水平分层填筑应遵守以下规定：

(1) 用不同性质土填筑路堤时，应分层填筑，层数应尽量减少，每种填料总厚不小于0.5m，不得混杂乱填，在纵向使用不同土质填筑相邻路堤，为防止发生不均匀变形应将交接处做成斜面，应将透水性差的土填在斜面下部。

(2) 用透水性较小的土填路堤下层时，应做成4%的双向横坡，如用以填筑上层时，不应覆盖在透水性较大的土所填筑的下层边坡上。

(3) 凡不因潮湿及冻融而变更其体积的优良土应填在上层，强度较小的土应填在下层。

(4) 河滩路堤填土应在整个宽度上连同护坡道在内一并分层填筑，受水浸淹部分的路堤，选用水稳定性好的填料。

（5）桥涵、挡土墙及其他构造物的回填土，以采用砂砾或砂性土为宜，并应适时分层回填压实。

分层填筑方式有利于压实，可保证强度不同用土按规定层次填筑，有条件应尽量采用图2－3所示为不同用土的组合方案，其中图2－3(a)是正确填筑方案：不同用土水平分层，以保证强度均匀；透水性差的用土，如黏性土等，一般宜填于下层，表面成双向横坡，有利于排除积水，防止水害；同一层次有不同用土时，接搭处成斜面，以保证在该层厚度范围内，强度比较均匀，防止产生明显变形；图2－3(b)是不正确填筑方案：未水平分层，有反坡积水，夹有冻土块和粗大石块以及有陡坡斜面等，其主要问题也在于强度不均匀和排水不利。此外，分层平铺时应注意用土不含有害杂质（草木、有机物等）及未经处治的劣质土（细粉土、膨胀土、盐渍土与腐殖土等）；桥涵、挡土墙等结构物的回填土，以砂性土为宜，防止不均匀沉降，并按有关操作规程回填和夯实。

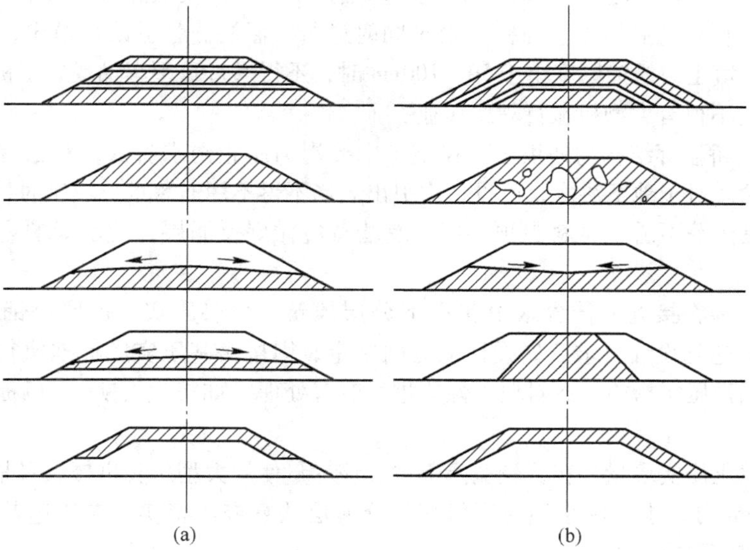

图2－3　土质路堤填筑方案示意图
（a）正确方案；（b）不正确方案

B　竖向填筑

竖向填筑是指沿道路中心线方向逐步向前深填，如图2－4所示。路线跨越深谷或池塘时，地面高差大，填土面积小，难以水平分层卸土，以及陡坡地段上半填半挖路基，局部路段横坡较陡或难以分层填筑等情况，可采用竖向填筑方式。竖向填筑的质量在于密实程度，为此宜采用必要的技术措施，如选用振动式或锤式夯击机，选用沉陷量较小及粒径较均匀的砂石填料；路堤全宽一次成型；暂不修建较高级的路面，容许短期内自然沉落。

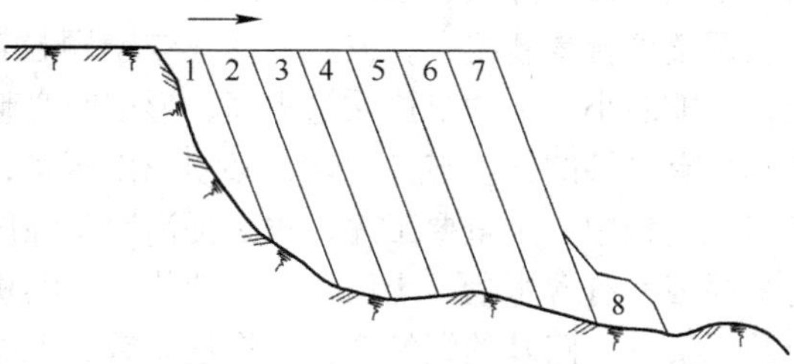

图2－4　竖向填筑方案示意图

C　混合填筑

混合填筑是指路堤下层采用竖向填筑法而上层采用水平分层填筑法，因而其上部经分层碾压容易达到足够的压实度，如图2－5所示。必要时可考虑参照地基加固的注入、扩孔或强夯等措施，以保证填土具有足够的密实度。

土质路堤填筑所使用的机械设备有平土机、推土机、铲运机等机具。

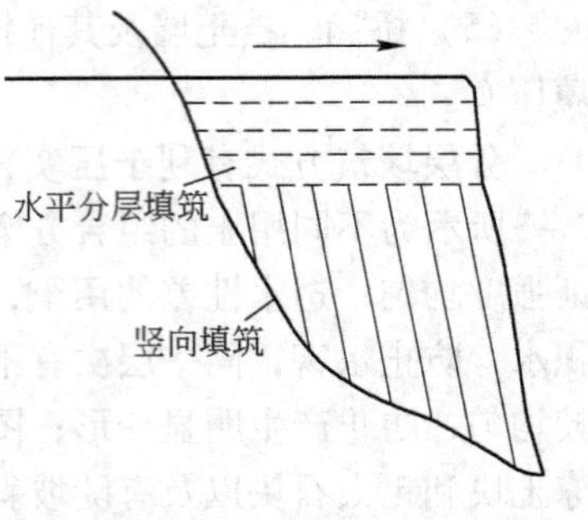

图2-5　混合填筑方案示意图

2.2.3.2　桥涵等构造物处的填筑

桥台台背、涵洞两侧及涵顶、挡土墙墙背的填筑在这些构造物基本完成后进行，注意选好填料和认真施工。

（1）填料。在下列范围内一般应选用渗水性土填筑：台背顺路线方向，上部距翼墙尾端不少于台高加2m，下部距基础内缘不少于2m；拱桥台背不少于台高的3~4倍；涵洞两侧不少于孔径的2倍；挡土墙墙背回填部分，如果台背采用渗水土有困难时，在冰冻地区自路堤顶面起2.5m以下，非冰冻地区高水位以下，可用与路堤相同的填料填筑。特别要注意，不要将构造物基础挖出来的劣质土混入填料中。

（2）填筑。桥台背后填土应与锥坡填土同时进行，涵洞、管道缺口填土，应在两侧对称均匀回填；涵顶填土的松铺厚度小于50~100cm时，不得通过重型车辆或施工机械；靠近构造物100cm范围内不得有大型机械行驶或作业。

（3）排水。桥涵等结构物处填土，在施工中要竭力防止雨水流入；对已有积水应挖沟或用水泵将其排除。对于地下渗水，可设盲沟引出。当不得不用非渗水土填筑时，应在其上设置横向盲沟或用黏土等不透水材料封顶。挡土墙墙背应做好反滤层，使水能顺利地从泄水孔流出去。

（4）压实。应在接近最佳含水量状态下分层填筑，分层压实。每层松铺厚度不宜超过20cm。密实度应达到设计要求。如设计无专门规定，则按路基压实度标准执行。用非渗水土填筑时，必须加强压实措施，或对填土性能进行改善处理（如掺生石灰），以提高强度和减少雨水的渗入。

为了保证填土压实质量，在比较宽阔部位应该尽量使用大型压实机械，只是在临近构造物边缘及涵顶50cm内，才采用小型夯压机械，分薄层认真夯压密实。夯压遍数应通过试验确定，以达到压实度要求为准。

2.2.4　填土压实与质量控制

在公路路基修筑过程中，常常会遇到天然土层强度较低，经汽车荷载作用则产生较大沉陷而影响工程质量的现象。尤其是取土填筑路基时，由于原有结构状态被施工挖运破坏，致使其结构松散、强度降低、水稳性差。土在压实过程中，因土粒受到瞬时荷重或振动力的作用，使土粒调整位置重新组合，彼此挤密，较小颗粒被挤入较大颗粒间的空隙中。颗粒位置转移稳定，空隙缩小，土的单位质量提高，形成密实整体，从而致使强度增加，稳定性提高。为了使路基具有足够的强度与稳定性，必须予以压实，以提高其密实程度。所以路基的压实工作是路基施工过程中一个重要工序，也是提高路基强度与稳定性的根本技术措施之一。影响压实效果的主要因素有含水量、土质、压实功能、压实机具和压实方法。大量试验和工程实践还证明：土基压实后，路基的塑性变性、渗透系数、毛细水作用及隔温性能等，均有明显改善。因此，压实是改善土的工程性质的一种经济合理措施。

2.2.4.1　路基压实标准

通常采用干密度表征土的密实程度。在路基施工中，用压实度表征土基密实程度的指标。

压实度是指压实后土的干密度与该种土室内标准击实试验下所得的最大干密度之比。压实土体的干密度可按式（2－1）计算：

$$\gamma_w = \gamma_0/(1+0.01w) \qquad (2-1)$$

式中　γ_w——土的湿密度，g/cm^3；

w——土的含水量，%。

不同道路等级及路床不同深度，其压实度要求不同。道路等级愈高，压实度要求也愈高，路基上部压实度比路基下部要高。路基压实过程中只有达到规定的压实度，才能保证路基的强度和稳定性。土质路基（含土石混填）的压实度标准见表2－2。

表2－2　土质路基压实度标准

填挖类别	路床顶面以下深度/m	路基压实度/%		
		高速公路、一级公路	二级公路	三、四级公路
零填及挖方	0～0.30	≥96	≥95	≥94
	0.30～0.80	≥96	≥95	
填　方	0～0.80	≥96	≥95	≥94
	0.80～1.50	≥94	≥94	≥93
	≥1.50	≥93	≥92	≥90

注：1. 表列压实度以重型击实法为准；
2. 平均年降雨量少于150mm且地下水位低的特殊旱地区，压实度标准可降低2%～3%；
3. 过湿或多雨地区，土的含水量超过最佳含水量5%时，应采取综合稳定技术处理后再压实。

压实度是以室内标准击实试验所得最大干密度为标准的。同一压实度时，如采用不同击实标准，其实际密实度是大不一样的。目前，标准击实试验有轻型击实试验和重型击实试验两种。已经证明，对同一土体，重型击实比轻型击实可获得更高的最大干密度和相对较低的最佳含水量。随着高等级公路的发展，对公路路基质量的要求越来越高，因此，对高等级公路和城市重要干道，采用重型击实标准来控制压实度，有利于确保路基路面质量，提高道路使用品质。

2.2.4.2　压实方法及机械

压实土层的密实度随深度递减，表面5cm的密实度最高。填土分层的压实厚度和压实遍数与压实机械类型、土的种类和压实度要求有关，应通过试验路来确定。同样质量的振动压路机要比光轮静碾压路机的压实有效深度大1.5～2.5倍。如果压实遍数超过10遍仍达不到压实度要求，则继续增加遍数的效果很小，不如减小压实层厚。

碾压时，横向接头的轮迹应有一部分重叠，对振动压路机一般重叠40～50cm，对三轮压路机一般重叠1/2后轮宽；前后相邻两区段也宜纵向重叠1～1.5m。应做到无漏压、无死角和确保碾压均匀。

压路机行驶速度过慢会影响生产率，行驶速度过快则和土的接触时间过短，压实效果较差。一般光轮静碾压路机的最佳速度为2～5km/h，振动压路机为3～6km/h。所以各种压路机械的最大速度不宜超过4km/h。对压实度要求高以及铺土层较厚时，行驶速度更要慢些。碾压开始宜用慢速，随着土层的逐步密实，速度逐步提高。压实时的单位压力不应超过土的强度极限，否则土体将会遭到破坏。开始时土体较疏松，强度低，故宜先轻压，随着土体密度的增加，再逐步提高压强。所以，推运摊铺土料时，应力求机械车辆均匀分布行驶在整个路堤宽度内，以便填土得到均匀预压。否则，要采用轻型光轮压路机（6～8t）进行预压。正式碾压时，若为振动压路机，第一遍应静压，然后由弱振至强振。

碾压时，在直线路段和大半径曲线路段，应先压边缘，后压中间；小半径曲线地段因有较大的超高，碾压顺序宜先低（内侧）后高（外侧）。路堤边缘往往压实不到，仍处于松散状态，雨后容易滑坍，故两侧可采取多填宽度 40 ~ 50cm，压实工作完成后再按设计宽度和坡度予以刷齐整平，也可以采用卷扬机牵引的小型振动压路机从坡脚向上碾压，或采用人工拍实。坡度不陡于 1∶1.75 时，可用履带式推土机从下向上压实。

不同的填料和场地条件要选择不同的压实机械。常用的压实设备有光面碾、羊足碾、轮胎碾、振动碾、夯实机等，其技术性能可查阅相对应的机械设备。

2.2.4.3　压实质量控制与检查

土的压实应在接近最佳含水量的情况下进行。天然土通常接近最佳含水量，因此填铺后应随即碾压。含水量过大时，应将土摊开晾晒至要求的含水量时再整平压实。

填土接近最佳含水量的容许范围，与土的种类和压实度要求有关。在一定的压实度要求情况下，砂类土比细粒土的范围大；在同一种土类的情况下，压实度要求低的比要求高的范围大。范围的具体值可从该种土的击实试验曲线上查得，即在该曲线图的纵坐标上按要求的干密度处画一横线，此线与曲线相交的两点所对应的含水量值就是它的范围。

天然土过干需要加水时，可在前一天于取土地点浇洒，使水均匀渗入土中；也可将土运至路堤再用水浇洒，并拌和均匀。加水量可按式（2 – 2）估算：

$$V = (w_0 - w)\frac{Q}{1 + w} \tag{2-2}$$

式中　V——所需加水量，t；

w_0——最佳含水量；

w——天然土的含水量；

Q——需加水的土的质量，t，此外还应增加洒水至碾压时的水分蒸发消耗量。

在压实过程中，施工单位的自检人员应经常检查压实度是否符合要求。压实度试验方法可采用环刀法、蜡封法、水袋法、灌砂法或核子密度湿度仪法。环刀法适用于细粒土，灌砂法适用于各类土。核子密度湿度仪应与环刀法、灌砂法等进行对比标定后才可应用。

每一压实层均应检验压实度，合格后方可填筑其上一层。

检验取样频率，当填土宽度较窄时（例如路堤的上部），沿路线纵向每 200m 检查 4 处，每处左右各 1 个点，当填土较宽时，每 2000m^2 检查 8 个点。必要时可增加检查点数，以防止压实不足处漏检。

压实度的评定以一个工班完成的路段压实层为检验评定单元比较恰当，如检验不合格能及时补压，不致等待过久而使含水量变化过大。

填筑碾压完成的路基，其路槽底面的回弹模量应满足路面设计的要求；然而实测土基回弹模量 E_0 比较困难，故可用测试弯沉值 l_0 代替，弯沉值与回弹模量有如下关系：

$$l_0 = 9308E_0^{-0.938} \tag{2-3}$$

式中　l_0——以 BZZ—100 标准轴载试验车实测的弯沉值，1/100mm；

E_0——回弹模量，MPa。

弯沉值测试在不利季节进行。若在非不利季节测定时，应乘以季节影响系数。弯沉值测试频率为每一双车道 4 个点/50m（即左右两后轮隙下各 1 个点）。

路槽底弯沉值反映路基上部的整体强度，而压实度反映路基每一层的密实状态，只有弯沉值和压实度两者都合格时，路基的整体强度、稳定性和耐久性才能符合要求。如果经过反复检查，各层压实度均合格，而表面弯沉值仍然达不到设计要求值时（这种情况极少），应考虑按实测弯沉值调整路面结构设计，以适应该压实土所能达到的强度。

《公路路基施工技术规范》（JTG F10—2006）对路基压实及压实质量与检查都做出了具体的规定，施工中应根据实际情况认真分析研究，特别是要针对影响压实效果的多种因素采取相应措施，以确保土基达到规定的压实度要求。

2.3　土质路堑开挖

2.3.1　开挖方式的确定

路堑施工就是按设计要求进行挖掘，并将挖掘出来的土方运到路堤地段作填料，或者运往弃土地点。它虽然不像路堤填筑那样有填料的选择和分层压实等问题，但是，路堑是由天然地层构成的，天然地层在生成和演变的长期过程中，一般具有复杂的地质结构。处于地壳表层的路堑边坡，开挖暴露于大气中，受到各种自然和人为因素的影响，比路堤边坡更容易发生变形和破坏。路堑边坡的稳定与施工方法有着密切的关系，例如，施工开挖边坡过陡，弃土堆距坡顶太近，施工中排水不良，支挡工程未及时做好，都会引起边坡失稳，发生坍滑。

路堑开挖方式应根据路堑的深度和纵向长度，以及地形、土质、土方调配情况和开挖机械设备条件等因素确定，以加快施工进度和提高工作效率。路堑开挖可根据具体情况采用横挖法、纵挖法或混合式开挖法。

2.3.2　横挖法

从路堑的一端或两端按横断面全宽逐渐向前开挖，称为横挖法。这种开挖方法适用于较短的路堑。

路堑深度不大时，可以一次挖到设计标高，称单层横挖法，如图 2－6（a）所示；路堑深度较大时，可分成几个台阶进行开挖，称分层横挖法，如图 2－6（b）所示，各层要有独立的出土道和临时排水设施。用人力按分层横挖法开挖路堑时，每层深度要视工作与安全而定，一

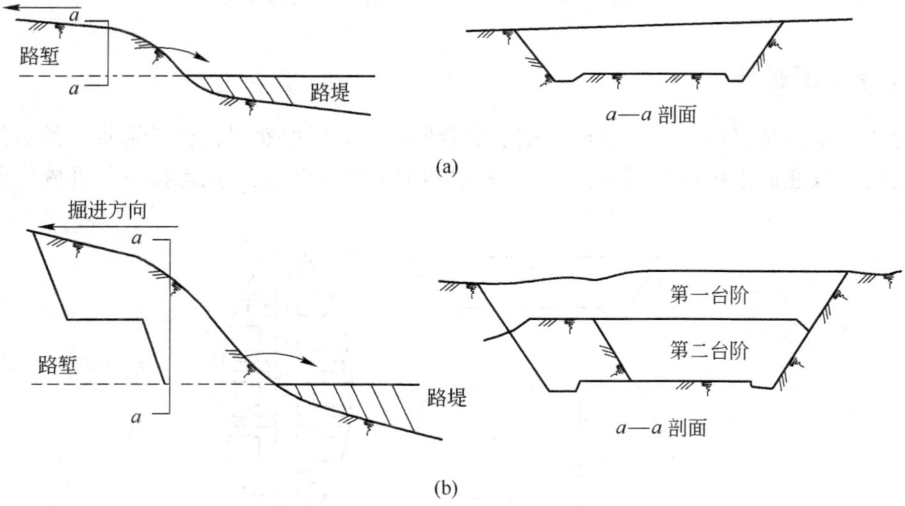

图 2－6　横挖法开挖路堑示意图

（a）单层横挖法；（b）分层横挖法

般宜为1.5～2.0m，无论自两端一次横挖到路基标高或分台阶横挖，均应设单独的运土通道及临时排水沟。分层横挖使得工作面纵向拉开，多层多向出土，可以容纳较多的施工机械，加快了开挖速度。若用挖掘机配合自卸汽车进行，台阶高度可采用3～4m。

2.3.3　纵挖法

沿路堑纵向将高度分成不大的层次依次开挖。纵挖法适用于较长的路堑。

如果路堑的宽度及深度都不大，可以按横断面全宽纵向分层挖掘，称为分层纵挖法，如图2－7（a）所示；如果路堑的宽度及深度都比较大，可沿纵向分层，每层先挖出一条通道，然后开挖两旁，称为通道纵挖法，如图2－7（b）所示，通道可作为机械通行或出口路线，以加快施工速度。分段纵挖法是沿路堑纵向选择一个或几个适宜处，将较薄一侧路堑横向挖穿，使路堑分成两段或数段，各段再进行纵向开挖的方法，如图2－7（c）所示。分段纵挖法适用于路堑较长，运距较远的路堑。

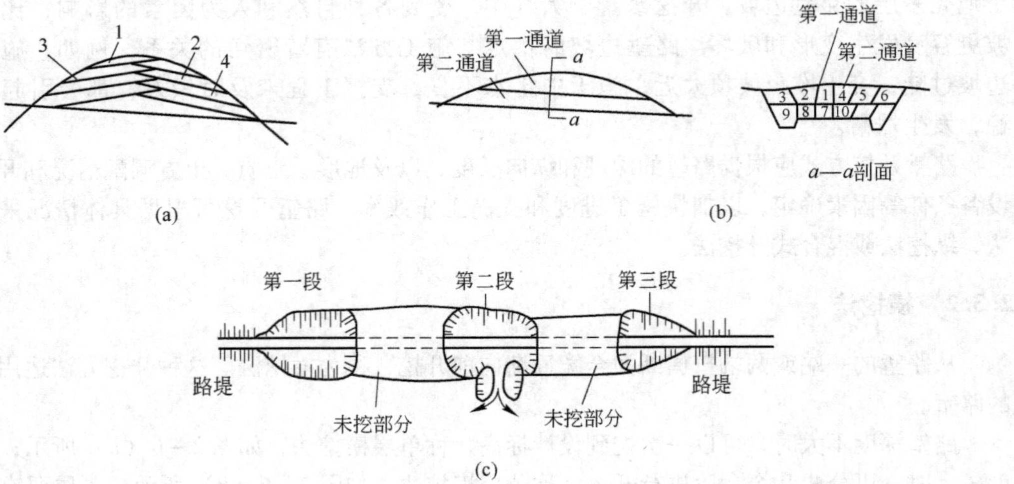

图2－7　纵挖法开挖路堑示意图
（a）分层纵挖法；（b）通道纵挖法；（c）分段纵挖法

2.3.4　混合式开挖法

混合式开挖法是将横挖法、通道纵挖法混合使用，先沿路堑纵向开挖通道，然后沿横向开挖横向通道，双通道沿纵横向同时掘进，每一坡面应设一个施工小组或一台机械作业，如图2－8所示。

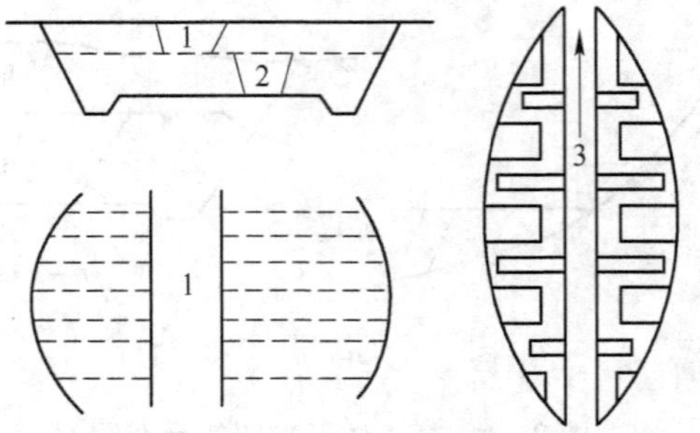

图2－8　混合式路堑开挖法示意图

2.4 土方机械化施工

2.4.1 土方施工机械及其作业方式

路堑土方应按工程的具体情况，选用适宜的挖掘机械、装运机械、平整机械和压实机械，最大限度地发挥机械的效能。路基工程准备工作到整修工作，作业项目很多，选用机械要从技术和经济两个方面并结合本单位本工点的具体情况来考虑。路基土方工程适用的机械取决于土质、运距、土方量和场地大小等因素。应当选用在技术性能上最适合于该项作业的机械。但每一种机械常可完成几种作业，因此，现场缺乏某种机械时，经常采用的土方机械作业的方法有：推土机作业、铲运机作业、挖掘机作业、装载机作业、平地机作业。

2.4.2 施工机械选择

各种土方机械，按其性能，可以完成路基土方的部分或全部工作。选择机械种类和操作方案是组织施工的第一步，为了发挥机械的使用效率，必须根据工程性质、施工条件、力学性能及需要与可能，择优选用。

根据以往工程实践经验的总结，几种常用的土方机械适用范围见表2-3；按施工条件选择土方机械时，则可参考表2-4。

表2-3 常用土方机械适用范围

机械名称	施工准备工作	适用的作业项目基本土方作业	施工辅助作业
推土机	1. 修筑临时道路； 2. 推倒树木，拔除树根； 3. 铲草皮，除积雪及建筑碎屑； 4. 推缓陡坡地形，整平场地； 5. 翻挖回填井、坑、陷穴、坟	1. 高度3m以内的路堤和路堑土方； 2. 运距100m以内土的挖、填与压实； 3. 傍山坡挖填结合路基土方	1. 路基缺口土方的回填； 2. 路基粗平，取弃土方的整平； 3. 填土压实，斜坡上挖台阶； 4. 配合挖掘机与铲运机松土、运土
铲运机	1. 铲运草皮； 2. 移运孤石	运距600～700m以内的挖土、运土、铺平与压实（高度不限）	1. 路基粗平； 2. 借土坑与弃土堆整平
自动平地机	除草、除雪、松土	修筑高0.75m以内路堤与深0.6m以内路堑，以及填挖结合路基的挖、运、填土	开挖排水沟、平整路基，修整边坡
松土机	翻松旧路面、清除树根与废土层、翻松硬土		1. 硬质土的翻松； 2. 破碎0.5m内的冻土层
挖掘机		1. 半径7m以内的挖土与卸土； 2. 装土供汽车远运	1. 挖沟槽与基坑； 2. 水下捞土（反向铲土等）

表 2-4 选择土方机械的施工条件

路基形式及施工方法	填挖高度/m	土方移运水平直距/m	主要施工机械名称	辅助机械	机械施工运距/m	最小工作地段长度/m
（一）路堤						
路侧取土	<0.75	<15	自动平土机		10~40	300~500
路侧取土	<3.00	<40	80马力推土机		10~60	
路侧取土	<3.00	<60	100~140马力推土机		80~250	
路侧取土	<6.00	20~100	$6m^3$拖式铲运机	80马力推土机	250~500	50~80
路侧取土	>6.00	50~200	$6m^3$拖式铲运机		<700	80~100
远运取土	不限	<50	$6m^3$拖式铲运机		<1000	>50~80
远运取土	不限	500~700	$9\sim12m^3$拖式铲运机		>500	>50~80
远运取土	不限	>500	$9m^3$自动铲运机		>500	>50~80
远运取土	不限	>500	自卸汽车运土			($5000m^3$)
（二）路堑						
路侧弃土	<0.60	<15	自动平土机		10~40	300~500
路侧弃土	<3.00	<40	80马力推土机		10~70	
路侧下坡弃土	<4.00	<70	100~140马力推土机		100~300	
路侧弃土	<6.00	30~100	$6m^3$拖式铲运机	80马力推土机	300~600	50~80
路侧弃土	<15.0	50~200	$6m^3$拖式铲运机		<1000	>100
路侧弃土	>15.0	>100	$9\sim12m^3$拖式铲运机		20~70	>200
纵向利用	不限	20~70	80马力推土机		<100	
纵向利用	不限	<100	100~140马力推土机		80~700	
纵向利用	不限	40~600	$6m^3$拖式铲运机		<1000	>100
纵向利用	不限	<800	$9\sim12m^3$拖式铲运机		>500	>100
纵向利用	不限	>500	$9m^3$自动铲运机		>500	>100
纵向利用	不限	>500	自卸汽车运土			($5000m^3$)
（三）半填半挖 横向利用	不限	<60	80~140马力斜角推土机		10~60	

注：1. 表中均指中等坚硬类土，如土质坚硬时应选用松土机将土疏松；

2. 1马力=735.498W。

2.5 路基的检查验收

土质路基验收标准如下：填土经压实后，不得有松散、软弹、翻浆及表面不平整现象；凡有影响路基质量及设计要求换土的路段，必须选点抽查，挖坑检验。坑深至0.8m，如发现不合格，必须重新处理；各类沟槽的回填土不得含污泥、腐殖土及其他有害物质；土质路基的压实度必须满足规范要求。检验频率：每摊铺层每$1000m^2$为一组，每组至少为三点，必要时可根据需要加密。检验方法可用环刀法或灌砂法。

思 考 题

1. 路基施工的准备工作有哪几个方面？
2. 土质路基的填筑方法有哪几种？
3. 土质路堑的开挖方法有哪几种？

3 石质路基施工

【本章概要】

本章主要介绍了填石路基中填石路堤填料的选择、填筑的工艺及其压实质量标准；填石路基中的石质路堑开挖三种基本方法。

【关键词】

填石路堤，沉降量观测法，压沉值，破碎法，松土法，破碎法

【章节重点】

本章重点掌握填石路基填料的选择与要求、填筑工艺要求与方法，以及三种基本的石质路堑开挖方法。

3.1 填石路堤施工

在山丘地区，路基石方占有相当大的比例，石质路提是一种最常见、最普遍的路基形式。

3.1.1 填料的选择

填石路堤一般是指用石质挖方路段的开挖石块填筑的路堤。暴露在大气中容易风化的石块通常不宜作为路堤填料。在料源困难而需采用时，应视作填土，边坡坡度和形状按土质路堤处理。填筑必须分层，较大石块应大面朝下摆平放稳，石块之间要用碎石和石屑填满铺平，采用重型振动压路机认真碾压，尽量将能压碎的风化石块压碎。

用不易风化的石块填筑路堤，其边坡坡度和形状按填石路堤考虑。填石路堤一般也应分层填筑，每层厚度对高速公路或一级公路不宜超过0.5m，其他公路不要超过1m。填石路堤的石料强度不应小于15MPa；用于护坡的石料强度不应小于20MPa。填石路堤的石料最大粒径应不大于500mm，并不宜超过层厚的2/3，不均匀系数宜为15～20。高速公路、一级公路填石路堤路床顶面以下50cm范围内的填料最大粒径不大于10cm，并分层填筑分层压实。有关技术要求，详见《公路路基施工技术规范》。其中大石块大于填筑层厚度2/3时，应予解小，或码砌于坡脚，路堤边坡坡脚应用粒径大于30cm的硬质石料码砌。压实前需用大型推土机将层面推平，局部要用细石粒人工找平。然后用12t以上的振动压路机碾压，或用2.5t以上的夯锤夯击，碾压或夯击的遍数可通过试验确定，以达到要求密实度为准，通常，路堤上部碾压6～7遍，下部可以少碾压1～2遍。

特殊情况下允许采用倾填办法施工，例如用推土机将爆破后的石块直接推入路堤。这时，要求倾填前先用较大石块码砌，当填石路堤高度大于6m时，其码砌厚度不小于2m；当填石路堤高度小于6m时，其码砌厚度不小于1m，以免边坡部分松散不实。但在路槽底面以下4m范围内仍应采用分层填筑，以提高密实度，减少不均匀沉陷。

路槽底面以下30cm范围内，不得含有粒径大于15cm的石块，以利于路面受力均匀和结

构良好。路床填料粒径应小于100mm。

3.1.2 填筑工艺

路堤宜采用水平分层填筑，即按照横断面全宽分成水平层次，逐层向上填筑。如原地面不平，应从最低处分层填起，每填一层经过压实符合规定要求后，再填上一层。原地面纵坡大于12%地段，可采用纵向分层填筑法施工，沿纵坡分层，逐层填压密实。但填至路堤的上部，仍应采用水平分层填筑法。水平分层填筑是填筑路基的基本方法，它最能保证填土质量，一般均应采用。

在同一路段上要用到不同性质填料时，应注意：

（1）不同性质的填料要分别分层填筑，不得混填，以免内部形成水囊或薄弱面，影响路堤稳定。

（2）路堤上部受车辆荷载的作用影响较大，故一般宜将水稳性、冻稳性较好的土填在路堤的上部；但当路堤的下部可能受水浸淹时，也宜用水稳性好的土填筑。

（3）透水性较大的土填在透水性较小的土之下时，如果两者粒径相差悬殊，应在层间加铺过渡垫层，以免上层的细颗粒散落到下层内；如果透水性较小的土填在透水性较大的土之下时，其顶面应作成4%的双向向外横坡，以免积水。

（4）沿纵向同层次要改变填料种类时，应作成斜面衔接，且将透水性好的填料置于斜面的上面为宜。

（5）填方相邻作业段交接处若非同时填筑，则先填地段应按1∶1坡度分层留好台阶；若同时填筑，则应分层相互交叠衔接，搭头长度不得少于2m。

3.1.2.1 *石质路堤填筑要求*

石质路堤填筑应满足以下要求：

（1）路堤施工前，应先修筑试验路段，确定满足表3－1中孔隙率标准的松铺厚度、压实机械及组合、压实速度及压实遍数、沉降差等参数。

表3－1 填石路堤压实质量标准

分 区	路床顶面以下深度/m	硬质石料空隙率/%	中硬石料空隙率/%	软质石料空隙率/%
上路堤	0.8～1.5	≤23	≤22	≤20
下路堤	>1.5	≤25	≤24	≤22

（2）路床施工前，应先修筑试验路段，确定能达到最大压实干密度的松铺厚度、压实机械及组合、压实速度及压实遍数、沉降差等参数。

（3）二级及二级以上公路的填石路堤应分层填筑压实。二级以下砂石路面公路在陡峻山坡地段施工特别困难时，可采用倾填的方式将石料填筑于路堤下部，但在路床底面以下不小于1.0m范围内仍应分层填筑压实。

（4）岩性相差较大的填料应分层或分段填筑。严禁将软质石料与硬质石料混合使用。

（5）中硬、硬质石料填筑路堤时，应进行边坡码砌。码砌边坡的石料强度、尺寸及码砌厚度应符合设计要求。边坡码砌与路基填筑宜基本同步进行。

（6）压实机械宜选用自重不小于18t的振动压路机。

（7）在填石路堤顶面与细粒土填土层之间应按设计要求设过渡层。

3.1.2.2 *施工工序*

（1）施工准备。

1）对原地面处理：清除原地面草皮、耕作物、树根、淤泥、腐殖土等有害物质，用压路机碾压至规定的压实度，检测合格后进行下一道工序。

2）确定取料场的位置，制定采集方案，配备自卸车及附属机械，规划便道。

3）对填料作标准试验，同一作业段材料尽量材质均匀，达到填石路堤的质量要求，骨料比例、细料含量、塑性指数等符合规定。

4）每一种填料开始填筑前应作试验路段，验证压路机型、铺填厚度、碾压遍数、检测质量方法和控制方法。

（2）测量放样。

1）复核中桩线位、水准点高程和中桩标高。

2）按纵向设计标高和横断面设计图，逐桩放样。

3）钉出中心桩和边桩，设置标杆，标出每层的填筑高度，挂线施工。

4）设置好观测沉降量的基准点和桩位。

（3）按指定位置，并经监理工程师批准的取料场，用推土机清除覆盖后，用推土机或装载机或挖掘机按填料要求进行备料，监理工程师签认《材料许可证》。

（4）选用大吨位自卸汽车运料至施工路段内，运用“车推法”摊铺。即首先进一车石料卸在填筑地段，推土机马上根据填石路堤容许松铺厚度处起铲摊平，然后第2车料卸在第1车料推平的末端，第1车料的石块就均匀地被压在下面，细料在表面嵌缝，这样填石路堤表面看不见突石，既平整又顺适，又便于压实。

（5）分层填筑用推土机配合人工整平。

1）逐层填筑时，应安排好石料运输路线派人指挥，按水平分层，先低后高，先两侧后中间卸料，并用大型推土机摊平。个别不平处应配合人工用细石块、石屑找平。虚铺厚度规定一般路床以下0～50cm为30cm；50cm以下为40cm。

2）如石块天然级配较差、粒径大，石块间的空隙较大时，可于每层表面的空隙里扫入石渣、石屑、中粗砂或砂砾，再以压力水将砂冲入下部，反复数次，使空隙填满。

3）对于粒径大于20cm的石块进行人工检出或砸碎。如填料颗粒非常均匀，无细料填充时，可人工再用小石块找平，石屑塞缝，最后压实。

4）填料中如果粒径在20cm以上的石块较多时，边坡外侧可选用未风化的坚硬石料砌筑，厚度不小于1.0m，可以起到封路基的作用。

（6）洒水。填石路堤不同于土质路基，难以确定最大干密度和最佳含水量，在路堤填筑过程中根据填料颗粒组成和石料性质，由现场监理人员同意，可适量洒水，使路基表面平整。

（7）碾压和整形。只有选用振动压路机，填石路堤密实程度才能达到最佳压实度。碾压速度不宜大于3km/h，碾压时直线段由两边向中间，小半径曲线段由内侧向外侧，纵向进退式进行。纵向接头搭接重压不小于2m，横向接头轮迹重叠1/3，直到无漏压、无死角，确保碾压均匀。

按设计断面进行边坡整修，达到平整、无悬石。每层填筑时，留有超宽（每侧各25cm），边坡坡度按1∶5控制，施工时路拱为2%，路床顶面按1.5%控制。

（8）检查压实度。填石路堤的压实度检测采用“沉降量观测法”，沿路纵向每20m一处，横向不小于3点（即左、中、右各一点），但每100m^{2}不少于10点，定点观测每层压实后表面标高。

3.1.2.3 填石路堤施工工艺流程图

填石路堤施工工艺流程图如图3－1所示。

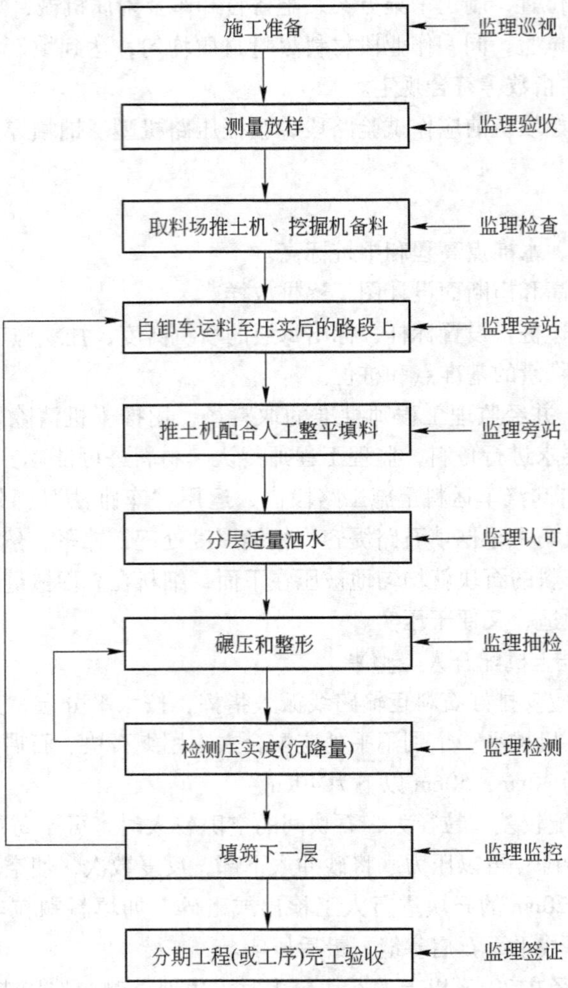

图3－1 填石路堤施工工艺流程图

3.1.3 压实及质量标准

填石路堤的密实度用判断方法检查，即重型振动压路机分层碾压，达到用锹难于挖动，需用撬棍才能松动且坑壁稳定，或者重锤下落不下沉及发生弹跳时，认为密实度已满足要求。

（1）当填料中粒径大于30cm颗粒的含量不大于30%时，应采用灌沙法或布袋法检测压实度。压实标准：路床顶面以下0～8cm不小于95%，上路堤（80～150cm）不小于94%，下路堤（150cm以下）不小于92%，检测频率与土质路堤的规定相同。最大干容重宜采用表面振动压实仪法或重型击实法测定。

（2）当填料中大于38mm颗粒的含量大于30%时，采用工艺法控制与检测压实质量。填筑层按规定的碾压遍数（不少于6遍）碾压至无明显轮迹时，再用激振力25kN以上的振动压路机振压两遍，分别测量基准点标高（基准点用特制的蘑菇头道钉，长20～25cm，直径1.5cm，在压实前埋入压实层中，同填料一起碾压），两次标高之差即为压沉值。

压实标准：各测点压沉值平均值不大于5mm，标准差不大于3mm，达到压实度要求。

检测频率：施工单位每100m^2检测10点，监理、施工单位可用同一基准点，同时进行平行检测，但必须采用两部以上仪器独立观测，独立记录。

（3）路床顶面应测定弯沉值，检验其整体强度，必须时用承载板测定回弹模量。

（4）沉降量（压沉值）的机理：沉降量观测法又称表面标高点测量法，此种方法在石路堤施工中质量控制是较为实用的，施工时首先确定碾压机具和虚铺厚度（松铺系数一般为1.15～1.20），用振动压路机经不同碾压遍数后，压实效果可用表面标高点变化进行检查。

松铺的石料，在振压机械荷载反复作用下，路堤填料产生竖向压缩变形和横向位移，随着振碾遍数的增加，填料竖向压缩量和横向位移值随之增加，大颗粒空隙被小颗粒填充，当碾压遍数达到一定时，累计压缩趋于稳定，填料整体密实强度增大。

为了从严要求，确保工程质量，应确保全幅振压两遍标高差不大于3mm进行控制，并注意加强观测，及时总结修正。对填石工艺检测，通过试验路段其标高差按平均不大于5mm控制为宜。边坡坡度应作为实测指标进行检查，以提高施工质量和路堤稳定性。对于土石混填路基，据实际情况进行压实度或固体体积等试验，检验路堤压实质量。

（5）填石路堤密实程度宜以通过12t以上振动压路机进行压实试验，当压实顶面稳定不再下沉（无轮迹）时，可判为密实状态。

（6）压路机碾压往返两遍后，压路机应变换碾压位置，但碾压带之间的重叠宽度必须不大于1/2的滚动碾压宽度，压实的速度控制在3km/h左右，碾压顺序：无超高路段从低的一边向较高一边。

3.2　石质路堑开挖

路基石方除软石的松软部分可用大马力推土机松动，或人力使用撬棍、十字镐、大锤松动开挖外，软石的紧密部分及次坚石、坚石通常采用爆破法开挖。有条件时宜采用松土法开挖，局部情况也可采用破碎法开挖。松土法及破碎法均属于非爆破开挖石方的施工方法。

3.2.1　爆破法开挖

山区公路路基石方工程量大而且集中，据统计一般约占土石方总量的45%～75%。爆破是石方路基施工最有效的方法，爆破还可以用于爆松冻土、淤泥、开采石料等。在公路工程中如能采用综合爆破施工方法，不但能保证功效高、工期短、占用劳动力少、成本降低，而且可以取顺直的路线布置方案，很值得提倡。

3.2.2　松土法开挖

开挖岩石除了采用爆破法之外，松土法也愈来愈被广泛采用。松土法是充分利用岩体自身存在的各种破裂面和结构面，用推土机牵引的松土器将岩体翻碎，再用推土机或装载机与自卸汽车配合，将翻松了的岩块搬运出去。松土法避免了爆破法所具有的危险性，而且有利于开挖边坡的稳定及附近建筑物的安全。从国外的实践和发展趋势看，只要能够使用松土法施工的场合，就应尽量避免爆破法施工。

砂岩、石灰岩、页岩等沉积岩是比较容易松开的岩石，因为这些岩石都有沉积层面，层厚愈薄者愈容易松开。花岗岩、玄武岩、安山岩等岩浆岩不成层状或带状，松开比较困难。片麻岩、片岩、石英岩等变质岩，松开的难易程度视岩体破裂面情况而定。

松土法的作业效率与岩体的裂面和风化程度有关。岩体被破裂面分隔成较大块时，松开效率较好；岩体已裂成小块或粒状时，只能劈成沟槽，效率不高。

松土器的选择可以用上述岩石性质进行分析判断；也可以根据岩石的室内试验（抗压强度、抗拉强度）来判断各种型号松土器的劈开性能。松土作业方向应尽可能顺着岩层的下坡方向。松土间隔一般为1.0～1.5m。遇到较坚硬的岩石，松土器难于贯入，或引起机械后部翘起及履带打滑，这时可用另一台推土机在后面顶推。若岩石较为完整与坚硬，也可以先进行适当的浅孔松动爆破，然后进行松土作业。

3.2.3 破碎法开挖

破碎法是用破碎机凿碎岩块。凿子装在推土机或挖掘机上。它利用活塞的冲击作用，使凿子产生冲击力，因此，其破碎岩块的能力取决于活塞的大小。破碎法宜用于岩体裂缝较多、岩块体积较小、抗压强度低于100MPa的岩石。破碎法的工作效率不高，不宜作为开挖岩石的主要方法，仅用于不能使用爆破法或松土法施工的局部场合。

思考题

1. 填石路堤的密度如何检查？
2. 石质路堑开挖方法有哪些？
3. 石质坡面防护措施和方法有哪些？

4 路面基层施工

【本章概要】

本章首先介绍了半刚性基层的定义、分类、原材料的质量要求以及混合料组成设计；接着介绍了半刚性基层的集中厂拌法施工和路拌法施工及其注意事项；最后介绍了粒料类基层施工要求和方法以及基层施工检查与验收。

【关键词】

半刚性路面基层，粒料类基层，无侧限抗压强度，试验路段，厂拌法，路拌法，接茬养生期，嵌锁型，级配型，标准试验，厚度，压实度

【章节重点】

本章重点掌握半刚性路面基层原材料要求与试验、混合料组成设计及其厂拌法、路拌法施工工艺；路面基层施工检查验收关键项目的要求与方法。

4.1 半刚性基层材料

半刚性路面基层是指在路面基层材料中掺入一定比例的石灰、水泥、粉煤灰或其他工业废渣等结合料，加水拌和形成的混合料经摊铺压实及养生后形成的路面基层，与传统的全柔性路面基层（级配碎石、级配砾石、填隙碎石等）相比，具有较高的强度、刚度及良好的板体性、水稳性和一定的抗冻性，大大提高了路面的承载能力，因而被称为半刚性材料。自20世纪中叶以来，在国内外被广泛用作路面基层，特别是理化、力学性能优越的水泥稳定粒料与石灰、粉煤灰稳定粒料（通常称为二灰稳定粒料），被广泛用作高等级道路路面的基层与底基层。因其强度大、承载能力高，对适应较薄的沥青面层，适当减薄沥青面层厚度，具有很大的现实意义与经济意义。半刚性基层材料以其强度高、原材料来源广、修建成本低等优势成为我国公路建设中的主导路面基层类型。以往半刚性基层材料组成设计指标、材料结构单一，致使所设计的基层抗裂、抗冲刷能力不足，降低了其应用效果。

4.1.1 半刚性基层分类

无机结合料稳定类又称为半刚性型或整体型，用作基层的材料主要有：水泥稳定类、石灰稳定类、工业废渣稳定类。

按照土中单个颗粒的粒径大小和组成，将土分为细粒土、中粒土和粗粒土三种。

目前，我国高等级公路的基层使用最多的是水泥稳定碎石、水泥稳定砂砾，其次是二灰碎石、二灰砂砾，其他还有水泥稳定砂掺碎石、水泥稳定砂砾掺碎石，个别也有粉煤灰土加水泥。底基层以石灰土为最多。其次还有水泥稳定土、水泥石灰稳定土、水泥石灰粉煤灰稳定土等。

4.1.2 材料质量要求

组成半刚性基层的原材料主要有：土、碎石、砂砾、工业废渣、水泥、石灰、粉煤灰和水。

4.1.2.1 原材料试验项目

(1) 含水量：用烘干法、含水量快速测定仪或酒精法确定材料含水量。

(2) 颗粒分析：用筛分法（含土材料用湿筛分析法）测定级配是否符合要求并确定材料配合比。

(3) 液限与塑限：计算塑性指数并审定是否符合规定。(100g 平衡锥测液限，搓条法测塑限)

(4) 相对密度与吸水率：用多孔网篮或容积 $1000cm^3$ 以上的比重瓶测定相对密度与吸水率，用以评定粒料质量。

(5) 压碎值：评定石料的抗压碎能力是否符合要求。(压碎值仪测定)

(6) 有机质和硫酸盐含量：确定土是否适宜于用石灰或水泥稳定。(对土有怀疑时做此试验)

(7) 有效钙镁含量：确定石灰质量，常用滴定法或钙电极法测定。

(8) 水泥标号和终凝时间：确定水泥的质量，是否适宜应用。

(9) 烧失量：确定粉煤灰是否适用。

4.1.2.2 对原材料的一般要求

A 土质

对土的一般要求是易于粉碎，满足一定级配，便于碾压成型。

a 液限与塑性指数

水泥稳定类时，土的液限不宜超过 25%，塑性指数不宜超过 6；用水泥稳定粒径较均匀的砂时，难于碾压，可在砂中掺入少量塑性指数小于 12 的黏性土（亚黏土）；二灰稳定类时，土的塑性指数为 12 ~ 20；石灰稳定类时，土的塑性指数为 15 ~ 20。

b 颗粒组成

用作基层时，集料最大粒径不应超过 30mm（方孔筛，下同）；用作底基层时，集料最大粒径不应超过 40mm。最大粒径太大，拌和、摊铺、压实均有困难，表面平整度也难以达到要求。最大粒径太小，则动稳性不足且投资增加。水泥稳定类材料用作底基层时，土的均匀系数应大于 5，实际中宜选用均匀系数大于 10（均匀系数指通过量为 60% 的筛孔与通过量为 10% 的筛孔尺寸的比值）。水泥稳定类集料的颗粒组成范围应满足表 4－1 的要求。表中 2 号级配可用于基层，1 号可用于底基层。二灰稳定类集料的颗粒组成范围见表 4－2。

表 4－1 水泥稳定类集料的颗粒组成范围

筛孔尺寸/mm		40	26.5	16	9.5	4.75	2.36	0.6	0.075
通过百分率/%	1 号	100	90 ~ 100	75 ~ 90	50 ~ 70	30 ~ 55	15 ~ 35	10 ~ 20	0 ~ 7
	2 号		100	90 ~ 100	60 ~ 80	30 ~ 50	15 ~ 30	10 ~ 20	0 ~ 7

集料中粒径 0.5mm 以下细粒土有塑性指数时，粒径小于 0.075mm 的颗粒含量不应超过 5%；细粒土无塑性指数时，粒径小于 0.075mm 的颗粒含量不应超过 7%。

表 4-2 二灰稳定类集料的颗粒组成范围

编号	通过下列筛孔的颗粒质量所占百分比/%								
	40mm	30mm	20mm	10mm	5mm	2mm	1mm	0.5mm	0.075mm
1	100	90~100	60~85	50~70	40~60	27~47	20~40	10~30	0~15
2		100	90~100	55~80	40~65	28~50	20~40	10~20	0~10

c 压碎值

半刚性基层材料所用的碎、砾石应具有一定的抗压碎能力。二级和二级以下公路的集料压碎值不大于35%（底基层可放宽至40%）；一级、高速公路的集料压碎值不大于30%。

d 硫酸盐与腐殖质

水泥稳定时，土的腐殖质含量不应大于2%，硫酸盐含量不应大于0.25%。腐殖质含量超过2%以及塑性指数偏高的土，不应单用水泥稳定，若需采用这种土，必须先用石灰进行处理之后，方可用水泥稳定。石灰及二灰稳定类所用土的有机质含量不应超过10%，硫酸盐含量不应超过0.8%。

B 无机结合料

无机结合料目前最常用的是水泥、石灰和粉煤灰。

（1）水泥。普通硅酸盐水泥、硅酸盐水泥、矿渣水泥或火山灰水泥都可用于稳定土，但应选用终凝时间较长（宜在6h以上）的水泥。快凝水泥、早强水泥以及受潮变质的水泥不应使用。宜采用标号低的水泥（如325）。

（2）石灰。石灰质量应符合合格品以上的生石灰或消石灰的技术指标。实际使用时，要尽量缩短石灰的存放时间，如需存放较长时间，应采取覆盖封存措施妥善保管。

（3）粉煤灰。粉煤灰的主要成分是 SiO_2、Al_2O_3、Fe_2O_3、CaO，前两种成分的总含量应大于70%。根据 CaO 含量的大小，粉煤灰可分为硅铝粉煤灰（CaO 含量一般在2%~6%）和高钙粉煤灰（CaO 含量为10%~40%）。我国的粉煤灰含 CaO、MgO 量较少，约3%~5%，因此，不具备自行结硬的特性。粉煤灰的烧失量一般小于10%，有的在20%以上，烧失量过大，将明显降低混合料的强度，有的甚至难于成型。粉煤灰的粒径变化范围为0.001~0.3mm，但大部分在0.01~0.1mm之间，其比表面积一般在2000~35000cm^2/g之间。干粉煤灰和湿粉煤灰都可以应用。干粉煤灰如果堆在空地上要加水，防止飞扬造成污染。湿粉煤灰的含水量不宜超过35%。使用时，应将凝固的粉煤灰块打碎或过筛，同时清除有害杂质。

4.1.3 混合料组成设计

4.1.3.1 一般原则

混合料组成设计所要达到的目标是：所设计的混合料组成在强度上满足设计要求、抗裂性达到最优且便于施工。

混合料组成设计的基本原则是结合料剂量合理、尽可能采用综合稳定、集料应有一定级配。

混合料组成中，结合料的剂量太低则不能成为半刚性材料，剂量太高则刚度太大，容易脆裂。实际上，限制低剂量是为了保证整体性材料具有基本的抗拉强度，以满足荷载作用的强度要求。限制高剂量可使模量不致过大，避免结构产生太大的拉应力，同时降低收缩系数，使结构层不会因温度变化而引起拉伸破坏。

采用水泥、石灰综合稳定时，混合料中有一定水泥可提高早期强度，有一定石灰可使刚度不会太大，掺入一定数量的粉煤灰可以降低收缩系数，必要时可根据材料性质和施工季节，加入早强剂或其他外掺剂。

集料应有一定的级配。因此，较为理想的基层材料应是石灰、粉煤灰、水泥综合稳定粒料类半刚性材料。

4.1.3.2 混合料试验项目

（1）重型击实试验：确定最佳含水量和最大干密度，以规定工地碾压时的合适含水量和应达到的最大干密度；确定制备强度试验和耐久性试验的试件所应该用的含水量和干密度；确定制备承载比试件的材料含水量。

（2）承载比：测试工地预期干密度下的承载比，确定材料是否适宜作基层或底基层。

（3）抗压强度：进行材料组成设计，选定最适宜于用水泥或石灰稳定的材料（包括土），规定施工中所用的结合料剂量，为工地提供质量评定标准。

（4）耐久性：用干湿循环或冻融循环试验确定适宜于用石灰或水泥稳定的材料，探索石灰、水泥稳定材料在潮湿冰冻条件下的使用性能。

4.1.3.3 半刚性基层材料组成设计的现行方法

现行混合料组成设计的主要内容是根据表4－3的强度标准值，通过试验选取适宜于稳定的材料，确定材料的配比以及最大干密度和最佳含水量。表4－3中所列数值指龄期为7d（保温养生6d、浸水1d）的无侧限抗压强度。

表4－3 无机结合料稳定类材料的抗压强度 （MPa）

公路等级		高速、一级公路	二级及二级以下公路
水泥稳定类材料	基　层	3.0～4.0	2.0～3.0
	底基层	≥1.5	≥1.5
石灰稳定类材料	基　层		≥0.8
	底基层	≥0.8	≥0.5～0.7①
二灰稳定类材料	基　层	≥0.8	≥0.6
	底基层	≥0.5	≥0.5

①低限与高限分别用于塑性指数小于12和大于12的黏性土。

具体设计步骤如下：

（1）制备同一种土样、不同结合料剂量的混合料，水泥和石灰的剂量可参考表4－4和表4－5所列数值。

表4－4 水泥剂量参考值

土　类	层　位	水泥剂量/%				
中粒土和粗粒土	基　层	3	4	5	6	7
	底基层	3	4	5	6	7
塑性指数小于12的土	基　层	5	7	8	9	11
	底基层	4	5	6	7	9
其他细粒土	基　层	8	10	12	14	16
	底基层	6	8	9	10	12

表4-5 石灰剂量参考值

土 类	层 位	石灰剂量/%				
砂砾土和碎石土	基 层	3	4	5	6	7
塑性指数小于12的黏性土	基 层	10	12	13	14	16
	底基层	8	10	11	12	14
塑性指数大于12的黏性土	基 层	5	7	9	11	13
	底基层	5	7	8	9	11

二灰稳定类混合料试件的制备可根据不同情况进行。对硅铝粉煤灰，采用石灰粉煤灰作基层或底基层时，石灰与粉煤灰之比可以是1∶2～1∶9。采用石灰粉煤灰土作基层或底基层时，石灰与粉煤灰的比常用1∶2～1∶4（对于粉土，以1∶2为宜）。石灰粉煤灰与细粒土的比例可以是30∶70～90∶10。采用石灰粉煤灰粒料作基层或底基层时，石灰与粉煤灰的配比常用1∶2～1∶4，石灰粉煤灰与级配粒料（中粒土和粗粒土）的配比可以是1∶6～1∶4，石灰粉煤灰与粒料的配比也可以是1∶1左右，但后者可能强度较低，裂缝较多。

（2）采用重型击实试验确定各种混合料的最佳含水量和最大干密度，至少做三个不同水泥或石灰剂量混合料的击实试验，即最小剂量、中间剂量和最大剂量。其他剂量混合料的最佳含水量和最大干密度用内插法确定。

（3）按工地预定达到的压实度，分别计算不同结合料剂量时试件应有的干密度。

（4）按最佳含水量和计算得到的干密度制备试件，进行强度试验。作为平行试验的试件数量应符合表4-6中的规定。如试验结果的偏差系数大于表中规定的值，则应重做试验，并找出原因，加以解决。如不能降低偏差系数，则应增加试验数量。

表4-6 最少的试验数量

稳定土类型	下列偏差系数时的试验数量		
	小于10%	10%～15%	小于20%
细粒土	6		
中粒土	6	9	
粗粒土		9	13

（5）试件在规定温度下保湿养生6d，浸水1d，进行无侧限抗压强度试验，试验温度为：冰冻地区（20±2）℃，非冰冻地区（25±2）℃。计算试验结果的平均值和偏差系数。

（6）根据表4-3的强度标准，选定合适的结合料剂量。按此剂量制作试件，室内试验结果的平均设计抗压强度满足式（4-1）要求：

$$R_a = R_d/(1 - Z_\alpha C_v) \tag{4-1}$$

式中 R_d——设计抗压强度；

C_v——试验结果的偏差系数（以小数计）；

Z_α——标准正态分布表中随保证率（或置信度 α）而变的系数。高等级公路上应取保证率95%，此时 $Z_\alpha = 1.645$。

工地实际采用的石灰或水泥剂量应较室内试验确定的剂量多0.5%～1.0%。

石灰土稳定碎石和石灰土稳定砂砾，仅对其中的石灰土进行组成设计，对碎石和砂砾，只要求它具有较好的级配。石灰土与碎石砂砾的质量比宜为1:4。二灰稳定粒料的组成设计，则应包括全部混合料（或25mm以下的粒料）。条件不具备时，可仅对二灰进行组成设计，确定二灰的配合比后，在二灰中掺入一定比例的粒料。

4.2　半刚性基层施工

在我国，高等级公路半刚性基层施工中，混合料的拌和方式有路拌法和厂拌法，其摊铺方式有人工和机械两种。从施工程序来看，一般是先通过修筑试验路段，制定标准施工方法后进行大面积施工。

在进行大面积施工之前，修筑一定长度的试验路段是很必要的。修筑试验路段，进行施工优化组合，可用以指导大面积施工，从而使整个工程施工质量高、进度快，经济效益显著。

修筑试验路段的任务是：检验拌和、运输、摊铺、碾压、养生等计划投入使用设备的可靠性；检验混合料的组成设计是否符合质量要求及各道工序的质量控制措施；提出用于大面积施工的材料配合比及松铺系数；确定每一作业段的合适长度和一次铺筑的合理厚度；提出标准施工方法。标准施工方法主要内容包括：集料与结合料数量的控制；摊铺方法；合适的拌和方法；拌和速度、拌和深度与拌和遍数；混合料最佳含水量的控制方法；整平和整形的合适机具与方法；压实机械的组合、压实的顺序、速度和遍数；压实度检查方法及每一作业段的最小检查数量。若采用集中厂拌和摊铺机摊铺，应解决好机械的选型与配套问题。

4.2.1　厂拌法施工

在厂拌法施工前，应先调试拌和设备。调试的目的在于找出各料斗闸门的开启刻度（简称开度）以确保按设计配合比拌和。先要测定各种原材料的流量－开度曲线，然后按厂拌设备的实际生产率及各种原材料的设计质量比计算各自的要求流量，从流量－开度曲线上可查出各个闸门的刻度。按得出的刻度试拌一次，测定其级配、含水量及结合料剂量，如有误差则个别调整后再试拌。一般试拌一两次即可达到要求。拌和生产中，含水量应略大于最佳值，使混合料运到现场摊铺后碾压时的含水量不小于最佳值，按照合同或规范要求，在拌和厂抽检混合料的配合比。将拌和好的混合料送到现场，如运距远，车上混合料应覆盖，以防水分损失过多。用平地机、摊铺机、摊铺箱或人工按松铺厚度摊铺均匀，如有粗细颗粒离析现象，应以机械或人工补充拌和，如果采用摊铺机施工，厂拌设备的生产率、运输车辆及摊铺机的生产率应尽可能配套，以保证施工的连续性。其他工序同路拌法。

高等级公路的半刚性基层施工多采用集中厂拌和摊铺机摊铺，修筑的基层平整度、高程、路拱、纵坡和厚度容易达到规范或合同的要求。

4.2.2　路拌法施工

半刚性基层或底基层路拌法施工的主要工序为：准备下承层—施工测量—备料—摊铺—拌和—整平与碾压成型—初期养护。

4.2.2.1　下承层准备与施工测量

施工前对下承层（底基层或土基）按质量验收标准进行验收，并精心加工。之后，恢复中线，直线段每20～25m设一桩，平曲线段每10～15m设一桩，并在两侧路面边缘外0.3～0.5m处设指示桩，在指示桩上用红漆标出基层（或底基层）边缘设计标高及松铺厚度的位置。

4.2.2.2 备料

所用材料应符合质量要求，并根据各路段基层（底基层）的宽度、厚度及预定的干密度，计算各路段需要的干燥集料数量。根据混合料的配合比、材料的含水量以及所用车辆的吨位，计算各种材料每车料的堆放距离，对于水泥、石灰等结合料，常以袋（或小翻斗车）为计量单位，故应计算出每袋结合料的堆放距离；也可根据各种集料所占的比例及其松干密度，计算每种集料松铺厚度，以控制集料施工配合比，而对结合料（水泥、石灰等）仍以每袋的摊铺面积来控制剂量。

4.2.2.3 摊铺与拌和

用平地机、推土机或人工按试验路段所求得的松铺系数进行摊铺，摊铺力求均匀。摊铺工作就绪后，就可使用稳定土路拌机进行拌和作业。路拌时，首先调整液压分配阀的控制手柄，使路拌机的工作装置渐渐深入混合料之中直至达到标尺要求的深度，这样拌和机就可以工作速度开始作业，工作速度以1.2～1.5km/h最为适宜。当然，不同的拌和条件，最佳拌和速度是不同的。在拌和开始阶段要反复检查拌和深度，是否留有“夹层”或切入下承层太深。拌和路线应自基层的最外沿向中心线靠拢。拌和中适时测定含水量，如含水量大于最佳值时，应进行自然蒸发，使含水量达到最佳值。若含水量小于最佳值，应补充洒水进行拌和。一般在摊铺洒水时，用水量应稍大些，这样可避免二次拌和所造成的浪费。

4.2.2.4 整平与碾压

拌和好的混合料以平地机整平，并刮出路拱，然后进行压实作业。无机结合料稳定类结构层应用12t以上的压路机碾压。用12～15t三轮压路机碾压时，每层的压实厚度不应超过15cm；用18～20t三轮压路机碾压时，每层的压实厚度不应超过20cm。对于稳定中粒土和粗粒土，采用能量大的振动压路机时，每层的压实厚度根据试验确定，压实厚度超过上述规定时，应分层铺筑，每层的最小压实厚度为10cm。压实应遵循先轻后重、先慢后快的原则。直线段，由两侧路肩向路中心碾压，即先边后中；平曲线段，由内侧路肩向外侧路肩进行碾压。

碾压过程中，如有“弹簧”、松散、起皮等现象，应及时翻开重新拌和，或用其他方法处理，使其达到质量要求。在碾压结束之前，用平地机再终平一次，使其纵向顺适，路拱和超高符合设计要求。终平应仔细进行，必须将局部高出部分刮除并扫出路外，对于局部低洼之处，不再进行找平，留待铺筑沥青层时处理。

4.2.2.5 养生与交通管理

重视保湿养生，养生时间应不少于7d。水泥稳定类混合料碾压完成后，即刻开始养生，二灰稳定类混合料是在碾压完成后的第二或第三天开始养生。养生期结束，应立即铺筑沥青面层或做下封层。基层上未铺封层或面层时，不应开放交通。当施工中断，临时开放交通时，也应采取保护措施。

4.2.3 施工中应注意的问题

4.2.3.1 施工季节

无机结合料稳定类结构层宜在春末或夏季组织施工，施工期的最低气温应在5℃以上，并保证在冻前有一定成型期，即第一次重冰冻（-3～5℃）到来之前的半月至一个月（水泥类）及一个月至一个半月（石灰与二灰类）完成。若不能完成则应覆盖土层以防冻融破坏。

在雨季施工水泥稳定类结构层时，应特别注意气候变化，勿使水泥混合料遭雨淋，并采取措施排除表面水，勿使运到路上的集料过分潮湿。

4.2.3.2　水泥稳定类材料施工作业长度的确定

确定水泥稳定类混合料的作业长度，应综合考虑水泥的终凝时间、延迟时间对施工质量的影响、施工机械的效率及气候条件等因素，并尽可能减少接缝。水泥稳定类混合料从拌和到碾压之间延迟时间宜控制在3～4h。必须延长延迟时间时，不应超过水泥终凝时间。因此，必须采用流水作业法，各工序必须紧密衔接，尽量缩短从拌和到完成碾压之间的延迟时间。一般情况下，每一流水作业段长以200m为宜。

4.2.3.3　路拌法施工中土与粉煤灰用量的控制

在二灰稳定类基层施工中，石灰剂量可以检测，土与粉煤灰的比例只能在施工中加以控制，若控制不好，不仅影响强度，还会使压实度检测失去意义。实际上，土与粉煤灰不同于砂砾和碎石，后者在装卸或摊铺过程中体积变化不大，而土和粉煤灰经装卸、运输和摊铺等，都会发生密度变化，室内测量的松干密度总是偏小。如用其松干密度计算虚铺厚度将使工地用量偏多。此外，工地的运土工具较杂，难以用堆土距离控制。因此，可用稳压厚度控制配比的方法，即固定稳压的压路机型及遍数，实测稳压后土及粉煤灰的干密度。反过来，通过抽检稳压厚度来控制土与粉煤灰的比例。

4.2.3.4　接茬处理

石灰、二灰稳定类基层施工中，两工作段的衔接处应搭接拌和。即前一段拌和后，留5～8m，不进行碾压。后一段施工时，将前段留下未压部分，一起再进行拌和。对于水泥稳定类基层，当天两工作段的衔接处理方法同前，但应对前一段未压部分再加水泥，重新拌和。当天最后一段水泥稳定类基层施工完后，将已压成段末端切成垂直断面，在第二天摊铺下段时，应在前一天余留未碾段内添加部分水泥，并与下段一起拌和。

拌和机及其他机械不宜在已成型的结合料稳定层上“调头”。若必须在其上“调头”，应采取保护措施（加铺覆盖层等）。

4.2.3.5　养生期

当半刚性基层分层施工时，下层碾压完后，可立即铺筑上层，不需专门的养生期，但在铺筑上层之前，应始终保持下层表面湿润。基层完工后，养生期一般不宜少于7d。

4.3　粒料类基层施工

粒料类基层按强度构成原理可分为嵌锁型与级配型。嵌锁型包括泥结碎石、泥灰结碎石、填隙碎石等；级配型包括级配碎石、级配砾石、符合级配的天然砂砾、部分砾石经轧制掺配而成的级配砾、碎石等。国外有些国家的高等级公路上用级配碎石或级配砾石修筑基层或底基层，级配碎石也可用作沥青面层与半刚性基层之间的联结层。

4.3.1　嵌锁型

嵌锁型基层，其强度主要依靠碎石颗粒之间的嵌锁和摩阻作用所形成的内摩阻力，而颗粒之间的黏结力是次要的，即这种结构层的抗剪强度主要取决于剪切面上的法向应力和材料内摩阻角。它由三项因素构成：（1）粒料表面的相互滑动摩擦；（2）剪切时体积膨胀而需克服的阻力；（3）粒料重新排列所受到的阻力。

研究表明：单一粒料在另一粗糙面但表面平整的粒料上滑动，其摩阻角大多小于30°；许多粒料相互紧密接触，沿某一剪切面相互变位时，因体积膨胀和粒料重新排列而多耗的功，可使摩阻角增至45°～50°。

因此，嵌锁型结构强度主要取决于石料的强度、形状、尺寸、均匀性、表面粗糙度以及施工时的压实程度。当石料强度高、形状接近立方体、有棱角、尺寸均匀、表面粗糙、压实度高时，基层的强度就高。

4.3.2 级配型

级配型粒料基层的强度和稳定性取决于内摩阻力和黏结力的大小。因此，其强度与稳定性在很大程度上取决于集料的类型（碎石、砾石或碎砾石）、集料的最大粒径和级配以及混合料中粒径0.55mm以下细料的含量及塑性指数。同时，还与其密实度有很大关系。因此，对级配型，主要控制最大粒径、细料含量及其塑性指数和现场压实度。

关于粒料类基层及材料质量要求和施工方法可参阅《公路路面基层施工技术规范》（JTJ 034—2000）。

4.4 基层质量控制与检查验收

4.4.1 基层质量控制

基层或底基层的质量控制可分为原材料标准试验、不同类型基层或底基层施工过程质量控制和外形尺寸管理三个方面。

4.4.1.1 原材料标准试验

在组织现场施工以前以及在原材料（包括土）或混合料发生变化时，必须对拟采用的材料进行规定的基本性质试验。以评定材料质量是否符合要求，土质是否适宜用水泥或石灰稳定。一般对用作基层或底基层的原材料，应按表4－7所列的试验项目及方法进行检验。对初步确定使用的基层或底基层混合料（包括掺配后不用结合料稳定的材料），应按表4－8所列的试验项目进行检验。

表4－7 底基层和基层原材料的试验项目

试验项目	材料名称	目 的	频 度	仪器和试验方法
含水量	土、砂砾、碎石等集料	确定原始含水量	每天使用前测2个样品	烘干法、酒精燃烧法、含水量快速测定仪
颗粒分析	砂砾、碎石等集料	确定级配是否符合要求，确定材料配合比	每种土使用前测2个样品，使用过程中每2000m³测2个样品	筛分法
液限、塑限	土、级配砾石或级配碎石中粒径0.5mm以下的细土	求塑性指数，审定是否符合规定	每种土使用前测2个样品，使用过程中每2000m³测2个样品	液限塑限联合测定法测液限；滚搓法塑限试验测塑限
相对毛体积密度、吸水率	砂砾、碎石等	评定粒料质量，计算固体体积率	使用前测2个样品，砂砾使用过程中每2000m³测2个样品，碎石种类变化重做2个样品	网篮法或容积1000mL以上的比重瓶法

续表 4－7

试验项目	材料名称	目　的	频　度	仪器和试验方法
压碎值	砂砾、碎石等	评定石料的抗压碎能力是否符合要求	使用前测 2 个样品，砂砾使用过程中每 $2000m^3$ 测 2 个样品，碎石种类变化重做 2 个样品	集料压碎值试验
有机质和硫酸盐含量	土	确定土是否适宜于用石灰或水泥稳定	对土有怀疑时做此试验	有机质含量试验，易溶盐试验
有效钙、氧化镁	石灰	确定石灰质量	做材料组成设计和生产使用时分别测 2 个样品，以后每月测 2 个样品	石灰的化学分析
水泥标号和终凝时间	水泥	确定水泥的质量是否适宜应用	做材料组成设计时测 1 个样品，料源或标号变化时重测	水泥胶砂强度检验方法，水泥凝结时间检验方法
烧失量	粉煤灰	确定粉煤灰是否适用	做材料组成设计前测 2 个样品	烧失量试验

表 4－8　底基层和基层混合料的试验项目

试验项目	目　的
重型击实试验	求最佳含水量和最大干密度，以规定工地碾压时的合适含水量和应该达到的最小干密度，确定制备强度试验和耐久性试验的试件所应该用的含水量和干密度；确定制备承载比试件的材料含水量
承载比	求工地预期干密度下的承载比，确定材料是否适宜作基层或底基层
抗压强度	进行材料组成设计，选定最适宜于用水泥或石灰稳定的土（包括粒料）；规定施工中所用的结合料剂量；为工地提供评定质量的标准
延迟时间	对已定水泥剂量的混合料，确定延迟时间对混合料密度和抗压强度的影响，并据此确定施工允许的延迟时间

4.4.1.2　施工过程质量控制

施工过程质量控制的主要项目有：含水量、集料级配、石料压碎值、结合料剂量、压实度、弯沉值等。表 4－9 中列出了主要测定频度和质量标准。

表 4－9　质量控制的项目、频度和质量标准

工程类别	项　目	频　度	质量标准
无结合料底基层	含水量	据观察，异常时随时试验	在规范规定范围内
	级　配	据观察，异常时随时试验	在规范规定范围内
	拌和均匀性	随时观察	无粗细集料离析现象
	压实度	每一作业段或不大于 $2000m^2$ 检查 6 次以上	96% 以上，填隙碎石以固体体积率表示，不小于 83%
	塑性指数	每 $1000m^2$ 1 次，异常时随时试验	小于规范规定值
	承载比	每 $3000m^2$ 1 次，据观察，异常时随时增加试验	不小于规范规定值

续表 4－9

<table>
<tr><th>工程类别</th><th colspan="2">项 目</th><th>频 度</th><th>质量标准</th></tr>
<tr><td>无结合料底基层</td><td colspan="2">弯沉值检验</td><td>每一评定段（不超过 1km）每车道 40～50 个测点</td><td>95%（二级及二级以下公路）或 97.7%（高速公路和一级公路）概率的上波动界限不大于计算得的容许值①</td></tr>
<tr><td rowspan="9">无结合料基层</td><td colspan="2">含水量</td><td>据观察，异常时随时试验</td><td>在规范规定范围内</td></tr>
<tr><td colspan="2">级 配</td><td>每 $2000m^2$ 1 次</td><td>在本规范规定范围内</td></tr>
<tr><td colspan="2">拌和均匀性</td><td>随时观察</td><td>无粗细集料离析现象</td></tr>
<tr><td colspan="2">压实度</td><td>每一作业段或不大于 $2000m^2$ 检查 6 次以上</td><td>级配集料基层 98%，中间层 100%，填隙碎石固体体积率 85%</td></tr>
<tr><td colspan="2">塑性指数</td><td>每 $1000m^2$ 1 次，异常时随时试验</td><td>小于规范规定值</td></tr>
<tr><td colspan="2">集料压碎值</td><td>据观察，异常时随时试验</td><td>不超过规范规定值</td></tr>
<tr><td colspan="2">承载比</td><td>每 $3000m^2$ 1 次，据观察，异常时随时增加试验</td><td>不小于规范规定值</td></tr>
<tr><td colspan="2">弯沉值检验</td><td>每一评定段（不超过 1km）每车道 40～50 个测点</td><td>95%（二级及二级以下公路）或 97.7%（高速公路和一级公路）概率的上波动界限不大于计算得的容许值</td></tr>
<tr><td rowspan="9">水泥或石灰稳定土及综合稳定土</td><td colspan="2">级配</td><td>每 $2000m^2$ 1 次</td><td>在规范规定范围内</td></tr>
<tr><td colspan="2">集料压碎值</td><td>据观察，异常时随时试验</td><td>不超过规范规定值</td></tr>
<tr><td colspan="2">水泥或石灰剂量</td><td>每 $2000m^2$ 1 次，至少 6 个样品，用滴定法或用直读式测钙仪试验，并与实际水泥或石灰用量校核</td><td>不小于设计值 －1.0%</td></tr>
<tr><td rowspan="2">含水量</td><td>水泥稳定土</td><td rowspan="2">据观察，异常时随时试验</td><td rowspan="2">在规范规定范围内</td></tr>
<tr><td>石灰稳定土</td></tr>
<tr><td colspan="2">拌和均匀性</td><td>随时观察</td><td>无灰条、灰团，色泽均匀，无离析现象</td></tr>
<tr><td rowspan="2">压实度</td><td>稳定细粒土</td><td rowspan="2">每一作业段或不大于 $2000m^2$ 检查 6 次以上</td><td>二级及二级以下公路 93% 以上，高速公路和一级公路 95% 以上</td></tr>
<tr><td>稳定中粒土和粗粒土</td><td>二级及二级以下公路的底基层 95%，基层 97%；高速公路和一级公路的底基层 96%，基层 98%</td></tr>
<tr><td colspan="2">抗拉强度</td><td>稳定细粒土，每一作业段或每 $2000m^2$ 6 个试件；稳定中粒土和粗粒土，每一作业段或每 $2000m^2$ 6 个或 9 个试件</td><td>符合规范规定要求</td></tr>
</table>

续表 4-9

工程类别	项目		频度	质量标准
石灰工业废渣稳定土	延迟时间		每个作业段1次	不超过本规范规定
	配合比		每 2000m² 1次	石灰剂量不小于设计值 -1%（当石灰剂量少于4%时，为不小于设计值 -0.5%）以内
	级配		每 2000m² 1次	在本规范规定范围内
	含水量		据观察，异常时随时试验	最佳含水量 ±1%（二灰土为 ±2%）
	拌和均匀性		随时观察	无粗细集料离析现象
	压实度	二灰土	每一作业段或不大于 2000m² 检查6次以上	二级及二级以下公路93%以上，高速公路和一级公路95%以上
		其他含粒料的石灰工业废渣		二级及二级以下公路底基层95%或93%，基层97%以上；高速公路和一级底基层97%或95%，基层98%以上
	抗压强度		稳定细粒土，每一作业段或每 2000m² 6个试件；稳定中粒土和粗粒土，每一作业段或每 2000m² 6个或9个试件	符合规定要求

4.4.1.3 外形尺寸管理

外形尺寸主要靠日常管理。外形管理的测量频度和质量标准列于表4-10中。质量控制的项目、频度和质量标准应符合表4-9的要求。

表4-10 外形管理的测量频度和质量标准

工程类别	项目		频度	质量标准	
				高速公路和一级公路	一般公路
底基层	纵断高程/m		二级及二级以下公路每20延米①1点；高速公路和一级公路每20延米1个断面，每个断面3~5个点	+5，-15	+5，-20
	厚度/mm	均值	每 1500~2000m² 6个点	-10	-12
		单个值		-25	-30
	宽度/mm		每40延米1处	+0以上	+0以上
	横坡度/%		每100延米3处	±0.3	±0.5
	平整度/mm		每200延米2处，每处连续10尺（3m直尺）	12	15

续表 4－10

工程类别	项目		频度	质量标准	
				高速公路和一级公路	一般公路
基层	纵断高程/m		二级及二级以下公路每 20 延米 1 点；高速公路和一级公路每 20 延米 1 个断面，每个断面 3～5 个点	+5，－10	+5，－15
	厚度/mm	均值	每 1500～2000m² 6 个点	－8	－15
		单个值		－10	－20
	宽度/mm		每 40 延米 1 处	+0 以上	+0 以上
	横坡度/%		每 100 延米 3 处	±0.3	±0.5
	平整度/mm		每 200 延米 2 处，每处连续 10 尺（3m 直尺）	8	12
			连续式平整度仪的标准差/mm	3.0	

① 沿纵向每延长 20m。

对于无机结合料稳定基层，应取钻件（俗称路面芯样）检验其整体性。水泥稳定基层的龄期 7～10d 时，应能取出完整的钻件。二灰稳定基层的龄期 20～28d 时，应能取出完整的钻件。

如果路面钻机取不出水泥稳定基层或二灰稳定基层的完整钻件，则应找出不合格基层的界限，进行返工处理。

4.4.2 检查验收

检查验收的目的是判定完成的路面结构层是否满足设计文件与施工规范的要求。

基层或底基层检查内容包括竣工后的外形、质量，通常以 1km 长的路段为评定单位，采用大流水作业法施工时，也可以每天完成的段落为评定单位。抽样检查必须是随机的，不能带有任何倾向性。竣工工程外形的检查项目、频率和质量标准值见表 4－11。

表 4－11 竣工工程外形的检查项目、频度和质量标准值

工程类别	项目		频度	质量标准	
				高速公路和一级公路	二级和二级以下公路
路基	高程/mm		每 200m 4 点	+10，－15	+10，－20
	宽度/mm		每 200m 4 个断面	不小于设计值	不小于设计值
	横坡度/%		每 200m 4 个断面	±0.5	±0.5
	平整度/mm		每 200m 2 处，每处连续 10 尺（3m 直尺）	≤15	≤20
底基层	高程/mm		每 200m 4 点	+5，－15	+5，－20
	厚度/mm	均值	每 200m 每车道 1 点	－10	－12
		单个值		－25	－30
	宽度/mm		每 200m 4 个断面	+0 以上	+0 以上
	横坡度/%		每 200m 4 个断面	±0.3	±0.5
	平整度/mm		每 200m 2 处，每处连续 10 尺	12	15

续表 4-11

工程类别	项目		频度	质量标准	
				高速公路和一级公路	二级和二级以下公路
基层	高程/mm		每 200m 4 点	+5，-10	+5，-15
	厚度/mm	均值		-8	-10
		单个值		-15	-20
	宽度/mm		每 200m 4 个断面	+0 以上	+0 以上
	横坡度/%		每 200m 4 个断面	±0.3	±0.5
	平整度/mm		每 200m 2 处，每处连续 10 尺	8	12
			连续式平整度仪的标准差（mm）	3.0	

厚度检查后，应按式（4-2）和式（4-3）分别计算其平均值 $\overline{X}$ 和标准差 S：

$$\overline{X} = \frac{X_1 + X_2 + \cdots + X_n}{n} \tag{4-2}$$

$$S = \sqrt{\frac{(X_2 - \overline{X})^2 + (X_2 - \overline{X})^2 + \cdots + (X_n - \overline{X})^2}{n-1}} \tag{4-3}$$

式中 X_l，X_2，…，X_n——每次检查得的厚度值；

n——检查数量。

按式（4-4）计算算术平均值的下置信限 $\overline{X}_L$：

$$\overline{X}_L = \overline{X} - t_\alpha \frac{S}{\sqrt{n}} \tag{4-4}$$

式中 t_α——t 分布表中随自由度和保证率（或置信度 α）而变的系数，对高速公路和一级公路应取保证率 99%，对其他公路可取保证率 95%。

厚度平均值的下置信限（$\overline{X}_L$）应不小于设计厚度减去均值允许误差，应按表 4-12 对工程质量进行检查验收。

表 4-12 质量合格标准值

工程类别	检查项目	检查数量	标准值	极限低值
路 基	压实度	200m 4 处（灌砂法）	重型压实标准，二级和二级以下公路 93% 以上，高速公路和一级公路不小于 95%	二级和二级以下公路 88%，高速公路和一级公路 90%
	碾压检验①	全面随时	无“弹簧”现象	
	弯沉值	第一评定段（不超过 1km）每车道 40~50 个测点②		
无结合料底基层	压实度	6~10②处	96%	92%
	弯沉值	每车道 40~50 个测点②		
级配碎石（或砾石）	压实度	6~10②处	基层 98%	94%
			底基层 96%	92%
	颗粒组成	2~3②	规定级配范围	
	弯沉值	每车道 40~50 个测点②		

续表 4-12

工程类别	检查项目	检查数量	标准值	极限低值
填隙碎石	压实度（固体体积率）	6~10②处	基层 85%	82%
			底基层 83%	80%
	弯沉值	每车道 40~50 个测点②		
水泥土、石灰土、二灰、二灰土	压实度	6~10②处	93%（95%）	89%（91%）
	水泥或石灰剂量/%	3~6②处	设计值	水泥 1.0% 石灰 2.0%
水泥稳定土、石灰、稳定土、石灰工业废渣稳定土	压实度	6~10②处	基层 98%（97%）	94%（93%）
			底基层 96%（95%）	92%（91%）
	颗粒组成	2~3	规定级配范围	
	水泥或石灰剂量/%	3~6②处	设计值	设计值 -1.0%

①对于路基，碾压检验是最重要的。用重型压路机在准备验收的路基上错轮碾压 3~4 遍，能暴露潜在的薄弱位置，以便及时进行必要的处理。

②以每天完成段落为评定单位时，检查数量可取低值，以 1km 为评定单位时，检查数量应取高值。

测量弯沉后，考虑一定保证率测量值的上波动界限按式（4-5）计算：

$$l_r = \bar{l} + Z_\alpha S \tag{4-5}$$

式中 l_r——测量值的上波动界限（即代表弯沉值）；

$\bar{l}$——标准车测得的弯沉的平均值；

Z_α——与要求保证率有关的系数，高速公路和一级公路可取 $Z_\alpha = 2.0$；二级公路取 $Z_\alpha = 1.645$；二级以下公路取 $Z_\alpha = 1.5$。

在计算观测值的平均值和标准差时，可将超出$[\bar{l} \pm (2\sim3)S]$的弯沉特异值舍弃。舍弃后，计算所得的代表弯沉值应不大于容许的弯沉值。

对舍弃的弯沉值过大的点，应找出其周围界限，并进行局部处理。

压实度检查后，其下置信限$\overline{K}_L$应不小于标准值 K_d。

水泥或石灰剂量测定后，其下置信限应不小于设计值。对超出极限值的点，应找出其范围并进行局部处理。

思 考 题

1. 按土颗粒大小，无机结合料稳定土分为几种？
2. 简述稳定土混合料组成设计的方法步骤。
3. 修筑试验路的任务和目的是什么？
4. 标准施工方法主要包括哪些内容？
5. 如何进行厚度检验？

5　沥青路面施工

【本章概要】

本章首先简明地介绍了沥青混合料组成、热拌沥青混合料的类型及其组成设计方法；重点介绍了热拌沥青混合料施工工艺，包括拌和、运输、摊铺、碾压、接茬等几个部分；最后介绍了沥青路面施工竣工验收和质量检验相关内容。

【关键词】

热拌沥青混合料，配合比设计，拌和，运输，摊铺作业，接茬处理，碾压成型，质量检验，竣工验收

【章节重点】

本章重点掌握热拌沥青混合料类型、配合比设计以及施工工艺，包括拌和、运输、摊铺、碾压、接茬等施工技术。

沥青路面是采用沥青材料作结合料，黏结矿料或混合料修筑面层的路面结构。沥青路面由于使用了黏结力较强的沥青材料作结合料，不仅增强了矿料颗粒间的黏结力，而且提高了路面的技术品质，使路面具有平整、耐磨、不扬尘、不透水、耐久等优点。由于沥青材料具有弹性、黏性、塑性，当汽车通过时，震动小、噪声低、略有弹性、平稳舒适，是高等级公路的主要面层。

沥青路面的缺点是：易被履带车辆和尖硬物体所破坏；表面被磨光而影响安全，温度稳定性差，夏天易软、冬天易脆并产生裂缝。此外，铺筑沥青面层受气候和施工季节的限制。雨天不宜铺筑各种沥青面层，冰冻地区在气温较低时铺筑沥青面层难以保证质量。

5.1　材料质量要求

沥青混合料是由矿料与沥青结合料拌和而成的混合料的总称。

按密实级配的原则构成的沥青混合料的结构强度，是以沥青与矿料之间的黏结力为主，矿料的嵌挤力和内摩阻力为辅而构成的。沥青混凝土属于此类。这类沥青混合料的结构强度受温度的影响较大。按级配原则构成的沥青混合料，其结构通常有三种方式组，即悬浮密实结构、骨架空隙结构、骨架密实结构。

沥青材料有道路石油沥青、软煤沥青、液体石油沥青等。沥青混合料所用的矿料有碎石、轧制砾石、石屑、砂和矿粉。其技术标准和质量要求可参阅《公路沥青路面施工技术规范》(JTG F40—2004)。

5.2　热拌沥青混合料路面施工

热拌沥青混合料在热态下铺筑施工成型的路面，称为热拌沥青混合料路面。

5.2.1 混合料的选用

沥青路面各层使用沥青混合料的类型是个非常重要的问题。应根据不同地区道路等级及所处层位的功能性要求，参考表 5－1 选择适当的结构组合，并应符合下列原则：

（1）要综合考虑满足耐久性、抗车辙、抗裂、抗水损害能力、抗滑性能等多方面要求、根据施工机械、工程造价等实际情况选择沥青混合料的种类。

（2）沥青混凝土混合料面层宜采用双层或三层式结构，其中必须有至少一层为密级配混凝土混合料。如各层均采用沥青碎石混合料时，沥青面层必须做下封层。

（3）多雨潮湿地区的高速、一级公路的上面层宜采用抗滑表层混合料，其他等级公路及少雨干燥地区的高速、一级公路可采用密级配沥青混凝土混合料作表层。

（4）沥青面层的集料最大粒径应从上至下逐渐增大，中粒式及细粒式用于上面层，粗粒式只能用于中、下面层，砂粒式仅适用于非机动车道。

（5）上面层沥青混合料的集料最大粒径不应超过层厚的 1/2，中、下面层及联结层的集料最大粒径不应超过层厚的 2/3。

（6）高速公路的硬路肩沥青面层应采用密级配沥青混凝土混合料作表层。

表 5－1 热拌沥青混合料类型

混合料类型	密级配			开级配		半开级配	公称最大粒径/mm	最大粒径/mm
	连续级配		间断级配	间断级配				
	沥青混凝土	沥青稳定碎石	沥青马蹄脂碎石	排水式沥青磨耗层	排水式沥青碎石基层	沥青碎石		
特粗式		ATB－40			ATPB－40	—	37.5	53.0
粗粒式		ATB－30			ATPB－30	—	31.5	37.5
	AC－25	ATB－25			ATPB－25	—	26.5	31.5
中粒式	AC－20		SMA－20			AM－20	19	26.5
	AC－16		SMA－16	OGFC－16		AM－16	16	19.0
细粒式	AC－13		SMA－13	OGFC－13		AM－13	13.2	16.0
	AC－10		SMA－10	OGFC－10		AM－10	9.5	13.2
砂粒式	AC－5						4.75	9.5
设计空隙率	3～5	3～6	3～4	>18	>18	6～12		

5.2.2 混合料配合比设计

沥青混合料配合比设计的主要任务就是确定粗集料、细集料、矿粉和沥青材料相互配合的最佳组成比例，使之既能满足沥青混合料的技术要求又符合经济的原则。

连续级配沥青混合料配合比设计是以马歇尔试验为主，并通过车辙试验对抗车辙能力进行辅助检验，沥青混合料 60℃时车辙试验的动稳定度高速公路不小于 800 次/毫米（较热地带不小于 1000 次/毫米），一级公路不小于 600 次/毫米。沥青碎石混合料的配合比设计应根据以往的实践经验经过试铺论证决定，马歇尔试验的结果仅供参考。

连续级配的沥青混合料配合比设计，通常按下列两个步骤进行。

（1）根据沥青混合料的矿料最佳级配范围，计算各组成矿料的配合比。矿料的最佳级配范围可以通过理论计算方法结合生产实践经验予以确定。

实际施工时，往往人工轧制的各种矿料的级配很难完全符合某一级配的范围。这就必须采用两种或两种以上符合质量要求的矿料，分别进行筛析试验，并测定各种矿料的相对密实度。根据各种矿料的颗粒组成，确定达到级配曲线要求时各种矿料的配比，并按配比配合起来，以满足级配要求。矿料配比确定方法有试算法、正规方程法、图解法等。

（2）确定最佳沥青用量。现行规范采用马歇尔试验确定沥青混合料的最佳沥青用量，以OAC表示。

沥青掺量可以采用油石比或沥青用量两种表达方式。油石比是指沥青占矿料总量的百分比；沥青用量是指沥青占沥青混合料总量的百分比。确定最佳沥青用量，首先应根据当地的实践经验选择适宜的沥青用量，分别制作几组级配的马歇尔试件，初选一组满足或接近设计要求的级配作为设计级配，再进行马歇尔试验确定最佳沥青用量。

5.2.3　施工

5.2.3.1　施工准备与要求

施工前的准备工作主要有拌和设备选型与配套、拌和厂选址与布置、下承层准备与施工放样等工作。

A　拌和设备的选型及场地布置

a　拌和设备选型

通常根据工程量和工期选择拌和设备的生产能力和移动方式，同时要求其生产能力应和摊铺能力相匹配，不应低于摊铺能力，最好高于摊铺能力5%左右。高等级公路沥青路面施工，应选用拌和能力较大的设备。生产能力大的设备，其单位产品所消耗的人工、燃料和易损配件等费用较低。当然，生产能力大的设备，价格（一次性投资）也较高，但它们之间并不成比例关系。一般来说，生产能力增大一倍，设备的价格不会超过其原价的1/3。如果一台生产能力大的设备使用寿命按十年计算（十年折旧完），在这十年使用期中，仅节约燃料一项就可补偿购买大型设备所增加的投资及因此所付的利息。但是如果生产能力超过原材料的供应能力和摊铺机的摊铺能力，搅拌设备不能满负荷工作，也会造成浪费。目前，应用较多的是生产率在300t/h以下的拌和设备。

b　拌和厂的选址与布置

固定式沥青混合料拌和厂一般包括原材料存放场地，沥青储存、熔化及加热设备、搅拌设备、试验室及办公用房（有的还有宿舍）等。在设计时，首先要选择厂址并确定场地面积。沥青混合料拌和合场工作时会产生较大的粉尘与噪声等，因此，厂址不宜选在目前和将来的居民区，但是又要满足拌和时供电和给排水的要求。厂址离施工工地以在2h运距之内为佳。此外，厂址还应处于主交通干线或至少有7m宽路面道路的旁边。

半固定式沥青混合料拌和设备总体布置的原则是：将各个组成部分分别安装在多辆平板挂车上，能够以最短的时间和最少的劳力迅速拆卸、转运和重新安装，并投入生产。所用平板挂车都是为适应不同组成部分的安装和运输面特别设计制造的。

移动式沥青混合料拌和设备一般都是小型的，且大多是用来拌制沥青碎石混合料。因此，其各组成部分较为简单，可以全部安装在一辆特制的平板挂车上。

B　下承层准备与施工放样

a　下承层准备

沥青路面的下承层是指基层、联结层或面层下层。下承层完成之后，虽已进行过检查验收，但在两层施工的间隔，很可能因下雨、施工车辆通行等而使其发生不同程度的损坏。如基层可能出现软弹和松散或表面浮尘等，需对其进行维修。沥青类联结层下层表面可能泥泞，需对其进行清洗。下承层表面出现的任何质量问题，都会影响到路面结构的层间结合以至路面整体强度。对下承层缺陷处理后，即可洒透层、粘层或封层。

b 施工放样

施工放样包括标高测定与平面控制两项内容。标高测定的目的是确定下承层表面高程与原设计高程相关的确切数值，以便在挂线时纠正到设计值或保证施工层厚度。根据标高值设置挂线标准桩，以控制摊铺厚度和标高。标高放样应考虑下承层标高差值（设计值与实际标高值之差）、厚度和本层应铺厚度。综合考虑后定出挂线桩顶的标高，再打桩挂线。当下承层厚度不够时，应在本层内加入厚度差并兼顾设计标高。如果下承层厚度够而标高低时，应根据设计标高放样。如果下承层的厚度与标高都超过设计值时，应按本层厚度放样。若厚度和标高都不够时，应以差值大的为标准放样。总之，不但要保证沥青路面总厚度，而且要考虑标高不超出容许范围。当两者矛盾时，应以满足厚度为主考虑放样，放样时计入实测的松铺系数。

5.2.3.2 拌和与运输

A 一般要求

沥青混合料宜在拌和厂（场）制备。在拌制一种新配合比的混合料之前，或生产中断了一段时间后，应根据室内配合比进行试拌。通过试拌及抽样试验确定施工质量控制指标。

对间歇式拌和设备，应确定每盘热料仓的配合比。对连续式拌和设备（对不能保证均匀进料和连续计量或矿粉损失较多的连续式拌和设备，不得用于沥青混凝土混合料的拌制），应确定各种矿料送料口的大小及沥青和矿料的进料速度。

沥青混合料应按设计沥青用量进行试拌，试拌后取样进行马歇尔试验，并将其试验值与室内配合比试验结果进行比较，验证设计沥青用量的合理性，必要时可作适当调整，确定适宜的拌和时间。间歇式拌和设备每盘拌和时间宜为30~60s，以沥青混合料拌和均匀为准。

确定适宜的拌和与出厂温度：沥青混合料各种材料的加热和出厂温度可按《公路沥青混合料施工技术规范》中规定的范围选用。

根据配料单进行沥青混合料的拌制，严格控制各种材料用量及其加热温度。拌和后的沥青混合料应均匀一致，无花白、无离析和结团成块等现象。

沥青混合料用自卸汽车运至工地，车箱底板及周壁应涂一薄层油水（柴油：水为1:3）混合液。运输车辆应覆盖，运至摊铺地点的沥青混合料温度不宜低于130℃（煤沥青混合料不宜低于90℃）。运输中尽量避免急刹车，以减少混合料离析。

B 生产组织

沥青混合料的生产组织包括矿料、沥青供应和混合料运输两方面，任何一方面组织不好都会引起停工。

材料供给所用矿料符合质量要求，储存量应为平均日用量的5倍，堆料场应加遮盖，以防雨水。研究表明：矿料含水量的多少对设备生产能力的影响很大，矿料的含水量大则意味着烘干与加热费时，生产能力降低，燃料消耗率增加。

拌和设备其各组成部分的启动，应按料流方向顺序进行。待各部分空运转片刻，确认工作良好时，才可开始上料，进行负荷运转。

通常用装载机将不同规格的矿料投入相应的料仓，在拌和设备运行中要经常检查矿石料仓储料情况。如果发现各斗内的储料不平衡时，应及时停机，以防满仓或储料串仓。

拌和设备在停机之前应先停止供给砂石料并少上矿粉，使滚筒空转 3～5min，待筒内出完余料再停止筒的转动。在筒空转时还应加大喷燃器的风门，尽快驱除筒内的废气，并使筒冷却，然后关闭喷燃器的油门和燃油泵的总油门。停机后矿粉仓和矿粉升运机内不得有余料，在停止搅拌前应先停止喷沥青，将进入搅拌器内的余料干拌几分钟后放净，以便刷净搅拌器内的残余沥青。拌和设备在每次作业完毕后都必须立即用柴油清洗，以防止沥青堵塞管路。

沥青混合料成品应及时运往工地。车辆数量必须满足拌和设备连续生产的要求，不能因车辆少而临时停工。为了精确控制材料，在全自动拌和厂，载料车出厂时应进行称重，常用磅秤或使用拌和厂的自动称量系统。为了不因特殊事故或其他原因而使设备停工，拌和设备应有足够的混合料成品储仓。

C　拌和质量检测

质检人员必须在料车装料过程中和离开拌和厂前往摊铺工地途中经常进行目测。

对于温度测试，直观检验固然很重要，但检验人员必须进行测定。沥青混合料的温度还常在料车上测出。较理想的方法是使用有度盘和铠装枢轴的温度计，将枢轴从车箱一侧的预留孔中插入混合料中，使之达到足够的深度（至少 15cm），混合料直接与枢轴接触，可测出料温。也可用手枪式红外测温计进行测定。

沥青混合料的取样与测试是拌和厂进行质量控制最重要的两项工作。

检测人员必须保留详细的检验记录。这些记录将成为施工和工程用量的历史记录，也是日后研究和评价该项工程的依据。每项工程都必须记日志，记录工程编号、拌和厂位置、拌和设备的类型和型号、原材料来源、主要工作人员姓名以及其他数据。还应记录日期和当天的气象情况及拌和厂的主要活动和日常工作。对异常情况，特别是对沥青混合料可能产生不利影响的情况必须进行说明。

造成沥青混合料拌和质量缺陷的原因十分复杂，表 5－2 列出了可能出现的问题及原因。它能帮助拌和厂技术人员有效地控制生产质量。

表 5－2　沥青混合料拌和中可能出现的问题及原因

原因	沥青含量不符合要求	集料等级不符合要求	混合料中的细料过量	无法保持均匀的温度	料车所载质量与所拌的质量不符合	料车中的沥青混合料呈游离状态	料车中的混合料粉尘呈游离状态	大骨料未被沥青裹覆	料车内混合料不均匀	料车一边混合料沥青过量	料车内的混合料无光泽	混合料明显老化	混合料呈深褐色或深灰色	混合料中沥青过量	料车内沥青混合料冒烟	料车内沥青混合料冒水蒸气	料车内沥青混合料色泽灰暗
矿料含水量过大				A				A					A			A	
料仓分隔不严		A	A														
矿料进料口设置不当	A	A	A														
烘干机超负荷运行				A				A					A			A	
烘干机位置太陡				A				A					A			A	
烘干机操作不当				A				A			A	A	A			A	

续表 5－2

原因	沥青含量不符合要求	集料等级不符合要求	混合料中的细料过量	无法保持均匀的温度	料车所载质量与所拌的质量不符合	料车中的沥青混合料呈游离状态	料车中的混合料粉尘呈游离状态	大骨料未被沥青裹覆	料车内混合料不均匀	料车一边混合料沥青过量	料车内的混合料无光泽	混合料明显老化	混合料呈深褐色或深灰色	混合料中沥青过量	料车内沥青混合料冒烟	料车内沥青混合料冒水蒸气	料车内沥青混合料色泽灰暗
温度指示器未调准				A				A				A	A		A	A	A
矿料温度过高				A								A			A		A
筛网破损		B													A		A
筛网工作故障		B	B						B				B				
溢料溜槽失灵		B	B						B								
料斗渗漏		B	B		B				A								
料斗内矿料离析		A	A						A								
筛网超载（料过满）		A	A						A								
矿料规格未作调整	B	B	B		B	B			B					B			
矿料不准	B	B	B		B	B			B								
矿粉供料不均		B	B						B					B			
热料斗矿粉不足		A	A						A					A			
称量次序不对							B		B	B							
沥青用量不足	A							A					A				A
沥青用量过多	A					A					A			A			
矿料中沥青分布不均	A					A		A	A	A	A			A			
沥青称量不准	B					B		B	B		B			B			
沥青计量器不准	C					C		C	C		C			C			
拌和数量过多或过少	B	B	B		B	B		B		B	B		B	B			
拌和时间不适	B		B					B	B	B							
出料口安装不当或叶片破损	B	B				B		B	B	B							
卸料口故障		B					B		B								
沥青和矿料供应不协调	C	C	C			C		C	C		C		C	C			
料斗中混入灰尘	D	B	B			C		B									A
拌和设备作业不稳定				A			A	A	A	A	A	A	A	A	A	A	A
取样错误		A	A	A													

注：A 为适合于传统间歇式拌和设备和滚筒式拌和设备；B 为适合于传统间歇式拌和设备；C 为适合于滚筒式拌和设备。

5.2.3.3 摊铺作业

A 摊铺沥青混合料的一般要求

摊铺时应先检查摊铺机的熨平板宽度和高度是否适当，并调整好自动找平装置。有条件时，尽可能采用全路幅摊铺，如采用分路幅摊铺，接茬应紧密、拉直，并宜设置仰角控制厚度。双层式沥青混凝土面层的上下层铺筑宜在当天内完成，如间隔时间较长，下层受到污染的路段，铺筑上层前应对下层进行清扫，并浇洒粘层沥青。摊铺时，石油沥青混合料温度不应低于100℃。摊铺厚度应为设计厚度乘以松铺系数，沥青温合料的松铺系数通过试铺碾压确定，也可按沥青混凝土混合料：1.15～1.35（人工摊铺1.25～1.50），沥青碎石混合料：1.15～1.30（人工摊铺：1.20～1.45）取值，细粒式沥青混合料取上限，粗粒式混合料取下限。摊铺后应检查平整度及路拱，发现问题及时修整。

施工气温在5℃以下或冬季气温虽在5℃以上，但有大风时，运输沥青混合料用的车辆宜采用覆盖设备保温。石油沥青混合料到达工地温度不低于140℃。摊铺时间宜在上午9时至下午4时进行，应做到快卸料、快摊铺、快整平、快碾压。摊铺机的熨平板及其他接触热沥青混合料的机具要经常加热。在摊铺沥青混合料前，应对接茬处已被压实的沥青层进行预热，沥青混合料摊铺后，在接茬处用热夯夯料、热烙铁熨平，并使压路机沿缝加强碾压。

雨季施工时，应注意气象预报，加强工地现场与拌和厂联系，现场应缩短施工路段，各工序要紧密衔接。运料车和工地应备有防雨设施，并做好基层及路肩的排水工作。

B 摊铺机参数的调整与选择

摊铺机参数包括结构参数和运行参数两大部分。在摊铺前，根据施工要求需调整和选择摊铺机的结构参数有：熨平板宽度和拱度，摊铺厚度与熨平板的初始工作仰角。运行参数主要指摊铺速度。

a 熨平板宽度与拱度的调整

为了减少摊铺次数，每一条摊铺带的宽度应该按该型号摊铺机的最大摊铺宽度来考虑。宽带为 B 的路面所需横向摊铺的次数 n 按式（5-1）计算：

$$n=\frac{B-x}{b-x} \tag{5-1}$$

式中 B——路面宽度，m；

b——摊铺机熨平板的总宽度，m；

x——相邻摊铺带的重叠量，m；一般 $x=0.025\sim0.08$m。

式（5-1）的意义是，路面的宽度应为摊铺机总摊铺宽度减去重叠量后的整倍数。如果 n 值不能满足整数时，则尽可能在减少摊铺次数的前提下，使所剩的最后一条摊铺带的宽度不小于该摊铺机的标准摊铺宽度。实在不足时只好采用切割装置来切窄摊铺带。

熨平板宽度调整之后，要调整其拱度。各种型号摊铺机的调拱机构大致相同，调整后可在标尺上直接读出拱度的绝对数值或横坡百分数。调整好拱度后要进行试铺校验，必要时再次调整。一些大型摊铺机，常设计有前后两副调拱机构，这种双调拱机构，其前拱的调节量略大于后拱。这样有利于改善摊铺层的表面质量和结构致密的均匀性。只有前后拱符合规定时，才能获得满意的摊铺效果。一般人工拼接调整宽度的熨平板，其前后拱之差为3～5mm，液压伸缩调整宽度的熨平板，差值为2～3mm。

b 摊铺厚度的确定和熨平板初始工作仰角的调整

摊铺工作开始前要准备两块长方垫木，以此作为摊铺厚度的基准。垫木宽5～10cm，长与熨平板纵向尺寸相同或稍长，厚度为松铺厚度。将摊铺机停置于摊铺带起点的平整处后，抬起熨平板，把两块垫木分别置于熨平板两端的下面，如图 5-1 所示。如果熨平板加宽，垫木则放在加宽部分的近侧边处。

垫木放好后，放下熨平板，让其提升油缸处于浮动状态。然后，转动左右两只厚度调节螺杆，使它们处于微量间隙的中立位置。此时，熨平板以其自重落在垫木上。

熨平板放置妥当后，接着调整其初始工作仰角。此仰角视机型、铺层厚度、混合料种类和温度等因素的不同而异，各机型在使用说明书中都有规定。

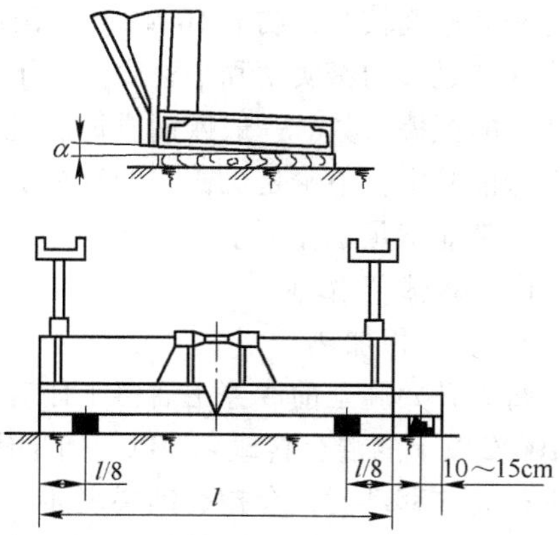

图 5-1　摊铺厚度的确定方法

多数摊铺机上装有手动调整机构，用以调整初始工作仰角。调节得正确与否，只能通过实际摊铺的厚度去检验。每调整一次，必须在 5m 范围内作多点厚度检验，取其均值，与设计值比较。一次调整之后，在测定均值之前，不得作任何调整。对于凹凸不平较大的下承层，几处测量仍难求得正确的厚度值时，可从摊铺的面积和所使用的混合料数量求出每平方米所用混合料的质量，以此与规定的密度作比较，就可确定摊铺厚度要不要再次调整。所铺的实际平均厚度可按式（5-2）计算：

$$T=\frac{100m}{\rho LW} \tag{5-2}$$

式中 T——摊铺层压实成型后的平均厚度，cm；

m——摊铺的沥青混合料总质量，t；

ρ——压实成型后沥青混合料密度，t/m^3，一般为 2.35t/m^3；

L——摊铺段长度，m；

W——摊铺宽度，m。

摊铺厚度还直接与刮板输送器的生产能力有关。在实际施工过程中，如果知道刮板输送器的生产能力，又知道最大摊铺宽度，就可方便地调整摊铺厚度。

c　摊铺机作业速度的选择

摊铺机的作业速度对摊铺机的作业效率和摊铺质量影响极大。现代摊铺机都具有较宽的速度变化范围，从零值到每分钟数十米之间，可进行无级调节。如果摊铺机时快时慢、时开时停将导致熨平板受力系统平衡变化频繁，会对铺层平整度和密实度产生很大影响。作业速度过快使铺层疏松、供料困难，停机会使铺层表面形成台阶状，且料温下降，不易压实。

选择摊铺速度的原则是保证摊铺机连续作业。首先要考虑供料能力，包括沥青混合料拌和设备的生产能力和运输车辆的运输能力。供料能力应使摊铺机在规定速度下连续作业。因此，合理的摊铺速度可根据混合料供给能力、摊铺宽度和厚度按式（5-3）求得：

$$v=\frac{100QC}{60\rho WT} \tag{5-3}$$

式中 v——摊铺机摊铺速度，m/min；

Q——拌和机产量，t/h；

C——效率系数，根据材料供应、运输能力等配套情况确定，宜为 0.6～0.8；

ρ——沥青混合料压实成型后的密度，t/m^3，一般取 2.35t/m^3；

W——摊铺宽度，m；

T——压实后的摊铺厚度，cm。

实际上，摊铺速度还因所用混合料种类、温度及铺筑的层次不同而有所区别。一般面层下层的摊铺速度较快，约为10m/min；面层上层的摊铺速度较慢，为2～6m/min。这是为了使面层能获得足够的密实度和平整度。对于薄层罩面，更要慢些。因为机械前进速度慢，铺层可得到较多的振捣次数。一般摊铺机每前进1m，振动梁的振捣次数不少于200次，在现代沥青混合料摊铺机中，不论是机械式的有级变速，还是液压式的无级变速，摊铺工作速度以及振捣梁的频率都能满足工作要求。

C 摊铺机作业

a 熨平板加热

每天开始施工前或停工后再工作时，应对熨平板进行加热，即使夏季热天也必须如此。因为100℃以上的混合料碰到30℃以下的熨平板底面时，将会冷粘在板底上、这些黏附的粒料随熨平板向前移动时，会拉裂铺层表面，形成沟槽和裂纹。如果先对熨平板进行加热，则加热后的熨平板可对铺层起到熨烫的作用，从而使路面表面平整无痕。在连续摊铺过程中，当熨平板已充分受热时，可暂停对其加热。但对于摊铺低温混合料和沥青砂，熨平板则应连续加热，以使板底对材料经常起熨烫的作用。

b 摊铺机供料机构操作

摊铺机供料机构包括刮板输送器和向两侧布料的螺旋摊铺器两部分。两者的工作应相互密切配合，工作速度要相匹配。工作速度确定后，还要力求保持其均匀性，这是决定路面平整度的一项重要因素。

刮板输送器的运转速度及闸门的开启度共同影响向摊铺室的供料量。通常刮板输送器的运转速度确定后就不大变动了，因此，向摊铺室的供料量基本上依靠闸门的开启高度来调节的。在摊铺速度恒定时，闸门开度过大，会使螺旋摊铺室中部积料过多，形成高堆，造成螺旋摊铺器的过载并加速其叶片的磨损；同时也增加熨平板的前进阻力，破坏熨平板的受力平衡，使熨平板自动向上浮起，铺层厚度增加。如果关小阀门或暂停刮板输送器的运转，掌握不好，也会使摊铺室内的混合料突然减少，中部形成下陷状（料的高度降低），其密实度及熨平板的阻力减小，同样会破坏熨平板的受力平衡，使熨平板下沉，铺层厚度减小。

摊铺室内最恰当的混合料量是料堆的高度平齐于或略高于螺旋摊铺器的轴心线。

闸门的最佳开度，应在保证摊铺室内混合料处于上述的正确料堆高度状态下，使刮板输送器和螺旋摊铺器在全部工作时间内都能不停歇地持续工作。为了保持摊铺室内混合料高度经常处于标准状态，最好的办法就是采用闸门自控系统。无论是手操纵还是自控供料系统供料，都要求运输车辆对摊铺机有足够的持续供料量。

c 摊铺方式

摊铺时，先从横坡较低处开铺。各条摊铺带的宽度最好相同，以节省重新接宽熨平板的时间（液压伸缩式调宽较省时）。使用单机进行不同宽度的多次摊铺时，应尽可能先摊铺较窄的那一条，以减少拆、接次数。

如果为多机摊铺，则应在尽量减少摊铺次数的前提下，各条摊铺带的宽度可以有所不同（即梯队作业方式），梯队间距不宜太大，宜在5～10m之间，以便形成热接茬在铺筑面层时最好是单机或双机全幅铺筑，如为单机时，中间纵向接茬要切割涂油，使两次摊铺混合料紧密、平整相同。

d 接茬处理

（1）纵向接茬。

两条摊铺带相接处，必须有一部分搭接，才能保证该处与其他部分具有相同的厚度。搭接的宽度应前后一致，搭接施工有冷接茬和热接茬两种。

冷接茬施工是指新铺层与经过压实后的已铺层进行搭接。半幅施工：不能采用热接缝时，宜加设挡板或采用切刀切齐。铺另半幅前必须将缝边缘清扫干净，并涂洒少量粘层沥青。摊铺时应重叠在已铺层上5~10cm，摊铺后用人工将摊铺在前半幅上面的混合料铲走，然后再进行碾压，应注意新摊铺带必须与前一条摊铺带的松铺厚度相同。

热接茬施工一般是在使用两台以上摊铺机梯队作业时采用的，此时两条毗邻摊铺带的混合料都还处于压实前的热状态，所以纵向接茬易于处理，连接强度较好。施工时应将已铺混合料部分留下10~20cm宽，暂不碾压，作为后摊铺部分的高程基准面，待后摊铺部分完成后，一起碾压（跨缝碾压）。不管采用冷接法还是热接法，摊铺带的边缘都必须齐整，这就要求机械在直线上和弯道上行驶始终保持正确位置。为此，可沿摊铺带一侧敷设一根导向线，并在机械上安置一根带链条的悬杆，驾驶员只要注视所悬链条对准导向线行驶即可。

（2）横向接缝。

相邻两幅及上下层的横向接缝均应错位1m以上。横向接缝有斜接缝和平接缝两种。高速公路和一级公路的中下层的横向接缝可采用斜接缝，在上面层应采用垂直的平接缝，其他等级公路的各层均可采用斜接缝。铺筑接缝时，可在已压实部分上面铺设一些热混合料使之预热软化，以加强新旧混合料的黏结。但在开始碾压前应将预热用的混合料铲除。

斜接缝的搭接长度与粘层厚有关，一般为0.4~0.8m。搭接处应清扫干净并洒粘层油。当搭接处混合料中的粗集料颗粒超过压实层厚时应予剔除，并补上细料、斜接缝应充分压实并搭接平整。

对于横向接缝，在从接缝处起继续摊铺混合料前，应用3m直尺检查端部平整度，当不符合要求时应予清除。在摊铺时应调整好预留高度，接缝处摊铺层施工结束后再用3m直尺检查平整度，当不符合要求时应趁混合料尚未冷却立即处理，以保证横向接缝处的路面平整度。

D 自动找平装置的运用

运用自动找平装置，需要有一个准确的基准面（线）。常用的基准面（线）控制有基准线钢丝法、滑撬法和平均梁法。基准线钢丝法的优点是可在大范围内相对准确地控制设计标高、纵横坡、厚度和平整度，但采用此法要求操作中各环节都必须从严要求。

a 纵坡基准的选择

使用自动调平装置必须事先选好纵坡基准。基准有专设的弦线或现成的参照物，如已铺好的路面结构层、路缘石等。

当下承层高低不平，边侧又无平坦的基准面参考时，可在边侧专门设置符合设计纵坡的参考弦线（细钢丝或尼龙线），让传感器的触件沿着弦线移动。参考弦线要在施工前设好，它由内弦线、铁立杆、弹簧秤和张紧器等组成。

钢丝可使用直径为2.0~2.5mm的弹簧钢丝，每段的长度以200m为宜，总长度应满足2~3d的施工用量。尼龙线的缺点是遇水会伸长，所以在遭受露水、雨水或受潮后都要再次张紧。每天早晨上班前要复查其张紧度，必要时再行张紧。但是尼龙线柔软，使用起来十分方便，所以使用者较多。每根尼龙线长约150~200m，立杆间距10m时，其张紧力需300~400N。

两根立杆的间距一般为5~10m，在弯道处的间距要短些。敷设基准线时，除了应按规定的纵坡保证各支点都处于正确的标高位置外，还要注意其纵向走向的正确性，最好使每根立杆与路中线的距离相等，这样，就可兼作导向线。对敷设好的基准线必须复核其标高的正确性，如果标高不正确，非但失去使用自动调平装置的意义，反而会出现不平整或纵坡不合要求的铺层。另外，为了避免施工过程中可能发生碰撞，最好在各立杆上设置醒目的标志。

现成的基准面有较平整的下承层或路缘石，甚至坚实的山沟等。作为传感器的接触件有滑橇、平均梁，应视所参考的基准面种类而定。纵坡如属冷接茬施工，小滑橇应放置在离路边缘30～40cm处较为可靠，因为冷接茬的基准是碾压后的路面，而路边缘可能会因碾压有所变形。如果是热接茬施工，小滑橇可放置在未碾压路面的边缘处。图5－2和图5－3为调平装置和液压传感器的示意图。

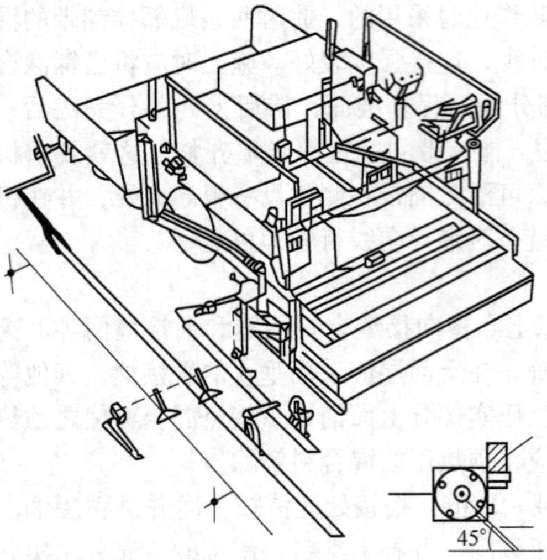

图5－2 脉冲式自动调平装置示意图

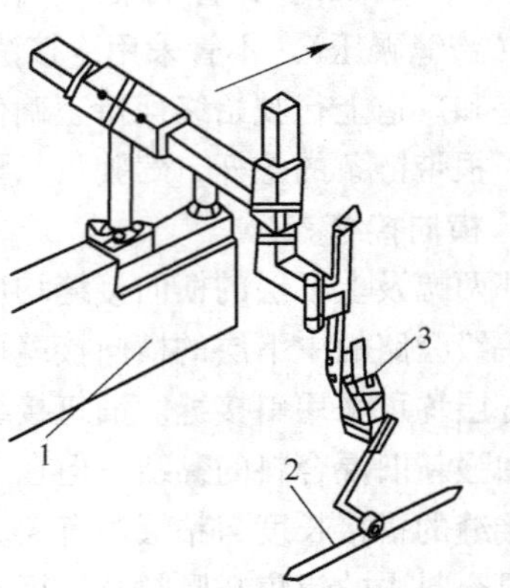

图5－3 液压传感器示意图
1—熨平板端闸板；2—滑橇；3—传感器

b 纵向传感器的安装、检查与调整

纵向传感器的安装位置一般在牵引点或熨平板上，或在牵引点与熨平板之间（见图5－4）。在安装妥善后要将它调整在其“死区”的中立位置（“死区”的范围一般在工厂内已调整好，不必再调整）。调整之前要先检查左右牵引臂铰点的高度是否一致，其适当的高度应是油缸行程处于中心位置。调整时要将牵引臂的铰销锁住。传感器处于中立位置时其信号灯不会亮，如果信号灯亮，则表明它还未处在中立位置，要再次调整。调好后、拔出牵引臂锁销，将传感器的工作选择开关拨到“工作”位置。然后接上电线，打开电源开关进行约10mim的预热。等到摊铺机摊铺到10～15m后，铺层厚度达到规定值时，就可让自动调平装置投入工作。

c 横坡的控制

一般情况下，铺层的横坡由横坡控制系统配合一侧的纵坡传感器来控制。但是如果一次摊铺的宽度较大（6m以上），由于熨平板的横向刚度降低，容易出现变形，使摆锤式横坡传感器的检测精度降低，因此常改用左右两侧的横坡控制系统。横坡控制系统包括横坡传感器、选择器和控制器等。

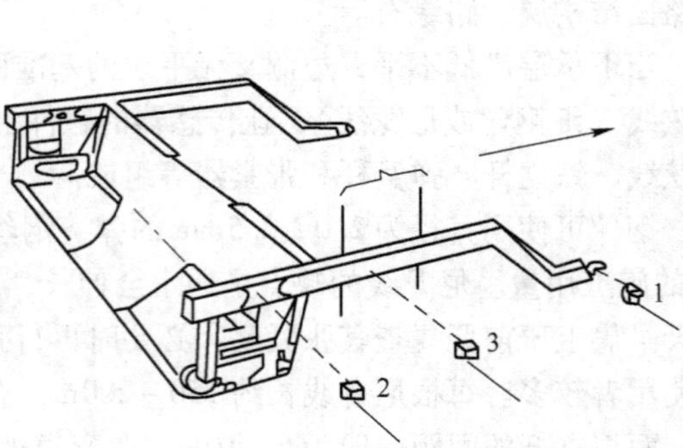

图5－4 纵向传感器的安装位置
1—牵引点位置；2—熨平板位置；
3—牵引臂上的某一位置

直线段摊铺时，只要约定设计的横坡值，就能实现自动控制。在弯道上摊铺时，因横坡在变化，难以实现自动控制。为了正确的操作，可事先在弯道路段每5m打一标桩，将各桩处的坡度值记入表格内，并画一曲线图，如果转弯半径很小，两桩的间距可适当缩小（最小为1m），进和出弯道处都要有标桩，不过其间距可稍大些。操作人员根据图表在进入某标桩之前约2m处提前调整横坡选择器（因为横坡的实际变化滞后于调整动作）。

E 摊铺过程的质量检验及控制措施

（1）沥青含量的直观检查。如果混合料又黑又亮，料车上的混合料呈圆锥状或混合料在摊铺机受料斗中蠕动，则表明沥青含量正常；如果混合料特别黑亮，料车上的混合料呈平坦状或沥青结合料从骨料中分离出来则表明沥青含量过大（或骨料没有充分烘干，表面上看起来沥青太多）；如果混合料呈褐色，暗而脆，粗骨料没有被完全裹覆，受料斗中的混合料不蠕动，则表明沥青含量太少（或过热、拌和不充分）。

（2）混合料温度。沥青混合料在正常摊铺和碾压温度范围内，往往冒出淡蓝色蒸气，沥青混合料产生黄色蒸气说明温度过高；缺少蒸气说明过低。通常在料车到达工地时测定混合料的温度，有时也在摊铺后测定。每天早晨要特别注意做这项检查，因为此时下承层表层温度和气温都比较低。平时只要混合料有温度较低现象或初次碾压，而压路机跟不上时，则应测定温度，测量铺层的温度时，应将温度计的触头插进未压实的面层中部，然后把触点周围轻轻用足踏实。目前，也有许多地方采用电子温度计测定。

（3）厚度检测。摊铺机在摊铺过程中，应经常检测虚铺厚度。

（4）表观检查。未压实混合料的表面结构无论是纵向或横向都应均匀无波浪、局部粗糙、拉沟等现象。否则，应查明原因，及时处理。

（5）摊铺中的质量缺陷及防治措施。摊铺中常见的质量缺陷主要有：厚度不准、平整度差（小波浪、台阶），混合料离析、裂纹、拉沟等。与这些质量缺陷相关的因素有：机械本身的调整、摊铺机的操作和混合料的质量等，见表5-3。

表5-3 沥青路面施工缺陷的产生原因

<table>
<tr><th colspan="2">原　因</th><th>裂纹</th><th>拉沟</th><th>小波浪</th><th>混合料离析</th></tr>
<tr><td rowspan="6">混合料</td><td>200号（0.074mm）以下石料过多</td><td>○</td><td></td><td rowspan="6"></td><td rowspan="6"></td></tr>
<tr><td>温度不当</td><td>○</td><td></td></tr>
<tr><td>沥青含量过多或过少</td><td></td><td>○</td></tr>
<tr><td>矿粉含量不足</td><td></td><td>○</td></tr>
<tr><td>骨料的尺寸与摊铺厚度不协调</td><td></td><td>○</td></tr>
<tr><td>砂未完全烘干</td><td>○</td><td></td></tr>
<tr><td rowspan="6">摊铺机的操作</td><td>受料斗两翼板上积料过多</td><td rowspan="6">○</td><td rowspan="6"></td><td></td><td>○</td></tr>
<tr><td>受料斗两翼板翻动过速</td><td></td><td>○</td></tr>
<tr><td>供料系统速度忽快忽慢</td><td>○</td><td></td></tr>
<tr><td>机械猛烈起步和紧急制动</td><td>○</td><td></td></tr>
<tr><td>摊铺速度快慢不均</td><td>○</td><td></td></tr>
<tr><td>行走装置打滑</td><td>○</td><td></td></tr>
<tr><td rowspan="6">摊铺机的调整</td><td>熨平板的工作仰角调整过量</td><td rowspan="6">○</td><td></td><td>○</td><td rowspan="6"></td></tr>
<tr><td>振捣梁与熨平板的相互位置调整不当</td><td>○</td><td></td></tr>
<tr><td>振捣梁、熨平板底面磨损</td><td>○</td><td></td></tr>
<tr><td>刮料护板安装不当</td><td>○</td><td></td></tr>
<tr><td>各部分的驱动链条松紧度未调好</td><td></td><td>○</td></tr>
<tr><td>发动机调速未调好</td><td></td><td>○</td></tr>
</table>

为了防止和消除在施工中可能发生的各种质量缺陷，应注意下列各点：

（1）波浪形基层地段的摊铺。在波浪形基层地段，即使摊铺得很平整，在碾压后仍会出现与基层相似的波浪形状。因此，对有大波浪的基层应在其凹陷处预先铺上一层混合料，并予以压实。在平整度较差的地段摊铺联结层和面层时，应预先测好各点铺层的标高，把厚度调节器调整到与各点标高相适应的位置。

（2）摊铺机的操作及本身的调整对摊铺质量影响很大。摊铺机速度的改变会导致摊铺厚度的变化。为了保持恒定的摊铺厚度，当速度变快时，厚度调节器应稍微向右（增加厚度方向）转动。当速度减慢时，厚度调节器则稍微向左（减小厚度的方向）转动。其调整量还应根据混合料种类的不同而不同。振捣梁起捣实混合料的作用。同时混合料对熨平板有一定支承的作用，如果工作不正常，会改变混合料的支承能力，从而使摊铺厚度发生变化，铺层出现不平。振捣梁的底面比熨平板底面低得太多时，熨平板的边缘容易黏附混合料，这样熨平板底面就不能全部用来压实混合料，而使铺层易形成裂纹和拉沟。如果振捣梁的底面过高时，熨平板底板容易磨损。振捣梁的底面应调整到比熨平板底面低0.4～0.5mm为宜。

（3）沥青混合料的性质也是影响摊铺质量的主要原因之一。混合料的性质不稳定易使摊铺厚度发生变化。混合料中的沥青与矿粉过量会减小其承载能力，所以熨平板的工作仰角应增大，使铺层增厚一些，这种混合料还容易受温度的影响。一般温度应控制在140～160℃的范围内，当温度高于此范围时，混合料变软而导致支承力大大降低。温度过低时，混合料又会变硬。含沥青、矿粉及粒径小于0.074mm的石屑较多的混合料都是很难铺的，在摊铺过程中，铺层厚度变化也较频繁，应给予足够的重视。当矿料中的大颗粒尺寸大于摊铺厚度时，在摊铺过程中该颗粒将被熨平板拖着滚动，使铺层产生裂纹、拉沟等，所以应严格控制矿料粒径，使其最大粒径小于摊铺厚度的一半。

（4）其他因素。轮胎摊铺机气压超限（一般为0.5～0.55MPa），摊铺机易打滑；气压过低，机体会随受料质量变化而上下变动，使铺层出现波浪。履带式摊铺机履带松紧超限将导致摊铺速度发生脉冲，进而使铺面形成搓板。履带或轮胎的行驶线上因卸料而撒落的粒料未清除，该部分摊铺厚度易突变。被顶推的料车刹车太紧，使摊铺机负荷增大，或料车倒退撞击摊铺机或单侧轮接触、另侧脱空等会引起速度变化或偏载，使铺面出现凸棱。采用冷接茬法摊铺时，其纵向接茬由于密实度不够，行车不久往往会产生坑洼和裂缝，因此必须注意接茬的重叠量，并在前一条摊铺带未被弄脏或变形之前就摊铺后一条。以上这些因素，如在施工中加以注意，缺陷是基本能够避免和消除的。

5.2.3.4　碾压成型

压实是沥青路面施工的最后一道工序，而良好的路面质量最终要通过碾压来体现。压实的目的是提高沥青混合料的强度、稳定性以及抗疲劳特性。压实工作的主要内容包括碾压机械的选型与组合，压实温度、速度、遍数、压实方式的确定，以及特殊路段的压实（弯道与陡坡等）。

A　碾压机械的选型与组合

a　常用沥青路面压实机械

常用的压路机有静作用光轮压路机、轮胎压路机和振动压路机三种。

（1）静作用光轮压路机可分为双轴三轮式（一般为8～12t、12～15t）和双轴双轮式（一般为6～8t）。三轮式后面有两个较大的驱动轮，前面是一个较小的从动轮，常用于沥青混合料的初压。

（2）轮胎压路机根据其大小，可装5～11个光面橡胶轮，这些橡胶轮通常具有改变轮胎压力的性能。其工作质量一般为12～20t（20～25t）。轮胎压路机可用来进行接线处的预压、弯道预压、消除裂纹及薄摊铺层的压实作业。

（3）振动压路机分为自行式单轮振动压路机、串联振动压路机及组合式振动压路机等。

b 选择与组合

摊铺机的生产率决定了需要压实的能力，从而影响了压路机大小和数量的选用，而混合料的特性则为选择压路机的大小、最佳频率与振幅提供了依据。如混合料矿料含量的增加或最大尺寸的增大，都会使其工作性能下降，要达到要求的密实度就需要较大压实能力的压路机。沥青稠度高时，也是如此。选择压路机的质量和振幅应与摊铺层厚度相适应。摊铺层厚度小于6cm时，最好使用振幅为0.35~0.60mm的中、小型振动压路机（2~6t），这样就可避免材料出现推料、波浪、压坏骨料等现象。在压实较厚的摊铺层（大于10cm）时，使用高振幅（可高达1.00mm）的大、中型振动压路机（6~10t）。压路机的选择必须考虑施工现场的具体情况，若有陡坡、转弯的路段，应考虑压路机操作的机动灵活性。表5-4所列为沈阳至大连高速公路某施工队碾压机械组合。考虑了压实温度的要求和摊铺机生产率后，提出与气温相应的碾压长度为：常温时（15℃左右）40~50m；偏低时（<10℃）20~40m；偏高时（>20℃）50~80m；高温时（>30℃）100m左右。

表5-4 碾压机械组合

碾压流程	型号	台数	轮宽/m	碾压速度/km·h⁻¹
初压	2Y8/10双轮压路机	2	1.25	3.6
复压	YL9-16轮胎压路机 3Y12/15三轮压路机	1 2	2 2×0.53	5.0 4.5
终压	2Y8-10双轮压路机	2	1.25	3.6

B 压实作业

a 压实程序

沥青混合料的压实应按初压、复压、终压（包括成型）三个阶段进行。压路机应以慢而均匀的速度碾压，其碾压速度应符合表5-5的要求。

表5-5 压路机碾压速度 (km/h)

压路机类型	初压		复压		终压	
	适宜	最大	适宜	最大	适宜	最大
钢筒式压路机	1.5~2	3	2.5~3.5	5	2.5~3.5	5
轮胎压路机			3.5~4.5	8	4~6	8
振动压路机	1.5~2 （静压）	5 （静压）	4~5 （振动）	4~5 （振动）	2~3 （静压）	5 （静压）

（1）初压。

初压的目的是整平和稳定混合料，为复压创造有利条件，是压实的基础。初压应在混合料摊铺后在较高温度下进行，并不得产生推移、开裂，压实温度可根据沥青稠度、压路机类型、气温、铺筑层厚度、混合料类型经试铺试压确定，一般为110~130℃（煤沥青混合料不高于90℃）。

应采用轻型钢筒式压路机或关闭振动装置的振动压路机碾压两遍，其线压力不宜小于350N/cm。

压路机应从外侧向中心碾压。相邻碾压带应重叠1/3~1/2轮宽，最后碾压路中心部分，压完全幅为一遍，当边缘有挡板、路线石、路肩等支挡时，应紧靠支挡碾压。当边缘无支挡时，可用耙子将边缘的混合料稍稍耙高，然后将压路机的外轮伸出边缘10cm以上碾压，也可在边缘先空出宽30～40cm，待压完第一遍后，将压路机大部分重力位于已压实过的混合料而上再压边缘，以减少向外摊移。

(2) 复压。

复压的目的是使混合料密实、稳定、成型，混合料的密实程度取决于这一道工序，因此必须与初压紧密衔接。复压时混合料的温度一般为90～110℃（煤沥青混合料不低于70℃）。

复压宜采用重型的轮胎压路机，也可采用振动压路机或钢筒式压路机。碾压遍数不宜少于4～6遍，达到要求的压实度，并无显著轮迹。

(3) 终压。

终压的目的是消除轮迹，最后形成平整的压实面，终压应紧跟在复压后进行，其混合料的温度宜为70～90℃（煤沥青混合料不低于50℃）。

终压可选用6～8t的双轮钢筒式压路机或6～8t关闭振动装置的振动压路机碾压，压实遍数为2～4遍，并无轮迹。

b　碾压注意事项

(1) 压路机的碾压段长度以与摊铺速度平衡为原则来选定，并保持大体稳定。压路机每次应由两端折回的位置阶梯形地随摊铺机向前推进，使折回处不在同一横断面上。在摊铺机连续摊铺的过程中，压路机不得随意停顿，以保持正常的碾压温度范围。

(2) 压路机作业中，在平缓路段，驱动轮靠近摊铺机，可减少波纹或热裂缝（单轮驱动压路机）。当压路机碾压过程中有沥青混合料粘轮现象时，可向碾压轮洒少量水或加洗衣粉的水，严禁洒柴油。

(3) 压路机每碾压一遍的末尾，若能稍微转向，就可将摊铺机后面的压痕减至最小。压路机不得在未碾压成型并冷却的路段上转向、调头或停车等候。振动压路机在已成型的路面上行驶时应关闭振动装置。

(4) 对压路机无法压实的桥梁、挡墙等构造物接头、拐弯死角、加宽部分及某些路边缘等局部地区，应采用振动夯板压实。对雨水井与各种检查井的边缘还应用人工夯锤、热烙铁补充压实。

(5) 在当天碾压的尚未冷却的沥青混合料上，不得停放任何机械设备或车辆，不得撒落矿料、油料等杂物。路面冷却后（低于50℃）才能开放交通如需提早开放交通时，可洒水冷却降低混合料温度。

C　特殊部位的碾压处理

a　接缝处的碾压

横向接缝的碾压应先用双轮或三轮钢筒式压路机进行横向碾压（见图5－5），碾压带的外侧应放置供压路机行驶的垫木。碾压时，压路机应位于已压实的混合料层上，碾压新铺层的宽度为15cm。然后，每压一遍向新铺混合料移动15～20cm，直至全部压在新铺层上为止，再改为纵向碾压。当相邻摊铺层已经成型，同时又有纵缝时，可先用钢筒式压路机沿纵缝碾压一遍，其碾压宽度

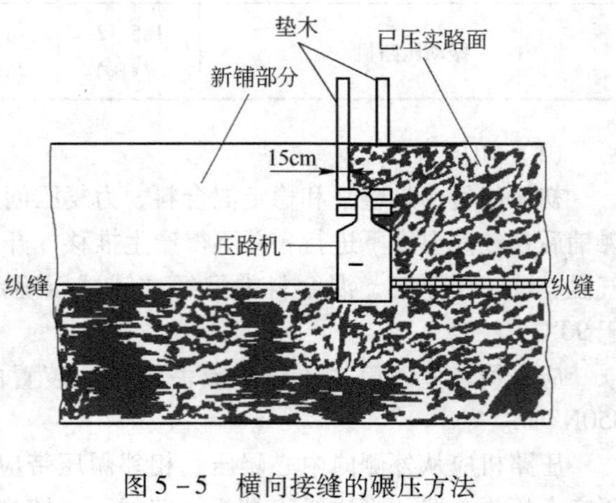

图5－5　横向接缝的碾压方法

为15～20cm，然后再沿横缝作横向碾压，最后进行正常的纵向碾压。

热料层与冷料层相接。对这种接缝碾压时可按图5－6所示的方式进行，先在已压实路面上行走，碾压新铺层10～15cm，然后压实新铺部分，再伸过已压实路面10～15cm，充分将接缝压实紧密。

摊铺时采用梯队作业的纵缝应采用热接缝。施工时应将已铺混合料部分留下10～20cm宽暂不碾压，作为后摊铺部分的高程基准面，最后再作跨缝碾压，消除缝迹，形成良好结合。

b 特殊路段的碾压

特殊路段的碾压是指弯道、交叉口、路边、陡坡等处的压实作业。

(1) 弯道、交叉口的碾压。

应选用铰接转向式压路机作业，先从弯道内侧或弯道较低一边开始碾压（以利于形成支承边）。对急弯应尽可能采取直线式碾压（即缺角式碾压），并逐一转换压道，对缺角处用小型机具压实。压实中应注意，转向同速度要相吻合，尽可能用振动碾压，以减少剪切力。

(2) 路边碾压。

压路机在没有支承边的厚层上碾压时，可在离边缘30～40cm（较薄层时，预留20cm）处开始碾压作业。这样就能在路边压实前形成一条支承侧面，以减少沥青混合料碾压时铺层塌边。在以后碾压留下的未压部分时，压路机每次只能向自由边缘方向推进10cm。

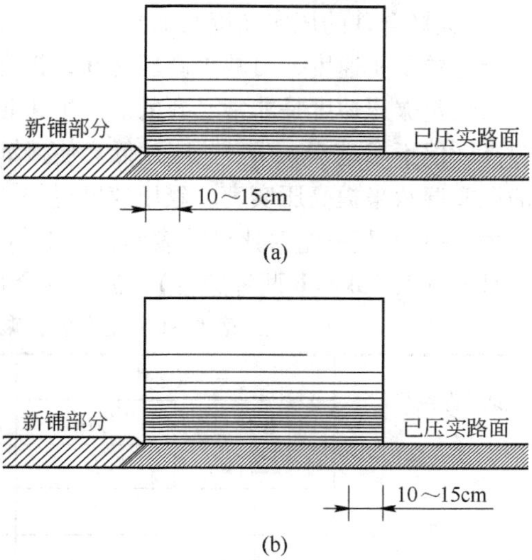

图5－6 纵缝冷接缝的碾压

(3) 陡坡碾压。

在陡坡碾压时，压路机的很大部分作用力将作用于下坡方向，因而增加了混合料顺坡下移的趋势。为了抵消这种趋势，除了下承层表面必须清洁、干燥、喷洒粘层沥青外，压实时应注意，先采用轻型压路机预压（轮胎压路机不宜用作预压）。无论是上坡还是下坡，压路机的从动轮始终朝着摊铺方向，即从动轮在前，驱动轮在后（与一般路段碾压时相反）。这样从动轮起到了预压作用，从而使沥青混合料能够承受驱动轮所产生的剪切力。如果采用振动压路机，则应先静碾，待混合料达到稳定后，方可采用低振幅的振动碾压。

5.2.3.5 压实质量控制与检测

A 提高压实质量的措施

a 碾压温度

碾压温度的高低，直接影响沥青混合料的压实质量。混合料温度较高时，用较少的碾压遍数，可获得较高的密实度和较好的压实效果；而温度较低时，碾压工作变得较为困难，且易产生很难消除的轮迹，造成路面水平整。因此，在实际施工中，要求在摊铺完毕后及时进行碾压。一般来说，沥青混合料的最佳压实温度为110～120℃之间（国外也有人认为最佳碾压温度为120～150℃，这主要与沥青材料性能及压实设备有关），最高不超过160℃。所谓碾压最佳温度是指在材料允许的温度范围内，沥青混合料能够支承压路机而不产生水平推移，且压实阻力较小的温度。

若碾压时混合料温度过高，会引起压路机两旁混合料隆起、碾轮后的摊铺层出现裂纹，碾轮上粘起沥青混合料（尽管用水喷洒）以及前轮推料等问题。而碾压温度过低（50～70℃）

时，由于混合料的黏性增大，导致压实无效或起副作用。

压实质量与压实温度有直接关系，而摊铺后混合料温度是在不断变化的，特别是摊铺后4～15min内，温度损失最大（1～5℃/min），因此必须掌握好有效压实时间，适时碾压，有效压实时间的长短与混合料的冷却速度、压实厚度等因素有密切关系。影响冷却速度的因素有气温、湿度、风力和下承层的温度等。气温低、湿度大、风力大以及下承层温度低等情况，都会使有效压实时间缩短，并增加碾压困难。

b 选择合理的压实速度与遍数

合理的压实速度，对减少碾压时间，提高作业效率有着十分重要的意义。在施工中，保持适当的恒定碾压速度是非常必要的。一般来说，碾压速度控制在2～4km/h，轮胎压路机可适当提高，但不超过5km/h。速度过低会使摊铺与压实工序间断，影响压实质量，从而可能需要增加压实遍数来提高压实度。碾压速度过快，则会产生推移、横向裂纹等。

表5－6所列三组对比试验表明，在不同碾压温度下，当碾压遍数相同，而碾压速度不同时（5km/h及10km/h两种速度），沥青混合料的压实度平均值相差很小，仅为1%。

表5－6 压实度、碾压速度和碾压遍数的关系

试验路编号	碾压遍数		碾压速度/$km \cdot h^{-1}$	压实度/%	孔隙率/%	碾压温度/℃
	振压	静压				
1	2	1	5	97.9	3.9	115～130
	2	1	10	97.0	5.0	
	4	1	5	97.8	3.7	
	4	1	10	97.5	4.0	
2	2	1	5	99.0	3.0	155～170
	2	1	10	98.1	3.1	
	4	1	5	98.8	3.5	
	4	1	10	97.8	3.1	
3	2	1	5	99.0	2.7	
	2	1	10	97.0	4.1	
	4	1	5	97.1	4.3	80～115
	4	1	10	97.3	4.4	120～140

选择碾压速度的基本原则是：在保证沥青混合料碾压质量的前提下，最大限度地提高碾压速度，从而减少碾压遍数，提高工作效率。

c 选择合理的振频和振幅

目前，越来越多的振动压路机被用来碾压沥青混合料，为了获得最佳的碾压效果，合理地选择振频和振幅是非常重要的。

振频主要影响沥青面层的表面压实质量。振动压路机的振频比沥青混合料的固有频率高一些，可获得较好的压实效果。试验表明，对于沥青混合料的碾压，其振频多在42～50Hz的范围内选择。振幅主要影响沥青混合料的压实深度。当碾压层较薄时，宜选用高振频、低振幅；而碾压层较厚时，则可在较低的振频下，选取较大的振幅，以达到压实的目的。

B 压实质量的检测

厚度和压实度一般可通过钻取芯样的办法来检测。核子密度仪目前是一种辅助检测手段，国内许多施工单位使用后认为，该仪器的测量准确性还值得进一步探讨。有时也在工地通过钻取芯样检测沥青混合料的级配及沥青用量等。

5.3 沥青路面施工质量控制与验收

5.3.1 材料质量检验

材料质量是沥青路面的保证，所以，在工程施工开始前以及施工过程中发生材料来源或规格的变化时，必须对材料来源、材料质量、数量、供应计划、材料场堆放及储存条件等进行检查。

施工前材料的质量检查应以同一料源、同一次购入并运至生产现场（或储入同一沥青罐、池）的相同规格品种的集料、沥青为一“批”进行检查。材料试样的取样数量与频率按现行试验规程的规定进行，每批材料的质量应符合规范的规定。对沥青等重要试样，每一批都应在试验后留样，封存备查，并记录沥青使用的路段，留存的数量不宜少于4kg。

5.3.2 施工过程中的质量检验

5.3.2.1 一般要求

（1）沥青面层施工必须在得到主管部门的开工令后方可开工。

（2）在施工过程中，应由专职的质量检测机构负责施工质量的检查和试验。

（3）施工单位在施工过程中应对施工质量进行自检。

实行监理制度的工程项目，监理工程师或质量监督人员也应进行抽检或旁站检验。

5.3.2.2 施工过程中的材料检查内容及要求

施工中的材料检查，是在每批材料进场时已进行过检查及批准的基础上，施工过程中再抽查其质量稳定性（变异性）。其检查的内容及要求见相关规范，质量应符合指标的要求。

5.3.2.3 施工过程中的质量检查及控制标准

施工过程中的质量检查包括工程质量及外形尺寸两部分。其检查内容、频度、质量标准应符合规范的规定要求。

5.3.3 竣工验收阶段的工程质量检验

5.3.3.1 施工单位自检自评

沥青路面施工完成后，施工单位应将全线以1~3km作为一个评定路段，按规范的规定频率，随机选取测点，对沥青面层进行全线自检，计算平均值、标准差及变异系数，向主管部门提供全线检测结果及施工总结报告，申请交工验收。

（1）工程完工后应全线测定路面平整度、宽度、纵断面高程、横坡度等，提出竣工图。

（2）对需要钻（挖）孔取样才能检查的厚度、压实度、沥青用量、矿料级配等，为了减少对路面的破坏，经主管部门同意，可利用施工过程中测定的数据。当需要实测矿料级配和沥青用量时，可将一个评定路段钻孔的混合料合为一个试样抽提。

（3）车行道面层检查的质量指标应符合规定。对厚度和压实度还应按“沥青面层压实度计算及标准密度的确定方法”计算每一个评定路段的平均值与代表值，并进行评定。

（4）人行道沥青面层的质量检查、验收与车行道相同，其质量指标应符合规范的要求。

（5）大、中型桥梁水泥混凝土桥面沥青铺装的质量检查与验收，以100m作为一个评定路段，其质量指标应符合规范的要求。

(6) 路缘石的质量检查与验收与车行道相同。其质量指标应符合规范的要求。

5.3.3.2 工程建设单位检查验收

工程建设单位或监理、工程质量监督部门在接到施工单位的交工验收报告，并确认施工资料齐全后，应立即对施工质量进行交工检查与验收。检验验收应按随机抽样的方法，选择一定数量的评定路段进行实测检查，每一检查段的检查频度、试验方法及检测结果应符合规范的规定。当实测检查有困难时，经主管部门同意后，可利用施工单位的质量检测结果，随机抽查一定数量，对工程质量进行评定。此种情况下，仍应复测部分路段的平整度，并利用施工中保存的钻孔试件对厚度及压实度进行复校。

5.3.3.3 工程施工总结

工程结束后，施工企业应根据国家竣工文件编制的规定，提出施工总结报告及若干个专项报告，连同竣工图表，形成完整的施工资料档案，一并提交至工程主管部门及有关档案管理部门。

施工总结报告的内容应包括工程概况（包括设计及变更情况）、工程基础资料、材料、施工组织、机械及人员配备、施工方法、施工进度、试验研究、工程质量评价、工程决算、工程使用服务计划等。

施工企业在高速公路和一级公路施工结束通车后，应进行一定时间（宜为交工后一年）的工程使用服务。服务内容包括路面使用情况观测，局部损坏的维修保养，并将服务情况报告有关部门。

思 考 题

1. 沥青混合料的种类有哪些？
2. 简述热拌沥青混合料配合比设计方法。
3. 沥青路面施工工艺分哪几部分？
4. 简述沥青路面的碾压工艺和接茬方法。

6 水泥混凝土路面施工

【本章概要】

本章首先介绍了普通混凝土、钢纤维混凝土配合比设计方法和步骤；接着介绍了与混凝土配合比设计相适应的水泥混凝土路面的四种施工方法，包括轨模摊铺机铺筑、滑模摊铺机铺筑、小型机具铺筑、三辊轴机组铺筑；最后还介绍了特殊气候条件下水泥混凝土路面施工方法。

【关键词】

拌和物，普通混凝土，钢纤维混凝土，轨模摊铺机，滑模摊铺机，小型机具，真空脱水，三辊轴机组，高温季节施工，低温季节施工，雨季施工

【章节重点】

本章重点掌握普通混凝土、钢纤维混凝土配合比设计方法和步骤以及水泥混凝土路面四种铺筑施工方法。

6.1 材料要求及拌和物配合比设计

6.1.1 材料质量要求

路面水泥混凝土的基本组成材料有6种：水泥、水、粗集料、细集料、化学外加剂和矿物掺合料。此外，钢筋混凝土路面和桥面中使用的原材料有钢筋，钢纤维混凝土路面有钢纤维，路面辅助材料中有防裂材料、封层材料、养护材料等。

水泥混凝土质量的好坏，除了配合比及其搅拌质量外，与原材料的质量和技术指标关系很大。因此，施工前和施工过程中，严格科学地选择、生产和使用高质量的原材料，是建造优质高等级公路水泥混凝土路面基本物质前提。关于水泥、粉煤灰及其他掺合料、粗集料、细集料、混凝土用水、外加剂、接缝材料、钢筋和钢纤维等原材料的质量标准与要求可参阅《公路水泥混凝土路面施工技术规范》（JTG F30—2003）或《路基路面工程》（人民交通出版社，2013）相关章节。

6.1.2 配合比设计

6.1.2.1 普通混凝土配合比设计

普通混凝土配合比设计适用于滑模摊铺机、轨道摊铺机、三辊轴机组及小型机具四种施工方式。

A 配合比设计要求

普通混凝土路面的配合比设计应满足以下四项要求。

a 弯拉强度

（1）各交通等级路面板的28d设计弯拉强度标准值f_{cm}应符合《公路水泥混凝土路面设计规范》（JTG D40）的规定。

（2）应按式（6－1）计算配制28d弯拉强度的均值：

$$f_c = f_{cm}/(1-1.04C_v)+ts \tag{6-1}$$

式中　f_c——配制28d弯拉强度的均值，MPa；

f_{cm}——设计弯拉强度标准值，MPa；

C_v——弯拉强度变异系数，应按统计数据在表6－1的规定范围内取值；在无统计数据时，弯拉强度变异系数应按设计取值；如果施工配制弯拉强度超出设计给定的弯拉强度变异系数上限，则必须改进机械装备和提高施工控制水平；

t——保证率系数，应按表6－2确定；

s——弯拉强度试验样本的标准差，MPa。

表6－1　各级公路混凝土路面弯拉强度变异系数

公路等级	高速	一级		二级	三、四级	
变异水平等级	低	低	中	中	中	高
变异系数允许变化范围	0.05～0.10	0.05～0.40	0.10～0.15	0.10～0.15	0.10～0.15	0.15～0.20

表6－2　保证率系数t

公路等级	判别概率p	样本数n（组）				
		3	6	9	15	20
高速	0.05	1.36	0.79	0.61	0.45	0.39
一级	0.10	0.95	0.59	0.46	0.35	0.30
二级	0.15	0.72	0.46	0.37	0.28	0.24
三、四级	0.20	0.56	0.37	0.29	0.22	0.19

b　工作性

（1）路面混凝土应振捣密实，不应产生蜂窝、麻面、拉裂和倒边现象，可通过限制混凝土拌和物最大振动黏度系数和最小坍落度予以保证。

（2）滑模摊铺机摊铺前拌和物最佳工作性及允许范围应符合表6－3的规定。

表6－3　混凝土最佳工作性及允许范围

检测方法	坍落度S_L/mm		振动黏度系数	摊铺速度
	卵石混凝土	碎石混凝土	η/N·s·m^{-2}	v_i/m·min^{-1}
最佳工作性	20～40	30～60	150～500	1.0～2.0
允许范围	10～50	20～70	100～600	0.5～3.0
稳定性	30±20	40±20	300±200	1.5±0.5

（3）轨道摊铺机、三辊轴机组、小型机具摊铺的路面混凝土坍落度及最大单位用水量，应满足表6－4的规定。

表 6-4 不同路面施工方式混凝土坍落度及最大单位用水量

摊铺方式	滑模摊铺机摊铺		轨道摊铺机摊铺		三辊轴机组摊铺		小型机具摊铺	
出机坍落度/mm	40~70		40~60		30~50		10~40	
摊铺坍落度/mm	20~50		20~40		10~30		0~20	
最大单位用水量/$kg \cdot m^{-3}$	碎石	卵石	碎石	卵石	碎石	卵石	碎石	卵石
	160	155	156	153	153	148	150	145

注：1. 表中的最大单位用水量为采用中砂、粗细集料为风干状态的取值，采用细砂时，应使用减水率较大的（高效）减水剂；
2. 使用碎卵石时，最大单位用水量可取碎石与卵石中值。

c 耐久性

（1）各级公路路面混凝土全部要求掺引气剂。根据当地路面无抗冻性、有抗冻性或有抗盐冻性要求及混凝土最大公称粒径，路面混凝土含气量宜符合表 6-5 的规定。

表 6-5 路面混凝土适宜含气量推荐值 （%）

最大公称粒径	无抗冻性要求	有抗冻性要求	有抗盐冻要求
19.0mm	4.0±1.0	5.0±0.5	6.0±0.5
26.5mm	3.5±1.0	4.5±0.5	5.5±0.5
31.5mm	3.5±1.0	4.0±0.5	5.0±0.5

（2）耐久性所要求的最大水灰（胶）比及最小水泥用量。各交通等级路面混凝土满足耐久性要求的最大水灰（胶）比和最小单位水泥用量应符合表 6-6 的规定。

表 6-6 耐久性要求的最大水灰（胶）比和最小单位水泥用量

公路等级		高速、一级公路	二级公路	三、四级公路
最大水灰（胶）比		0.44	0.46	0.48
抗冰冻要求最大水灰（胶）比		0.42	0.44	0.46
抗盐冻要求最大水灰（胶）比		0.40	0.42	0.44
最小单位水泥用量/$kg \cdot m^{-3}$	42.5 级	300	300	290
	32.5 级	310	310	305
抗冰（盐）冻时最小单位水泥用量/$kg \cdot m^{-3}$	42.5 级	320	320	315
	32.5 级	330	330	325
掺粉煤灰时最小单位水泥用量/$kg \cdot m^{-3}$	42.5 级	260	260	255
	32.5 级	280	270	265
抗冰（盐）冻掺粉煤灰最小单位水泥用量（42.5 级水泥）/$kg \cdot m^{-3}$		280	270	265

注：1. 掺粉煤灰，并有抗冰（盐）冻性要求时，不得使用 32.5 级水泥；
2. 水灰（胶）比计算以砂石料的自然风干状态计（砂含水量不大于 1.0%；石子含水量不大于 0.5%）；
3. 处在除冰盐、海风、酸雨或硫盐等腐蚀性环境中或在大纵坡等加减速车道上的混凝土，最大水灰（胶）比可比表中数值降低 0.01~0.02。

d 经济性

在满足上述三项技术要求的前提下，配合比应尽可能经济。各级公路混凝土路面最大水泥用量不宜大于 $400kg/m^3$；掺粉煤灰时，最大胶材总量不宜大于 $420kg/m^3$。

B　外加剂的使用要求

（1）高温施工时，混凝土拌和物的初凝时间不得小于3h，否则应采取缓凝或保塑措施；低温施工时，终凝时间不得大于10h，否则应采取必要的促凝或早强措施。

（2）外加剂的掺量应由混凝土试配试验确定。引气剂的适宜掺量可由搅拌机的拌和物含气量进行控制。实际路面和桥面引气混凝土的抗冰冻、抗盐冻耐久性，宜采用钻芯法测定，测定位置：路面为表面和表面下50mm，桥面为表面和表面下30mm；测得的上下两个表面的最大平均气泡间距系数不宜超过表6－7的规定。

表6－7　混凝土路面和桥面最大平均气泡间距系数　（μm）

公路等级		高速、一级公路	二级及以下公路
严寒地区	冰　冻	275	300
	盐　冻	225	250
严寒地区	冰　冻	325	350
	盐　冻	275	300

（3）引气剂与减水剂或高效减水剂等其他外加剂复配在同一水溶液中时，应保证其共溶性，防止外加剂溶液发生絮凝现象。如产生絮凝现象，应分别稀释，分别加入。

C　配合比参数的计算

a　水灰（胶）比的计算和确定

（1）根据粗集料的类型，水灰比可分别按下列统计公式计算：

碎石或碎卵石混凝土

$$W/C = 1.5684/(f_C + 1.0097 - 0.3595f_S) \quad (6-2)$$

卵石混凝土

$$W/C = 1.2618/(f_C + 1.5492 - 0.4709f_S) \quad (6-3)$$

式中　W/C——混凝土水灰比；

f_C——配制28d弯拉强度的均值，MPa；

f_S——水泥实测28d抗折强度，MPa。

（2）掺用粉煤灰时，应计入超量取代法中代替水泥的那一部分粉煤灰用量（代替砂的超量部分不计入），用水胶比$W/(C+F)$代替水灰比W/C。

（3）应在满足弯拉强度计算值和耐久性（见表6－6）两者要求的水灰（胶）比中取小值。

b　选取砂率

砂率应根据砂的细度模数和粗集料种类，查表6－8取值。

表6－8　砂的细度模数与最优砂率关系

砂细度模数		2.2～2.5	2.5～2.8	2.8～3.1	3.1～3.4	3.4～3.7
砂率S_P/%	碎石	30～34	32～36	34～38	36～40	38～42
	卵石	28～32	30～34	32～36	34～38	36～40

注：碎卵石可在碎石和卵石混凝土之间内插取值。

c　用水量计算

根据粗集料种类和表6－3和表6－4中适宜的坍落度，分别按下列经验式计算单位用水量（砂石料以自然风干状态计）：

碎石

$$W_0 = 104.97 + 0.309S_L + 11.27C/W + 0.61S_P \qquad (6-4)$$

卵石

$$W_0 = 86.89 + 0.370S_L + 11.24C/W + 1.00S_P \qquad (6-5)$$

式中　W_0——不掺外加剂与掺和料混凝土的单位用水量，kg/m^3；

S_L——坍落度，mm；

S_P——砂率,%；

C/W——灰水比，水灰比之倒数。

掺外加剂的混凝土单位用水量应按式（6－6）计算：

$$W_{0W} = W_0(1-\beta/100) \qquad (6-6)$$

式中　W_{0W}——掺外加剂混凝土的单位用水量，kg/m^3；

β——所用外加剂剂量的实测减水率，%。

单位用水量应取计算值和表6－4的规定中的数值。若实际单位用水量仅掺引气剂不满足所取数值，则应掺用引气（高效）减水剂。

d　单位水泥用量

单位水泥用量应由式（6－7）计算，并取计算值与表6－6规定值两者中的大值。

$$C_0 = W_0(C/W) \qquad (6-7)$$

式中　C_0——单位水泥用量，kg/m^3。

e　砂石料用量

砂石料用量可按密度法或体积法计算，按密度法计算时，混凝土单位质量可取2400～2450kg/m^3；按体积法计算时，应计入设计含气量。采用超量取代法掺用粉煤灰时，超量部分应代替砂，并折减用砂量。经计算得到的配合比，应验算单位粗集料填充体积率，且不宜小于70%。

D　使用真空脱水工艺时的单位用水量

用真空脱水工艺时，可采用比经验式（6－4）和式（6－5）计算值略大的单位用水量，但在真空脱水后，扣除每立方米混凝土实际吸除的水量，剩余单位用水量和剩余水灰（胶）比分别不宜超过表6－4最大单位用水量和表6－6最大水灰（胶）比的规定。

E　粉煤灰的使用

路面混凝土掺用粉煤灰时，其配合比计算应按超量取代法进行。粉煤灰掺量应根据水泥中原有的掺合料数量和混凝土弯拉强度、耐磨性等要求由试验确定。Ⅰ、Ⅱ级粉煤灰的超量系数可按表6－9初选。代替水泥的粉煤灰掺量：Ⅰ型硅酸盐水泥宜不超过30%；Ⅱ型硅酸盐水泥宜不超过25%；道路水泥宜不超过20%；普通水泥宜不超过15%；矿渣水泥不得掺粉煤灰。

表6－9　各级粉煤灰的超量取代系数

粉煤灰等级	Ⅰ	Ⅱ	Ⅲ
超量取代系数 A	1.1～1.4	1.3～1.7	1.5～2.0

6.1.2.2　钢纤维混凝土配合比设计

本配合比设计适用于采用滑模摊铺机、轨道摊铺机、三辊轴机组及小型机具铺筑的钢纤维混凝土路面。

A　钢纤维混凝土的配合比设计要求

钢纤维混凝土的配合比设计应满足以下四项要求。

a　弯拉强度

(1) 钢纤维混凝土路面板28d设计弯拉强度标准值f_{mf}应符合设计规范的规定。

(2) 钢纤维混凝土配制28d弯拉强度的均值应按式（6-1）计算，但需将式中混凝土各符号替换为钢纤维混凝土。

b　工作性

(1) 钢纤维混凝土的坍落度可比表6-3或表6-4的规定值小20mm左右。

(2) 钢纤维混凝土掺高效减水剂时，单位用水量可按表6-10初选，再由拌和物实测坍落度确定。

表6-10　钢纤维混凝土单位用水量选用表

拌和物条件	粗集料种类	粗集料最大公称粒径 D_m/mm	单位用水量/kg·m^{-3}
长径比 $L_f/d_f=50$，$\rho_f=0.6\%$，坍落度20mm，中砂，细度模数2.5，水灰比0.42~0.50	碎　石	9.5，16.0	215
		19.0，26.5	200
	卵　石	9.5，16.0	208
		19.0，26.5	190

注：1. 钢纤维长径比每增减10，单位用水量相应增减10kg/m^3；

2. 钢纤维体积率 ρ_f 每增减0.5%，单位用水量相对应增减8kg/m^3；

3. 坍落度在10~50mm变化范围内，相对于坍落度20mm每增减10mm，单位用水量相应增减7kg/m^3；

4. 细度模数在2.0~3.5范围内，砂的细度模数每增减0.1，单位用水量相应减增1kg/m^3。

c　耐久性

(1) 钢纤维混凝土满足耐久性要求最大水灰（胶）比和最小单位水泥用量应符合表6-11的规定。

表6-11　钢纤维混凝土满足耐久性要求最大水灰（胶）比和最小单位水泥用量

公路等级		高速公路、一级公路	二级公路	三、四级公路
最大水灰（胶）比		0.47	0.49	0.50
抗冰冻要求最大水灰（胶）比		0.45	0.46	0.48
抗盐冻要求最大水灰（胶）比		0.42	0.43	0.46
最小单位水泥用量	42.5级	360	360	350
	32.5级	370	370	365
抗冰（盐）冻要求最小单位水泥用量/kg·m^{-3}	42.5级	380	380	375
	32.5级	390	390	385
掺粉煤灰时最小单位水泥用量/kg·m^{-3}	42.5级	320	320	315
	32.5级	340	340	335
抗冰（盐）冻掺粉煤灰最小单位水泥用量（42.5级水泥）/kg·m^{-3}		330	330	325

(2) 钢纤维混凝土严禁采用海水、海砂，不得掺加氯盐及氯盐类早强剂、防冻剂等外加剂。

(3) 处在海风、酸雨、硫酸盐等环境中的钢纤维混凝土路面宜掺用Ⅰ、Ⅱ级粉煤灰，桥面宜掺用硅灰与S95和S105级磨细矿渣。

d 经济性

路面和桥面钢纤维混凝土的经济性要求：应在保证行车安全性和钢纤维质量的前提下，选择性能价格比优良的钢纤维，即应优选掺量少，而性能优良（600级以上）具有锚固台外形的钢纤维，保证路面中不使用低级、劣质钢纤维。钢纤维混凝土路面的使用寿命长的优势方可发挥，长寿命就是最好的经济性。

B 钢纤维混凝土配合比设计步骤

a 水灰比计算和确定

（1）以钢纤维混凝土配制28d弯拉强度f_{cf}替换f_c，按式（6-2）或式（6-3）计算出基体混凝土的水灰比。

（2）取钢纤维混凝土基体的水灰比计算值与表6-10和表6-11规定值两者中的小值。

b 钢纤维掺量体积率

钢纤维掺量体积率宜在0.60%~1.0%范围内初选，当板厚折减系数小时，体积率宜取上限；当长径比大时，宜取较小值；有锚固端者宜取较小值。

c 单位用水量

根据路面不同摊铺方式所要求的钢纤维混凝土拌和物坍落度查表6-10，得出单位用水量W_{of}（kg/m^3），或由试验确定。

d 单位水泥用量

钢纤维混凝土的单位水泥用量应按式（6-8）计算：

$$C_{of}=W_{of}(C/W) \tag{6-8}$$

式中 C_{of}——钢纤维混凝土的单位水泥用量，kg/m^3；

W_{of}——钢纤维混凝土的单位用水量，kg/m^3。

取计算值与表6-11规定值两者中的大值，但不宜大于500kg/m^3。

e 钢纤维混凝土砂率

砂率可按式（6-9）计算，也可按表6-12初选。钢纤维混凝土砂率宜在38%~50%之间。

$$S_{Pf}=S_P+10P_f \tag{6-9}$$

式中 S_{pf}——钢纤维混凝土砂率，%；

P_f——钢纤维掺量体积率，%。

表6-12 纤维混凝土砂率选用值 （%）

拌和物条件	最大公称粒径19mm碎石	最大公称粒径19mm卵石
$L_f/d_f=50$；$\rho_f=1.0\%$ $W/C=0.5$；砂细度模数$M_X=3.0$	45	40
L_f/d_f增减10	±5	±3
ρ_f增减0.10%	±2	±2
W/C增减0.1	±2	±2
砂细度模数M_X增减0.1	±1	±1

f 砂石料用量

砂石料用量可采用密实度法或体积法计算。按密度法计算时，钢纤维混凝土单位质量可取2450~2580kg/m^3；按体积法计算时，应计入设计含气量。

6.1.2.3 配合比的确定与施工控制

A 实验室基准配合比的确定、调整及验证

由上述各经验公式推算得出的普通混凝土、钢纤维混凝土配合比，应在试验室内按下述步骤进行试配检验和调整：

（1）首先检验各种混凝土拌和物是否满足不同摊铺方式的最佳工作性要求。检验项目包括含气量、坍落度及其损失、振动黏度系数、改进 VC 值、外加剂品种及其最佳掺量。在工作性和含气量不满足相应摊铺方式要求时，可在保持水灰（胶）比不变的前提下调整单位用水量、外加剂掺量或砂率，不得减小满足计算弯拉强度及耐久性要求的单位水泥用量、钢钎维体积率。

（2）对于采用密度法计算的配合比，应实测拌和物视密度，并应按视密度调整配合比，调整时水灰比不得增大，单位水泥用量、钢纤维掺量不得减小，调整后的拌和物视密度允许偏差为 ±2.0%。实测拌和物含气量 a（%）及其偏差应满足规定，不满足要求时，应调整引气剂掺量直至达到规定含气量。

（3）以初选水灰（胶）比为中心，按 0.02 增减幅度选定 2～4 个水灰（胶）比，制作试件，检验各种混凝土 7d 和 28d 配制弯拉强度、抗压强度、耐久性等指标（有抗冻性要求的地区，抗冻性为必测项目，耐磨性及干缩为选测项目）。也可保持计算水灰（胶）比不变，以初选单位水泥用量为中心，按 15～20kg/m^3 增减幅度选定 2～4 个单位水泥用量；钢纤维混凝土还应以选定的钢纤维掺量为中心，按 0.1% 增减幅度选定 2～4 个钢纤维掺量，制作试件并做上述各项检验。

（4）施工单位通过上述各项指标检验提出的配合比，应经监理方审核确认。

B　搅拌楼试拌配合比

试验室的基准配合比应通过搅拌楼实际拌和检验，并应根据料场砂石料含水量、拌和物实测视密度、含气量、坍落度及其损失，调整单位用水量、砂率或外加剂掺量。调整时，水灰（胶）比、单位水泥用量、钢纤维体积率不得减小。考虑施工中原材料含泥量、泥块含量、含水量变化和施工变异性等因素，单位水泥用量应适当增加 5～10kg。满足试拌试铺的工作性、28d（至少 7d）配制弯拉强度、抗压强度和耐久性等要求的配合比，经监理方批准后方可确定为施工配合比。

C　施工现场配合比的微调与现场控制

施工期间配合比的微调与控制应符合下列要求：

（1）根据施工季节、气温和运距等的变化，可微调缓凝（高效）减水剂、引气剂或保塑剂的掺量，保持摊铺现场的坍落度始终适宜于铺筑，且波动最小。

（2）降雨后，应根据每天不同时间的气温及砂石料实际含水量的变化，微调加水量，同时微调砂石料用量，其他配合比参数不得变更，维持施工配合比基本不变。雨天或砂石料变化时应加强控制，保持现场拌和物工作性始终适宜摊铺和稳定。

6.2　施工准备工作

6.2.1　施工准备

6.2.1.1　施工技术准备

熟悉招投标文件、施工合同；熟悉设计文件、进行图纸审查，对设计中存在的问题及时提请设计单位解决，并做好施工技术交底。对施工现场进行全面、详尽、深入的调查。详细了解设计标准，结构做法和质量要求以及设计中所采用的新技术、新材料、新工艺、新标准。

根据招、投标文件，施工合同，设计文件和有关规范及现场实际情况编制实施性施工组织设计。施工组织设计的内容应符合下列规定要求：

（1）工程概况、工程特点、工期要求、地区特征、质量要求等项目的说明。

（2）施工部署、施工现场总体规划、施工平面布置图。

（3）交通导行方案。

（4）现况构造物、地上（地下）管线、杆线的保护（处理）方案。

（5）进度计划及资源计划（包括主要施工人员、设备、机构设置、材料及机械设备的上场供应计划、资金使用计划）。

（6）质量目标设计和质量保证措施或方案（包括单位、分部、分项工程划分、工区划分及质量检验方案或质量验收计划）。

（7）施工方法及技术方案（包括冬、雨季施工措施及采用的新技术、新工艺、新方法、新材料）。

（8）安全保证措施（或安全方案）。

（9）文明施工及环保措施。

开工前，建设单位应组织设计、监理、施工单位进行设计交底，设计交底应包括设计依据、设计要点、补充说明、注意事项等，设计交底应做好交底纪要。施工单位在施工前应进行工序施工技术交底，交底应有记录，交底双方应有签字手续。

6.2.1.2 施工现场准备

做好施工现场控制测量，做好三通一平，做好交通疏导、围挡、地下管线的迁移及保护工作；修建临时施工设施；做好材料储存和堆放以及疏通供应渠道的工作，根据当地政府的有关规定完成现场文明施工设施建设；应根据工程内容及计划制定做好现场文明施工管理，防止大气污染、水源污染、噪声污染，保护和改善施工现场环境；建立安全管理系统，执行安全生产制度，遵守国家、行业和当地政府的有关安全生产法规。制定安全技术措施，加强安全检查，并对职工进行安全生产教育；施工现场应建立简易试验室，必要时应建立具备相应资质的现场试验室；简易试验室应能进行混凝土坍落度等检测。现场试验人员应有上岗证。

6.2.1.3 材料与设备检查

在工程开始前以及施工过程中材料来源或规格发生变化时，应对材料来源、材料质量、数量、供应计划、材料场堆放及储存条件等进行检查。施工前材料的质量检查应以同一料源、同一次购入并运至生产现场的相同规格品种的材料为一“批”进行检查。材料试样的取样数量与频率应符合表6－13规定，每批材料的质量应符合规定。

表6－13 混凝土原材料检测项目和频率

材料	检查项目	检查频率	
		高速公路、一级公路	二级及以下公路
水泥	抗折强度、抗压强度、安定性	机铺1500t一批，小型机具500t一批	机铺1500t一批，小型机具500t一批
	凝结时间、标准稠度需水量、细度	机铺2000t一批，小型机具500t一批	机铺3000t一批，小型机具500t一批
	f－CaO、MgO、SO_3含量，铝酸三钙、铁铝酸四钙，干缩性、耐磨性、碱度、混合材料种类及数量	必要时进场前检测	必要时进场前检测
	温度、水化热	冬夏季施工需要时检测	冬夏季施工需要时检测

续表 6－13

材料	检查项目	检查频率	
		高速公路、一级公路	二级及以下公路
粉煤灰	活性指数、细度、烧失量	机铺1500t一批，小型机具500t一批	机铺1500t一批，小型机具500t一批
	需水量比	每标段不少于3次，进场前检测	每标段不少于3次，进场前检测
	SO_3含量	必要时进场前检测	必要时进场前检测
粗集料	针片状、超径颗粒含量，级配，表观密度，堆积密度，空隙率	机铺2500m^3一批，小型机具1500m^3一批	机铺5000m^3一批，小型机具1500m^3一批
	含泥量、泥块含量	机铺1000m^3一批，小型机具1000m^3一批	机铺2000m^3一批，小型机具1000m^3一批
	坚固性、岩石抗压强度、压碎指标	每种粗集料每标段不少于2次	每种粗集料每标段不少于2次
	碱集料反应	怀疑有碱活性集料时进场前检测	怀疑有碱活性集料时进场前检测
	含水量	降雨或湿度变化随时测	降雨或湿度变化随时测
砂	细度模数，表观密度，堆积密度，空隙率，级配	机铺2000m^3一批，小型机具1500m^3一批	机铺2000m^3一批，小型机具1500m^3一批
	含泥量、泥块、石粉含量	机铺1000m^3一批，小型机具500m^3一批	机铺1000m^3一批，小型机具500m^3一批
	坚固性	每种砂每标段不少于3次	每种砂每标段不少于3次
	云母含量、轻物质与有机物含量 含盐量	目测有云母或杂质时测 必要时测	目测有云母或杂质时测 必要时测
	含水量	降雨或湿度变化随时测	降雨或湿度变化随时测
外加剂	减水剂减水率，液体外加剂含固量和相对密度，粉状外加剂的不溶物含量	机铺5t一批，小型机具3t一批	机铺5t一批，小型机具3t一批
	引气剂引气量、气泡细密程度和稳定性	机铺2t一批，小型机具1t一批	机铺3t一批，小型机具1t一批
钢纤维	抗拉强度、弯折性能、长度、长径比、形状	开工前或有变化时，每标段3次	开工前或有变化时，每标段3次
	杂质、质量及其偏差	机铺50t一批，小型机具30t一批	机铺50t一批，小型机具30t一批
养生剂	有效保水率、抗压强度比、耐磨性、耐热性、膜水溶性	开工前或有变化时，每标段3次	开工前或有变化时，每标段3次
	含固量、成膜时间	试验路段测，施工每5t测一次	试验路段测，施工每5t测一次
水	pH值、含盐量、硫酸根及杂质含量	开工前或水源有变化时（采用饮用水可不检测）	开工前或水源有变化时（采用饮用水可不检测）

注：1. 开工前所有原材料项目均应检验，当原材料规格、品种、生产厂、来源发生变化时，必检；

2. 机铺是指滑模、轨道、三辊轴机组摊铺，数量不足一批时，按一批检验。

施工前应对拌和厂、站及路面施工机械和设备的配套情况、性能、计量精度等进行检查；

对实行监理制度的工程项目，材料试验结果及据此进行的配合比设计结果、施工机械和设备的检查结果，都应在使用前规定的期限内向监理工程师提出正式报告，待取得正式认可后，方可使用。

6.2.1.4　测量放线

在验收合格的道路基层上，根据设计图纸放出中心线及道路边线（路缘石线）并钉桩，并测定高程。测量精度应满足相应规范的要求。

应按设计规定划分路面板块。宜由路口开始，路口弧线部位（“八字”处）分块时，应避免面层板出现锐角；在曲线段分块，应使横向分块线与该点法线方向一致。

混凝土路面层板块分块线距检查井盖的边缘距离应大于1m。

6.2.1.5　混凝土搅拌站设置

A　搅拌站设置选择

根据施工方案、施工路线长短、运输工具等条件，选择搅拌站位置，施工路线较长时，搅拌站宜设置在摊铺路段的中间位置。搅拌站站址应具备水源、电源与运输道路，并应有按规格堆放砂石料及搭建水泥仓等的条件；水源的供水能力应满足搅拌、清洗、养生用水等的需要，并保证水质，供水能力不足时，应设置与日搅拌量相适应的蓄水池。电源的电力总容量应满足全部施工用电设备、夜间施工照明及施工用电的需要，必要时应配备两套电源。

B　砂石料储备

施工前，宜储备正常施工10～15d的砂石料；砂石料场应建在排水通畅的位置，其底部应做硬化处理，不同规格的砂石料之间应有隔离设施，并设标识牌，严禁混杂；在低温天、雨天、大风天及日照强烈的条件下，应在砂石料堆上架设顶棚或覆盖。

C　水泥、粉煤灰存储和供应

推荐使用散装水泥，采用散装水泥时，每台搅拌楼至少配备2个水泥罐仓，如掺粉煤灰还应至少配备1个粉煤灰罐仓。当水泥的日用量很大，需要两家以上的水泥厂供应水泥时，不同厂家的水泥应清仓再灌，并分仓存放，严禁粉煤灰与水泥混罐。

D　生产和运输能力

搅拌站的生产和运输能力，应满足浇注工作不间断，且水泥混凝土运到浇注地点时，仍保持均匀性和规定的坍落度。从搅拌地点运至浇注地点水泥混凝土拌和料的运输时间不宜超过表6－14规定。

表6－14　水泥混凝土拌和物运输时间限制

气温/℃	无搅拌设施运输/min	有搅拌设施运输/min
30～35	15	45
20～30	30	60
10～20	45	75
5～10	60	90

注：1. 掺用外加剂或采用快硬水泥拌制混凝土时，应通过试验，查明所配制水泥混凝土的凝结时间，确定运输时间限制；

2. 表中所列时间是指从加水搅拌到入模时间。

E　场内道路与排水

汽车运输道路要求坚实、平整，宽度不小于4m，并应设有错车道。搅拌机安装高度应满足上料、卸料需要，卸料高度不应超过1.5m，料场四周和搅拌机附近，应有排水设施。

6.2.2 混凝土拌和物搅拌、运输

6.2.2.1 搅拌设备

A 搅拌场的拌和能力配置

采用滑模、轨道、碾压、三辊轴机组摊铺时，搅拌场配置的混凝土总拌和生产能力可按式（6-10）计算，并按总拌和能力确定所要求的搅拌楼数量和型号。

$$M = 60 b v_t h \mu \tag{6-10}$$

式中 M——搅拌楼总拌和能力，m^3/h；

b——摊铺宽度，m；

v_t——摊铺速度，m/min（≥1m/min）；

h——面板厚度，m；

μ——搅拌楼可靠性系数，1.2~1.5，根据下述具体情况确定：搅拌楼可靠性高，μ 可取较小值；反之，μ 应取较大值；拌和钢纤维混凝土时，μ 应取较大值；坍落度要求较低时，μ 应取较大值。

不同摊铺方式所要求的搅拌楼最小生产容量应满足表6-15的规定，一般可配备2~3台搅拌楼，最多不宜超过4台，搅拌楼的规格和品牌应尽可能统一。

表6-15 混凝土路面不同摊铺方式的搅拌楼最小配置容量 （m^3/h）

摊铺宽度	滑模摊铺	轨道摊铺	碾压混凝土	三辊轴摊铺	小型机具
单车道3.75~4.5m	≥100	≥75	≥75	≥50	≥25
双车道7.5~9m	≥200	≥150	≥150	≥100	≥50
整幅宽≥12.5m	≥300	≥200	≥200		

B 搅拌楼选配

搅拌楼的配备应符合表6-15的规定，应优先选配间歇式搅拌楼，也可使用连续式搅拌楼。混凝土搅拌楼选配应以强制双卧轴或行星立轴为主要机型。这是国际公认搅拌速度和效率最高、搅拌效果最好的机型。每台搅拌楼应配备齐全自动供料、称量、计量、砂石料含水量反馈控制、有外加剂加入装置和计算机控制自动配料操作系统设备和打印设备。

6.2.2.2 拌和技术要求

A 配料精确度

每台搅拌楼在投入生产前，必须进行标定和试拌。在标定有效期满或搅拌楼搬迁安装后，均应在新标定施工中每15d校验一次搅拌楼计量精确度。拌和楼配料计量偏差不得超过表6-16的规定。不满足时，应分析原因，排除故障，确保拌和计量精确度。采用计算机自动控制系统的搅拌楼时，应使用自动配料生产，并按需要打印每天（周、旬、月）对应路面摊铺桩号的混凝土配料统计数据及偏差。

表6-16 搅拌楼的混凝土拌和计量允许偏差 （%）

材料名称	水泥	掺和料	钢纤维	砂	粗集料	水	外加剂
高速公路、一级公路每盘	±1	±1	±2	±2	±2	±1	±1
高速一级公路累计每车	±1	±1	±1	±2	±2	±1	±1
其他公路	±2	±2	±2	±3	±3	±2	±2

B 拌和时间

根据拌和物的黏聚性、均质性及强度稳定性试拌确定最佳拌和时间。一般情况下，单立轴式搅拌机总拌和时间宜为80～120s，全部原材料到齐后的最短纯拌和时间不宜短于40s；行星立轴和双卧轴式搅拌机总拌和时间为60～90s，最短纯拌和时间不宜短于35s；连续双卧轴搅拌楼的最短拌和时间不宜短于40s。最长总拌和时间不应超过高限值的2倍。

C 砂石料要求

混凝土拌和过程中，不得使用沥水、夹冰雪、表面沾染尘土和局部曝晒过热的砂石料。

D 外加剂的使用

外加剂的质量应符合GB 8076等国家现行标准的规定，应以稀释溶液加入，其稀释用水和原液中的水量，应从拌和加水量中扣除。使用间歇搅拌楼时，外加剂溶液浓度应根据外加剂掺量、每盘外加剂溶液筒的容量和水泥用量计算得出。连续式搅拌楼应按流量比例控制加入外加剂。加入搅拌锅的外加剂溶液应充分溶解，并搅拌均匀。有沉淀的外加剂溶液，应每天清除一次稀释池中的沉淀物。

E 引气混凝土拌和

拌和引气混凝土时，搅拌楼一次拌和量不应大于其额定搅拌量的90%，纯拌和时间应控制在含气量最大或较大时。

F 粉煤灰混凝土拌和

粉煤灰或其他掺和料应采用与水泥相同的输送、计量方式加入。粉煤灰混凝土的纯拌和时间应比不掺的延长10～15s。当同时掺用引气剂时，宜通过试验适当增大引气剂掺量，以达到规定含气量。

G 拌和物质量检验与控制

搅拌过程中，低温或高温天气施工时，拌和物出料温度宜控制在10～35℃，并应测定原材料温度、拌和物的温度、坍落度损失率和凝结时间等。

拌和物应均匀一致，有生料、干料、离析或外加剂、粉煤灰成团现象的非均质拌和物严禁用于路面摊铺。一台搅拌楼的每盘之间、各搅拌楼之间，拌和物的坍落度最大允许偏差为±10mm，拌和坍落度应为最适宜摊铺的坍落度值与当时气温下运输坍落度损失值两者之和。

H 钢纤维混凝土拌和的特殊要求

当钢纤维体积率较高，拌和物较干时，搅拌楼一次拌和量不宜大于其额定搅拌量的80%。拌和物中不得有钢纤维结团现象。

钢纤维混凝土搅拌的投料次序和方法应以搅拌过程中钢纤维不产生结团和保证一定的生产率为原则，并通过试拌或根据经验确定。宜采用将钢纤维、水泥、粗细集料先干拌后加水湿拌的方法，也可采用钢纤维分散机在拌和过程中分散加入钢纤维。

钢纤维混凝土的拌和时间应通过现场搅拌试验确定，并应比普通混凝土规定的纯拌和时间延长20～30s，采用先干拌后加水的搅拌方式时，干拌时间不宜少于1min。

钢纤维混凝土严禁用人工拌和。当桥梁伸缩缝等零星工程使用少量的钢纤维混凝土时，可采用容量较小的搅拌机拌和，每种原材料应准确称量后加入，不得使用体积计量。采用小容量搅拌机拌和时，钢纤维混凝土总拌和时间应较搅拌楼拌和时间延长1～2min，采用先干拌后加水的搅拌方式时，干拌时间不宜少于1.5min。

应保证钢纤维在混凝土中的分散性及均匀性，水洗法检测的钢纤维含量偏差不应大于设计掺量的±15%。

6.2.2.3　运输车辆

A　运输车辆配置

机械摊铺系统配套的运输车数量，可按式（6－11）计算：

$$N=2n[1+Sr_c m/(v_q\times g_q)] \tag{6-11}$$

式中　N——汽车辆数，辆；

n——相同产量搅拌楼台数；

S——单程运输距离，km；

r_c——混凝土密度，t/m^3；

m——一台搅拌楼每小时生产能力，m^3/h；

v_q——车辆的平均运输速度，km/h；

g_q——汽车载重能力，吨/辆。

B　车况和车型要求

自拌混凝土可选配车况良好、载重量为5～20t的自卸车，自卸车后挡板应关闭紧密，运输时不漏浆撒料，车箱板应平整光滑。远距离运输或摊铺钢筋混凝土路面及桥面时，宜选配混凝土罐车。

6.2.2.4　运输技术要求

（1）总动力要求。根据施工进度、运量、运距及路况，选配车型和车辆总数，总运力应比总拌和能力略有富余，确保新拌混凝土在规定时间内运到摊铺现场。

（2）运输时间。运输到现场的拌和物必须具有适宜摊铺的工作性。不同摊铺工艺的混凝土拌和物从搅拌机出料到运输、铺筑完毕的允许最长时间应符合表6－17的规定。不满足时应通过试验加大缓凝剂或保塑剂的剂量。

表6－17　混凝土拌和物出料到运输、铺筑完毕允许最长时间

施工气温①/℃	到运输完毕允许最长时间/h		到铺筑完毕允许最长时间/h	
	滑模、轨道	三轴、小机具	滑模、轨道	三轴、小机具
5～9	2.0	1.5	2.5	2.0
10～19	1.5	1.0	2.0	1.5
20～29	1.0	0.75	1.5	1.25
30～35	0.75	0.50	1.25	1.0

① 施工气温是指施工时间的日间平均气温，使用缓凝剂延长凝结时间后，本表数值可增加0.25～0.5h。

（3）混凝土拌和物的运输除应满足上述规定外，还应符合下列技术要求：

1）运输混凝土的车辆装料前，应清洁厢（罐），洒水湿润，排干积水。装料前，自卸车应挪动车位，防止离析。搅拌楼卸料落差不应大于2m。

2）混凝土运输过程中漏浆、漏料和污染路面，途中不得随意耽搁。自卸车运输应减少颠簸，防止拌和物离析。车辆起步和停车应平稳。

3）超过表6－16规定摊铺允许最长时间的混凝土不得用于路面摊铺，混凝土一旦在车内停留超过初凝时间，应采取紧急措施处置，严禁混凝土硬化在车厢（罐）内。

4）烈日、大风、雨天和低温天远距离运输时，自卸车应遮盖混凝土，罐车宜加保温隔热套。

5）使用自卸车运输混凝土最远运输半径不宜超过20km。

6）运输车辆在模板或导线区调头或错车时，严禁碰撞模板或基准线，一旦碰撞，应告知测量人员重新测量纠正。

7）车辆倒车及卸料时，应有专人指挥。卸料应到位，严禁碰到摊铺机和前场施工设备及测量仪器。卸料完毕，车辆应迅速离开。

6.3 轨模摊铺机施工

6.3.1 轨道模板安装

轨道式摊铺机施工的整套机械，在轨道上移动推进，也以轨道为基准控制路面表面的高程。由于轨道和模板同步安装，统一调整定位，将轨道固定在模板上，既作水泥混凝土路面的侧模板也是每节轨道的固定基座（见图6-1）。

轨道高程控制是否精确、铺轨是否平直、接头是否平顺，将直接影响路面表面的质量和行驶性能，轨道模板本身的精度标准和安装精度必须符合要求。模板要能承受从轨道传下来的机组重量，横向要保证模板的刚度。轨道数量根据进度配备，并要有拆模周期内的周转数量。施工时，日平均气温在20℃以上时，按日进度配置；日平均气温低于19℃时，按日铺筑进度2倍配置。设置纵缝时，应按要求间距，在模板上预先作拉杆置放孔。

6.3.2 摊铺与振捣

6.3.2.1 机械选型与配套

轨道摊铺机（见图6-2）的选型应根据路面车道数或设计宽度按表6-18的技术参数选择。最小摊铺宽度不得小于单车道3.75m。轨道摊铺机按布料方式不同，可选用刮板式、箱式和螺旋式。

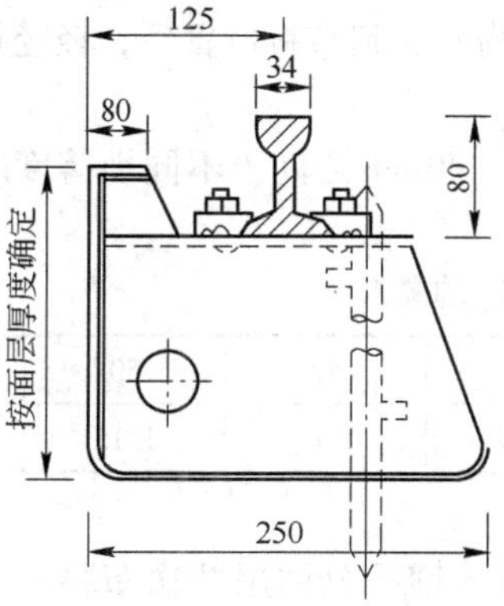

图6-1 轨道安装

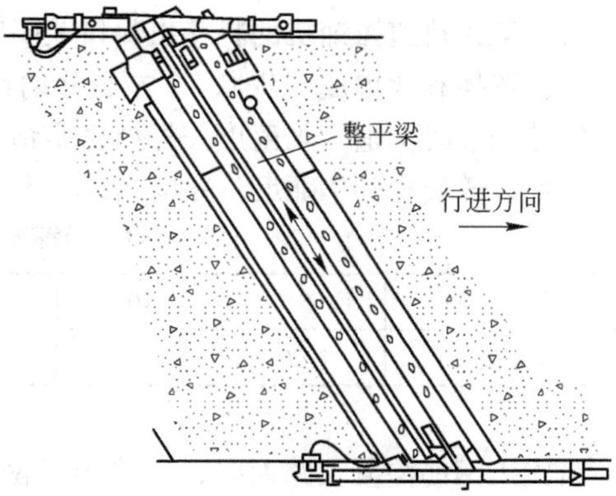

图6-2 轨模摊铺机施工示意图

表6-18 轨道摊铺机的基本技术参数

项 目	发动机功率/kW	最大摊铺宽度/m	摊铺厚度/mm	摊铺速度/m·min^{-1}	整机质量/t
三车道轨道摊铺机	33~45	11.75~18.3	250~600	1~3	13~38
双车道轨道摊铺机	15~33	7.5~9.0	250~600	1~3	7~13
单车道轨道摊铺机	8~22	3.5~4.5	250~450	1~4	≤7

各施工工序可以采用不同类型的机械，而不同类型的机械具有不同的工艺要求和生产率。

因此，整个机械化施工需要考虑机械的选型和配套。

A 主导机械选型

决定水泥混凝土路面质量和使用性能的施工工序，主要是混凝土的摊铺成型和拌和。因此，通常把混凝土摊铺成型机械作为第一主导机械，把混凝土拌和机械作为第二主导机械。在机械选型时，应首先选定主导机械，然后根据主导机械的技术性能和生产率选配配套机械。主导机械的选择，应考虑满足施工质量和进度的要求，同时还要考虑我国现阶段工程单位的技术人员素质、管理水平和购买能力等实际情况。

B 配合机械及配套机械

配合机械主要是指运输混凝土的车辆。选择的主要依据是混凝土的运量和运输距离。研究表明：运距在1km以内，以2t以下小型自卸车比较经济；运距在5km左右时，以5~8t中型自卸车最为经济。考虑到混凝土在运输过程中水分的散失和离析等问题，更远的运输距离以采用容量为6m^3以上的混凝土拌和运输车较为理想。

C 机械合理配套

合理配套主要是指拌和机与摊铺机、运输车辆之间的配套情况。当摊铺机选定后，可根据机械的有关参数和施工中的具体情况计算出摊铺机械的生产率。拌和机械与之配套就是在保证摊铺机械生产率充分发挥的前提下，使拌和机械的生产率得到正常发挥，并在施工中保持均衡、协调一致。当摊铺机和拌和机的生产率确定后，车辆在整个系统内的配套实质上是车辆与拌和机的配套。

6.3.2.2 布料

使用轨道摊铺机前部配备的螺旋布料器或可上下左右移动的刮板布料，料堆不得过高过大，也不得缺料。可使用挖掘机、装载机或人工辅助布料。螺旋布料器前的拌和物应保持在面板以上100mm左右，布料器后宜配备松铺高度控制刮板，也可使用有布料箱的轨道摊铺机精确布料，箱式轨道摊铺机的料斗出料口关闭时，装进拌和物并运到布料位置后，轻轻打开料斗出料口，待拌和物堆成“堤状”，左右移动料斗布料。

轨道摊铺时的适宜坍落度按振捣密实情况宜控制在20~40mm之间。不同坍落度时的松铺系数k可参考表6-19确定，并按此计算出松铺高度。

表6-19 松铺系数k与坍落度S_L的关系

坍落度S_L/mm	5	10	20	30	40	50	60
松铺系数k	1.30	1.25	1.22	1.19	1.17	1.15	1.12

当施工钢筋混凝土路面时，宜选用（两台）箱型轨道摊铺机分两层两次布料，可在第一层布料完成后，将钢筋网片安装好，再进行表面第二层布料，然后一次振实；也可两次布料两次振实，中间安装钢筋网。采用双层两遍摊铺钢筋混凝土路面时，下部混凝土的布料与摊铺长度应根据钢筋网片长度和第一层混凝土凝结情况而定，且不宜超过20m。

6.3.2.3 振实

轨道摊铺机应配备振捣棒组，振捣方式有斜插连续拖行及间歇垂直插入两种，当面板厚度超过150mm、坍落度小于30mm时，必须插入振捣；连续拖行振捣时，宜将作业速度控制在0.5~1.0m/min之间，并随着坍落度的大小而增减。间歇振捣时，当一处混凝土振捣密实后，将振捣棒组缓慢拔出，再移动到下一处振实，移动距离不宜大于500mm。振捣机的一般构造如图6-3所示。

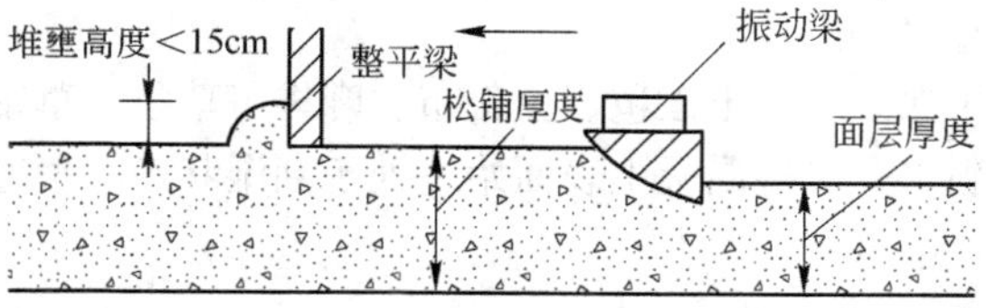

图6－3 振捣机的一般构造

轨道摊铺机应配备振动板或振动梁对混凝土表面进行振捣和修整，振动梁的振捣频率宜控制在50～100Hz，偏心轴转速调节到2500～3500r/min。经振捣棒组振实的混凝土，宜使用振动板振动提浆，并密实饰面，提浆厚度宜控制在（4±1）mm。

6.3.3 表面整修

振实后混凝土还应进行整平、精光、纹理制作等工序。

采用机械修整时的表面修整机有斜向移动和纵向移动两种。斜向表面修整机通过一对与机械行走轴线成10°～13°的整平梁做相对运动来完成修整，其中一根整平梁为振动整平梁。纵向表面修整机为整平梁在混凝土表面沿纵向往返移动，由于机体前进而将混凝土板表面整平。机械修整的速度需考虑混凝土的易修整性和机械的特性。轨道或模板的顶面应经常清理，以便机械能顺畅通过。

整平操作时，也应使整平机械前的拥料涌向路面横坡高的一侧。采用VOGELE机整平时，要注意随时清除因修光梁往复运行推到路面边沿的粗集料，确保整平效果和机械正常行驶。在施工中途有停歇时，整平梁停驻处混凝土表面常有微小的棱条出现，可辅以人工抹面。

精光工序是对混凝土表面进行最后的精细修整，使混凝土表面更加致密、平整、美观，这是混凝土路面外观质量的关键工序。国产C－450X机由于整机采用三点式整平原理和较为完善的修光配套机械，整平质量较高。施工中应加强质量检查、校核，保证精光质量。

纹理制作是提高水泥混凝土路面行车安全性的重要措施之一。施工时用纹理制作机对混凝土路面进行拉槽或压槽，使混凝土表面在不影响平整度的前提下，具有一定的粗糙度。纹理制作的平均深度控制在1～2mm以内，制作时应控制纹理的走向与路面前进方向垂直，相邻板的纹理要相互衔接，横向邻板的纹理要沟通以利排水。适宜的纹理制作时间以混凝土表面无波纹水迹比较合适，过早和过晚都会影响纹理制作质量。近年来，国外还采用了一种更有效的方法，即在完全凝固的面层上用切槽机切出深5～6mm、宽3mm、间距为20mm的横向防滑槽。

6.3.4 养护

水泥混凝土路面层成活后，应及时养护。养护应根据施工工地情况及条件，选用喷洒养生剂养生、覆盖保湿养生或塑料薄膜覆盖养生等。

6.3.4.1 喷洒养生剂养生

混凝土路面采用喷洒养生剂养生时，喷洒应均匀，成膜厚度应足以形成完全密闭水分的薄膜，喷洒后的表面不得有颜色差异。喷洒时间宜在表面混凝土泌水完成后进行。喷洒高度宜控制在0.5～1m，使用一级品养生时，最小喷洒剂量不得少于0.3kg/m^2；合格品的最小喷洒剂量不得少于0.35kg/m^2。不得使用易被雨水冲刷掉的和对混凝土强度、表面耐磨性有影响的养生剂。当喷洒一种养生剂达不到90%以上有效保水率要求时，可采用两种养生剂各喷洒一层或喷一层养生剂再加覆盖的方法。

6.3.4.2　覆盖保湿养生

覆盖保湿养生宜使用保湿膜、土工毡、土工布、麻袋、草袋、草帘等进行覆盖，混凝土成活后应及时覆盖、及时洒水，保持混凝土表面始终处于潮湿状态。覆盖物覆盖时，应确保混凝土表面、侧面覆盖到位，不漏盖。

6.3.4.3　塑料薄膜覆盖养生

塑料薄膜覆盖养生的初始时间以不压坏细观抗滑构造为准，薄膜厚度（韧度）应合适，宽度应大于覆盖面600mm。两条薄膜对接时，搭接宽度不应小于400mm，养生期间应始终保持薄膜完整盖满。

6.3.4.4　其他要求

养生时间应根据混凝土弯拉强度增长情况而定，不宜小于混凝土设计弯拉强度的80%，应特别注重前7天的保湿（温）养生。一般养生天数宜为14～21d，气温较高时，养生不宜少于14d；低温时，养生期不宜少于21d；掺粉煤灰的混凝土路面最短养生时间不宜少于28d。

昼夜温差大于10℃以上的地区或日平均温度小于5℃施工的混凝土路面应采取保温保湿养生措施，防止混凝土板产生收缩裂缝。混凝土板在养护期间和填缝前，应禁止车辆通行，在达到设计强度的40%以后，方可允许行人通行。养护期间应封闭交通、不得堆放重物；面板达到设计弯拉强度后，方可开放交通；养护终结，应及时清除路面层养护材料。

6.3.5　接缝施工

6.3.5.1　纵缝施工

应按设计规定设置纵缝（间距宜为3.5～4.0m），位置应避开轮迹；企口纵缝施工时，宜先浇注凹榫一侧的水泥混凝土；已成型的水泥混凝土路面层板，纵缝侧面应涂刷沥青或隔离剂，沥青或隔离剂不得涂于传力杆上；当一次摊铺宽度大于4.5m时，应采用假缝拉杆型纵缝，即锯切纵向裂缝，纵缝位置应按车道宽度设置，并在摊铺过程中用专用的拉杆插入装置插入拉杆；钢筋混凝土路面、桥面和搭板的纵缝拉杆可由横向钢筋延伸穿过接缝代替；钢纤维混凝土路面切开的假纵缝可不设拉杆，纵向施工缝应设拉杆；插入的纵向拉杆应牢固，不得松动、碰撞或拔出；若发现拉杆松脱或漏插，应在横向相邻路面摊铺前，钻孔重新植入；当发现拉杆可能被拔出时，应进行拉杆拔出力（握裹力）检验。

6.3.5.2　横向缩缝施工

A　缩缝间距和缝宽

普通混凝土路面横向缩缝宜等间距布置，不宜采用斜缝。必须调整板长时，最大板长不宜大于6.0m，最小板长不宜小于板宽。对高填土、弯道和软土路基地段板长应适当减小；交叉口及接近构造物处的路面板块尺寸可适当调整。横缝中的胀缝间距和缝宽，应根据设计要求确定，当设计未要求时，施工方或监理方应在设计交底会上提出，并由设计方通过设计变更或洽商记录予以明确。与结构物衔接处、道路交叉和填挖土方变化处，应设置胀缝；胀缝宽度不宜小于20mm。

B　设传力杆横缝

普通水泥混凝土路面的胀缝应设置胀缝补强钢筋支架、胀缝板和传力杆。胀缝构造如图6－4所示。钢筋混凝土和钢纤维混凝土路面可不设钢筋支架。传力杆一半以上长度的表面应涂防黏涂层，端部应戴活动套帽，套帽材料与尺寸应符合要求。胀缝板应与路中心线垂直，缝壁垂直，缝隙宽度一致，缝中完全不连浆。胀缝应采用前置钢筋支架法施工，也可采用预留一块面板，高温时再铺封。前置法施工应预先加工、安装和固定胀缝钢筋支架，并在使用手持振捣棒振实胀缝板两侧的混凝土后再摊铺。在混凝土未硬化时，剔出胀缝板上部的混凝土，嵌入

（20～25）mm×20mm 的木条，整平表面。胀缝板应连续贯通整个混凝土路面板宽度。

设有传力杆的缩缝，切缝深度为路面板厚的 1/3～1/4，最浅不得小于 70mm，如图 6－5 所示。

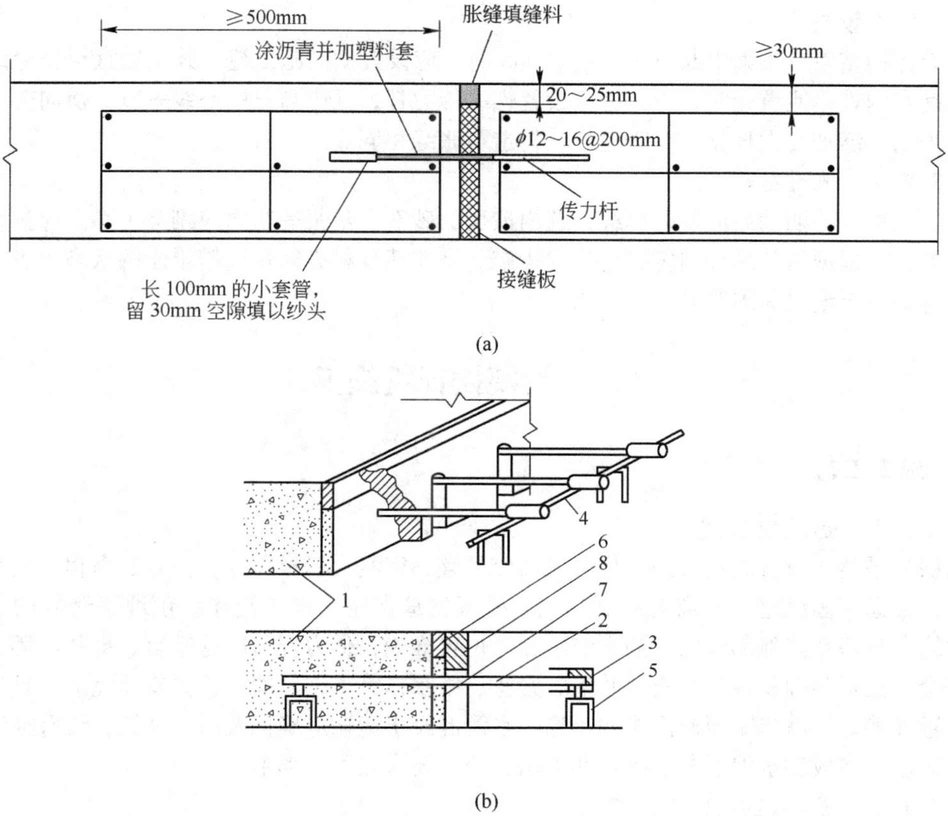

图 6－4 胀缝构造示意图

（a）配筋图；（b）传力杆搭设

1—现浇的混凝土；2—传力杆；3—金属套筒；4—钢筋；5—支架；
6—压缝板条；7—嵌缝板；8—胀缝模板

C 无传力杆缩缝

无传力杆缩缝的切缝深度为路面板厚的 1/4～1/5，最浅不得小于 60mm，缩缝应与混凝土面板垂直，并应与设计要求的位置一致，如图 6－6 所示。

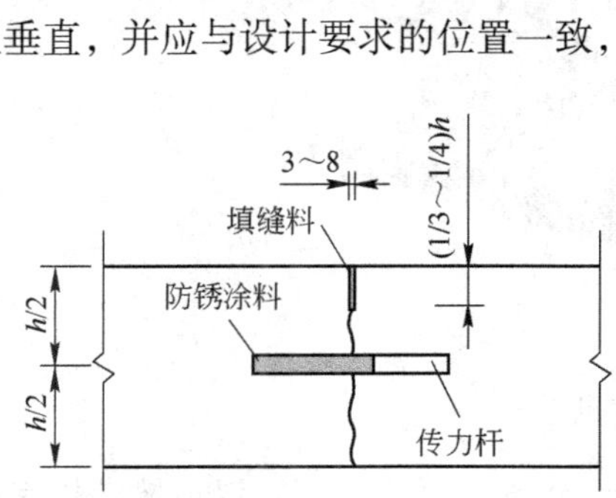

图 6－5 设传力杆缩缝

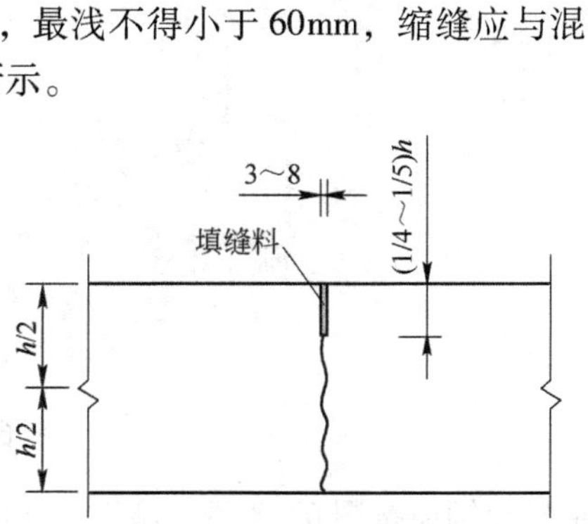

图 6－6 无传力杆缩缝

D 切缝技术

采用切缝机切割缩缝时，应严格控制切割时机，其切缝时机一般为水泥混凝土强度达到设计强度25% ~30%时。

E 施工设置

每天摊铺结束或摊铺中断时间超过30min时，应设置横向施工缝，其位置宜与胀缝或缩缝重合，确有困难不能重合时，施工缝应设置螺纹传力杆，且应与路中心线垂直。横向施工缝在缩缝处采用平缝加传力杆型，在胀缝处其构造与胀缝相同。

6.3.5.3 填灌缝

混凝土板养护期满后应及时填缝，缝内遗留的砂石、灰浆等杂物应剔除干净。应按设计选择填缝料，并根据填料品种制定工艺技术措施。浇注填缝料必须在缝槽干燥的状态下进行，填缝料应与混凝土缝壁黏附紧密、不渗水。

6.4 滑模摊铺机施工

6.4.1 施工工艺

6.4.1.1 铺筑前检查

基层应平整，设有砂垫层的，垫层表面应平整、密实；模板尺寸、位置、高程等应满足设计要求，支撑牢固稳定，隔离剂涂刷均匀，模板接缝严密、模内洁净；预埋胀缝板的位置正确；边缘、角隅及其他部位的钢筋安装牢固，位置准确，传力杆与胀缝垂直，绑扎牢固，套筒安装齐全、位置准确；各种检查井井盖、井座、雨水口箅子，箅圈应预先安装完成，且安装牢固，位置准确，标高与路面标高协调一致。水泥混凝土运输应确保及时、连续；设有纵缝的水泥混路面层，在成型水泥混凝土板块侧立面，应按要求涂刷隔离剂。

6.4.1.2 滑模摊铺工艺流程

滑模摊铺机（见图6-7）比轨模摊铺机更高度集成化，整机性能好，操纵方便，生产效率高，但对原材料、混凝土拌和物的要求更严格，设备费用较高。

滑模摊铺机的特点是不需轨模，整个摊铺机的机架支承在四个液压缸上，它可以通过控制机械上下移动，以调整摊铺机铺层厚度。在摊铺机的两侧设置有随机移动的固定滑模板，因此不需另设轨模。这种摊铺机一次通过就可以完成摊铺、振捣、整平等多道工序。

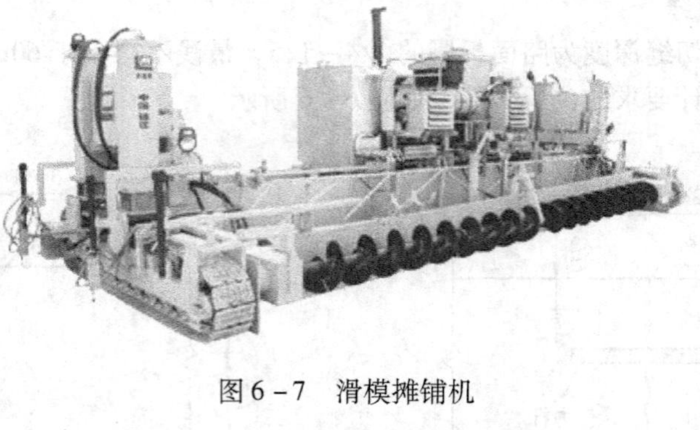

图6-7 滑模摊铺机

滑模摊铺应按图6-8所示施工工艺流程网络图精心组织，循序进行。滑模摊铺机完整的施工工艺如图6-9所示。

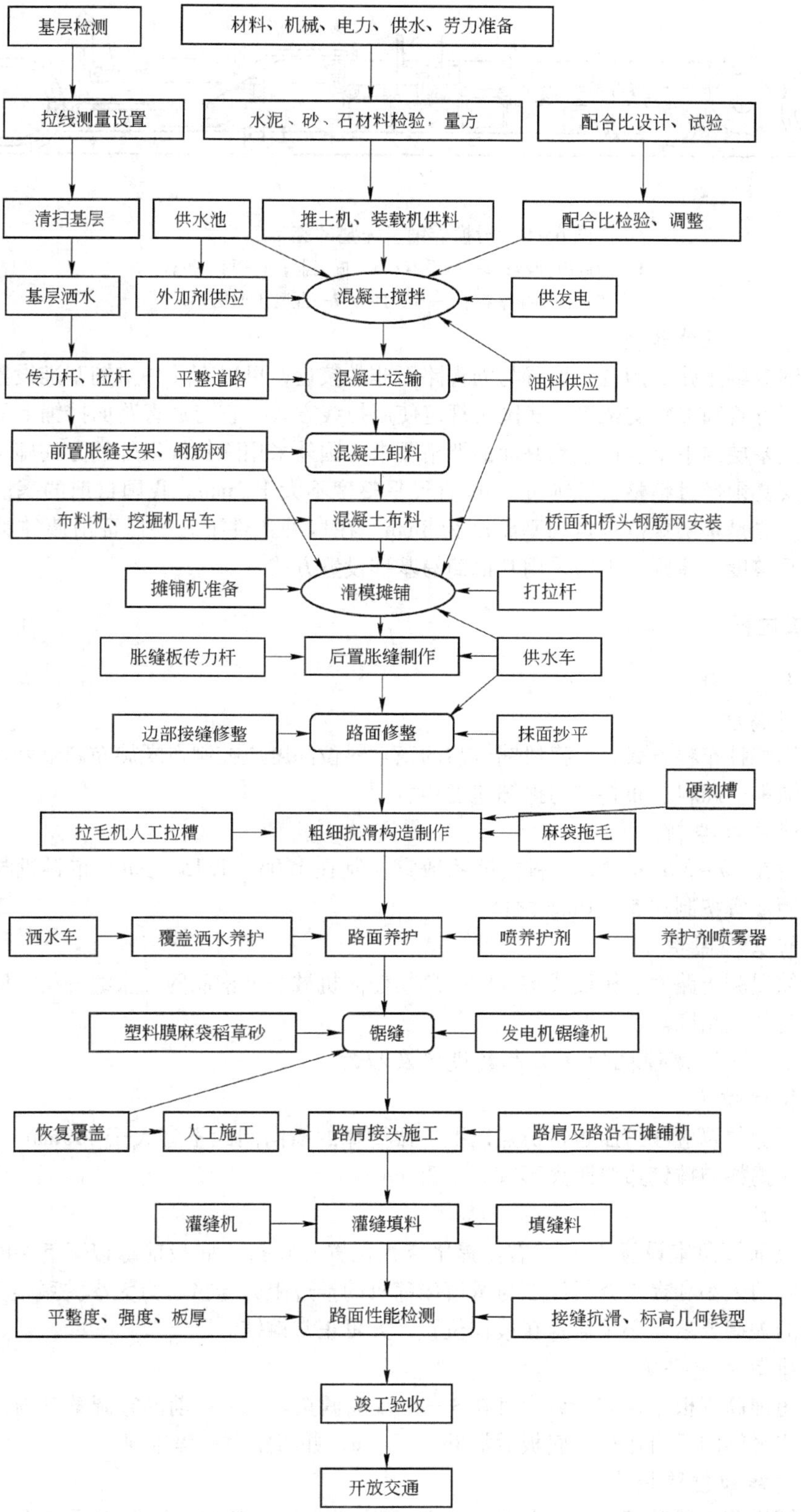

图6－8　滑模摊铺水泥混凝土路面施工工艺流程网络图

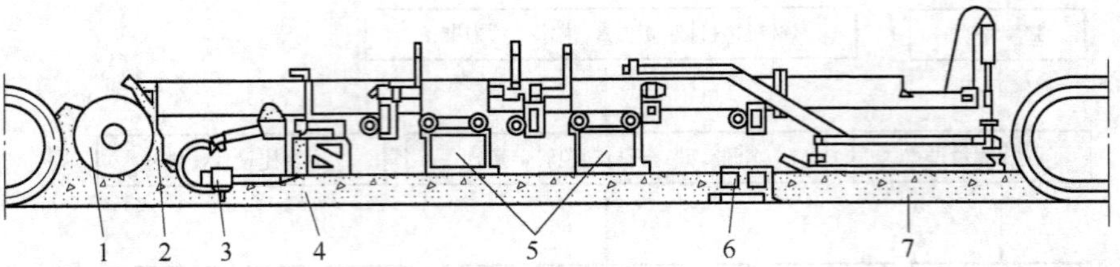

图 6-9 滑模摊铺机完整的施工工艺

1—螺旋摊铺器；2—刮平器；3—振捣器；4—刮平板；
5—振动振平板；6—光面带；7—混凝土面层

6.4.1.3 基准线设置

滑模摊铺混凝土路面的拉线设置与沥青路面非常接近，可以有几种摊铺基准设置方式：拉线、滑橇、铝方管和多轮支架等，我国仅规定使用拉线方式，它与沥青路面摊铺上面层和中面层不同的是上基层的平整度达不到路面的严格要求，国外采用除拉线以外的方式施工是有条件的，就是基层必须经过精整机洗刨过，3m 直尺平整度不大于 3mm。我国目前的基层施工一是未用精整机，二是基层规范规定的平整度为 8mm。在这种条件下，要保证滑膜摊铺水泥混凝土路面的高平整度，原则上不得采用其他简易基准设置方式。

6.4.2 施工过程

6.4.2.1 布料

A 布料高度

无论采用哪种布料方式，滑模摊铺机前的正常料位高度应控制在螺旋布料器叶片最高点以下，也不得缺料。卸料、布料应与摊铺速度相协调。

B 松铺系数控制

当坍落度在 10～50mm 时，布料松铺系数宜控制在 1.08～1.15 之间。布料机与滑模摊铺机之间施工距离宜按制在 5～10mm 之间。

C 钢筋结构保护

摊铺钢筋混凝土路面、桥面或搭板时，严禁任何机械开上钢筋网、胀缝支架。防止将钢筋网压变形、变位或贴底。

6.4.2.2 滑模摊铺机的施工参数设定及校准

A 振捣棒位置

振捣棒下缘位置应在挤压板最低点以上，振捣棒的横向间距不宜大于 450mm，均匀排列；两侧最边缘振捣棒与摊铺边沿距离不宜大于 250mm。

B 前倾角

挤压底板前倾角宜设置为 3°左右。提浆夯板位置宜在挤压底板前缘以下 5～10mm 之间。挤压底板前倾角大小和提浆夯板深度与滑模摊铺机的推进阻力与挤压力大小关系很大，也是横向拉裂与否的关键要素。必须设定在最佳位置，方可正常摊铺。

C 超铺角及搓平梁

两边缘超铺高程根据拌和物调度宜在 3～8mm 间调整。搓平梁前沿宜调整到与挤压板后沿高程相同，搓平梁的后沿比挤压底板后沿低 1～2mm，并与路面高程相同。

D 首次摊铺位置校准

滑模摊铺机首次摊铺路面，应挂线对其铺筑位置、几何参数和机架水平度进行调整和校准，正确无误后，方可开始摊铺。

E 复核测量

在开始摊铺的5m内，应在铺筑行进中对摊铺出的路面标高、边缘厚度、中线、横坡度等参数进行复核测量。所摊铺的路面精确度应控制在规定值范围内。

6.4.2.3 铺筑作业技术要领

A 摊铺速度

操作滑模摊铺机应缓慢、匀速、连续不间断地作业。摊铺速度应根据拌和物稠度、供料多少和设备性能控制在0.5～3.0m/min之间，一般宜控制在1m/min左右。拌和物稠度发生变化时，应先调振捣频率，后改变摊铺速度。

B 松方控制板

应随时调整松方高度板控制进料位置，开始时宜略设高些，以保证进料。正常摊铺时应保持振捣仓内料位高于振捣棒100mm左右，料位高低上下波动宜控制在±30mm之内。为了摊铺高平整度的路面，挤压底板的料与振动仓内的混凝土之间，始终应维持相互间压力的均衡，才不至于挤压力忽大忽小而影响平整度。

C 振捣频率控制

正常摊铺时，振捣频率可在6000～11000r/min之间调整，宜采用9000r/min左右的频率。应防止混凝土过振、欠振或调振。应根据混凝土的稠度大小，随时调整摊铺的振捣频率或速度。摊铺机起步时，应先开启振捣棒振捣2～3min，再缓慢平稳推进。摊铺机脱离混凝土后，应立即关闭振捣棒组。

D 纵坡施工

滑模摊铺机满负荷时可铺筑的路而最大纵坡为：上坡5%；下坡6%。上坡时，挤压底板前仰角宜适当调小，并适当调轻抹平板压力，坡度较大时，为了防止摊铺机过载，推不动，宜适当调整挤压底板前仰角。下坡时，前仰角宜适当调大，并适当调大抹平板压力。板底与路表面接触长度不小于3/4时，抹平板压力才比较适宜。

E 弯道施工

滑模摊铺机施工的最小弯道半径不应小于50m；最大超高横坡不宜大于7%。滑模摊铺弯道和渐变段路面时，单向横坡，使滑模摊铺机跟线摊铺，应随时观察并调整抹平板内外侧的抹面距离，防止压垮边缘。摊铺中央路拱时，计算机控制条件下，输入弯道和渐变段边缘及拱中几何参数，计算机自动控制生成路拱；手控条件下，机手应根据路拱消失和生成几何位置，在给定路段范围内分级逐渐消除和调成路拱。进出渐变段时，保证路拱的生成和消失，保证弯道和渐变段路面几何尺寸的正确性。

F 插入拉杆

摊铺单车道路面，应视路面的设计要求配置一侧或双侧打入纵缝拉杆的机械装置。侧向打拉杆装置的正确插入位置应在挤压底板的下中间或底部。同时摊铺2个以上车道时，除侧向打拉杆的装置外，还应在假纵缝位置中间配置1个以上中间拉杆自动插入装置。打入的拉杆必须处在路面板厚中间位置。中间和侧向拉杆打入的高低、误差均不得大于±2mm；前后误差不得大于±3mm。

G 履带上已铺路面的时间

连接铺筑时，滑膜摊铺机一侧履带上前次水泥混凝土路面的养护时间应控制在7d以上，最短不得少于5d。

H 问题讨论

滑模摊铺机施工中，最常见的问题是塌边和麻面。

a 塌边

塌边的主要形式有边缘出现塌落、边缘倒塌、松散无边等。

造成边缘塌落的主要原因有：模板边缘调整角度不正确，正确的调整应根据混凝土的坍落度调整一定的预抛高，使坍落定型时恰好符合设计的边缘要求；摊铺速度快慢，当摊铺机工作速度在0.5～0.8m/min时，由于L型振动器强有力的振动影响到滑膜板已摊铺好的边缘，引起边缘坍落，滑膜机的理想速度为2～4m/min。

倒边或松散无边的主要原因有：（1）拌和料出现离析现象，使用立轴式混凝土拌和设备时离析尤为严重。因为它的出料靠拌叶将混凝土拌和料刮出，由于混合料各成分的比重不一，在刮出力的作用下抛出距离不同，大骨料常被抛在一起，使骨料和砂浆离析。这种现象若处在边缘，就会不可避免地出现倒边。若处在中间，就会出现麻面。因此，发现骨料集中在一起时，就需要处理，将骨料散开或除去，或开动螺旋布料器实现二次布料等。（2）布料器布料往往将振捣的混凝土稀浆分到两边儿导致倒边。其解决方法是人工粗布料或适当调整靠边侧的振动器的振动频率。（3）骨料形状和配比。扁平状或圆状骨料成型差，边缘在脱离滑膜板后失去支承就会发生倒边。若混凝土的坍落度不大，塌边是可以避免的。

b 麻面

混凝土的坍落度值低是形成麻面的主要原因，其次是拌和不匀。严格控制混凝土的坍落度是减少或消除麻面的首要工作，这就要求拌和设备的计量装置精度高。

6.5 小型机具施工

6.5.1 机具的选型与配套

小型机具性能应稳定可靠，操作简易，维修方便，机具配套应与工程规模、施工进度相适应。选配的成套机械、机具应符合表6－20的要求。

表6－20 小型机具施工配套机械、机具配置

工作内容	主要施工机械机具	
	机械机具名称、规格	数量、生产能力
钢筋加工	钢筋锯断机、折弯机、电焊机	根据需要定规格和数量
测　量	水准仪、经纬仪	根据需要定规格和数量
架设模板	与路面厚度等高3m长槽钢模板、固定钢钎	数量不少于3d摊铺用量
搅　拌	强制式搅拌楼，单车道≥25m³/h，双车道≥50m³/h	总搅拌产生能力及搅拌楼数量根据施工规模和进度由计算确定
	装载机	2～3m³
	发电机	≥120kW
	供水泵和蓄水池	单车道≥100m³，双车道≥200m³
运　输	5～10t自卸车	数量由匹配计算确定

6.5.2 模板安装与拆除

6.5.2.1 模板技术要求

混凝土路面板、桥面板和加铺层的施工模板宜采用刚度足够的槽钢、轨模或钢制边侧模板，不宜使用木模板、塑料模板等其他易变形的模板。模板的精确度应符合表6－21的规定。钢模板的高度应为面板设计厚度，模板长度宜为3～5m。需设置拉杆时，模板应设拉杆插入孔。每米模板应设置1处支撑固定装置，模板垂直度用垫木楔方法调整。

表6－21 模板（加式矫正）允许偏差

施工方式	高度偏差/mm	局部变形/mm	垂直边夹角/(°)	顶面平整/mm	侧面平整度/mm	纵向变形/mm
三辊轴机组	±1	±2	90±2	±1	±2	±2
轨道摊铺机	±1	±2	90±1	±1	±2	±1
小型机具	±2	±3	90±3	±2	±3	±3

横向施工缝端模板应按设计规定的传力杆直径和间距设置传力杆插入孔和定位套管。两边缘传力杆到自由边距离不宜小于150mm。每米设置1个垂直固定孔套。

模板或轨模数量应根据施工进度和施工气温确定，并应满足拆模周期内周转需要。一般情况下，模板或轨模总量不宜少于3～5d摊铺的需要。

6.5.2.2 模板安装

A 测量放样

支模前在基层上应进行模板安装及摊铺位置的测量放样，每20m设中心桩；每100m宜布设临时水准点；核对路面标高、面板分块、胀缝和构造物位置。

B 轨模及其架设

轨道摊铺应采用长度为3m的专用钢制轨模，轨模底面宽度宜为高度的80%，轨道用螺栓、垫片固定在模板支座上，模板应使用钢钎与基层固定。轨道顶面应高于模板20～40mm，轨道中心至模板内侧边缘距离宜为125mm。

C 模板架设

小型机具水泥混凝土路面层钢筋或钢筋网布设（含边缘及角隅构造筋）应满足设计要求，钢筋安装牢固，位置准确，且传力杆安装应符合下列要求：

胀缝传力杆应与胀缝板一起安放，如图6－10所示；缩缝传力杆应在摊铺混凝土时安放，

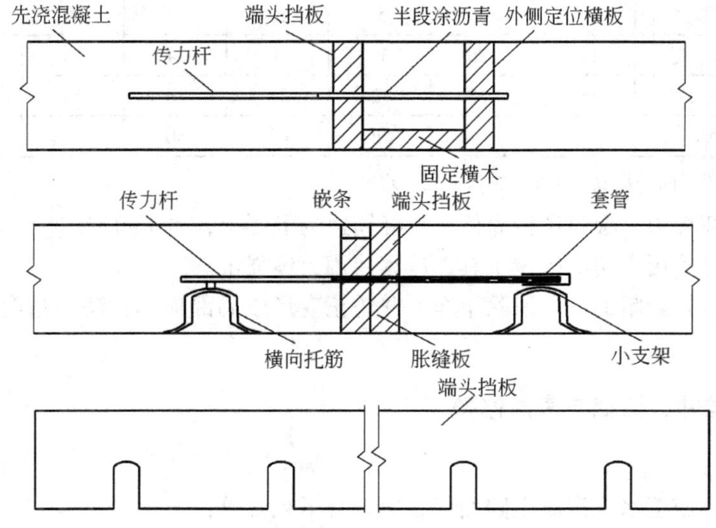

图6－10 小型机具水泥混凝土路面层模板架设

传力杆安装应位置准确、牢固；纵缝传力杆安装应位置准确、牢固，符合设计要求。当分幅摊铺时，宜在混凝土摊铺后，按预留孔位置安放，并采取固定传力杆措施。

模板应安装稳固、顺直、平整，无扭曲，相邻模板连接应紧密平顺，不得有底部漏浆、前后错茬、高低错台等现象。

D 模板安装精度

模板安装完毕，应经过测量人员检验，其安装精确度应符合表6-22的规定。

表6-22 模板安装精确度要求

检测项目		三辊轴机组	轨道摊铺机	小型机具
平面偏位/mm		≤10	≤5	≤15
摊铺宽度偏差/mm		≤10	≤5	≤15
面板厚度/mm	代表值	≥-3	≥-3	≥-4
	极值	≥-8	≥-8	≥-9
纵断高程偏差/mm		±5	±5	±10
横坡偏差/%		±0.10	±0.10	±0.20
相邻板高差/mm		≤1	≤1	≤2
顶面接茬3m直尺平整度/mm		≤1.5	≤1	≤2
模板接缝宽度/mm		≤3	≤2	≤3
侧向垂直度/mm		≤3	≤2	≤4
纵向顺直度/mm		≤3	≤2	≤4

6.5.2.3 模板拆除及矫正

当路面混凝土抗压强不低于8.0MPa时，方可拆模。如缺乏强度实测数据，边模的允许最早拆模时间应符合表6-23的规定。如果达不到要求，不能拆除端模时，可空出一块面板，重新起头摊铺，空出的面板待两端均可拆模后再补做。

表6-23 混凝土路面板的允许最早拆模时间 (h)

昼夜平均气温/℃	-5	0	5	10	15	20	25	≥30
硅酸盐水泥、R型水泥	240	120	60	36	34	28	24	18
道路、普通硅酸盐水泥	360	168	72	48	36	30	24	18
矿渣硅酸盐水泥			120	60	50	45	36	24

注：允许最早拆模时间是从混凝土面板精整成型后开始计算的。

拆模不得损坏板边、板角和传力杆、拉杆周边的混凝土，也不得造成传力杆和拉杆松动或变形。模板拆卸宜使用专用的拔楔工具，严禁使用大锤强击拆卸模板。

拆卸的模板应将黏附的砂浆清除干净，并矫正变形或局部损坏，矫正精度应符合表6-22的规定。

6.5.3 拌和物摊铺、振捣与表面修整

6.5.3.1 摊铺

人工小型机具施工水泥混凝土路面层，应符合下列要求：

（1）摊铺水泥混凝土时，应预留水泥混凝土振实的沉落量，拌和物松铺系数宜控制在 $k=1.10\sim1.25$ 之间。

（2）摊铺厚度达到水泥混凝土板厚的2/3时，应拔出模内铁钎，并填实钎洞。

（3）混凝土面层分两次摊铺时，上层水泥混凝土的摊铺应在下层水泥混凝土初凝前完成，且下层厚度宜为总厚度的3/5。

（4）水泥混凝土摊铺应与传力杆及边缘钢筋的安放配合，摊铺程序应符合下列要求：首先摊铺边缘钢筋处，待缩缝传力杆安放就位后，再继续摊铺上面的水泥混凝土；水泥混凝土板四角处，先摊铺角隅钢筋处和钢筋网下的水泥混凝土，然后依据设计位置与高度安放角隅钢筋与钢筋网，待安放就位后，再继续摊铺上层水泥混凝土。

（5）一块水泥混凝土板应一次连续浇注完毕，施工缝应留在分缝处。

（6）摊铺水泥混凝土应有防雨措施，施工过程中如果遇雨，应停止浇注，同时对刚成型混凝土做好防护措施，并架好防雨罩。

6.5.3.2 混凝土振捣

A 插入式振捣棒振捣

使用插入式振捣棒振捣时，在待振横断面上，每车道路面应使用2根振捣棒，组成横向振捣棒组，沿横断面连续振捣密实，并应注意路面板底、内部及边角处不得欠振或漏振。

B 振动板振实

在插入式振捣棒已完成振捣的部位，可采用平板振捣器纵横交错全面提浆振实两遍，每车到路面应配备一块平板振捣器。

平板振捣器在每一处振捣的持续时间不应少于15s，振捣移位时应重叠10～20cm左右；平板振捣器应由两人提拉振捣和移位，行进速度应均匀一致，不得自由放置或长时间持续振动。横缝和纵缝边缘应加强振捣，需达到密实、表面平整、不露石子，缺料的部分应辅以人工补料找平。

C 振动梁振实

平板振捣器振捣后，每车道路面宜使用一根振动梁拖振。振动梁应具有足够的刚度和质量，底部应焊接或安装深度4mm左右的粗集料压实齿，保证有（4±1）mm的表面砂浆厚度。

振动梁应垂直路面中线沿纵向拖行，往返2～3遍，使表面泛浆均匀平整。在振动梁拖振整平的过程中，缺料处应使用混凝土拌和物填补，不得用纯砂浆填补，料多的部分应铲除。

6.5.3.3 表面平整

表面平整包括滚杠提浆整平、抹面机压浆整平饰面、精整饰面三道工序，三道工序缺一不可。

（1）每车道路面应配备1根滚杠。振动梁振实后，应拖动滚杠往返2～3遍提浆整平。第一遍应短距离缓慢推滚或拖滚，以后应较长距离匀速拖滚，并将水泥浆始终赶在该杠前方。多余水泥浆应铲除。

（2）拖滚后的表面宜采用3m刮尺，纵横各1遍整平饰面，或采用叶片式或圆盘式抹面机往返2～3遍压实整平饰面。抹面机配备每车道路面不宜少于1台。

（3）在抹面机完成作业后，应进行清边整缝，清除粘浆，修补缺边、掉角。应使用抹刀将抹面机留下的痕迹抹平，当烈日曝晒或风大时，应加快表面的修整速度，或在防雨篷遮阴下进行。经平饰面后的面板表面应无抹面印痕，致密均匀，无露骨，平整度应达到规定要求。

6.5.4 真空脱水工艺

6.5.4.1 适用范围

小型机具施工三、四级公路混凝土路面，应优先采用在拌和物中掺外加剂，不掺外加剂时，应使用真空脱水工艺，该工艺适用于面板厚度不大于240mm混凝土面板施工。

6.5.4.2　单位用水量和坍落度控制

使用真空脱水工艺时，混凝土拌和物的最大单位用水量可比不采用外加剂时增大 3～12kg/m^3；拌和物适宜坍落度：高温天 30～50mm；低温天 20～30mm。

6.5.4.3　真空脱水机具

（1）真空度稳定、有自动脱水计量装置，有效抽速不小于 15L/s 的脱水机。

（2）真空度均匀，密封性能好，脱水效率高、操作简便、铺放容易、清洗方便的真空吸垫。每台真空脱水机应配备不少于 3 块吸垫。

6.6　三辊轴机组铺筑

6.6.1　设备选择与配套

6.6.1.1　三辊轴整平机

三辊轴整平机的主要技术参数应符合表 6－24 的规定。板厚 200mm 以上宜采用直径 168mm 的辊轴；桥面铺装或厚度较小的路面可采用直径为 219mm 的辊轴。轴长宜比路面宽度长出 600～1200mm。振动轴的转速不宜大于 380r/min。

表 6－24　三辊轴整平机的主要技术参数

型号	轴直径 /mm	转速 /r·min^{-1}	轴长 /m	轴质量 /kg·m^{-1}	行走机构质量/kg	行走速度 /m·min^{-1}	整平轴距 /mm	振动功 /kW	驱动功率 /kW
5001	168	300	1.8～9	65±0.5	340	13.5	504	7.5	6
6001	219	300	5.1～12	77±0.7	568	13.5	657	17	9

6.6.1.2　振捣机

三辊轴机组铺筑混凝土面板时，必须同时配备一台有安装插入式振捣棒组的排式振捣机，振捣棒的直径宜为 50～100mm，间距不应大于其有效作用半径的 1.5 倍，并不大于 500mm。插入式振捣棒组的振动频率可在 50～200Hz 之间选择，当面板厚度较大和坍落度较低时，宜使用 100Hz 以上的高频振捣棒。该机宜同时配备螺旋布料器和松方控制刮板，并具备自动行走功能。

6.6.1.3　振捣梁

当桥面铺装厚度小于 150mm 时，可采用振捣梁。振捣频率宜为 50～100Hz，振捣加速度为 4～5g（g 为重力加速度）。

6.6.1.4　拉杆插入机

当一次摊铺双车道路面时应配备纵缝拉杆插入机，并配有插入深度控制和拉杆间距的调整装置。

6.6.2　工艺流程

工艺流程：布料→密集排振→拉杆安装→人工补料→三辊轴整平→（真空脱水）→（精平饰面）→拉毛→切缝→养生→（硬刻槽）→填缝。

三辊轴机组的施工工艺流程与小型机具施工接近。不同之处有两点：一是使用排式振捣机代替手持式振捣棒；二是将振动梁与滚杠两步工序合成为三辊轴整平机一步。三辊轴机组施工时，推荐使用真空脱水工艺和硬刻槽来保证表面的耐磨性和抗滑性。

6.7 特殊气候条件下施工

6.7.1 高温季节施工

6.7.1.1 高温天施工

施工现场的气温高于30℃，拌和物摊铺温度在30～35℃之间，同时，空气相对湿度小于80%时，混凝土路面和桥面的施工应按高温季节施工的规定进行。

6.7.1.2 高温天铺筑措施

高温天铺筑措施如下：

（1）避开高温时段。当现场气温 $t \geqslant 30$℃时，应避开中午高温时段施工，可选择在早晨、傍晚或夜间施工，夜间施工应有良好的操作照明，并确保施工安全。

（2）采用拌和物降温保塑措施。砂石料堆应设遮阳篷，采用冷水或冰屑水拌和。拌和物中宜加允许最大掺量的粉煤灰或磨细矿渣，但不宜掺硅灰。拌和物中宜掺足够剂量的缓凝剂、高温缓凝剂、保塑剂或缓凝（高效）减水剂等。

（3）覆盖车内拌和物。混凝土运输车上的混凝土拌和物应加遮盖。

（4）加快施工各环节的衔接。应加快施工各环节的衔接，尽量压缩搅拌、运输、摊铺、饰面等各工艺环节所耗费的时间。

（5）遮阴搭篷。可使用防雨篷作防晒遮阴篷。在每日气温最高和日照最强烈时段遮阴。

（6）温度检测。高温天气施工时，混凝土拌和物的出料温度不宜超过35℃，并应随时监测气温、水泥、拌和水、拌和物及路面混凝土温度。必要时加测混凝土水化热。

（7）加强水养生。在采用覆盖保湿养生时，应加强洒水，并保持足够的湿度。

（8）提早切缝防止断板。切缝应视混凝土强度的增长情况进行，宜比常温施工适当提早切缝，以防止断板。特别是在昼夜温差较大时，应提早切缝。

6.7.2 低温季节施工

6.7.2.1 低温季节施工

当摊铺现场连续5昼夜平均气温低于5℃，夜间最低气温在－3～5℃之间，混凝土路面和桥面的施工应按下述低温季节施工规定的措施进行：

（1）拌和物中应优选和掺用早强剂或促凝剂。

（2）应选用水化总热量大的R型水泥或单位水泥用量较多的32.5级水泥，不宜掺粉煤灰。

（3）搅拌机出料温度不得低于10℃，摊铺混凝土温度不得低于5℃。在养生期间，应始终保持混凝土板最低温度不低于5℃。否则，应采用热水或加热砂石料拌和混凝土，热水温度不得高于80℃；砂石料温度不宜高于50℃。

（4）应加强保温保湿覆盖养生，可先用塑料薄膜保湿隔离覆盖或喷洒养生剂，再采用草帘、泡沫塑料垫等保温覆盖初凝后的混凝土路面。遇雨雪必须再加盖油布、塑料薄膜等。

（5）应随时检测气温、水泥、拌和水、拌和物及路面混凝土的温度，每工班至少测定3次。

6.7.2.2 抗冻临界强度

混凝土路面或桥面弯拉强度未达到1.0MPa或抗压强度未达到5.0MPa时，应严防路面受冻。

6.7.2.3　低温天养生和拆模

低温天施工，路面或桥面覆盖保温保湿养生天数不得少于28d。

6.7.3　雨季施工

6.7.3.1　防雨准备

（1）场地防淹。地势低洼的搅拌场、水泥仓、备件库及砂石料堆场，应按汇水面积修建排水沟或预备抽排水设施。搅拌楼的水泥和粉煤灰罐仓顶部的通气口、料斗及不得遇水部位应有防潮、防水覆盖措施，砂石料堆应防雨覆盖。

（2）防雨覆盖。雨天施工时，在新铺路面上，应备足防雨篷、帆布和塑料布或薄膜。

（3）防雨篷。防雨篷支架宜采用可推行的焊接钢结构，并具有人工饰面拉槽的足够高度。

6.7.3.2　路面铺筑过程中防雨水冲刷措施

（1）遇雨即停。水泥路面铺筑过程中遭遇阵雨，应立刻停工，并要求立即覆盖刚摊铺的路面，以免遭雨水冲刷。

（2）紧急覆盖。摊铺中遭遇阵雨时，应紧急使用防雨篷、塑料布或塑料薄膜等覆盖尚未硬化的混凝土路面。

（3）雨水冲刷路面的处理措施。被阵雨轻微冲刷过的路面，视平整度和抗滑构造破损情况，采用硬刻槽或先磨平再刻槽的方式处理。对被暴雨冲刷后路面平整度严重劣化或损坏的部位，应尽早铲除重铺。

（4）雨后摊铺。降雨后开工前，应及时排除车辆内、搅拌场及砂石料堆场内的积水或淤泥。运输便道应排除积水，并进行必要的修整。摊铺前应扫除基层上的积水。

6.8　施工质量检查与竣工验收

6.8.1　施工质量控制

6.8.1.1　铺筑试验路段

A　试验路段

水泥混凝土路面工程使用滑模、轨道、三辊轴机组施工时，在正式摊铺水泥混凝土路面前，必须铺筑试验路段。试验路段长度不应少于200m，高速公路、一级公路宜在主线路面以外试铺，路面厚度、摊铺宽度、接缝设置、钢筋设置等均应与实际工程相同。

B　铺筑试验路段的目的

（1）检验施工设备配套。通过试拌检验拌和楼性能及确定合理搅拌工艺，检验适宜摊铺的搅拌楼拌和参数：上料速度，拌和容量，搅拌均匀所需要的时间，新拌混凝土坍落度、振动黏度系数、含气量、泌水性、VC值和生产使用的混凝土配合比等。

（2）试铺检验路面摊铺工艺和质量。通过试铺检验主要机械的性能和生产能力，检验辅助施工机械组配的合理性，检验路面摊铺工艺和质量：模板架设固定方式或基准线设置方式，摊铺机械（具）的适宜工作参数，包括：松铺高度、摊铺速度、振捣时间与频率、滚压遍数、中间和侧向拉杆置入情况等。检验整套施工工艺流程。

（3）全体施工人员现场施工培训。使工程技术及工作人员熟悉并掌握各自的操作要领。

（4）检验施工组织形式和人员编制。按施工工艺要求检验施工组织形式和人员编制。

（5）建立健全路面铺筑系统的质量管理体系。建立混凝土原材料、拌和物、路面铺筑全套技术性能检验手段，熟悉检验方法。

（6）确定施工管理调度系统。检验通讯联络和生产调度指挥系统。

C 总结试铺效果

试铺中，施工人员应认真做好记录，监理工程师应督促检查试验段的施工质量，及时与施工单位商定并解决问题。试验段铺筑完成后，施工单位应提出试验路段总结报告，上报监理和业主批复，取得正式开工认可。

6.8.1.2 混凝土路面施工中的质量管理程序

（1）开工许可。混凝土路面铺筑必须得到正式开工令后，方可开工。

（2）质量自检。施工单位在施工过程中应随时对施工质量进行自检，监理单位工程师应进行抽检或旁站检验，并对施工单位的自检结果进行检查认定。当施工人员、监理工程师发现有异常情况时，应立即报告建设单位。

（3）控制质量稳定性。应由专门质量检验机构负责施工质量的检查与监督。除施工方自检外，监理、质检站应按规定频率抽检。混凝土拌和物的稳定性取决于原材料稳定及搅拌楼配料精确度；而路面铺筑的质量稳定性除满足上述条件外，还要求现场水泥路面的铺筑及关键设备如摊铺机、布料机、三辊轴整平机、刻槽机、切缝机等操作应规范稳定。

6.8.1.3 三大关键质量指标的自检规定

施工过程中施工单位应及时按表6－25对水泥混凝土路面工程进行检测，其中平整度、弯拉强度、板厚三大关键质量指标的检验要求应符合下列规定。

表6－25 水泥混凝土路面检测项目、方法和频率

检验项目	检查频率	
	高速公路、一级公路	其他公路
弯拉强度	每班2～4组试件，日进度＜500m取两组；≥500m取3组；≥1000m取4组，测f_{cs}、f_{min}、c_v	每班留1～3组试件，日进度＜500m取1组；≥500m取2组；≥1000m取3组，测f_{cs}、f_{min}、c_v
钻芯劈裂强度	每车道每3km钻取1个芯样，硬路肩为1个车道，测平均f_{cs}、f_{min}、c_v、板厚h	每车道每3km钻取1个芯样，硬路肩为1个车道，测平均f_{cs}、f_{min}、c_v、板厚h
板　厚	路面摊铺宽度内每100m左右各2处，连接摊铺每100m单边1处，参考芯样	路面摊铺宽度内每100m左右各1处，连接摊铺每100m单边1处，参考芯样
3m直尺平整度	每半幅车道100m^{2}处10尺	每半幅车道100m^{2}处10尺
动态平整度	所有车道连续检测	所有车道连续检测
抗滑构造深度	铺砂法：每幅200m 2处	铺砂法：每幅200m 1处
相邻板高差	尺测：每200m纵缝2条，每条3处	尺测：每200m纵缝2条，每条2处
连接摊铺纵缝高差	尺测：每200m纵向工作缝，每条3处，每处间隔2m 3尺，共9尺	尺测：每200m纵向工作缝，每条2处，每处间隔2m 3尺，共6尺
接缝顺直度	20m拉线测：每200m 6条	20m拉线测：每200m 4条
中线平面偏位	经纬仪：每200m 6点	经纬仪：每200m 4点
路面宽度	尺测：每200m 6处	尺测：每200m 4处
纵断高程	经纬仪：每200m 6点	经纬仪：每200m 4点
横坡度	经纬仪：每200m 6个断面	经纬仪：每200m 6个断面

续表 6－25

检验项目	检查频率	
	高速公路、一级公路	其他公路
断板率	数断板面板块占总块数比例	数断板面板块占总块数比例
脱皮裂纹露石缺边掉角	量实际面积，并计算其与总面积之比	量实际面积，并计算其与总面积之比
路缘石顺直度和高度	20m 拉线测：每 200m 4 处	20m 拉线测：每 200m 2 处
灌缝饱满度	尺测：每 200m 接缝测 6 处	尺测：每 200m 接缝测 4 处
切缝深度	尺测：每 200m 6 处	尺测：每 200m 4 处
胀缝表面缺陷	每天观察填缝及啃边断角	每天观察填缝及啃边断角
胀缝板连浆	每条胀缝板安装时测量	每条胀缝板安装时测量
胀缝板倾斜	尺测：每块胀缝板每条两侧	尺测：每块胀缝板每条两侧
胀缝板弯曲和位移	尺测：每块胀缝板每条 3 处	尺测：每块胀缝板每条两侧
传力杆偏斜	钢筋保护层仪：每车道 4 根	钢筋保护层仪：每车道 3 根

（1）平整度。3m 直尺检测平整度，作为施工过程中质量控制检测目的；车载式平整度仪检测的动态平整度结果，作为二级以上公路交工及竣工验收时工程质量的评定依据。施工时，当采用 3m 直尺测高速公路、一级公路纵向平整度时，应达到≤3mm，90% 以上合格率，其他公路达到≤5mm，90% 以上合格率。

（2）弯拉强度。混凝土路面弯拉强度的评价，以搅拌楼生产的混凝土中随机取样，在标准振动台上制作、标准养生的小梁弯拉强度为准。

（3）板厚。板厚应在面层摊铺前通过基准线或模板进行严格控制，摊铺后板厚可在侧面用尺测量，当板厚不足时，应以行车道横坡低侧面板钻心厚度和面板平均厚度两项指标均满足设计厚度允许偏差（不薄于 10mm）作为返工判定依据。

6.8.1.4　路面铺筑过程中的质量检验技术要求

在混凝土路面铺筑过程中，路面技术指标的质量检验评定标准应符合表 6－26 的规定。

表 6－26　各级道路混凝土路面铺筑质量要求

项次	检查项目		规定值或允许值	
			高速公路、一级公路	其他公路
1	弯拉强度/MPa		100%，符合标准规定	
2	板厚度/mm		代表值≥－5；极值≥－10，c_v 值符合设计规定	
3	平整度	D/mm	≤1.2	≤2.0
		IRI/m/km	≤2.0	≤3.2
		3m 直尺最大间隙 Δh/mm	≤3（合格率≥90%）	≥5（合格率应≥90%）
4	抗滑构造深度/mm	一般路段	0.70～1.10	0.50～0.90
		特殊路段	0.80～1.20	0.60～1.00
5	相邻高差/mm		≤2	≤3

续表 6－26

项次	检查项目	规定值或允许值	
		高速公路、一级公路	其他公路
6	连接摊铺纵缝高差/mm	平均值≤3；极值≤2	平均值≤5；极值≤7
7	接缝顺直度/mm	≤10	
8	中线平面偏位/mm	≤20	
9	路面宽度/mm	≤ ±20	
10	纵断高程/mm	±10	±15
11	横坡度/%	±0.15	±0.25
12	断板率/‰	≤2	≤4
13	脱皮印痕裂纹露石缺边掉角/‰	≤2	≤3
14	路缘石顺直度和高度/mm	≤20	≤20
15	灌缝饱满度/mm	≤2	≤3
16	切缝深度/mm	≥50	≥50
17	胀缝表面缺陷/mm	不应有	不应有
18	胀缝板连浆/mm 胀缝板倾斜/mm 胀缝板弯曲和位移/mm	≤20 ≤20 ≤10	≤30 ≤25 ≤15
19	传力杆倾斜/mm	≤10	≤13

注：1. 抗滑表层的摩擦系数摆值或横向力系数根据设计需要决定是否检测，测试时间由设计规定。
2. 对需要钻（挖）孔取样才能检查的厚度可利用施工过程中测定的数据。

6.8.1.5 施工技术资料的整理

施工方的质检结果应按1km为单位整理成原始记录表格，作为支付依据。对于滑模、轨道、三辊轴机组机械铺筑混凝土路面的关键工序宜拍摄照片或进行录像，作为现场记录保存。

6.8.2 竣工验收

6.8.2.1 申请交工验收

混凝土路面完工后，施工方应将全线以每1km为一个评定路段，按表6－26的要求和按本规程规定的检测项目、频率，提交检测结果、试验数据、施工总结报告及全部原始记录等齐全资料，申请交工验收。

6.8.2.2 工程施工总结

（1）施工总结与检测报告。工程结束后，施工单位应根据国家竣工文件编制的规定，提交竣工验收报告，连同竣工图表等完整的工程技术档案和施工管理资料，一并提交业主及有关档案管理部门。

（2）施工总结报告内容。竣工验收报告应包括工程概况（包括设计及变更情况）、工程基础资料、材料、施工组织、机械及人员配备、施工方法、施工进度、试验研究、工程质量评价等。

（3）施工质量管理与测试报告内容。工程技术档案和施工管理资料是工程竣工验收和质量保证的重要依据之一，它应包括质量保证体系、图纸会审和设计交底记录、设计变更通知、隐蔽验收记录、试验段铺筑报告、施工前及施工中材料质量检查结果（测试报告）、施工中工程质量检查结果（测试报告）、工程完工后质量自检结果（测试报告）、工程质量评价、竣工图以及原始记录、相册、录像等各种附件。

思 考 题

1. 水泥混凝土原材料有哪些？
2. 普通混凝土配合比设计适用于哪几种施工方式？
3. 普通混凝土配合比设计要满足哪四项要求？
4. 简述高温施工、低温施工、雨季施工的措施。

7 桥梁基础施工

【本章概要】

本章简要精练地介绍了明挖扩大基础施工、钢筋混凝土预制桩施工、钻孔灌注桩施工，主要从基础施工技术、基础工程质量、地基处理技术、前期准备工作等方面介绍桥梁基础施工应遵循的程序和步骤；同时，介绍了桥梁基础施工管理工作的要点。

【关键词】

明挖扩大基础施工，预制桩施工，钻孔灌注桩施工，施工方法与程序，前期准备工作，基础工程质量，地基处理技术，桥梁基础施工管理

【章节重点】

本章重点掌握明挖扩大基础的施工方法、预制桩的吊运与沉桩工艺、钻孔灌注桩的成孔方法与灌注工艺、基础施工工程质量控制要点。

7.1 明挖扩大基础施工

7.1.1 基础的定位放样

基坑是为建筑基础所开挖的临时性坑井。基坑是一种临时性工程，它可以提供一个能按照设计指定位置进行基础砌筑作业的空间。

基坑开挖前，首先应进行基础的定位放样工作，以便将设计图上的基础位置准确地设置到桥址上。定位放样工作应根据桥梁中心线与墩台的纵横轴线，确定基础边线的定位点，再放线得到基坑的开挖范围。图 7－1 为桥台基础的定位放样示例图，图中阴影部分为桥台基础外缘线，放样时首先放基坑顶部四角的边桩 A、B、C、D。基坑底部每边的尺寸应较设计平面尺寸各增加 0.5～1.0m 的富余量，以便于支撑、排水与立模板（如果是坑壁垂直的无水基坑坑底，可不必加宽，也可直接利用坑壁作为基础模板）。按一定的放坡开挖至坑底（A'、B'、C'、D'）后，在基础灌注前定出 $a-b-c-d-e-f-g-h$ 各点。若基坑较浅，可使用挂线板，拉线挂垂球进行定位。若基坑较深，用设置定位桩形成的定位线 1－1、2－2…等进行定位。一般可用水准测量方法检查基坑各定位点的标高及开挖过程中的标高。

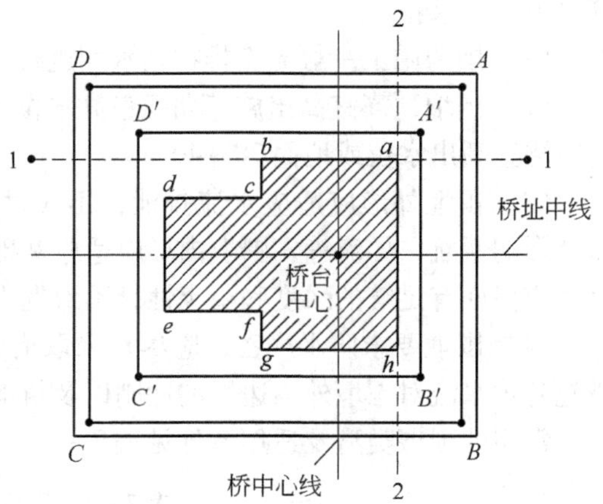

图 7－1 桥台基础定位放样示意图

7.1.2　陆地基坑开挖

陆地基坑开挖时，基坑大小应满足基础施工要求。渗水土质的基坑坑底开挖尺寸需按基坑排水设计和基础模板设计而定，一般基底尺寸应比设计平面尺寸各边增宽0.5～1.0m。基坑开挖可采用垂直开挖、放坡开挖、支撑加固或其他加固的开挖方法，根据地质条件、基坑深度、施工期限、经验以及有无地表水或地下水等现场因素综合确定开挖方法。

7.1.2.1　坑壁不加支撑的基坑

以下场所进行基坑施工时，可考虑选用坑壁不加支撑的基坑：干涸无水的河滩、河沟；筑堤能排除地表水的河沟；地下水位低于基底，或渗透量少、不影响坑壁稳定以及基础埋置不深、施工期较短、挖基坑时不影响邻近建筑物安全的施工场所。

无水基坑的施工方法：对于一般小桥涵的基础，由于基坑工程量不大，可采用人力施工法；对于大、中桥基础工程，由于基坑通常较深，且基坑平面尺寸较大、挖方量多，可采用机械或半机械施工法。

7.1.2.2　坑壁有支撑的基坑

当基坑壁坡不稳定并有地下水渗入，或放坡开挖场地受到限制，或基坑较深、放坡开挖工程数量较大，不符合技术经济要求时，可视具体情况，采取适宜的坑壁加固措施，如挡板支撑、钢木结合支撑、混凝土护壁、锚杆支护等。

坑壁有支撑的施工，按土质情况不同，可一次开挖完成或分段开挖，但每次开挖深度不宜超过2m。

7.1.3　水中基础的基坑开挖

桥梁墩台基础大多位于地表水位以下，且水流较大，围堰法是桥梁水中基础最常用的施工方法。

围堰的作用主要是防水和围水，有时还起着支撑施工平台和基坑坑壁的作用。围堰的结构形式和材料要根据水深、流速、地质情况、基础形式以及通航要求等条件进行选择。围堰必须满足下列要求：

（1）围堰施工一般应安排在枯水期进行。

（2）围堰顶高宜高出施工期间最高水位70cm以上，最低应不小于50cm，用于防御地下水的围堰宜高出水位或地面20～40cm。

（3）围堰外形应适应水流排泄，不应过多压缩流水断面，以免壅水过高危害围堰安全，以及影响通航、导流等，围堰内形应适应基础施工的要求，并留有适当的工作面积。堰身断面尺寸应保证有足够的强度和稳定性，不致发生破裂、滑动或倾覆现象。

（4）围堰要求防水严密，应尽量采取措施防止或减少渗漏，以减轻排水工作，同时应有措施防护水流对围堰外围边坡的冲刷以及筑围堰后引起的河床冲刷。

常用的围堰类型及适用条件见表7－1。

表7－1　围堰的类型及适用条件

围堰类型		适用条件
土石堰	土堰	适用于水深<2m，流速≤0.5m/s，河床浅滩；如外坡有防护措施时，可不限于小于0.5m/s的流速
	草（麻）袋堰	适用于水深3.5m以内，流速1.0～2.0m/s，河床不透水

续表 7－1

围堰类型		适用条件
土石堰	木桩竹条堰	适用于水深1.5～7m，流速≤2.0m/s，能打桩、不透水河床，盛产竹木地区
	竹篱堰	适用于水深1.5～7m，流速≤2.0m/s，能打桩、不透水河床，盛产竹木地区
	竹笼堰	适用于范围较广，盛产竹木地区
	堆石土堰	适用于河床不透水，多岩石的河谷，水流速度3m/s以内
木堰	木板堰	适用于水深2m，流速≤2.0m/s，较坚实土质河床，盛产木材地区
	木笼堰	适用于深水、急流，或有流水、深谷、险滩，河床坚硬平坦无覆盖层，盛产木材地区
套箱	木（钢）套箱	适用于深水，流速≤2.0m/s，无覆盖层，平坦的岩石河床
	钢丝网混凝土套箱	适用于深水，流速≤2.0m/s，无覆盖层，平坦的岩石河床
板桩围堰	木板桩围堰	单层木板桩适用于水深2～4m，能打下木板桩的土质河床；双层木板桩中填亚黏土墙，适用于水深4～6m
	钢板桩围堰	适用于水深或深基坑，较坚硬的土石河床，防水性能好，整体刚度较强
	钢筋混凝土板桩围堰	适用于深水或深基坑，各种土质河床，可作为基础结构的一部分，也有采用拔除周转使用的，能节省大量木材

7.1.4 基坑排水

基坑的坑底通常位于地下水位以下，地下水会经常渗进坑内。为便于施工，必须设法排除基坑内的水。

基坑排水可采用以下排水方法：

（1）集水坑排水法：适用范围较广，除严重流砂外，一般情况均可适用。

（2）井点排水法：若基坑土质不好，地下水位较高，或用集水坑排水有流砂涌泥现象产生时，可采用井点排水法，用以降低地下水位。

（3）板桩法、沉井法：适用于较深或土质渗透性较大的基坑。

（4）帷幕法：用冻结法、硅化法、水泥灌浆法、沥青灌浆法等将基坑周围的土处理成封闭不透水的帷幕。

7.1.5 基底检验与处理

7.1.5.1 基底检验

基坑已挖至基底设计高程或已按设计要求加固处理完毕后，需经过基底检验，方能进行基础圬工施工。施工负责人应提前通知检验人员，及时进行基底检验，以免因等候检验，基底暴露时间过久而风化变质。

A 检验内容

（1）检查基坑的平面位置、坑底尺寸、高程是否符合设计要求，偏差值是否在规范允许范围内。

（2）检查基坑地面土质及其均匀性、稳定性，坑壁坡面是否平顺稳定，有无排水措施，容许承载力能否满足设计要求。

（3）检查挖基和地基加固、处理过程中的有关施工记录和试验等资料。

（4）检查基底地基经加固、处理后的效果是否达到设计要求。

B 检验方法

(1) 小桥和涵洞基底的地基检验：包括直观法、触探器法、物理试验、载荷试验等。

(2) 大、中桥和填土高12m以上涵洞基底的地基检验：包括直观法、触探法、挖试坑或钻探试验等方法测定土的容许承载力，确认符合设计要求后，即可进行基础施工。

7.1.5.2 基底处理

天然地基上的基础靠基底土壤来承担荷载，故基底土壤状态的好坏，对基础、墩台及上部结构有极大影响。因此，不能仅仅检查土壤容许承载力的大小，还应采取合理的措施，为土壤更有效地承担荷载创造条件，进行基底处理工作。基底处理方法视基底土质而异，表7－2汇总了一般的处理方法。

表7－2 基底处理方法汇总

基底地质	处理办法
岩层	1. 未风化的岩层基底，应清除岩面碎石、石块、苔藓等； 2. 风化的岩层基底，开挖基坑尺寸要少留或不留富余量，灌注基础圬工时，同时将坑底填满，封闭岩层； 3. 岩层倾斜时，应将岩面凿平或凿成台阶，使承载面与重力线垂直，以免滑动； 4. 砌筑前，岩层表面用水冲洗干净
碎石及砂类土壤	承重面应修理平整夯实，砌筑前铺一层2cm厚的浓稠水泥砂浆
黏土层	1. 铲平坑底时，不能扰动土壤天然结构，不得用土回填； 2. 必要时，加砌一层10cm厚的夯填碎石，碎石面不得高出基底设计标高； 3. 基坑挖完处理后，应在最短期间砌筑基础，防止暴露过久变质
湿陷性黄土	1. 基底必须有防水措施； 2. 根据土质条件，使用重锤夯实、换算、挤密桩等措施进行加固，改善土层性质； 3. 基础回填不得使用砂、砾石等透水土壤，应用原土加夯封闭
软土层	1. 基底软土小于2m时，可将软土层全部挖除，换以中、粗砂、砾石等力学性质较好的填料，分层夯实； 2. 软土层深度较大时，应布置砂桩（或砂井）穿过软土层，上层铺砂垫层
冻土层	1. 冻土基础开挖宜用天然或人工冻结法施工，并应保持基底冻层不融化； 2. 基底设计标高以下，铺设一层10～30cm粗砂或10cm的贫混凝土垫层作为隔热层
溶洞	1. 暴露的溶洞应用浆砌片石、混凝土填充，或填砂、砾石后，压水泥浆充实回固； 2. 检查有无隐蔽溶洞，在一定深度内钻孔检查； 3. 有较深的溶沟时，也可用钢筋混凝土盖板或梁跨越，也可改变跨径避开
泉眼	1. 插入钢管或做木井，引出泉水使与圬工隔离，以后用水下混凝土填实； 2. 在坑底凿成暗沟，上放盖板，将水引出至基础以外的汇水井中抽出，圬工硬化后，停止抽水

软土及软弱地基是沉积的软弱饱和黏土层，沉降量大，进行处理时，可根据软土层的厚度及其物理力学性质、承载力大小、施工期限、施工机具和材料供应等因素，采取换填土、砂砾垫层、袋装砂井、排水塑料板桩、生石灰桩、真空预压及粉体喷射搅拌法等处理方法，可获得良好效果。

7.1.6 基础施工

明挖基坑中，有的基坑渗漏很小，易于排水进行基础施工；有的渗漏严重，不易将水排干。为了便于施工及保证施工质量，浇砌基础时应尽可能使基底处于干的状态。基础施工用料应在挖基完成前准备，以保证能够及时浇砌基础，避免基底土质变差。通常，基础施工可分为无水砌筑、排水砌筑及水下灌注三种。

排水砌筑施工时，以下几个方面应加以注意：（1）确保在无水状态下砌筑圬工；（2）禁止带水作业及用混凝土将水赶出模板外的灌注方法；（3）基础边缘部分应严密隔水；（4）必须待水泥浆或混凝土终凝后，水下部分圬工才允许浸水。

一般只有在排水困难时，基础施工才采用水下灌注混凝土。基础圬工的水下灌注分为水下封底和水下直接灌注两种。前者封底后仍要排水再砌筑基础，封底只是起封闭渗水的作用，其混凝土只作为地基而不作为基础本身，适用于板桩围堰开挖的基坑。

浇注基础时，应做好与台身、墩身的接缝联结，一般有如下要求：

（1）混凝土基础与混凝土台身、墩身的接缝，周边应预埋直径不小于16mm的钢筋或其他铁件，埋入与露出的长度不应小于钢筋直径的30倍，间距不大于钢筋直径的20倍。

（2）混凝土或浆砌片石基础与浆砌片石墩台身的接缝，片石厚度不应小于15cm，片石的强度要求不低于基础或台身、墩身混凝土或砌体的强度。

施工后的基础平面尺寸，其前后、左右边缘与设计尺寸的容许误差不大于±50mm。

7.2 钢筋混凝土预制桩

7.2.1 预制

长度10m以下的桩在预制厂制作，较长桩在施工现场附近露天预制。预制场地应保持地面平整、夯实，并防止浸水沉陷。

预制桩混凝土浇注工作应由桩顶向桩尖连续浇注，严禁中断，制作完成后，应洒水养护不少于7天。上层桩必须在下层桩的混凝土达到设计强度等级的30%以后，方可进行浇注。

预制桩主筋上端应伸至最上一层钢筋网之下，连成“┏━┓”形，宜采用对焊。

混凝土预制桩的截面边长不应小于200mm，混凝土强度等级不宜低于C30，纵向钢筋的混凝土保护层厚度不宜小于30mm。

预制桩的桩身配筋应按吊运、打桩及桩在使用中的受力等条件计算确定。采用锤击法沉桩时，预制桩的最小配筋率不宜小于0.8%。静压法沉桩时，最小配筋率不宜小于0.6%，主筋直径不宜小于ϕ14mm，打入桩桩顶以下4～5倍桩身直径长度范围内箍筋应加密，并设置钢筋网片。

预制桩的分节长度应根据施工条件及运输条件确定，每根桩的接头数量不宜超过3个。

预制桩的桩尖可将主筋合拢焊在桩尖辅助钢筋上，当持力层为密实砂和碎石类土时，宜在桩尖处包以钢板桩靴，加强桩尖。

预制桩制作质量规定：桩的表面应平整、密实，掉角深度小于10mm，且局部蜂窝和掉角的缺损总面积不得超过该桩表面全部面积的0.5%，同时不得过分集中；由于混凝土收缩产生的裂缝，深度应小于20mm，宽度应小于0.25mm；横向裂缝长度不得超过边长的一半；制作完成的预制桩应在每根桩上标明编号及制作日期，如设计不埋设吊环，则应标明绑扎点位置。

7.2.2 起吊

吊运时，应根据吊点布置位置，经验算合格后才起吊。预制混凝土桩吊点一般不设吊环，起吊前应标出吊点位置，用钢丝绳捆绑。捆绑处应加麻布、木块衬垫保护，以防损坏桩的表面和棱角。吊点的位置偏差不应超过设计位置20mm。吊桩时要使各吊点同时受力，徐徐起落，避免震动损坏桩身。使用起重机或浮吊起吊时，应使桩纵轴线夹角不小于45°。

桩的吊点位置一般多采用两个吊点，较长的桩可采用三个吊点和四个吊点，沉桩吊立时一般多采用一个吊点。各种吊点的位置根据吊运、吊立过程中产生的最大正负弯矩绝对值相等的条件确定，如图7－2所示。由于各种桩的体型不一样，其吊点的位置有时要做相应的变更。小于等于三个吊点时，按正负弯矩相等的原则确定；多于三个吊点时按反力相等的原则确定。

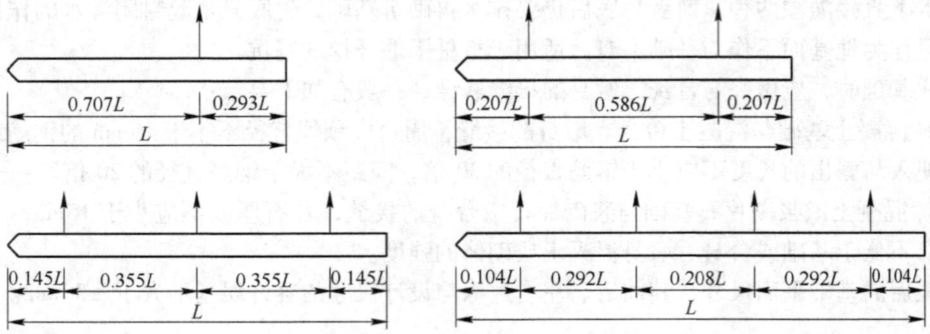

图7－2 桩的吊点位置

7.2.3 运输与堆放

7.2.3.1 运输

在预制桩的搬运过程中，应使支承点与吊点位置相一致，偏差不得大于20mm。若支撑点位置相差较大时，应检验预制桩的应力。运输过程中应保证预制桩捆载牢固，使各支点同时受力。

可采用平板拖车或前后托架拖车进行预制桩的搬运。若采用前后托架拖车搬运，需在前托架拖车上加设活动转盘。

在山区用汽车装运桩时，为避免爬坡路段出现预制桩向后滑脱的情况，可用型钢制成后兜托板，并用钢丝绳与前托架捆牢。

驳船装桩时，应按沉桩顺序分层装驳，垫平放稳。堆放形式应能使驳船在装卸桩时保持船身稳定。

在冰面上运桩时，可以用卷扬机或拖拉机直接拖拉。

7.2.3.2 堆放

堆放预制桩的场地应靠近沉桩地点。场地应平整坚实，做好必要的防水措施，防止湿陷和不均匀沉陷。

应考虑不同类型和尺寸桩的先后使用顺序分别堆放。堆放支点位置与吊点相同，偏差不得超过20mm。当桩需长期堆放时，为避免桩身翘曲，可采用多个支点。各支点垫木应均匀放置，且垫木顶面应在同一水平面上。采用多层堆放方式时，各层垫木应位于同一垂直面上。

混凝土管桩的堆放：对于直径400mm的混凝土管桩最高可堆放6层，直径550mm的混凝土管桩不宜超过4层。钢管桩的堆放：直径900mm最多堆放3层；直径600mm的最多4层；

直径400mm的最多堆放5层，H型钢桩最多堆放6层。

7.2.4 沉桩

7.2.4.1 桩位放样及控制

在旱地施工时，应先定出桩基的中线，再在边排桩位以外的适当距离处钉立木桩，设置纵横两方向的定位板，在定位板上定出桩位的坐标。施工时按坐标拉线，确定桩位。在基坑内沉桩时，可将定位板设在围堰或基坑支撑上。在浅水中沉桩时，定位板可设在脚手桩上。在深水中沉桩，水深大于4m时，如采用向导框架控制桩位，框架的桩位空间应较桩径大2～3cm，钢制框架可大10～15cm，用木夹箍调整。放样时可用经纬仪交汇出上游的一排迎水桩，再以迎水桩为基准，用大型角尺测定其他桩位。在夜间深水区沉桩时，可采用激光经纬仪定位。激光定位法是由陆上两台氦氖激光经纬仪计算角度，发射出两束激光，交汇在沉桩船的光电接收靶，通过机械扫描，光电转换，电子放大在荧光屏上，显示出两个相应的光点位置。根据光点位置移动船位至两束激光的交点上来确定桩位（平面控制角度）。

放桩位时应详细复核防止差错，特别是对迎水桩和与桥中心线不对称的桩群。施工桩位的轴线位置与设计轴线的偏差，纵行和横行的轴线不应超过2cm；单桩轴线不应超过1cm。

7.2.4.2 沉桩顺序

沉桩顺序是一个很重要的问题，因为对于一个基础沉入较多的桩，会把基底以下的土挤密或隆起，对于初始相对密度很低的非黏性土一般要下沉。例如，采用从基础四周向内沉桩的办法，则愈往中间沉，基底以下的土就挤得愈密，受荷载后势必会使基础产生不均匀的沉降，因此必须慎重考虑沉桩的顺序。

图7－3为不同沉桩顺序和相应的土体挤密隆起情况。可知，先沉入的桩入土较深，后沉入的桩入土较浅，且后沉入的桩附近土隆起最高。因此，沉桩时必须综合考虑现场地形条件、土质情况、桩距大小、斜桩方向、桩架移动方便等因素，确定合适的沉桩顺序。

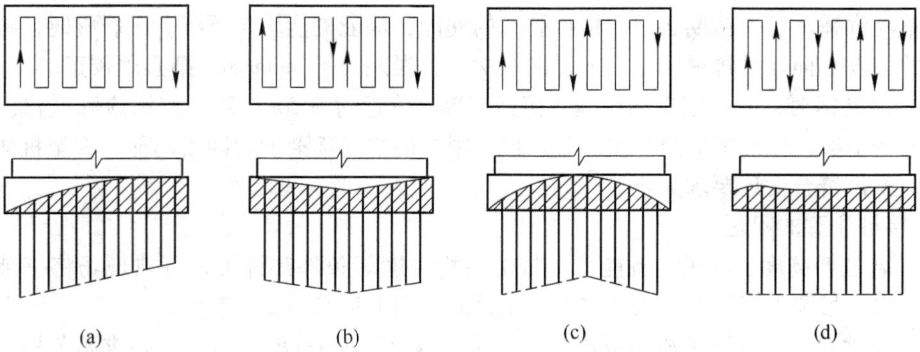

图7－3 沉桩顺序和土体挤密隆起情况

（a）逐排沉桩；（b）中央向边缘沉桩；（c）边缘向中央沉桩；（d）分段沉桩

当基础较小、桩数较少、桩距较大时，可从中间开始分向两边或周边对称进行沉桩；当基础较大、桩数较多、桩距较小时，应将基础分为数段，而后在各段范围内分别进行沉桩。

当基础内包括直桩与多方向的斜桩时，特别在水深、流急、有潮水影响的河流中，安排沉桩顺序时应设法减少移动船位、变更桩架斜度的作业次数。深水沉桩可参考图7－4所示的顺序。当斜桩的水平投影相交时，应先沉位置在下的斜桩，避免桩头的相互干扰。

在靠近斜坡沉桩时，会使土体产生侧移从而影响斜坡的稳定性。一般先下沉最靠近斜坡的桩、最后下沉距斜坡最远的桩，这样先下沉的桩在土中可起到加筋作用，减小土向斜坡方向的侧移。对于敏感性很高的黏土，由于沉桩引起的重塑，会减小土的抗剪强度，不宜最先下沉靠近斜坡的桩。

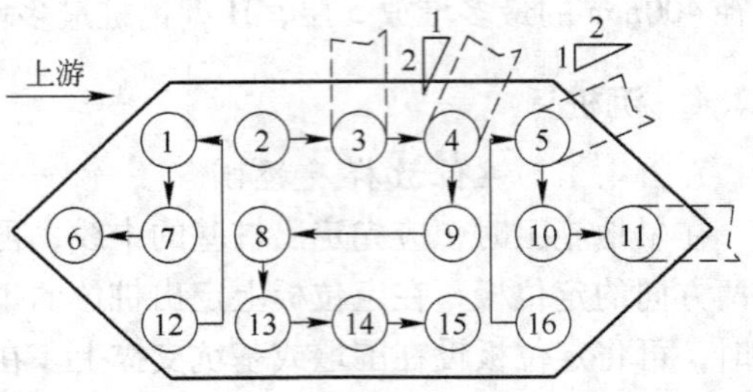

图 7－4　深水沉桩顺序

7.2.4.3　吊插桩

以桩架沉桩时，应在沉完一根桩后再吊插另一根桩；在围堰内沉桩时，可利用吊机吊桩；有导向框架时，也可以连续吊插若干根桩或插好全部桩后，再逐根下沉。

在松软土中插桩时，桩位容易向前移动，应将桩向后移一些插入；在斜坡上插桩，如斜桩与斜坡为同一方向时，应将桩向坡上方移动一些。

在群桩基础中，先沉入的桩已将土挤密，继续插桩时，桩位应略移向已沉好的桩。

在深水急流中插桩时，应考虑水流及浮力作用，宜向迎水方向移动一些，必要时可在上游加设临时挡流设施，或用导向框架插桩。

应根据试桩情况考虑插桩时桩位移动距离的大小。

插好桩后，应立即将桩头用锤压住，检查锤、桩帽和桩的中心是否一致、桩位有无移动，并检查桩的垂直度或倾斜度是否符合规定。

7.2.4.4　锤击沉桩

A　锤击混凝土桩的施工

a　施工要点

（1）沉桩前应检查桩架、桩锤、动力机械、射水管路以及电缆等主要设备。

（2）用柴油锤沉直桩前，应将桩架导杆调成垂直。在第一节桩入土 3m 时应停锤复核桩架导杆的垂直度，如发现问题必须校正后方可继续沉桩。

用单动汽锤沉桩，初期必须严格控制锤的动能，保证桩能均匀下沉。沉斜桩时，桩架应符合斜桩的坡度。插好桩将锤压于桩上复测一次，若误差大于 3mm/m，则必须校正。

（3）刚开锤时，坠锤或单动汽锤的落锤高度不宜超过 0.5m；双动汽锤应降低汽压，减少每分钟的锤击数；柴油锤应控制供油量。以后视桩的情况逐渐加大冲击动能，直至桩的入土深度和贯入度都符合设计要求为止。

b　接桩注意的问题

（1）若桩架高度、起吊设备能力和桩的结构强度等条件都许可，可在现场将桩节预先连接好，一次起吊和下沉，在预先连接混凝土桩时，两节桩必须成一直线。

（2）就地接桩宜在下节桩顶露出地面或水面以上至少 1m 时进行，并要求两节桩的中轴线必须符合。若已沉入第一节桩，直桩的垂直度或斜桩的斜度超过设计规定的 1% 时，不得接桩。应将第一节桩拔出重新下沉，符合规定后再接桩。

（3）凡用法兰盘接桩时应上足螺栓并拧紧，经锤击数次后将螺栓再拧紧一遍，然后点焊或将丝扣凿毛固定，最后涂刷沥青清漆，并在法兰盘的空隙处全部填满沥青砂胶腐蚀。

（4）凡用钢套筒接桩的桩，必须将桩头弄净、整平后进行焊接。

c　沉桩复打

对发生“假极限”、“吸入”、上浮、下沉现象的桩以及射水沉桩都要进行复打。“假极限”是桩在饱和的细、中、粗砂中连续锤击下沉时，使流动的砂紧密夹实于桩的周围，妨碍土中水分沿桩上升，在桩尖下形成水压很大的“水垫”，使桩产生暂时的极大贯入阻力，休止一定时间后阻力降低。“吸入”是桩在黏性土中连续锤击时，由于土的摩擦力大大减少，在休止一定时间后，桩周围水消失，而桩周土摩擦力恢复增大。桩的上浮、下沉会影响土对桩的阻力。射水沉桩由于射水的冲刷，使桩周围土的摩擦力减小。因此，上述几种情况，在休止一定时间后均需要进行复打。休止时间按土质不同而异，可由试验确定。

d 锤击沉桩发生损坏的探查方法

锤击时混凝土桩突然出现急剧下沉、桩身倾斜时，可能发生桩身折断、接头破裂或桩尖劈裂等损坏，此时可采用测桩法（无破损检验法）检验，对于混凝土管桩也可采用灌水探查、圆桶探查、铁钩探查、电钳探查、照明探查等方法。

e 锤击时桩发生损坏的补救方法

(1) 河床以上部分混凝土桩发生桩身露筋，混凝土发生剥落、产生较多裂纹时，如为混凝土管桩，应根据桩的破损情况，用薄钢板制成拼装式的套筒，用吊具将套筒套入桩顶，顺桩身落在河床上。待套筒正确就位后，向套筒内灌注不低于C20的水下混凝土。

(2) 河床以下混凝土管桩断裂时，如仅是桩壁的混凝土破损，钢筋未变形，可在管内灌注水下混凝土直至桩的顶部。如有少量钢筋弯曲，可用通桩器逐次将钢筋冲直，加设钢筋骨架或钢轨后填充混凝土。钢筋骨架或钢轨必须伸出破损部分以上和以下各1.0~1.5m。

(3) 混凝土管桩的桩头靠近法兰盘部分产生裂纹或稍有剥落时，可采用在桩顶法兰盘下加钢夹箍、钢抱箍或以钢丝缠绕桩头的补救方法。

(4) 桩身破损部分在截除桩头以下约1m左右时，可将自破损处以上的桩身混凝土全部凿除，主筋保留并弄直。然后，在该处浇注不低于桩身混凝土强度的混凝土块，混凝土块的尺寸按桩身尺寸可适当增大些，其中心轴线必须与原桩中心轴线相一致。混凝土块顶部应伸入承台地面以上20cm，其底部应在桩凿除线以下20cm，即可按完整桩使用。

经加固处理后的基桩，应进行静载试验。经试验合格后方可使用，如不合格，或发现有断桩现象，应拔出重沉新桩，通常可使用双动汽锤、振动锤、拔桩汽锤及滑车组拔除坏桩；如桩入土深度已超过设计深度的60%~70%时，对于混凝土管桩，确定钢筋混凝土填心后能在质量上有所保证时，仍可按好桩使用，但一般情况下，断桩率不应超过基桩总数的2%；若修复工序过多，或限于工期和其他原因，可放弃坏桩另补新桩。

f 混凝土管桩填心

在混凝土管桩填心前，应先进行桩内清孔、探查后再实施填充。

(1) 管桩内清孔方法包括：活底吸泥筒清孔、吸泥机清孔、射水清孔。

(2) 管桩内填充方法包括：填充透水性土、填充混凝土。

B 锤底沉管桩的施工

a 锤底沉管桩的施工方法

由薄钢管卷制的钢管、平板桩靴和半干硬性混凝土桩塞组成的锤底沉管桩是用管内落锤冲击混凝土桩塞，使其下沉至设计标高。

锤击沉桩开始前，将半干硬性混凝土倒入管底形成桩塞。桩塞压实后的高度不得小于钢管管径的2.5倍。在锤击过程中，落锤沿钢管内壁上下自由运动。锤的形状为圆柱形，直径不宜过小，否则在沉桩过程中会使桩产生移位。

b 锤底沉管桩的水上施工

(1) 水上沉桩平台的设置，一般可采用长×宽×高=6m×3m×2m的钢浮箱。平台四角设4台手动卷扬机，通过牵动锚固定于河岸（或河床）的4根钢丝索来固定和移动平台位置。平台上设1台打桩机，能在轨道上前后移动，焊在平台上的1对三角架可用作桩架。打桩机两侧码放待沉的钢管，平台尾部堆放砂石水泥及配重砂袋等。此外，还配有1台电焊机和1套氧割装置，1台测量仪器用于确定桩位、检查桩的贯入度等。桩靴应在岸上或平台上与钢管焊接好，并加焊4根ϕ20mm短钢筋，以增强管身与桩靴的连接。

（2）立桩。可通过松紧平台四角卷扬机的4根钢丝束来调整桩位。打桩机上的扣环和安装在浮箱上的三角架是支承钢管的支点，打桩机的小范围移动和转动，可使桩支承位置发生变化，从而可对钢管的垂直度和位置作微量的调整。桩位可由架设在岸上的测量仪器监控，桩身可用木工的水平尺检查。由于管壁较薄，在搬运和起吊过程中需防止碰撞。

（3）桩塞制作。钢管就位后，把拌好的半干硬性混凝土倒入钢管内制成桩塞，然后开始沉桩工作。桩塞混凝土的配合比一般可采用水泥:砂:碎石＝1:2:4（体积比），$W/C \leqslant 0.25$，碎石的最大粒径不超过25mm。在长时间锤击或混凝土集料不很坚硬的情况下，桩塞会被打散失效。如果制好后1h以内不能完成沉桩工作时，必须添加一些新鲜的半干硬性混凝土补充桩塞，其添加量应能使桩塞的压实高度增高约相当于钢管管径的高度。

（4）锤底沉桩。开始沉桩时，由于半干硬性混凝土尚处于松散状态未与钢管形成整体，必须先轻击若干锤后使桩塞初步压实。

（5）桩的接长或割断。钢管的接长用电焊方法来完成。钢管的切割采用气割（无特殊要求时）。

（6）检查。在沉桩过程中和沉桩完成后，将电灯吊入钢管内，检查钢管内部和底部的各项细节。

c 锤底沉桩的主要优点

（1）施工简单，经济效果好。钢管本身起落锤导向架的作用，不需要专设桩架，一般只需要设简单的支架。与普通的锤击沉入钢管相比，因为这种桩在沉桩过程中自身仅承受拉力，故更能充分发挥钢材的材料特性。锤击时除空气阻力稍大外，锤击能量损失不大，也不会在桩头发生破裂情况。因此，锤底沉管桩的钢管管壁可以很薄，落锤的重量也可以轻些。钢管重量轻、吊运方便、桩的接长和割断工艺较简单。

（2）施工噪声小。锤底沉管桩的锤击点是在钢管内，且多半是在地面以下，与普通的沉桩相比，施工噪声大大降低。

（3）适用范围广。锤底沉管桩几乎适用于所有适于锤击沉桩的地方，特别是施工场地狭小、空间受限制的地方。沉斜桩的施工工艺也同沉竖直桩一样简便，并有各种不同的管径满足不同荷载的要求。

（4）一般桩身不需配筋，仅在桩顶埋设用于桩身与承台连接的钢筋。

（5）便于检查。沉桩过程中或沉桩完成后用电灯吊入钢管内，即可作直观的检查。

7.2.4.5 振动沉桩

A 施工方法

振动配合射水下沉混凝土管桩，吊装振动锤和桩帽（机座）与桩顶法兰盘连接牢固。沉桩开始时，可仅由桩的自重和射水下沉。在射水下沉缓慢或不下沉时，可开动振动锤并同时射水使其下沉。振动持续一段时间后，再行振动下沉。如此交替下沉，沉至接触高度时，拆去振动锤及输水管，先接长射水管再接桩，重新装上振动锤，然后继续沉桩。沉桩至距设计标高适当距离时，提高射水管，使射水嘴缩入桩内，停止射水，立即进行干振，将桩沉至设计标高。

每根桩的下沉应一气呵成，不可中途停顿或较长地间歇，以免桩周的土恢复，继续下沉困难。接桩、接输水管和停水干振的间歇时间也应力求缩短。振动锤与桩头法兰盘连接螺栓必须拧紧，不得有间隙或松动，否则振动不能充分向下传递，影响管桩下沉，接头也易振坏。

一个基础内的桩全部下沉完毕后，为了避免先沉入的桩周围土被邻近桩下沉射水破坏，影响其承载力，应将全部基桩再复振一次。

B 施工要点

每次振动持续时间过短，则未能破坏土的结构；时间过长则易损坏振动锤部件。振动持续时间长短应根据不同机械和不同土质通过试验决定，一般不宜超过 10 ~ 15min。使用射水时可以适当减少振动持续时间。

停振后的射水时间应适当控制，时间过短影响下沉，时间太长没有必要。其适当时间需根据已沉桩的下沉量与振动射水时间关系曲线进行比较得出。

当基底土层中含有大量卵石或碎石或破碎岩层，如采用高压射水振动沉桩尚难下沉时，可采用开口的桩靴，并在桩内用吸泥机配合吸泥，甚为有效。

C 振动锤的优缺点

优点：

（1）振动锤沉桩时与桩连接成整体，只需保持桩的方向，不需锤的导向设备。

（2）在下沉钢筋混凝土管桩时，用振动沉桩比锤击沉桩所产生的冲击力小，同时对桩头的传力也较均匀，不易损坏桩头。

（3）下沉斜度不大的斜桩，几乎和下沉直桩一样方便，而沉桩效能并不降低。不存在锤与桩的中线不重合而发生偏心弯矩的可能。

（4）下沉速度较快，尤其在砂性土中效果较显著。

（5）振动锤体积较小，质量较轻，移动比其他桩锤方便，所需起吊设备较小。

（6）振动锤击沉桩时噪声小。

缺点：

（1）振动时易使桩的连接螺栓松动。

（2）必须有电力供应，在无电源地区，需要增加发电设备，增加了施工费用。

（3）振动锤与桩帽的连接比较费时（尤其在高空作业时）。

7.2.4.6 射水沉桩

射水沉桩的射水多与锤击或振动相辅使用，在砂夹卵石层或硬土层中沉桩，一般应以射水为主、振动为辅。在砂黏土和黏土中沉桩，不宜采用射水，如必须使用时，应以锤击或振动为主、射水为辅，并应谨慎控制水压和水量。如果土层适宜且射水设备能力足够，也可单用射水。但不论采取何种施工方法，当桩尖接近设计标高时，应停止射水，单用锤击或振动下沉至设计深度。停止射水的标高应根据沉桩试验及施工情况决定，没有资料时，不得小于 2m。

射水沉桩的水压、水量和射水管的尺寸及其布置对沉桩效率有很大影响。水压小，冲不散土层；水量小，则带不走冲开的土。因此，在沉桩前需仔细研究水压和水量，并结合地质条件和锤的类型等，通过试桩来进行确定。

7.2.4.7 静力压桩

静力压桩是以较小的静压力将桩沉入土中，从而获得较大桩承载力的沉桩工艺。静力压桩时的一般阻力只为桩极限承载力的 1/3 左右，且施工时无噪声、无震动，可节约造价，提高质量。

静压力桩适用于可塑黏性土，但不宜用于坚硬状态的黏土和中密以上的砂土。

施工要点如下：

（1）用桩架吊桩时因压桩架底盘较宽，必须将桩运至底盘前然后吊起。小心吊桩，避免与桩架相撞。

（2）吊桩竖直后用撬棍将桩稳住并推至底盘插桩口缓慢落下，离地面10cm左右，再用几根撬棍协助拔位，对准桩位插桩。

（3）使用2台卷扬机同时启动放下压梁时，必须使其同步运行，确保压梁不偏斜。在压桩过程中，应始终保持压梁中轴线与桩帽、桩身中轴线在同一直线上。

（4）多节桩施工时，接桩面应距地面1m以上，以便于操作。

（5）压桩沉入深度是以设计标高或允许静压力值控制，或标高与静压力值同时控制的，故在压桩过程中，装在压梁柱的压力表必须正确反映每根桩的压力。

（6）压桩时，应尽量避免中途停歇，如必须要停歇时（按接桩、接送桩等），应尽量减少停歇时间，并考虑将桩尖停歇在软弱土层中，使再启动时减小阻力。

（7）施工过程中，应密切注视压桩力是否与桩轴线符合，压梁导轮和龙口的接触是否正常，有无卡住现象。一些机具要求“同步”运行，发生问题应及时调整。

（8）桩尖接近设计标高时，注意严格控制进程，不得过早或过迟停压。

7.2.4.8　沉管灌注桩

沉管灌注桩是将底部套有预置的钢筋混凝土桩尖或装有活瓣桩尖的钢管，用锤击或振动下沉至要求的入土深度后，在钢管内安放钢筋笼、灌注混凝土、拔出钢管而形成的，它属于位移（排土）桩性质的桩。

沉管灌注桩的适用范围为一般黏性土、淤泥或淤泥质土、砂土及人工填土等土层，不宜用于标准贯入$N_{63.5}$、锤击数大于12击的砂土或15击的黏性土及碎石土。

沉管灌注桩是一种施工快速、经济效益高的桩型，其具有如下优点：易于调整桩长以适合桩尖承载地层的标高变化；因桩管底封闭，不受地下水的影响；桩内钢筋不以操作和锤击应力来决定，并可根据受力条件，配设不通长的钢筋骨架；可以辅用管内夯管冲压等方法形成桩底扩大的桩。但沉管灌注桩施工时需经试桩试验，制订防止缩颈、断桩等措施，确保工程质量。

7.3　钻孔灌注桩

7.3.1　护筒埋设

7.3.1.1　护筒的作用和一般要求

A　护筒的作用

护筒在钻孔过程中的作用包括：固定桩位、引导钻头方向；保护孔口，防止地面石块掉入孔内；防止钻孔过程中的沉渣回流；保持孔内泥浆水位高于地下水或施工水位一定高度，形成静水压力，以起到防止孔壁坍塌。此外，护筒也是桩顶标高控制依据之一。

B　护筒埋设的一般要求

（1）护筒可用钢板或钢筋混凝土制作。

（2）护筒内径一般应比桩径稍大，一般大200～400mm，可根据钻孔情况选用。

（3）护筒高度宜高出地面0.3m或水面1.0～2.0m。

（4）当钻孔内有承压水时，应高于稳定后的承压水位2.0m以上。若承压水位不稳定或稳定后承压水位高出地下水位很多，应先做试桩，鉴定在此类地区采用灌注桩基的可行性。试桩结果报监理工程师批准后，方可采用钻孔灌注桩基。

（5）当处于潮水影响地区时，护筒高度应高于最高施工水位1.5～2.0m，并应采取稳定护筒内水头的措施。

（6）护筒中心竖直线应与桩中心线重合，除设计另有规定外，一般平面允许误差为50mm，竖直线倾斜不大于1%；干处可实测定位；水域可依靠导向架定位。

（7）护筒埋置深度应根据图纸要求或桩位的水文地质情况确定，一般情况下埋置深度宜为2～4m，特殊情况下应加深以保证钻孔和灌注混凝土的顺利进行。有冲刷影响的河床，应沉入局部冲刷线以下不小于1.0～1.5m。

（8）在钻孔排渣、提钻头除土或因故停钻时，应保持孔内具有规定的水位和要求的泥浆相对密度和黏度。

（9）当设计为斜桩时，为保证开孔斜度准确，埋设的护筒应准确，长度不宜小于3m。护筒直径只宜比钻锥直径大20～30mm。护筒埋设的斜度宜稍大于设计斜度，应埋筑紧密。

（10）斜孔孔壁较易坍塌，故孔内水头、护壁泥浆相对密度、黏度等指标应比钻竖孔时稍大，可掺入适量添加剂以改善泥浆性能。

7.3.1.2　护筒的种类

护筒为可重复使用的设备，故在构造上要求坚固耐用，便于安装、拆除，不漏水。根据所用材料，主要分为木护筒、钢筋混凝土护筒和钢护筒三种。必要时护筒顶部需设置护筒盖。

7.3.1.3　护筒的埋设和沉入

护筒埋设工作是钻孔灌注桩施工的开始，护筒平面位置与竖直度准确与否，护筒周围和护筒地脚是否紧密、不透水，对成孔、成桩的质量都有重大影响。埋设时，护筒中心轴线应对正测量标定的桩位中心，其偏差不得大于5cm，并应严格保持护筒的竖直位置，如图7－5所示。

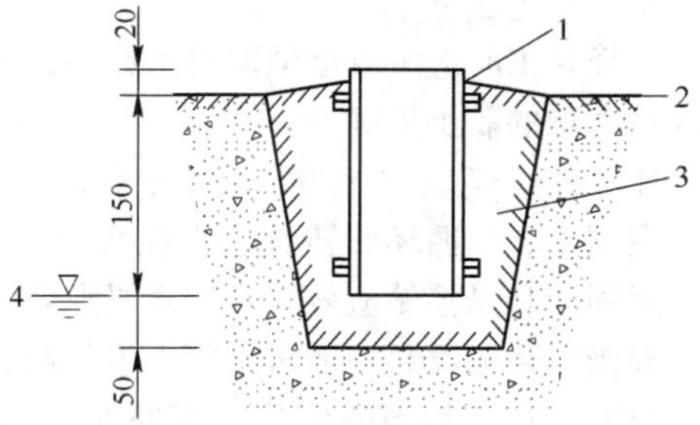

图7－5　挖埋护筒

1—护筒；2—地面；3—夯填黏土；4—施工水位

护筒埋设的具体方法为：

（1）在旱地或岸滩埋设护筒。

（2）在水深小于3m的浅水处埋设护筒。

（3）在水深3m以上的深水河床沉入护筒。

7.3.2　泥浆制备

7.3.2.1　泥浆的作用

钻孔泥浆由水、黏土（或膨润土）和添加剂组成。在钻孔中，由于泥浆相对密度大于水的相对密度，故护筒内同样高的水头，泥浆的静水压力比水大。由于静水压力的作用，泥浆可作用在井孔壁形成一层泥皮，阻隔孔内外渗流，保护孔壁免于坍塌。

此外，泥浆还有浮悬钻渣的作用，使钻进正常进行。在冲击和正循环回转钻进中，悬浮钻渣的作用更为重要。人力或机动推钻、反循环回转、冲抓钻进中，泥浆主要是起护壁作用，在较好的黏性土层中用以上方法钻进，还可用清水护壁而不必使用泥浆。

7.3.2.2　泥浆的调制和使用技术要求

（1）钻孔泥浆一般由水、黏土（或膨润土）和添加剂按适当配合比配制而成，其性能指标可参照表7－3选用。

（2）直径大于2.5m的大直径钻孔灌注桩对泥浆的要求较高，应根据钻孔的工程地质情况、孔位、钻机性能、泥浆材料条件等选择泥浆。在地质复杂、覆盖层较厚、护筒下沉不到岩层的情况下，宜使用丙烯酰胺类（PHP）泥浆，此泥浆的特点是低固相、高黏度、不分散。

表 7－3 泥浆性能指标

钻孔方法	地层情况	泥浆性能指标							
		相对密度	黏度 /Pa·s	含砂率 /%	胶体率 /%	失水率 /mL·(30min)$^{-1}$	泥皮厚 /mm·(30min)$^{-1}$	静切力 /Pa	酸碱度 (pH)
正循环	一般地层	1.05～1.20							
	易坍地层	1.20～1.45							
反循环	一般地层	1.02～1.06	16～20	≤4	≥95	≤20	≤3	1～2.5	8～10
	易坍地层	1.06～1.10	18～28	≤4	≥95	≤20	≤3	1～2.5	8～10
	卵石层	1.10～1.15	20～35	≤4	≥95	≤20	≤3	1～2.5	8～10
推钻冲抓	一般地层	1.10～1.20	18～24	≤4	≥95	≤20	≤3	1～2.5	8～11
冲击	易坍地层	1.20～1.40	22～30	≤4	≥95	≤20	≤3	3～5	8～11

注：1. 地下水位高或其流速大时，指标取高限，反之取低限；
2. 地质状态较好，孔径或孔深较小的取低限，反之取高限；
3. 在不易坍塌的黏质土层中，使用推钻、冲抓、反循环回转钻进时，可用清水提高水头（≥2m）维护孔壁；
4. 若当地缺乏优良黏质土，运输膨润土也很困难，调制不出合格泥浆时，可掺用添加剂以改善泥浆性能。

7.3.2.3 泥浆的制备

A 黏土的选择

选择黏土时应本着就地取材的原则，选择水化快、造浆能力强、黏度大的膨润土或接近地表经过冻融的黏土为好。

B 高级泥浆（稳定液）的原料

在用正、反循环回转钻进直径大于1.2m、孔深大于30m的井孔，且地层松散易坍孔时，宜采用固壁和悬浮钻渣效能高的高级泥浆（稳定液）。

高级泥浆的原料一般可采用以下材料：膨润土、羧甲基纤维素（CMC）、铁铬木质素磺酸盐（FCI）、硝基腐殖酸钠盐（煤碱剂）、碳酸钠、聚丙烯酰胺絮凝剂（PHP）、加重剂、锯木屑或稻草末等。以上各种掺加剂的用量，最好先作试配，试验其配合液的各项性能指标是否符合要求。各种掺加剂宜先制成小剂量溶剂，按循环周期均匀加入，并及时测定泥浆指标，防止掺加剂过量。

C 泥浆的调制

制浆前，应先把黏土块尽量打碎，以便易于成浆、缩短搅拌时间及提高泥浆质量。制浆有机械搅拌、人工搅拌和钻锥搅拌三种方法。

（1）泥浆搅拌机是一个两端封闭的圆鼓，内部装有焊着金属叶片的水平轴。搅拌时，先将定量的清水加入搅拌鼓，然后慢慢地加进要求质量的黏土，并开动机器搅拌。成浆后，打开出浆门出浆。

（2）人工搅拌是先将黏土加水放入制浆池内浸透，然后人工进行搅拌。

（3）钻锥搅拌。冲击钻孔时，将黏土原料投入孔底，利用冲击锤上下冲击，搅拌成泥浆。在黏土地层中钻进，可先采用清水护壁，待陆续钻进时，孔内的清水与钻锥切削下来的黏土在钻锥回转或冲击搅动下，自然形成泥浆。但如黏土含砂多，则制成的泥浆质量不满足要求时，需要加以净化改进。若黏土层很厚，钻进过程中泥浆中的黏土含量将逐渐增加，需及时加水稀释泥浆，保持泥浆的各项性能指标。

7.3.2.4 泥浆的循环和净化处理

用冲抓锥、冲击锥钻孔时泥浆并不是连续不断地流动。当钻进一个时期，检查试验出孔孔内泥浆性能不符合要求时，需根据不符情况采取不同的方法予以净化改善。

A 重力沉淀法

重力沉淀法是将沉底池中的沉渣用设在沉淀池上的抓斗龙门吊机清除。

B 机械净化法

机械净化泥浆法是把孔内排出的混有钻渣的泥浆送到二级或三级高频振动泥浆筛上，首先把0.5mm以上的大颗粒筛出，通过皮带运输机装入汽车运走，混有0.5mm以下砂粒的泥浆用泥浆泵压入旋流除渣器，净化后返回井孔。旋流除渣器分离出来的砂粒再通过皮带运输机装入汽车运走。

C 深水处泥浆的循环和净化

深水处泥浆的循环和净化可采用两种方法实现。一种方法是在岸上设黏土库、制浆池、沉淀池，制造或沉淀净化泥浆。另配备2～3只船，船上均设有储浆池和设泥浆槽的储渣浆池，轮流补足净化泥浆和接受钻孔流出的含钻渣泥浆。此法的优点是使用的船只可较小，缺点是泥浆循环补换较麻烦。另一种方法是除黏土库和制浆池设在岸上外，其余泥浆槽、沉淀池、储浆池等均设在船上，用泥浆泵压送泥浆。储浆池和沉淀池隔开。

7.3.3 成孔

7.3.3.1 钻孔方法

目前，钻孔均采用机械成孔方法，主要方法有：螺旋钻成孔法、正循环回转钻成孔法（见图7-6）、反循环回转钻成孔法、潜水钻机成孔法、冲抓钻进成孔法、冲击钻进成孔法、钻斗钻（即机动推钻）成孔法、挖孔法。

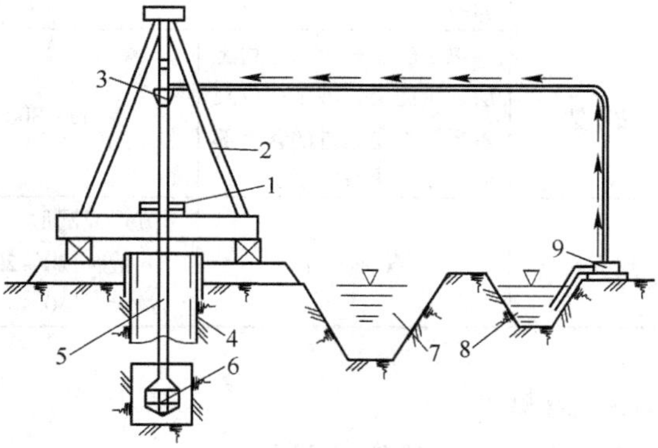

图7-6 正循环旋转钻孔

1—钻机；2—钻架；3—泥浆笼头；4—护筒；5—钻杆；6—钻头；7—沉淀池；8—泥浆池；9—泥浆泵

7.3.3.2 各种钻孔方法的适用范围

各种钻孔方法的适用范围与土层、孔径、孔深、是否需要泥浆悬浮钻渣以及钻机的构造、功率大小等因素有关，也与施工队伍的经济技术实力及管理水平有关，见表7-4。

表7-4 各种钻（挖）孔方法的适用范围

钻孔方法	适用范围			泥浆作用
	土层	孔径/cm	孔深/m	
螺旋钻	黏性土、砂类土、含少量砂砾石、卵石（含量少于30%，粒径小于10cm）的土	长螺旋：40～80 短螺旋：150～300	长螺旋：12～30 短螺旋：40～80	干作业不需要泥浆
正循环回转钻	黏性土，粉砂、细砂、中砂、粗砂，含少量砾石、卵石（含量少于20%）的土、软岩	80～250	30～100	浮悬钻渣并护壁
反循环回转钻	黏性土、砂类土、含少量砾石、卵石（含量少于20%，粒径小于钻杆内径2/3）的土	80～300	用真空泵<35，用空气吸泥机可达65，用气举式可达120	护壁

续表 7-4

钻孔方法	适用范围			泥浆作用
	土层	孔径/cm	孔深/m	
潜水钻	淤泥、腐殖土、黏性土、稳定的砂类土，单轴抗压强度小于 20MPa 的软岩	非扩孔型：80～300 扩孔型：80～655	标准型：50～80 超深型：50～150	正循环浮悬钻渣，反循环护壁
冲抓钻	淤泥、腐殖土、密实黏性土、砂类土、砂砾石、卵石	100～200	大于 20m 时进度慢	护壁
冲击钻	实心锥：黏性土、砂类土、砾石、卵石、漂石、较软岩石空心锥：黏性土、砂类土、砾石、松散卵石	实心锥：80～200 空心锥（管锥）：60～150	50	浮悬钻渣并护壁
钻斗钻	填土层、黏土层、粉土层、淤泥层、砂土层以及短螺旋不易钻进的含有部分卵石、碎石的底层	100～300	78	干作业时不需要泥浆
挖孔	各种土石	方形或圆形： 一般：120～200 最大：350	25	支撑护壁不需要泥浆

7.3.4 成桩

7.3.4.1 钢筋笼的制作

钢筋笼的制作可采用卡板成型法、支架成型法、胎具成型法、箍筋成型法和加劲筋成型法等。

制作钢筋笼时，对于长桩骨架宜分段制作，分段长度应根据吊装条件确定，应确保不变形，接头应错开；对于预制钢筋骨架或钢筋网必须具有足够的刚度和稳定性；骨架的焊接拼装应在坚固的工作台上进行，且操作时应符合下列要求：

（1）拼装时应按设计图纸放大样，放样时应考虑焊接变形和预留拱度。

（2）钢筋拼装前，对有焊接接头的钢筋来说，应检查每根接头是否符合焊接要求。

（3）拼装时，在需要焊接的位置用楔形卡卡住，防止电焊时局部变形。待所有焊接点卡好后，先在焊缝两端点焊定位，然后进行焊缝施焊。

（4）骨架焊接时，不同直径的钢筋的中心线应在同一平面上。为此，较小直径的钢筋在焊接时，下面宜垫以厚度适当的钢板。

（5）施焊顺序宜由中到边对称地向两端进行，先焊骨架下部，后焊骨架上部。相邻的焊缝采用分区对称跳焊，不得顺方向一次焊成。

钢筋网焊点应符合设计规定，当设计无规定时，如焊接网的受力钢筋为Ⅰ级或冷拉Ⅰ级钢筋时，如焊接网只有一个方向为受力钢筋，网两端边缘的两根锚固横向钢筋与受力钢筋的全部相交点必须焊接；如焊接网的两个方向均为受力钢筋，则沿网四周边缘的两根钢筋的全部相交点均应焊接，其余的交叉点可根据运输和安装条件决定，一般可焊接或绑扎一半交叉点。当焊接网的受力钢筋为冷拔低碳钢丝，而另一方向的钢筋间距小于 100mm 时，除网两端边缘的两根钢筋的全部相交点必须焊接外，中间部分的焊点距离可增大至250mm。

在现场绑扎钢筋网时，应遵守下列规定：

（1）钢筋接头的布置，应符合有关规定。

（2）钢筋的交叉点应用铁丝绑扎结实，必要时，也可用点焊焊牢。

（3）除设计有特殊规定者外，柱和梁中的箍筋应与主筋垂直。

（4）墩、台身、桩柱中的竖向钢筋搭接时，转角处的钢筋弯钩应与模板成45°，中间钢筋的弯钩应与模板成90°。如采用插入式振捣器浇注小型截面柱时，弯钩与模板的角度最小不得小于15°，在浇注过程中不得松动。

（5）箍筋弯钩的叠合处，在梁中应沿梁长方向置于上面并交错布置，在柱中应沿柱高方向交错布置，若是方柱则必须位于箍筋与柱角竖向钢筋交接点上。但有交叉式箍筋的大截面柱，其接头可位于箍筋与任何一根中间纵向钢筋的交接点上。圆柱或圆管涵螺旋形箍筋的起点和终点应分别绑扎在纵向钢筋上。

在钢筋与模板间应设置垫块，垫块应与钢筋扎紧，并互相错开。非焊接钢筋骨架的多层钢筋之间应用短钢筋支垫，保证位置准确。钢筋混凝土保护层厚度应符合设计要求。在浇注混凝土前，应对已安装好的钢筋及预埋件（钢板、锚固钢筋等）进行检查。

7.3.4.2 钢筋笼的吊放

应在骨架外侧设置控制保护层厚度的垫块，其间距竖向为2m，横向圆周不得少于4处。骨架顶端应设置吊环。骨架入孔一般用吊机，无吊机时，可采用钻机钻架、灌注塔架。起吊应按骨架长度的编号入孔。

7.3.4.3 水下混凝土的灌注

A 灌注水下混凝土的主要设备

灌注水下混凝土的主要设备包括搅拌机、泵送机具及钢导管等。搅拌机的搅拌能力应能满足桩孔在规定时间内灌注完毕，灌注时间不得超过首批混凝土的初凝时间。泵送机具宜采用混凝土泵，距离稍远的宜采用混凝土搅拌运输车。采用普通汽车运输时，运输容器应严密坚实，不漏浆、不吸水，便于装卸，混凝土不应离析。水下混凝土一般用钢导管灌注，导管内径一般为200～350mm，视桩径大小而定。导管使用前应进行水密承压和接头抗拉试验，严禁用压气试压。进行水密试验的水压不应小于孔内水深1.3倍的压力，也不应小于导管壁和焊缝可能承受灌注混凝土时最大内压力p的1.3倍，p可按式（7－1）计算：

$$p = \gamma_c h_c - \gamma_w H_w \tag{7-1}$$

式中 p——导管可能受到的最大内压力，kPa；

γ_c——混凝土拌和物的重度，kN/m^3；

h_c——导管内混凝土柱最大高度，m，以导管全长或预计的最大高度计；

γ_w——井孔内水或泥浆的重度，kN/m^3；

H_w——井孔内水或泥浆的深度，m。

B 水下混凝土的配制

配制水下混凝土可采用火山灰水泥、粉煤灰水泥、普通硅酸盐水泥或硅酸盐水泥，使用矿渣水泥时应采取防离析措施。水泥的初凝时间不宜小于2.5h，水泥的强度等级不宜低于42.5。

粗集料宜优先选用卵石，如采用碎石宜适当增加混凝土配合比的含砂率。集料的最大粒径不应大于导管内径的1/6～1/8和钢筋最小净距的1/4，同时不应大于40mm。细集料宜采用级配良好的中砂。

混凝土配合比的含砂率宜采用0.4～0.5，水灰比宜采用0.5～0.6。有试验依据时，含砂率和水灰比可酌情增大或减小。

混凝土拌和物应有良好的和易性，在运输和灌注过程中应无显著离析、泌水现象。灌注时应保持足够的流动性，其坍落度宜为180～220mm。混凝土拌和物中宜掺用外加剂、粉煤灰等材料。

每立方米水下混凝土的水泥用量不宜小于350kg，当掺有适宜数量的减水缓凝剂或粉煤灰时，可不少于300kg。

对沿海地区及有盐碱腐蚀性地下水地区，应配制防腐蚀混凝土。

C 灌注水下混凝土的技术要求

(1) 首批灌注混凝土的数量应能满足导管首次埋置深度（≥1.0m）和填充导管底部的需要，如图7－7所示，所需混凝土数量可参考式(7－2)和式(7－3)计算：

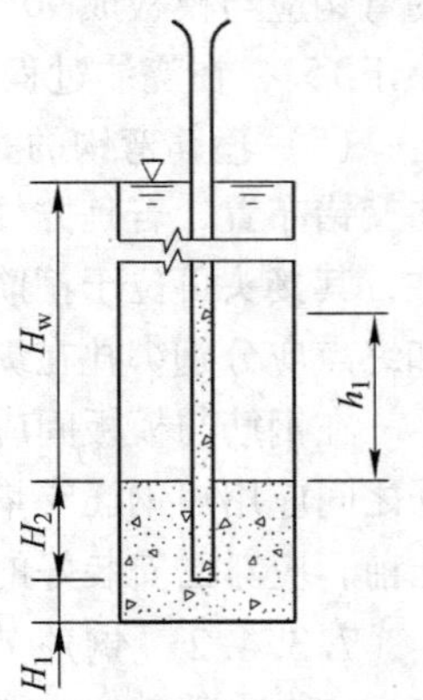

图7－7 计算首批混凝土数量

$$V \geqslant \frac{\pi D^2}{4}(H_1 + H_2) + \frac{\pi d^2}{4}h_1 \tag{7-2}$$

式中 V——灌注首批混凝土所需数量，m^3；

D——桩孔直径，m；

H_1——桩孔底至导管底端间距，m，一般为0.4m；

H_2——导管初次埋置深度，m；

d——导管内径，m；

h_1——桩孔内混凝土达到埋置深度H_2时，导管内混凝土柱平衡导管外（或泥浆）压力所需的高度，m，即

$$h_1 = H_w\gamma_w/\gamma_c \tag{7-3}$$

式中，H_w、γ_w、γ_c意义同式(7－1)。

(2) 混凝土拌和物运至灌注地点时，应检查其均匀性和坍落度等，如不符合要求，应进行第二次拌和，二次拌和后仍不符合要求时，不得使用。

(3) 首批混凝土拌和物下落后，混凝土应连续灌注。

(4) 在灌注过程中，特别是潮汐地区和有承压力地下水地区，应注意保持孔内水头。

(5) 在灌注过程中，导管的埋置深度宜控制在2～6m之间，应经常测探井孔内混凝土面的位置，及时地调整导管埋深。

(6) 为防止钢筋骨架上浮，当灌注的混凝土顶面距钢筋骨架底部1m左右时，应降低混凝土的灌注速度。当混凝土拌和物上升到骨架底口4m以上时，提升导管，使其底口高于骨架底部2m以上，即可恢复正常灌注速度。

(7) 灌注的桩顶标高应比设计高出一定高度，一般为0.5～1.0m，以保证混凝土强度，多余部分接桩前必须凿除，残余桩头应无松散层。在灌注将近结束时，应核对混凝土的灌入数量，以确定所测混凝土的灌注高度是否正确。

(8) 在灌注过程中，应将孔内溢出的水或泥浆引流至适当地点处理，不得随意排放，污染环境及河流。

D 灌注混凝土

(1) 从孔底及附近孔壁渗入地下水的上升速度较小时，可采用在空气中灌注混凝土桩的方法，其技术要求应符合规范规定。

(2) 当孔底渗入的地下水上升速度较大时，应视为有水桩，按钻孔灌注柱用导管法在水

中灌注混凝土。灌注混凝土之前，孔内的水位至少应与孔外稳定水位有同样高度；若孔壁土质易坍塌，应使孔内水位高于地下水位 1 ~ 1.5m。

（3）空气中灌注的桩如为摩擦桩，且土质较好，短期内无支护不致引起孔壁坍塌时，可在灌注过程中逐步由下至上拆除支护。需在水中灌注摩擦桩时，应先向孔中灌注水，至少与地下水位相平。随着灌注的混凝土升高，孔内水位上升，逐层拆除支护，利用水头维护孔壁。在水中灌注的柱桩，应尽可能不拆除孔壁支护。

（4）在空气中灌注混凝土柱桩，若地质条件允许拆除支护，当钢护筒或钢筋混凝土护筒需要拆除时，在灌注混凝土和逐步拆除护筒过程中，应始终维持混凝土顶面比护筒底端最少高出 1.5 ~ 2.0m，以免拔护筒时，护筒底脚土粒掉入混凝土桩内，以及孔外地下水从护筒底下间隙中渗入孔内。

E 灌注方法

导管法的施工过程如图 7－8 所示。导管居中插入到离孔底 0.30 ~ 0.40m（不能插入孔底沉积的泥浆），导管上口接漏斗，在接口处设隔水球，以隔绝混凝土与管内水的接触。在漏斗中存备足够的混凝土，放开隔水球，存备的混凝土通过隔水球向孔底猛落，这时孔内水位骤长外溢，说明混凝土已灌入孔内。若落下有足够数量的混凝土，则会将导管内水全部压出，并使导管下口埋入孔内混凝土内 1m 深，保证钻孔内的水不可能重新流入导管。随着混凝土不断通过漏斗、导管灌入钻孔，钻孔内初期灌注的混凝土及其上面的水泥浆或泥浆不断被顶托升高，相应地不断提升导管和拆除导管，直到钻孔内混凝土灌注完毕。

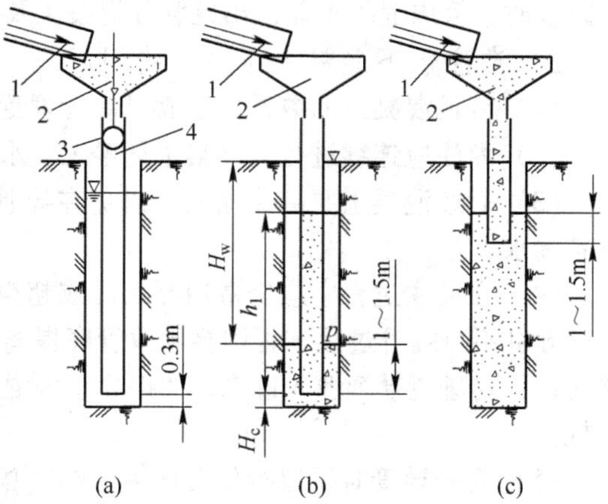

图 7－8 导管法的施工过程

1—通混凝土储料槽；2—漏斗；3—隔水球；4—导管

导管的直径和壁厚可按表 7－5 和表 7－6 选用。导管分节长度应便于拆装与搬运。导管两端用法兰盘及螺栓连接，并垫橡皮圈以保证接头不漏水。为了首批灌注的混凝土数量能保证将导管内的水全部压出并满足导管初次埋入深度的需要，应计算漏斗应有的最小容量而确定漏斗的尺寸大小。漏斗和储料槽最小容量可参照图 7－8 和式（7－4）。

表 7－5 导管直径表

导管直径/mm	通过混凝土数量/$m^3 \cdot h^{-1}$	桩径/m
200	10	0.6 ~ 0.9
250	17	1.0 ~ 1.5
300	25	>1.5
350	35	>1.5

表 7－6 导管壁厚表

导管长度/m	导管壁厚/mm	
	导管直径 200 ~ 250mm	导管直径 300 ~ 350mm
<30	3	4
30 ~ 50	4	5
50 ~ 100	5	6

$$V = h_1 \times \frac{\pi d^2}{4} + H_c \times \frac{\pi D^2}{4} \tag{7-4}$$

$$h_1 = \frac{H_w \gamma_w}{\gamma_c} \tag{7-5}$$

式中 V——首批混凝土的最小储量或储料斗容积，m^3；

H_c——导管初次埋深加上开始时导管离孔底的间距，m；

h_1——孔内混凝土高度达 H_c 时，导管内混凝土柱与导管外水平衡所需高度，m；

H_w——孔内混凝土面至孔内水面的距离，m；

γ_w，γ_c——分别为孔内水或泥浆、混凝土的密度；

D——导管、钻孔桩的直径，m。

漏斗顶端应比桩顶（桩顶在水面以下时应比水面）高出至少3m，以保证在灌注混凝土最后阶段时，管内混凝土能顶出桩管外混凝土及其上的水或泥浆重量的需要。

F 灌注水下混凝土应注意的问题

(1) 首批混凝土的数量应能满足导管埋置深度不小于1.0m和充填导管底部的需要。

(2) 灌注应连续进行，严禁中途停工。水下混凝土严禁有夹层和松散层。

(3) 后续混凝土要徐徐灌入，以免在导管内形成高压气囊，挤出管节间的橡皮垫，导致导管漏水。

(4) 在灌注过程中应经常用测探锤或超声波法测探导管的埋置深度，宜控制在2~6m之间。导管不可提升过猛，否则会导致管底提离混凝土面或埋入过浅，而使导管内进水造成断桩夹泥；也要避免导管埋入过深，使得导管内混凝土无法压出或导管不能提升，致使浇灌中止而断桩。

(5) 提升导管时要保持位置居中、轴线竖直，逐步提升，拆除导管的动作要快。

(6) 当灌注的混凝土顶面距钢筋骨架底部1m左右时，应降低混凝土的灌注速度以防钢筋骨架上浮。当混凝土上升到骨架底部4m以上时，提升导管，使其底口高于骨架底部2m以上，再恢复正常的灌注速度。

(7) 为了确保桩顶质量，灌注的桩顶标高应比设计高出0.5~1.0m，待混凝土凝结前，挖除多余的桩头，但应保留10~20cm，以待随后修凿，接筑承台。

(8) 灌注混凝土即将结束时，因导管内混凝土压力降低，混凝土上升困难可加水稀释泥浆。在拔最后一节导管时，提升必须缓慢，以防止桩顶沉淀的泥浆挤入导管形成泥心。

(9) 及时记录混凝土灌注的时间、混凝土面的深度、导管埋深等。灌注中如果发生故障，应及时查明原因，合理确定处理方案，及时进行处理。

思 考 题

1. 陆地基坑开挖有几种方法？
2. 简述坑壁不加支护的基坑施工注意要点。
3. 水中基坑开挖应满足哪些要求？
4. 简述地基加固类型和一般程序。
5. 为避免基底土质变差，对应的基础施工方法有哪几种？
6. 简述沉桩类型及各沉桩特点。
7. 钻孔方法有哪些？各方法的适用范围如何？

8 桥梁墩台施工

【本章概要】

本章简要地介绍了混凝土墩台施工、石砌墩台施工、装配式墩台施工、滑动模板施工、V型墩施工、支座安装施工、墩台附属工程施工，主要从准备工作、施工工艺、施工质量控制、竣工验收等方面介绍各种桥梁墩台施工的方法与步骤。

【关键词】

混凝土墩台施工，石砌墩台施工，装配式墩台施工，滑动模板施工，V型墩施工，支座安装施工，墩台附属工程

【章节重点】

本章重点掌握墩台砌筑施工要点、装配式墩台拼装要点、爬升模板与翻升模板施工要点、支座布设原则与安装要点。

桥梁墩台施工是桥梁施工中的重要部分，它不仅关系到桥梁上部结构的制作与安装质量，而且影响桥梁的使用功能。桥梁墩台施工方法通常分为两大类：一类是现场浇注与砌筑；另一类是拼装预制的混凝土砌块、钢筋混凝土或预应力混凝土构件。

8.1 混凝土墩台、石砌墩台施工

8.1.1 混凝土墩台的施工

就地浇注的混凝土墩台施工分为制作与安装墩台模板和浇注混凝土两个主要工序。

8.1.1.1 墩台模板

模板一般用木材、钢料或其他符合设计要求的材料制成。木模板重量轻，便于加工，但装拆时易损坏，重复使用寿命短。钢模板造价较高，但可重复多次使用，且拼装拆卸方便。

模板的设计与施工应符合如下要求：

(1) 足够的强度、刚度和稳定性，能可靠地承受施工过程中的各项荷载，保证结构物形状、尺寸准确。

(2) 模板板面平整，接缝严密不漏浆。

(3) 容易拆装，施工时操作方便。

墩台施工时，应根据墩台高度、墩台形式、机具设备、施工期限等条件，选用适宜的模板类型。模板安装前应对模板尺寸进行检查，安装时要坚实牢固，以免振捣混凝土时引起跑模漏浆，模板安装位置要符合结构设计要求。

常用的模板类型：

(1) 拼装式模板。各种尺寸的标准模板以销钉连接，并与拉杆加劲构件等组成墩台所需形状的模板。拼装式模板由于在厂内加工制造，因此板面平整、尺寸准确，故应用广泛。

（2）整体吊装模板。整体吊装模板将墩台模板水平分成若干段，每段模板组成一个整体，在地面拼装后吊装就位。分段高度可视起吊能力而定，一般可为2～4m。整体吊装模板安装时间短，无需设施工接缝；将拼装模板的高空作业改为平地操作，有利于施工安全；模板的刚性较强，可少设拉筋，对建造较高的桥墩较为经济。

（3）组合型钢模板。组合型钢模板以各种长度、宽度及转角的标准构件，用定型的连接件将钢模板拼成结构用模板，具有体积小、重量轻、运输方便、装拆简单、接缝紧密等优点，适用于在地面进行拼装，整体吊装的结构上。

（4）滑动钢模板。滑动钢模板适用于各种类型的桥墩。

8.1.1.2　浇注混凝土

墩台混凝土施工前，应将基础顶面冲洗干净，凿除表面浮浆并整修连接钢筋。灌注混凝土时，应经常检查模板、钢筋及预埋件的位置和保护层的尺寸。施工过程中，应保证混凝土的配合比、水灰比和坍落度等技术性能指标满足规范要求。

A　混凝土的运送

墩台混凝土的水平与垂直运输配合方式与适用条件可参照表8－1选用。

表8－1　墩台混凝土的水平与垂直运输配合方式与适用条件

水平运输	垂直运输	适用条件		备　注
人力混凝土手推车、内燃翻斗车、轻便轨人力推运翻斗车，或混凝土吊车	手推车	中、小桥梁，水平运距较近	墩高 $H<10m$	搭设脚手平台，铺设坡道，用卷扬机拖拉手推车上平台
	轨道爬坡翻斗车		$H<10m$	
	皮带输送机		$H<10m$	倾角不宜超过15°，速度不超过1.2m/s，高度不足时，可用两台串联使用
	履带（或轮胎）起重机，起吊高度≈20m		$10m<H<20m$	用吊斗输送混凝土
	木质或钢质扒杆		$10m<H<20m$	用吊斗输送混凝土
	墩外井架提升		$H>20m$	在井架上安装扒杆提升吊斗
	墩外井架提升		$H>20m$	适用于空心桥墩
	无井架提升		$H>20m$	适用于滑动模板
轨道牵引车输送混凝土翻斗车或混凝土吊斗汽车倾卸车，汽车运送混凝土吊斗、内燃翻斗车	履带（或轮胎）起重机，起吊高度≈30m	大、中桥梁，水平运距较远	$20m<H<30m$	用吊斗输送混凝土
	塔式吊机		$30m<H<50m$	用吊斗输送混凝土
	墩外井架提升		$H<50m$	井架可用万能杆件组装
	墩内井架提升		$H>50m$	适用于空心桥墩
	无井架提升		$H>50m$	适用于滑动模板
索道吊机		$H>50m$		
混凝土输送泵		$H<50m$		可用于大体积实心墩台

B　混凝土的灌注速度

为保证灌注质量，混凝土的配制、输送及灌注的速度应满足：

$$v \geqslant Sh/t \tag{8-1}$$

式中 v——混凝土配料、输送机灌注的容许最小速度，m^3/h；

S——灌注的面积，m^2；

h——灌注层的厚度，m；

t——所用水泥的初凝时间，h。

如混凝土的配制、输送及灌注需时较长，则应采用式（8－2）计算：

$$v \geqslant Sh/(t - t_0) \tag{8-2}$$

式中 t_0——混凝土配制、输送及灌注所消耗的时间，h。

8.1.1.3 混凝土浇注

为防止墩台基础第一层混凝土中的水分被基底吸收或基底水分渗入混凝土，对墩台基底处理除应符合天然地基的有关规定外，还应符合以下规定：

（1）基底为非黏性土或干土时，应将其润湿。

（2）如为过湿土时，应在基地设计标高下夯填一层10～15cm厚片石或碎（卵）石层。

（3）基底面为岩石时，应加以润湿，铺一层厚2～3cm水泥砂浆，并在水泥砂浆凝结前浇注第一层混凝土。

墩台身钢筋的绑扎应和混凝土的灌注配合进行。在配置第一层垂直钢筋时，应有不同的长度，同一断面的钢筋接头应符合设计要求。如无设计要求时，则可取墩台身受力钢筋的净保护层不小于30mm，承台基础受力钢筋的净保护层不小于35mm。墩台身混凝土宜一次连续灌注，否则应按桥涵施工规范的要求，处理好连接缝。墩台身混凝土未达到终凝前，不得泡水。

8.1.2 石砌墩台施工

石砌墩台是用片石、块石及粗料石以水泥和砂浆砌筑，具有就地取材和经久耐用等优点，在石料丰富地区建造墩台时，应优先考虑石砌墩台方案。

8.1.2.1 石料、砂浆与脚手架

石料与砂浆的规格要符合有关规定，浆砌片石一般适用于高度小于6m的墩台身、基础、镶面以及各式墩台身填腹；浆砌块石一般用于高度大于6m以下的墩台身、镶面或应力要求大于浆砌片石砌体强度的墩台；浆砌粗料石则用于磨耗及冲击严重的分水体及破冰体的镶面工程以及有整齐美观要求的桥墩台身等。

将石料吊运并安砌到正确位置是砌石工程中比较困难的工序。当石料质量小或距地面不高时，可用简单的跳板直接运送；当石料质量较大或距地面较高时，可采用固定式动臂吊机或桅杆式吊机或井式吊机，将材料运到墩台上，然后再分运到安砌地点。用于砌石的脚手架应环绕墩台搭设，用以堆放材料，并提供施工人员的工作面。脚手架一般常用固定式轻型脚手架（适用于6m以下的墩台）、简易活动脚手架（适用于25m以下的墩台）以及悬吊式脚手架（适用于较高的墩台）。

8.1.2.2 墩台砌筑施工要点

在砌筑前应按设计图放出实样，再进行基础及墩台的砌筑。

A 墩台砌筑的定位放样

墩台放样是根据桥位施工测量定出的墩台中心线，放出砌筑基础与墩台的轮廓线，并根据墩台的轮廓线进行砌筑。

a 垂线法

当墩台身和基础较低时，可依平面轮廓线砌筑圬工。对于直坡墩台可用吊垂球的方法控制定位石的位置，如图 8－1(a) 所示。对于斜坡墩台可用规板控制定位石的位置，如图 8－1(b) 所示，规板构造如图 8－2 所示。

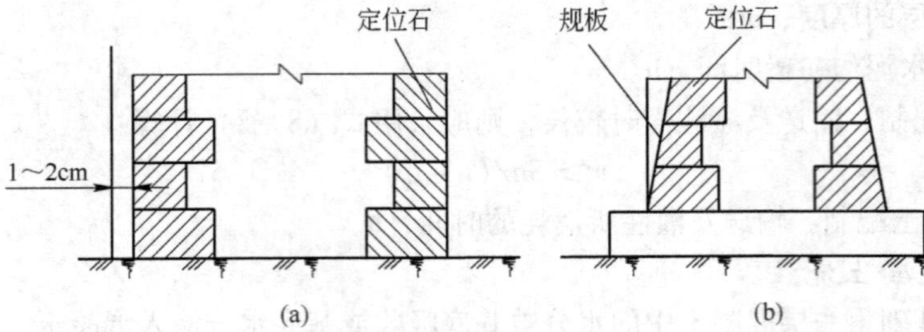

图 8－1　垂线定位法

(a) 直坡墩台；(b) 斜坡墩台

b　瞄准法

当墩台身较高时，可采用瞄准法控制定位石的位置，如图 8－3 所示。当墩台身每升高 1.5～2.0m 时，沿墩台平面棱角埋设铁钉，使上下铁钉位于一个垂直平面上，并挂以铅丝。砌筑时，拉直铅丝，使之与下段铅丝瞄成一直线，即可依此安砌定位石于正确位置。定位时，每砌高 2～3m 时，应用仪器测量中线及进行各部尺寸的校核，以确保各部尺寸的正确。

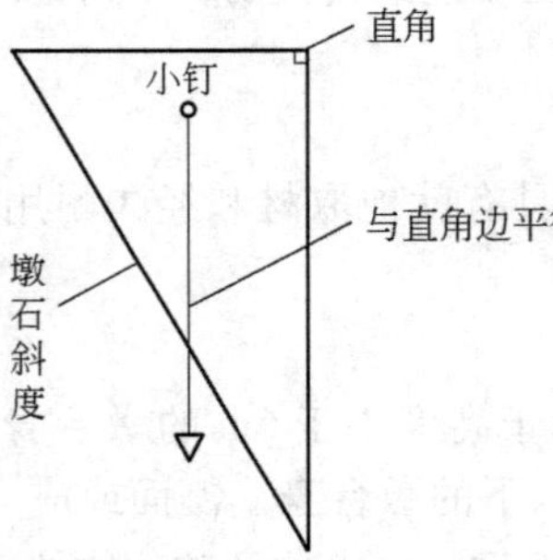

图 8－2　规板构造

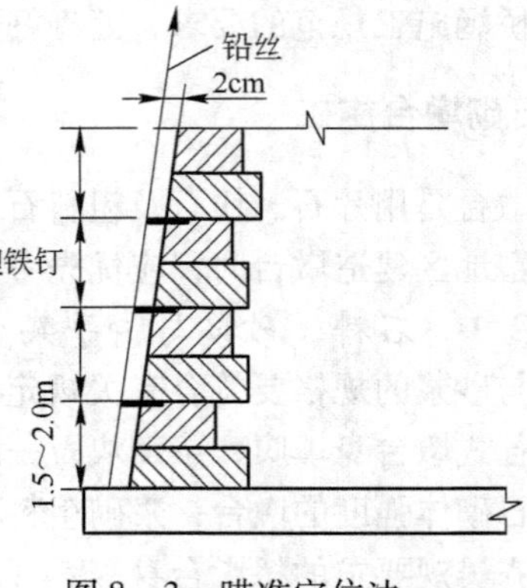

图 8－3　瞄准定位法

B　基础及墩台的砌筑

a　基础砌筑

当基础开挖完毕并处理后，即可砌筑基础。砌筑时，应自最外边缘开始，砌好外圈后填砌腹部，如图 8－4 所示。

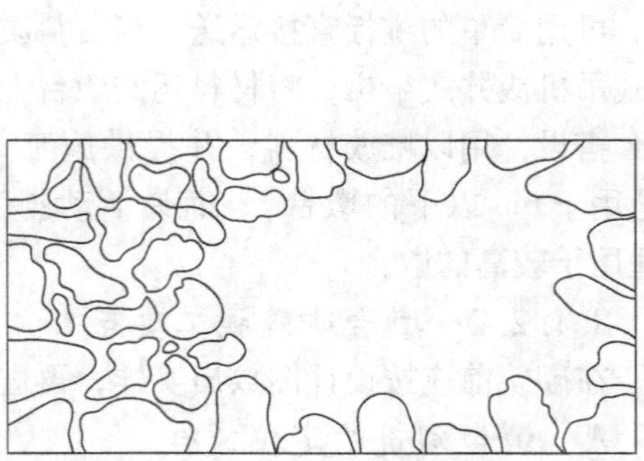

图 8－4　片石砌体定位行列和填腹

基础一般采用片石砌筑。当基底为土质时，基础底层石块直接干铺于基土上，只在已砌石块的侧面铺上砂浆即可；当基底为岩石时，应将其表面清洗、润湿后，先坐浆再砌石块。第一层砌筑的石块应尽可能挑选大块的，平放铺砌，且交替丁放和顺放，并用小石块将空隙填塞，灌以砂浆，然后开始一层一层平砌。每砌 2～3 层就要大致找平后再砌。

b 墩台身砌筑

当基础砌筑完毕，并检查平面位置和标高均符合设计要求后，即可砌筑墩台。砌筑前应将基础顶洗刷干净。砌筑时，桥墩先砌上下游圆头石或分水尖；桥台先砌四角转角石，然后在已砌石料上挂线，砌筑边部外漏部分，最后填砌腹部。砌筑方法常采用挤浆法。

墩台身可采用浆砌片石、块石或粗斜石砌筑（内部均用片石填腹）。表面石料一般采用一丁一顺的排列方法，使之连接牢固。墩台砌筑时应均匀升高，高低不应相差过大，每砌 2 ~ 3 层应大致找平。

墩台平面尺寸误差，对于片、块石砌体不超过 ±3cm，对于粗斜石砌体不超过 ±1.5cm。

墩台表面应砌缝，靠外露面需另外勾缝，靠隐蔽面随砌随刮平，以利于美观和防水。勾缝的形式，一般采用凸缝或平缝，也可采用凹缝，如图 8－5 所示。勾缝砂浆标号应按设计文件规定。砌筑时，外层砂浆留出距石面 1 ~ 2cm 的空隙，以备勾缝。勾缝最好在整个墩台砌筑后，自上而下进行，以保证勾缝整齐干净。浆砌体勾缝后应在砂浆初凝后洒水养护 7 ~ 14d。

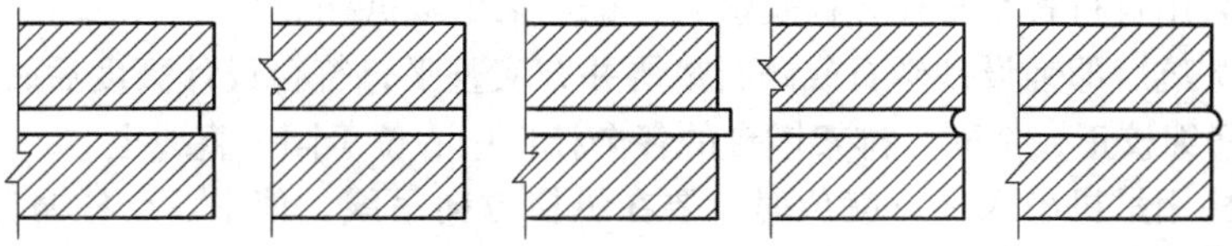

图 8－5 勾缝的形式

8.2 装配式墩台施工

装配式墩台可用于预应力混凝土、钢筋混凝土薄壁空心墩或轻型桥墩，采用拼装法施工。拼装式桥墩主要由实体部分墩身、拼装部分墩身和基础组成。

实体墩身与基础采用就地现浇施工，在浇注实体墩身与基础时应考虑其与拼装部分的连接、抵御洪水和漂流物的冲击、锚固预应力筋、调节拼装墩身高度等问题。拼装部分墩身由基本构件、隔板、顶板和顶帽等部分组成，在工厂制作，运到桥位处拼装成桥墩。装配部分墩身的分块根据桥墩的结构形式、吊装、起重和运输能力决定。拼装要根据施工现场的具体情况拟定施工细则，认真组织施工。

8.2.1 砌块式墩台施工

砌块式墩台安装前的准备工作与石砌墩台相同，只是预制砌块的形式因墩台形状不同而有很多变化。基坑坑底整平后，经检验合格后铺设砂、砾石或碎石垫层并夯实整平，铺好坐浆后安装墩台。其施工方法和注意事项为：

（1）预制砌块时，吊环宜设于凹窝内，使其不突出顶面，以免妨碍拼装，同时也省去切除吊环工序。

（2）吊运安装机具可采用各种自行式吊车、龙门架、简易缆索吊机设备或各种扒杆。

（3）砌块安装时应对准位置安放平稳，若位置不准确时，应吊起重放，不得用撬棍拔移。

（4）安砌时，平缝用较干砂浆。砌缝宽度应不大于 1cm，为防止水平缝砂浆全被上层砌块挤出，可在水平缝中垫以铁片，其厚度需小于铺筑的砂浆。竖向砌缝中砂浆应插捣密实，砌筑外露面时应预留 2cm 的空缝备作勾缝之用，隐蔽面砌缝可随砌随刮平。竖向砌缝错缝应不小于 20cm。

（5）每安装高 1m 左右的砌块应进行找平，控制灰缝厚度和标高。

8.2.2 柱式墩台施工

装配式柱式墩台是将桥墩分解成若干轻型部件集中预制，再运送到现场装配而成的。其形式有双柱式、排架式、板凳式和钢架式等。

装配式柱式墩台的施工工序为预制构件、安装连接与混凝土填缝养护等。其中拼装接头是关键工序，既要牢固、安全，又要结构简单，便于施工。常用的拼装接头有：承插式接头、钢筋锚固接头、焊接接头、扣环式接头和法兰盘接头。

装配柱式墩台需注意以下几点：

（1）对预制的立柱和环形基础，应检查各个墩台的高度和环形基础标高是否符合要求，否则要进行调整。

（2）最好采用自行式吊车安装柱式墩台，也可采用木扒杆。

（3）挖好基坑后即铺设砂砾石或碎石垫层并夯实整平，符合设计高度后，吊装杯式基础。其平面位置要仔细校正，使同一排架墩台的各个杯口中心位于同一直线上。

（4）将立柱用吊机吊入杯口就位时，要在纵横方向吊线，使墩、台柱身竖直，并注意使各柱顶平面位置和高度符合要求，然后用楔子塞入杯口内打紧，对重大、细长的墩、台柱，打紧楔子后还需用风缆或木撑校正固定。

8.2.3 后张法预应力混凝土装配墩施工

装配式预应力钢筋混凝土墩分为基础、装配墩身和实体墩身三大部分。装配墩身由基本构件、隔板、顶板及顶帽构成，用高强度钢丝穿入预留的孔道内，张拉锚固而成。实体墩身是装配墩身与基础的连接段，其作用是锚固预应力钢筋，调节装配墩身高度及抵御洪水时漂流物的冲击等。

装配式预应力钢筋混凝土墩的施工工艺流程分为施工准备、预制构件及装配墩身三方面。实体墩身灌注时要按装配构件孔道的相对位置，预留张拉孔道及工作孔。安装构件应做到平、稳、准、实、通五个关键，即起吊平、构件顶面平、内外壁砂浆接缝要抹平；起吊、降落、松钩要稳；构件尺寸准、孔道位置准、中线准及预埋配件位置准；接缝砂浆要密实；构件孔道要畅通。张拉预应力的钢丝束分两种，一种是直径为 5mm 的高强度钢丝，用 18ϕ5 锥形锚；另一种用 7ϕ4mm 钢绞线，用 JMI2－6 型锚具，采用一次张拉工艺，张拉顺序如图 8－6 所示。孔道压浆前先用高压水冲洗。压浆最好由下而上压注，采用纯水泥浆，为了减少水泥浆的收缩及泌水，可掺入质量为水泥质量（0.8～1.0）/10000 的铝粉。压浆分初压与复压，初压后，大约停 1h，待砂浆初凝即进行复压。压浆时，构件上的砂浆接缝全部湿润，这说明接缝砂浆空隙中压入了水泥浆，起到了密实接缝的作用。实体墩身的封锚采用与墩身同标号的混凝土，同时要采用防水措施。顶帽上封锚采用钢筋网罩焊在垫板上，单个或多个连在一起，然后用混凝土封锚。

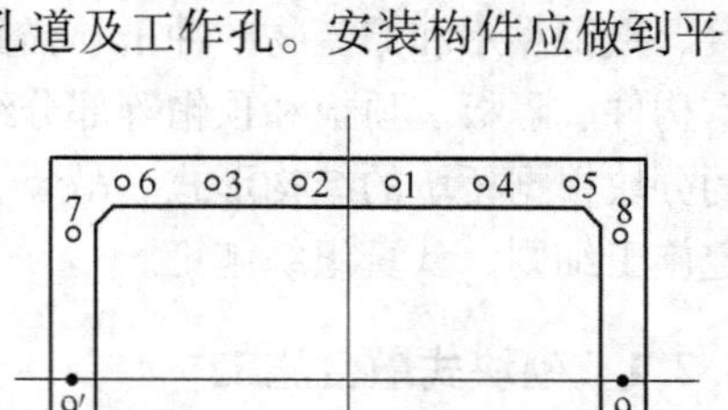

图 8－6 张拉顺序示意图

8.2.4　无承台大直径钻孔埋入空心桩墩施工

无承台大直径钻孔埋入空心桩墩由预钻孔、预制大直径钢筋混凝土桩墩节、吊拼桩墩节并用预应力后张连成整体、桩周填石压浆、桩底高压压浆、吊拼墩节、浇注或组装盖梁等部分组成，它综合了预制桩质量的可靠性和钻孔成桩的工艺简便、成本低、适应性强等优点。

钻埋预应力空心桩的技术特点是：

(1) 直径大，承载力高。桩径一般大于 $\phi2.5$m，钻埋空心桩已达 $\phi5.0$m，沉挖空心桩已达 $\phi6.0\sim8.0$m。由于采用了桩周填石压浆、桩底高压压浆、桩节间通过预应力形成整体，故使桩基承受的垂直荷载和水平荷载成倍增大。

(2) 无承台、空心截面，节省了围堰工程，减少了桩身混凝土体积，不仅简化了施工工序，而且减少了下部结构费用。

(3) 施工快，工期短，由于采用大直径桩，桩数少，多数情况下可以单桩独柱，加之钻机设备的先进与完善，一个枯水季节可完成基础工程；预制桩节、墩节与钻孔平行作业，大大加速了工程进度。

(4) 钻埋空心桩墩适用于土质地基，沉挖空心桩适用于松散的砂、砾、漂石和风化岩层，且环保效果好，施工振动少、噪声低，城镇区施工对居民干扰少。

(5) 桩节、墩节预制，桩周、桩底压浆，节间用高强预应力筋连成整体，各项作业技术含量高，桩墩质量有保障。

钻（挖）孔埋置空心桩工序流程图如图 8－7 所示。先按正常工艺钻孔，同时预制钢筋混凝土桩壳，待桩孔完成清孔检查合格后，填石块于孔底，再将桩壳分节吊放，沉入钻孔内（底节桩壳设有桩底板和注浆管），各节桩壳用预应力筋连接，桩周再插入注浆和填入石块，然后桩周和桩底分次压注水泥砂浆或水泥浆，最后浇注顶盖混凝土而完成空心桩。

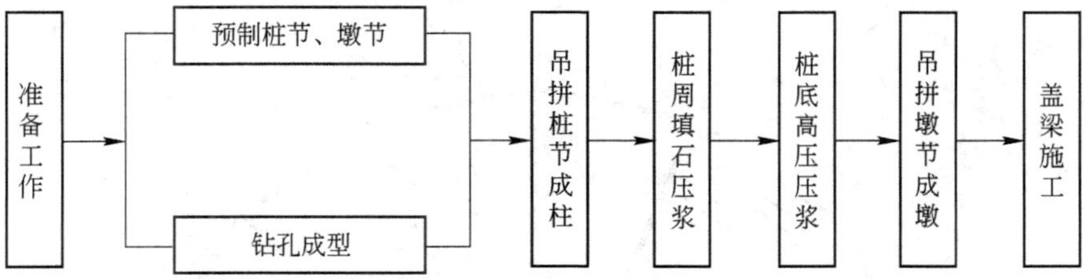

图 8－7　钻（挖）孔埋置空心桩墩工序流程图

此类桩成桩工序多，但各道工序可平行流水作业，施工速度较同样直径、同样深度的沉井快；桩底、桩周压注水泥浆可增加桩底承载力和桩壁摩阻力，故其总承载力比同直径同深度的钻孔灌注桩大；在同一荷载时，空心桩长度可比钻孔桩长度短。

钻孔埋置预制空心桩也可以顶部直径扩大，在桩上部的预制桩壳扩大直径，并采用填实压浆混凝土。

8.3　滑动模板施工

公路或铁路高桥墩的施工设备与一般桥墩所用设备大体相同，但其模板却另有特色。一般有滑动模板、爬升模板、翻升模板等几种，这些模板都是依附于已灌注的混凝土墩壁上，随着墩身的逐步加高而向上升高。目前，滑动模板的高度已达百米。滑动模板施工的主要特点为：

施工进度快；采用干硬性混凝土，可提高墩台质量；滑动模板可用于直坡墩身，模板本身附带有内外吊篮、平台与拉杆等，以墩身为支架，墩身混凝土的浇注随模板缓慢滑升连续不断地进行，安全可靠。

8.3.1　滑动模板构造

滑动模板是将模板悬挂在工作平台的围堰上，沿着所施工的混凝土结构截面的周界组拼装配，并随着混凝土的灌注由千斤顶带动向上滑升。由于桥墩类型、提升工具类型不同，滑动模板构造也稍有差异，但其主要部件与功能大致相同，一般主要由工作平台、内外模板、混凝土平台、工作吊篮和提升设备等组成，如图8-8所示。

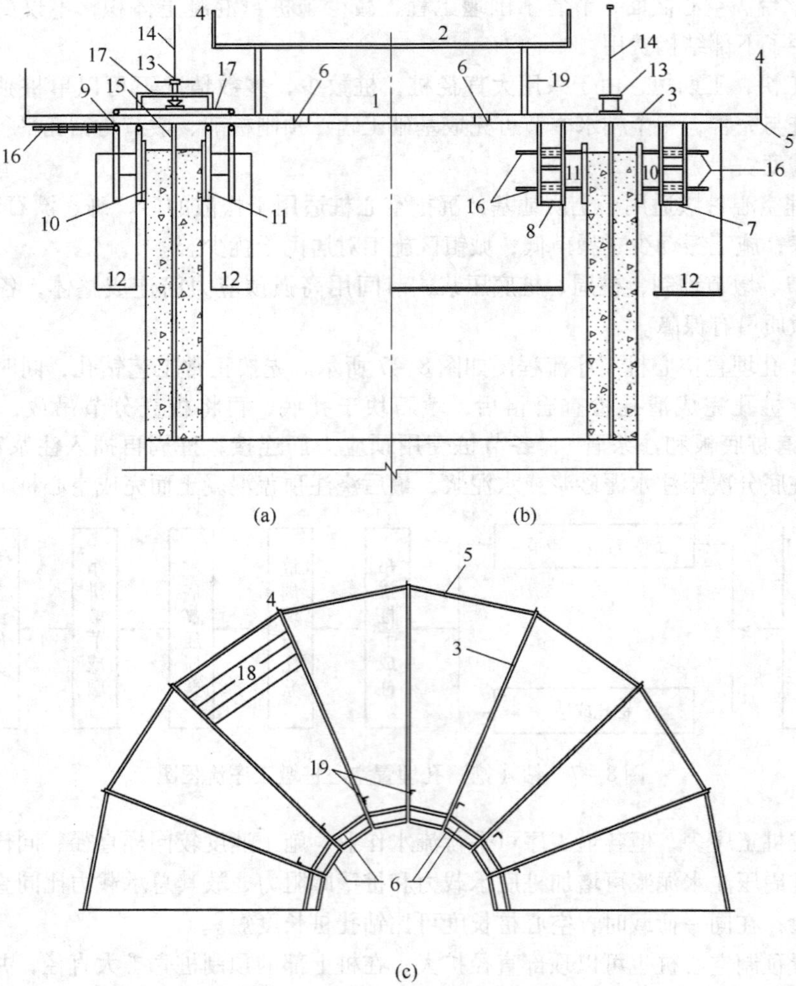

图8-8　滑动模板构造示意图

（a）等壁厚收坡滑模半剖面（螺杆千斤顶）；（b）不等壁厚收坡滑模半剖面（液压千斤顶）；（c）工作平台半平面
1—工作平台；2—混凝土平台；3—辐射梁；4—拉杆；5—外钢环；6—内钢环；7—外立柱；8—内立柱；
9—滚轴；10—外模板；11—内模板；12—吊篮；13—千斤顶；14—顶杆；15—导管；16—收坡丝杆；
17—顶架横梁；18—步板；19—混凝土平台立柱

工作平台是整个滑模结构的骨架，应具有足够的强度和刚度。工作平台由辐射梁、栏杆、外钢环、内钢环、步板组成，除提供施工操作的场地外，还用它把滑模的其他部分与顶杆相互连接起来，使整个滑模结构支承在顶杆上。

用于上下壁厚相同的直坡空心桥墩的滑模，内外模板应采用薄钢板制作，内外模板均通过立柱固定在工作平台的辐射梁上，用于上下壁厚相同的斜坡空心墩的收坡滑模，内外模板仍需固定在立柱上，但立柱架（或顶梁）不是固定在辐射梁上，并可利用收坡丝杆沿辐射方向移动立柱架及内外模板位置。用于斜坡式不等壁厚空心墩的收坡滑模，则内外立柱均固定在辐射梁上，而在模板与立柱间安装收坡丝杆，以便分别移动内外模板的位置。

混凝土平台由辐射梁、步板、栏杆等组成，利用立柱支承在工作平台的辐射梁上，供堆放及灌注混凝土的施工操作用。

工作吊篮是悬挂在工作平台的辐射梁和内外模板的立柱上，它随着滑模的提升而向上移动，供施工人员对刚脱模的混凝土进行表面修饰和养生等施工操作用。

提升设备由千斤顶、顶杆、顶杆导管等组成，通过顶升工作平台的辐射梁使整个滑模提升。

8.3.2 滑动模板提升工艺

滑动模板提升设备主要由提升千斤顶、支承顶杆及液压控制装置等几部分组成。

8.3.2.1 螺旋千斤顶提升步骤

螺旋千斤顶提升步骤如图 8－9 所示。

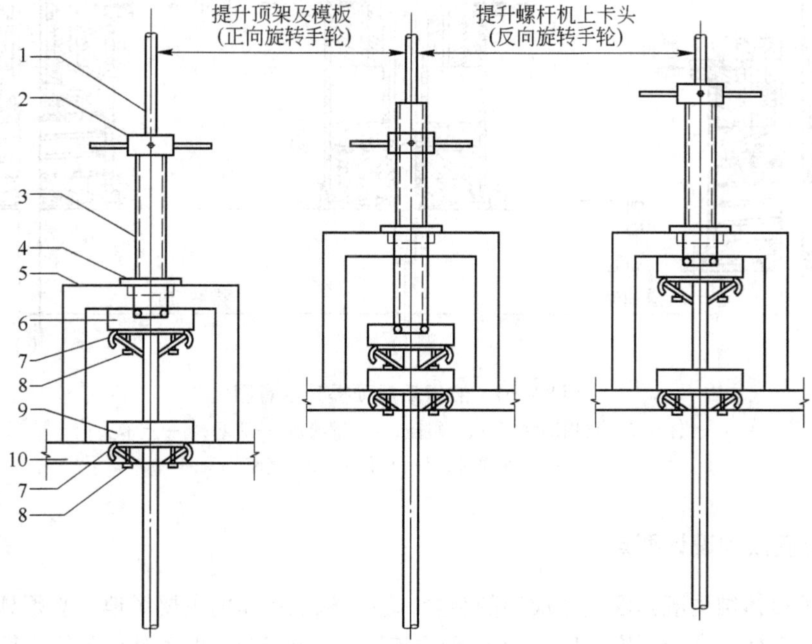

图 8－9 螺旋千斤顶提升示意图

1—顶杆；2—手轮；3—螺杆；4—顶座；5—顶架上横梁；6—上卡头；7—卡瓦；8—卡板；9—下卡头；10—顶架下横梁

（1）转动手轮使螺杆旋转，使千斤顶顶座及顶架上横梁带动整个滑模徐徐上升。此时上卡头、卡瓦、卡板卡住顶杆，而下卡头、卡瓦、卡板则沿顶杆向上滑行，当滑至与上下卡瓦接触或螺杆不能再旋转时，即完成一个行程的提升。

（2）向相反方向转动手轮，此时，下卡头、卡瓦、卡板卡住顶杆，整个滑模处于静止状态。仅上卡头、卡瓦、卡板连同螺杆、手轮沿顶杆向上滑行，至上卡头与顶架上横梁接触或螺杆不能再旋转时为止，即完成整个一个循环。

8.3.2.2 液压千斤顶提升步骤

液压千斤顶提升步骤如图 8－10 所示。

（1）进油提升。利用油泵将油压入缸盖与活塞间，在油压作用时，上卡头立即卡紧顶杆，使活塞固定于顶杆上（见图 8－10(a)）。随着缸盖与活塞间进油量的增加，使缸盖连同缸筒、底座及整个滑模结构一起上升，直至上、下卡头紧时（见图 8－10(b)），提升暂停。此时，缸筒内排油弹簧完全处于压缩状态。

（2）排油归位。开通回油管路，解除油压，利用排油弹簧推动下卡头使其与顶杆卡紧，同时推动上卡头将油排出缸筒，在千斤顶及整个滑模位置不变的情况下，使活塞回到进油前位置。至此，完成一个提升循环（见图 8－10(c)）。为了使各液压千斤顶能协同一致地工作，应将油泵与各千斤顶用高压油管连通，由操纵台统一控制。

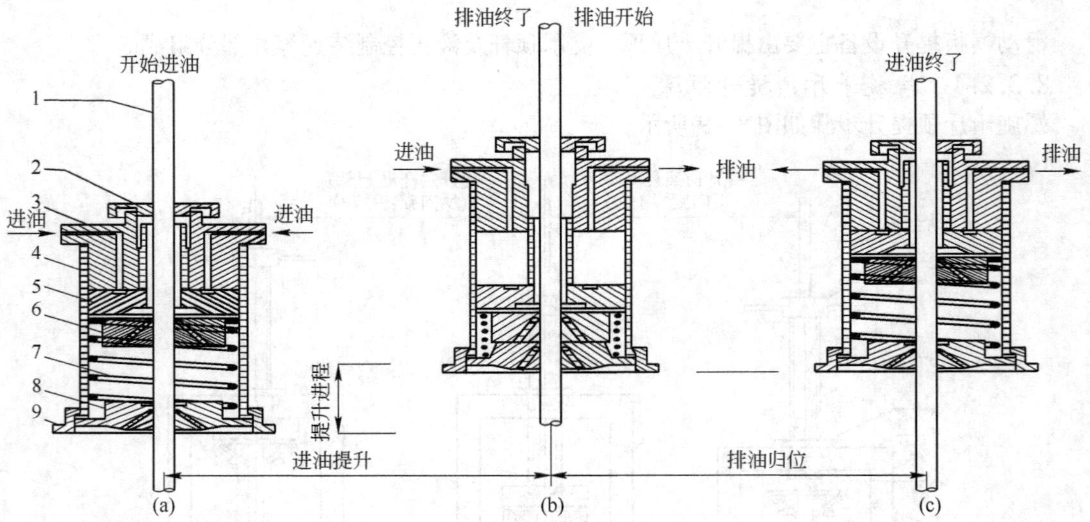

图 8－10 液压千斤顶提升示意图

1—顶杆；2—行程调整帽；3—缸盖；4—钢筒；5—活塞；6—上卡头；7—排油弹簧；8—下卡头；9—底座

8.3.3 滑动模板的设计要点

滑动模板整体结构既是混凝土成型的装置，也是施工操作的主要场地，必须具有足够的强度、刚度、稳定性和合理的安全度。为了保证施工质量与安全，滑动模板各组成部件，必须按强度和刚度要求进行设计与检验。

8.3.3.1 荷载取值

作用在滑动模板上的荷载有静荷载与活荷载。静荷载如工作平台、内外模板、混凝土平台、工作吊篮、提升设备、液压管线等的自重；操作人员、施工机具、平台上堆放的材料及半成品等的重力以及滑升时混凝土与模板间的摩阻力等属于垂直活荷载；向模板内倾倒混凝土时所产生的冲击力，新浇注混凝土对模板的侧压力以及风荷载等属于水平活荷载。具体可按有关规范与设计要求分别取值。

8.3.3.2 确定支承顶杆和千斤顶的数量

(1) 支承顶杆的数量：其最小值 n 按式（8－3）计算：

$$n \geqslant KP/N \tag{8-3}$$

式中 P——滑动模板提升时全部静荷载和垂直活荷载；

K——工作条件系数，液压千斤顶取值为0.8；

N——单根支承千斤顶的容许承载能力，按式（8－4）取值：

$$N = \varphi A[\sigma] \tag{8-4}$$

φ——纵向弯曲系数，可根据长细比大小查表确定；

A——支承顶杆的截面面积；

$[\sigma]$——支承顶杆的抗压容许应力。

提升过程中支承顶杆实际受力情况比较复杂，其容许承载能力应根据工程实践的经验选用。计算确定的支承杆数量，还应根据结构物的平面和局部构造加以适当的调整。

(2) 千斤顶的数量：液压千斤顶起重力约为30kN，施工时考虑其他因素后，按15kN取值，大体上与支承顶杆的承载能力相同。即一根支承顶杆上安装一台千斤顶，所需千斤顶数量与支承杆数量相同。

8.3.3.3 确定支承顶杆、千斤顶、顶升架和工作平台的布置方案

(1) 支承顶杆和千斤顶的布置方案：一般有均匀布置、分组集中布置以及分组集中与均匀布置相结合等方案。在筒壁结构中多采用均匀布置方案，在平面较为复杂的结构中则宜采用分组集中与均匀相结合布置方案。

在布置千斤顶时，应使各千斤顶所承受的荷载大致相同，以利于同步提升。当平台上荷载分布不均匀时，荷载较大的区域和摩阻力较大的区段，千斤顶布置的数量多些。考虑到平台荷载内重外轻，在数量上内侧应较外侧布置多些，以避免顶升架提升时向内倾斜。

(2) 顶升架的布置方案：应根据结构形式、建筑平面、平台荷载与刚度等布置。筒壁结构顶升架可采用均匀布置方案，间距控制在1.2～2.5m。

(3) 工作平台的布置方案：必须保证结构的整体性与足够的刚度，布置方案应根据施工对象的结构特点、荷载大小和分布情况，顶升架和千斤顶的布置要求，以及垂直运输方式等确定。圆形结构中，工作平台的承重结构、承重桁架或梁宜采用辐射形布置。方形结构中，工作平台的承重结构可单向或双向布置。

8.3.3.4 模板的设计

模板的设计内容包括模板尺寸的确定和模板的刚度。模板必须具有足够的刚度，才能保证浇注混凝土和提升过程中，在混凝土侧压力作用下不发生超过允许的变形值。一般条件下，模板在水平荷载作用下，其支点间在力的作用方向的变形不应超过1/1000。作用在模板上的水平荷载主要是新浇注混凝土的侧压力，此时，模板按简支板计算。因为在滑模施工中，模板有一定倾斜度，出模混凝土具有0.05～0.25MPa的强度，所以模板底部的混凝土对模板已不存在侧压力。在侧压力作用的高度范围内，模板承受的侧压力图形如图8－11所示。

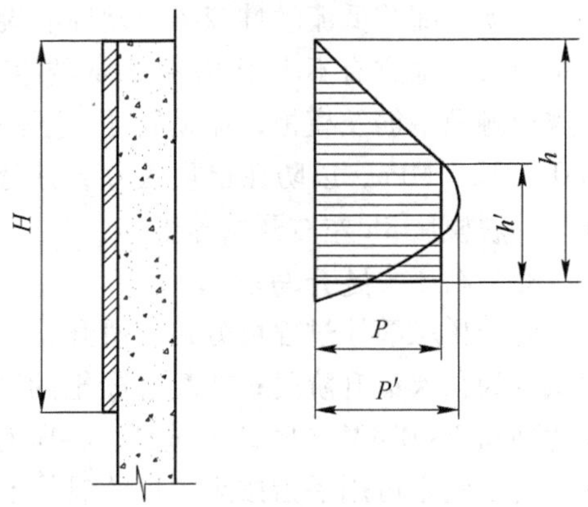

图8－11 作用在模板上的侧压力图形

新浇混凝土的侧压力计算式为：

$$P = \frac{1}{2}\gamma h \tag{8-5}$$

式中　P——新浇混凝土侧压力的计算最大值，kPa；

γ——混凝土的容重，kN/m^3；

h——侧压力的计算作用高度，$h=0.65H \sim 0.70H$，H为模板高度。

侧压力的合力为$0.75Ph$，合力作用点距模板上口的距离在$3h/5$处。

8.3.3.5　顶升架与工作平台的设计

顶升架的构造形式根据结构水平截面形状、部位和千斤顶的类型决定。通常采用一字型的单模梁式或双横梁式。顶升架承受提升的全部垂直荷载和混凝土与模板的侧压力等水平荷载，其计算内容包括顶升架立柱间的净宽W和立柱设计。对于等截面结构的滑模工程，净宽W为：

$$W = A + 2(B + C + D) + E \tag{8-6}$$

式中　A——结构的截面宽度，m；

B——模板的厚度，m；

C——围堰的宽度，m；

D——支承围堰的支托宽度，m；

E——由于模板的倾斜度要求两侧放宽的尺寸，m。

顶升架的横梁底面与模板顶面间的距离，对于钢筋混凝土结构取值0.45～0.50m，主要是为了绑扎水平钢筋和预埋件的要求。

顶升架的立柱按拉弯构件计算。工作平台的计算可视其具体受力情况，按常用的结构计算方法进行强度验算。

8.3.4　滑模浇注混凝土施工要点

8.3.4.1　滑模组装

在墩位上就地进行滑模组装的步骤为：

(1) 在基础顶面搭枕木垛，定出桥墩中心线。

(2) 在枕木垛上先安装内钢环，并准确定位，再依次安装辐射梁、外钢环、立柱、顶杆、千斤顶、模板等。

(3) 提升整个装置、撤去枕木垛，再将模板落下就位，随后安装余下的设施；待模板滑升至一定高度，安装内外吊架；组装完毕后进行全面检查，并及时纠正偏差。

8.3.4.2　灌注混凝土

滑模宜灌注低流动性或半干硬性混凝土，灌注时应分层、分段对称进行。灌注后混凝土表面距模板上缘宜有不小于10～15cm的距离。混凝土入模时，宜用插入式振动器振捣，振捣时应避免触及钢筋及模板，振动器插入下一层混凝土的深度不得超过5cm。脱模时混凝土强度应为0.2～0.5MPa，以防在自重压力下坍塌变形。为加速提升混凝土的强度，可掺入一定量的早强剂。脱模后8h左右开始养生。

8.3.4.3　提升与收坡

整个桥墩灌注过程可分初次滑升、正常滑升和滑升三个阶段。从开始灌注混凝土到模板首次试升为初次滑升阶段；初凝混凝土的高度一般为60～70cm，分三次灌注，在底层混凝土强度达到0.2～0.4MPa时即可试升。将所有千斤顶同时缓慢起升5cm，观察底层混凝土的凝固情况。现场鉴定可用手指按刚脱模的混凝土表面，如果基本按不动，但留有指纹，砂浆不沾手，用指甲划过有痕迹，滑升时能耳闻“沙沙”的摩擦声，则表明混凝土已具有约0.2～0.4MPa

的脱模强度，可以再缓慢提升一次，使每次灌注的厚度与每次提升的高度基本一致。在正常气温条件下，提升时间不宜超过 1h。最后滑升阶段是混凝土已经灌注到需要高度，不再继续灌注，但模板尚需继续滑升的阶段。灌完最后一层混凝土后，每隔 1 ~ 2h 将模板提升 5 ~ 10cm，滑动 2 ~ 3 次后即可避免混凝土与模板胶合。

随着模板的提升，应转动收坡丝杆，调整墩壁曲面的半径，使之符合设计要求的收坡坡度。

8.3.4.4　接长顶杆、绑扎钢筋

模板每提升至一定高度后，就需要穿插机型接长顶杆、绑扎钢筋等工作。钢筋接头应事先配好，并错开接头。对预埋件及预埋的接头钢筋，抽离滑模后，要及时清理使之外露。

8.3.4.5　混凝土停工后的处理

在整个施工过程中，由于工序的改变，或发生意外事故，使混凝土的灌注工作停止较长时间，即需要进行停工处理。例如，每隔半小时左右稍微提升模板一次，以免黏结；停工时在混凝土表面要插入短钢筋等，以加强新老混凝土的黏结；复工时还需将混凝土表面凿毛，并用水冲走残渣，湿润混凝土表面，灌注一层厚度为 2 ~ 3cm 的 1∶1 水泥砂浆，然后再灌注原配合比的混凝土，继续滑模施工。

8.3.5　爬升模板与翻升模板施工简介

爬升模板施工与滑动模板施工相似，不同的是支架通过千斤顶支承预埋在墩壁中的预埋件上。待浇注好的墩身混凝土达到一定强度后，将模板松开，千斤顶上顶，把支架连同模板升到新的位置，模板就位后，再继续浇注墩身混凝土。如此往复循环，逐节爬升。

翻升模板施工是采用一种特殊钢模板，一般由三层模板组成一个基本单元，并配置有随模板升高的混凝土接料工作平台。当浇注完上层模板的混凝土后，将最下层模板拆除翻上来拼装，循环施工。翻升模板也能够用于有坡度的桥墩施工。

8.4　V 型墩施工要点

V 型、Y 型及 X 型桥墩具有结构新颖轻巧、外形美观匀称等优点，桥墩施工方法与桥梁的结构体系密切相关。

V 型墩类桥梁属刚架桥系统，其施工方法除了具有连续梁桥的施工特点外，还有着自身结构的施工特点。通常可分为 V 型墩结构、锚跨结构和挂孔部分三个施工阶段，其中 V 型墩结构是全桥的施工重点。V 型墩结构的施工方法与斜腿钢构相类似，它由两个斜腿和其顶部主梁组成倒三角形结构，如图 8 – 12 所示。

根据该类桥梁的结构特点，可将墩座和斜腿合为一部分，斜腿间的主梁为另一部分，分别施工，施工顺序如下：

（1）将斜腿内的高度钢丝束、锚具与高频焊管连成一体，并和第一节劲性骨架一起安装在墩座及斜腿位置处，灌注墩座混凝土，如图 8 – 12(a)所示。

（2）安装平衡架、角钢拉杆及第二节劲性骨架，如图 8 – 12(b)所示。

（3）分两段对称灌注斜腿混凝土，如图 8 – 12(c)所示。

（4）张拉临时斜腿预应力拉杆，并拆除角钢拉杆及部分平衡架构件，如图 8 – 12(d)所示。

（5）拼装 V 型腿间墩旁膺架，灌注主梁 0 号节段混凝土，张拉斜腿及主梁钢丝束或粗钢

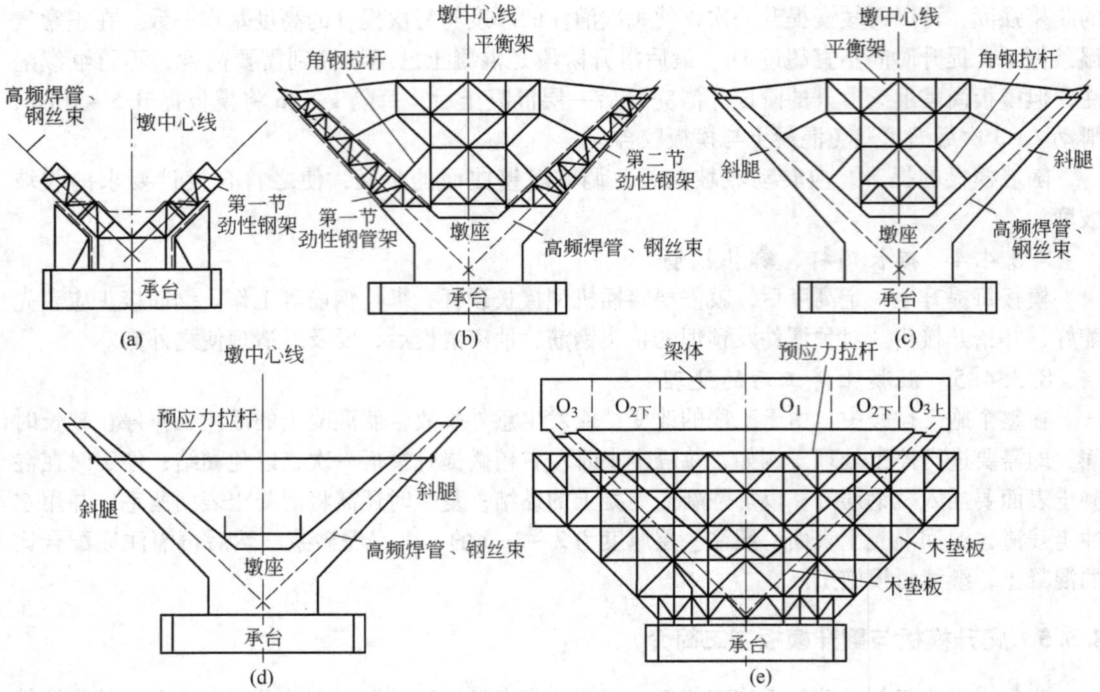

图 8-12 V 型墩施工步骤

筋，最后拆除临时预应力拉杆与墩旁膺架，使其形成 V 型墩结构，如图 8-12(e)所示。

V 型墩的施工应综合考虑现有架设设备，预制、架设构件的时间以及工地现场条件等因素。施工时选择架设拼装图式与程序，应尽可能地符合桥梁结构体系的受力要求。

8.5 支座安设

支座的作用是传递上部结构的各种荷载，适应温度、收缩徐变等因素产生的位移，保证桥跨结构在墩台上的位置充分固定。

目前，国内桥梁上主要使用橡胶支座，分为板式橡胶支座和盆式橡胶支座两种。板式橡胶支座是由多层天然橡胶与薄钢板镶嵌、黏合、硫化而成，用于反力较小的中小跨径桥梁；盆式支座是钢构件与橡胶组合而成的新型桥梁支座，用于反力较大的跨径桥梁。

桥梁支座的布置，应以有利于墩台传递纵向水平力，有利于梁体的自由变形为原则。根据梁桥的结构体系以及桥宽，支座在纵、横桥向的布置方式主要有以下几种：

（1）简支梁桥应在每跨的一端设置固定支座，另一端设活动支座；多跨简支梁桥一般把固定支座布置在桥台上，每个桥墩上布置一个（组）活动支座与一个（组）固定支座。若个别墩较高，也可以在高墩上布两个（组）活动支座。

（2）对于坡桥，宜将固定支座布置在标高较低的墩台上。同时，为了避免整个桥跨下滑，影响车辆的行驶，当纵坡大于 1% 或横坡大于 2% 时，应使支座保持水平，通常在设置的梁底面，增设局部的楔形构造，如图 8-13 所示。

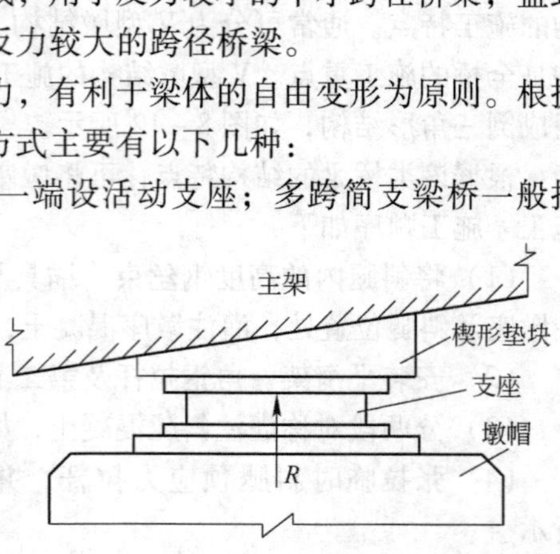

图 8-13 坡桥支座

（3）对于桥面连续的连续梁桥，一般每联设置一个固定支座，并宜将固定支座设置在靠近中心处以使全梁的纵向变形分散在梁的两端，其余墩台上均设置活动支座。在设置固定支座的桥墩（台）上，一般采用一个固定支座，其余为横桥向的单向活动支座；在设置活动支座的所有桥墩（台）上，一般沿设置固定支座的一侧，均布置顺桥向的单向活动支座，其余均为双向活动支座，如图 8－14 所示。对于一些特别宽的桥梁，还应设置沿纵向和横向均能自由移动的活动支座。

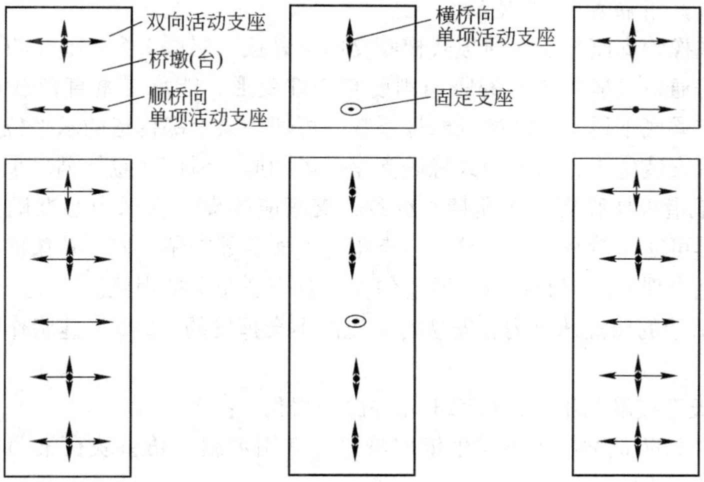

图 8－14　连续桥梁支座布设

8.5.1　板式橡胶支座的安设

板式橡胶支座在安装前，应进行全面的物理力学性能检验，包括支座长、宽、厚、硬度、容许荷载、容许最大温差以及外观检查等。安装时，支座中心尽可能对准梁的计算支点，必须使整个橡胶支座的承压面上受力均匀。

8.5.1.1　现浇梁橡胶支座的安装

（1）先除去墩台垫石顶面的浮砂，保证墩台表面清洁、平整、无油污。

（2）按设计图纸在支承垫石上标出支座位置中心线，在橡胶支座上也标上十字交叉中心线，使支座的中心线同垫石上的设计中心线重合。

（3）在浇注混凝土梁前，在橡胶支座位置上需加设一块比支座平面稍大的支承钢板，钢板上焊锚固钢筋与梁体相连接。在支承钢板与模板之间的四周空隙处用棉纱、油灰或软木填塞，以后在拆除模板时，再将填塞物除去。

8.5.1.2　预制梁橡胶支座的安装

（1）先除去支承及与支座接触的底平面浮砂，垫石表面应清洁、平整、无油污。

（2）应保证预制梁及支座接触底平面的水平与平整，预先处理好蜂窝状表面或倾斜度。

（3）按设计图在支承垫石上标出支座位置中心线，在橡胶支座上也标上十字交叉中心线。安放支座垫石中心线应同支座中心线相重合。为使落梁准确，在架第一跨梁时，可在梁底面画好两个支座的十字位置中心线，在梁的端立面上标出两个支座位置中心铅直线，落梁时同墩台上的位置中心线相吻合。多跨梁可依第一跨梁为基准落梁。

（4）架梁、落梁时，操作应平稳，防止支座偏心受压或产生初始剪切变形。

（5）在安装T型梁支座时，若支座比梁肋底宽，则应在支座与梁之间加设比支座略大的钢筋混凝土垫块或厚钢板作过渡，以免橡胶支座局部超载，出现应力集中现象。钢筋混凝土垫块或钢板与梁底间应用环氧树脂砂浆黏结。

（6）一般情况下，橡胶支座安装落梁后，其顶面应保持水平。

预制梁橡胶支座安装时，应尽可能地保证梁底、支座、垫石相互平行、密贴，避免偏正、脱空、不均匀支承现象的发生。

8.5.1.3　四氟滑板橡胶支座的安装

四氟乙烯板式橡胶支座是于普通板式橡胶支座上黏接一层厚1.5～3mm的聚四氟乙烯板而制成的。除具有普通板式橡胶支座的竖向刚度与弹性变形、能承受垂直荷载及适应梁端转动外，因四氟乙烯与梁底不锈钢板间的低摩擦系数，可使桥梁上部构造的水平位移不受限制。四氟滑板橡胶支座的安装施工方法与板式橡胶支座基本相同，但应注意下列事项：

（1）安装四氟滑板橡胶支座必须精心细致，支座应按设计支承中心准确就位，梁底钢板与支承垫石顶面尽可能保持平行、平整，与支座上下面全部密贴。同一片梁的各个支座应位于同一平面上，避免出现支座偏心受压、不均匀支承及个别脱空的现象。

（2）支座四氟板的储油凹坑内，安装时应充满不会挥发的“295”硅脂作润滑剂，以降低摩擦系数。

（3）与四氟板面接触的不锈钢板面不允许出现损伤、拉毛现象。

（4）落梁时，为防止梁与支座发生横向滑移，宜用木制三角垫块在梁两侧加以定位，待落梁工作全部完毕后拆除。

（5）支座与不锈钢板的相对位置要视安装时的温度而定。但若不锈钢板有足够的长度，则安装时将支座与不锈钢板的中心对齐即可。

（6）在使用四氟滑板橡胶支座的上部连续体系中，若固定端的板式橡胶支座的设计计算水平力不平衡，为提高可靠度，防止固定支座的纵横向滑移，可设置防滑装置。

8.5.1.4　橡胶支座安装时的调整

橡胶支座安装后，若发现下述情况则应及时调整：

（1）个别支座脱空，出现不均匀受力。

（2）支座发生较大的初始剪切变形。

（3）支座偏压严重，侧面异常鼓出而局部脱空。

调整方法一般可用千斤顶顶起梁端，在支座上下表面铺涂一层环氧树脂砂浆。再次落梁，在重力作用下，使支座上下表面相互平行且同梁底、墩台顶面全部密贴，同时使一片梁两端的支座处在同一平面内。控制梁的纵向倾斜度，以支座不产生明显初始剪切变形为宜。

8.5.2 盆式橡胶支座的安设

盆式橡胶支座顶、底面积均较大，支座下埋设在桥墩顶的钢垫板面积也较大，浇注墩顶混凝土时需使垫板下混凝土浇注密实。盆式橡胶支座的主要部分是聚四氟乙烯板与不锈钢板的滑动面和密封在缸盆内的橡胶垫块，均不能有污物和损伤，否则容易降低使用寿命。

盆式橡胶支座各部件应满足以下组装要求：支座底面和顶面的钢垫板必须埋置密实，垫板与支座间平整密贴，支座四周不得有0.3mm以上的缝隙；支座中线、水平、位置偏差不大于2mm；活动支座的聚四氟乙烯板和不锈钢板不得有刮伤、撞伤；氯丁橡胶板块密封在缸盆内，安装时排除空气、保持密封；支座组拼要保持清洁。

盆式橡胶支座施工时应注意：

（1）安装前除了应检查支座垫石，标高除应符合设计要求外，还应注意两个方向的四角高差不得大于2mm。支承垫石的高度应考虑支座养护、检查的方便，并应考虑更换支座时的可能性，一般为30～50cm。

（2）安装前应全面检查支座，查看零件有无丢失、损坏，橡胶块与底盆间有无压缩空气等。活动支座安装前用丙酮或酒精仔细擦洗各相对滑移面，擦净后在四氟板的储油槽内注满“295”硅脂润滑剂，并注意保持清洁。

（3）支座上、下各部件纵横向必须对中，当安装温度与设计温度不同时，活动支座上下各部件错开的距离必须与计算值相等。

（4）安装纵横向活动支座时，其上、下座板的导向挡块必须保持平行，交叉角不得大于5°，否则将影响位移性能，支座顺桥中心线必须与主梁中心线重合或平行。

（5）支座与桥梁上部、下部构造的连接方式，可以焊接，也可用地脚螺栓锚固，或两种办法同时使用。

（6）当采用地脚螺栓连接时，支座上座板与地脚螺栓应按设计要求做好，再浇上部混凝土。支座下板与墩台的连接则应预留地脚螺栓孔。孔的尺寸应不小于3倍地脚螺栓的直径，深度稍大于地脚螺栓的长度。孔中浇注环氧树脂砂浆，初凝前插进地脚螺栓并带好螺母，其外露螺母顶面的高度不得大于螺母的厚度，待砂浆完全凝固后再拧紧螺母。

（7）梁底支座安装部位的混凝土要求平整干净，最好局部用钢模板。

（8）现浇主梁的桥梁先将支座上、下座板临时固定相对位置，整体吊装支座，固定在设计位置上。主梁为预制吊装的桥梁，通常是先固定支座的上座板，而后确定底盆在墩台上的固定位置。

（9）顶推的连续梁应先将下座板固定在墩台上。墩台上设临时支座，当主梁顶推完毕，且校正位置后，拆除临时支座，使梁落在支座上。

8.6 墩台附属工程

8.6.1 桥台锥坡施工

8.6.1.1 锥坡填土

锥坡填土施工应首先放出锥坡底脚椭圆曲线，再根据坡脚的设计高度与宽度，用片石或块石砌筑锥坡坡脚。坡脚底层应用碎石或砾石作反滤层，以防止锥坡内土方被水冲刷流失。石块缝隙需用砂浆填满。

坡脚砌筑完毕后在锥坡内填土。宜采用透水性土分层填筑夯实，达到最佳密实度的90%以上，每层厚度不得超过0.3m。若采用不易风化的块石填料，应注意层次均匀，铺填密实，不可自由堆砌。对于有坡面防护的锥坡，锥坡填土时应留出坡面防护的砌筑位置。

8.6.1.2 坡面砌筑

锥坡坡面一般采用干砌、浆砌片石或块石，并以碎石或砂作垫层，随砌随垫。砌筑时用坡面长尺或铁丝调整坡面石块的平整度与坡度，注意石料轴线必须垂直于坡面，砌筑的石块应相互咬接，其空隙以小片石楔紧塞实。待坡体土方稳定后，坡面石块缝隙用砂浆填密并勾缝。浆砌砌体应在砂浆初凝后覆盖养护7～14d。

8.6.2 台后泄水盲沟施工

（1）地下水较少时，泄水盲沟以片石、碎石或卵石等透水材料砌筑，并按坡度设置。沟底用黏土夯实，盲沟应建在下游方向，出口处应高出一般水位0.2m。平时无水的干河沟应高出地面0.3m。

（2）如桥台在挖方内，横向无法排水时，泄水盲沟在平面上可在下游方向的锥体填土内折向桥台前端排水，在平面上成L形。

（3）盲沟施工时应注意下列事项：

1）盲沟所用各类填料应洁净、无杂质，含泥量应小于2%。

2）各层的填料要求层次分明，填筑密实。

3）盲沟应分段施工，当日下管填料一次完成。

4）盲沟滤管一般采用无砂混凝土管或有孔混凝土管，也可用短节混凝土管代替，但应在接头处留1~2cm间隙，供地下水渗入。

5）盲沟滤管基底应用混凝土浇注，并与滤管密贴，纵坡应均匀，无反向坡；管节应逐节检查，不合格者不得使用。

6）管道安装完毕后，应将管内砂浆残渣、杂物清除干净。

8.6.3　导流建筑物施工

（1）导流建筑物应和路基、桥涵工程综合考虑施工，以避免在导流建筑物范围内取土、弃土破坏排水系统。

（2）砌筑用石料的抗压强度不得低于20MPa；砌筑用砂浆标号，在温和及寒冷地区不低于5号，在严寒地区不低于7.5号。

（3）导流建筑物的填土应达到最佳密度90%以上。坡面砌石按照锥体护坡要求办理。若使用漂石时，应采用栽砌法铺砌；若采用混凝土板护面，板面砌缝为10~20mm，并用沥青麻筋填塞。

（4）抛石防护宜在枯水季节施工。石块应按大小不同规格掺杂抛投，但底部及迎水面宜用较大石块。水下边坡不宜陡于1:1.5。顶面可预留10%~20%的沉落量。

（5）石笼防护基底应铺设垫层，使其大致平整。石笼外层应用较大石块填充，内层则可用较小石块码砌密室，装满石块后，用铁丝封口。石笼间应用铁丝连成整体。在水中安置石笼，可用脚手架或船只顺序投放，铺放整齐，笼与笼间的空隙应用石块填满。石笼的构造、形状及尺寸应根据水流及河床的实际情况确定。

思考题

1. 墩台有哪几种类型？
2. 砌筑墩台的施工要点有哪些？
3. 支座的作用是什么？
4. 支座的布置方式有哪几种？
5. 墩台的附属工程有哪些？

9　钢筋混凝土简支梁桥施工

【本章概要】

本章简要地介绍了模板分类、常用模板构造、模板和支架的制作要求，钢筋骨架的组成与钢筋的安装，混凝土的拌和工艺、运输要求、灌注方法、振捣及养护原则。同时，介绍了钢筋混凝土简支梁桥施工管理的相关内容。

【关键词】

模板分类，常用模板构造，模板和支架的制作要求，钢筋安装，混凝土拌和工艺，灌注方法，振捣及养护，施工管理

【章节重点】

本章重点掌握模板和支架在设计、制作和安装时的程序及要求，钢筋骨架的组成及钢筋的安装、混凝土灌注方法和振捣原则。

混凝土是一种很好的人工石材，有很高的抗压强度，但是其抗拉强度仅为抗压强度的1/10。而钢筋材料有很高的抗拉强度，利用它抗拉强度高的特点，与混凝土结合在一起做成钢筋混凝土构件，以混凝土承受压应力，以钢筋承受拉应力，大大提高了构件的承载力。

钢筋混凝土桥的施工方法可分为就地浇注（简称现浇法）和预制安装两大类。预制安装法具有上下部结构可平行施工、工期短、质量易于控制等优点，中、小跨径的简支梁桥普遍采用预制安装法。现浇法施工无需预制场地，不需要大型吊运设备，梁体的主筋也不中断，大、中跨径的悬臂和连续体系梁桥宜采用悬臂施工法。本章主要介绍钢筋混凝土桥施工的基本工序。

9.1　模板与支架

模板和支架都是浇注混凝土施工的临时性结构，对构件的制作十分重要。模板和支架不仅控制构件尺寸的精度，直接影响施工进度和浇注质量，还影响到施工安全。因此，在浇注混凝土之前应对模板和支架进行全面、严格的检查。

9.1.1　模板和支架的制作要求

（1）具有足够的强度、刚度和稳定性，能可靠地承受施工过程中可能产生的各项荷载。

（2）保证工程构造物的设计形状，尺寸及各部分相互之间位置的正确性。

（3）构造和制作力求简单，装拆既要方便又要尽量减少构件的损伤，以提高装、拆、运的速度和增加周转使用的次数。

（4）模板的接缝务必严实、紧密，以确保现浇混凝土在强烈振动下不致漏浆。

9.1.2　模板分类

按模板制作材料的不同可分为：木模（板）、钢模（板）、钢木结合模（板）、胶合板模

(板)、钢竹模（板)、塑料模（板)、玻璃钢模（板)、铝合金模（板）等。有时也可因地制宜利用土模或砖模。

按模板的梁体成型时的作用可分为：内模、外模、侧模、端模、底模等。

按模板的装拆方法可分为：零拼式模板、分片装拆式模板、整体装拆式模板等。

桥梁施工常用的模板有木模、钢模和钢木结合模板。就地浇注桥梁的模板，常用木模和钢模。对预制安装构件，除钢模、木模外，也可采用钢木结合模板、土模、砖模和钢筋混凝土模板等。模板形式的选择，主要取决于同类桥跨结构的数量和模板材料的供应。

9.1.2.1 木模

木模包括胶合板木模，它可按结构要求预先制作，然后在支架上用连接件迅速拼装。木模的基本构造包括：紧贴混凝土表面的壳板、支承壳板的肋木和立柱或横档。壳板可以竖直拼装（见图9－1(a)）或水平拼装（见图9－1(b)）。壳板的接缝可做成平缝（见图9－1(b)）、搭接缝或企口缝（见图9－1(c)）。

9.1.2.2 钢模

桥梁用钢模一般做成大型块件。图9－2为一种T梁钢模板的结构组成。侧模由钢壳板、角钢做成的水平肋和竖向肋，支托竖向肋的支撑、斜撑，固定侧模用的顶横杆和底部拉杆以及安装在壳板上的振捣架等构成。底模用钢板制成，通过垫木支承在底部钢横梁上。在拼装钢模板时，所有紧贴混凝土的接缝内部，都用止浆垫使接缝密闭不漏浆。止浆垫一般采用柔软、耐用和弹性大的橡胶板或泡沫塑料。

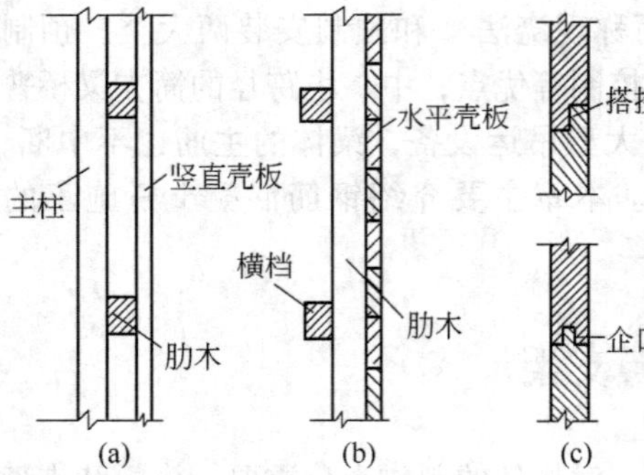

图9－1 木模的基本构造

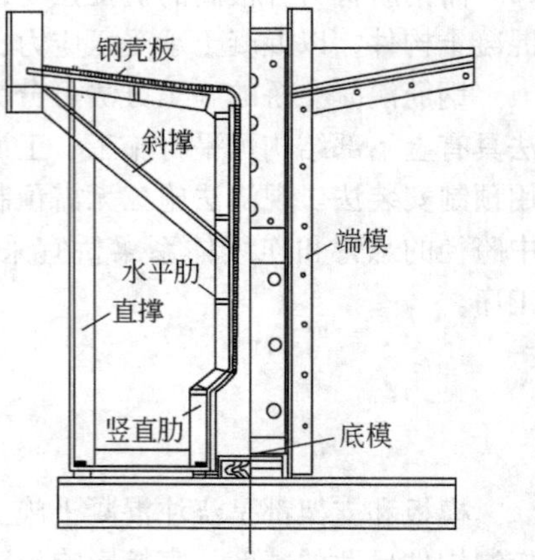

图9－2 T梁钢模板的结构组成

9.1.2.3 钢木结合模

如果将钢模板中的钢制壳板换成水平拼装的木壳板，用埋头螺栓连接在角钢竖肋筋上，在木壳板上再钉一层薄铁皮，这样就做成了钢木结合模板。这种模板不仅节约木材，成本低，而且具有较大的刚度和紧密稳固性，也是一种较好的模板。

不管何种模板，为了避免壳板与混凝土粘连，以利脱模，通常均需在壳板面上涂以隔离剂，如专用脱模剂、石灰乳浆、肥皂水、润滑油或废机油等。

9.1.2.4 其他模板

近年来竹胶板模、塑料壳模以及玻璃钢模等也在桥梁工程中有所使用，土模目前已很少采用。

9.1.3 常用模板构造

9.1.3.1 空心板模板

图 9－3 所示是常用于空心板梁的木制芯模的构造。芯模是形成空心所必需的模板，其结构形式直接影响到制作是否简便经济，装拆是否方便，周转率是否高的问题。为了便于搬运装拆，每根梁的模板分成两节。木壳板的侧面装置铰链，使壳板可以转动。芯模的骨架和活动撑板，每隔约 70cm 设一道。撑板下端的半边朝梁端一侧，用铰链与壳板连接。安装时，借榫头顶紧壳板纵面的上下斜缝，并在撑板上部设置 $\phi 20$ 的拉杆。撑板将壳板撑实后，在模壳外用铅丝捆扎，以防散开或变形。拆模时只需用拉杆将撑板从顶部拉脱，并借铰链先松开半模板，取出后再脱右半模板，也可用充气胶囊或钢管作内芯模。

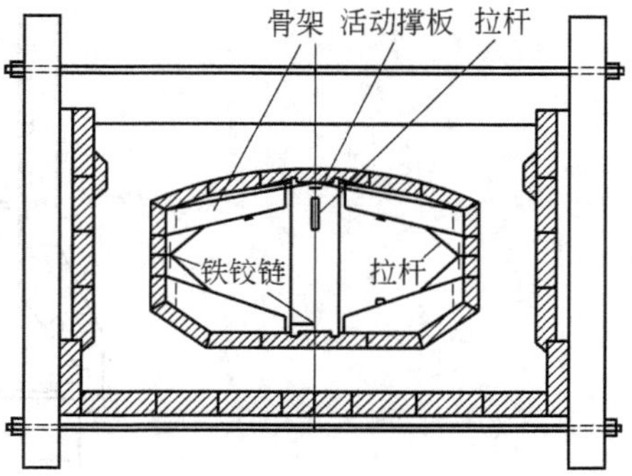

图 9－3 空心板梁木制芯模的构造

9.1.3.2 T 型梁模板

常用 T 型梁的分片装拆式木模结构如图 9－4 所示。相邻横隔板之间的模板，形成一个柜箱。在柜箱内的横档上，可安装附着式振捣器。梁体两侧的一对柜箱，用顶部横木和穿通梁肋的螺栓拉杆来固定，并借柱底的木楔进行装、拆调整。

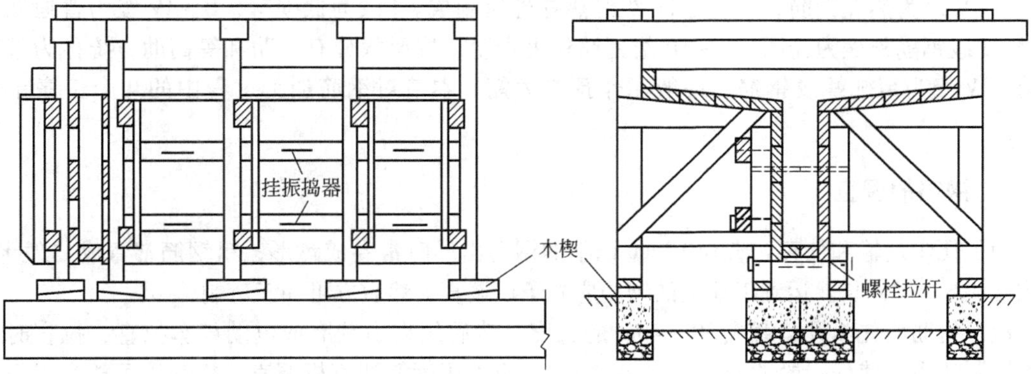

图 9－4 T 型梁木模构造

9.1.3.3 箱型梁模板

图 9－5 为一种箱型截面钢模板的结构组成。内模在竖向分为上、下两部分，上、下部在横向又分成两半，中线处上、下部都用铰连接。上、下部竖向连接处做成斜面。利用设在内模下部顶面轨道上的小车可将内模上部运出梁体外。然后，将可伸缩撑杆换装到内模下部两侧的连接角钢上，缩短撑杆，使内模下部两侧绕下部铰转动即行脱模，再滑移拖出梁体。

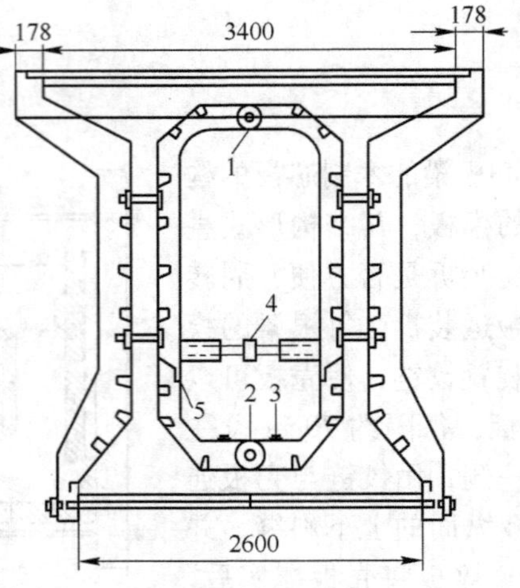

图9-5 箱型截面钢模板的结构组成

1—上铰；2—下铰；3—轨道；4—伸缩杆；5—接缝

9.2 钢筋工程

钢筋一般先在钢筋车间加工，然后运至现场安装或绑扎。钢筋的加工过程一般有调直、除锈、冷拉、时效处理、下料、弯制成、焊接、绑扎等工序。钢筋混凝土结构中，常用钢筋的直径一般为6～40mm。钢筋按强度不同分为5级，级别愈高，其强度和硬度愈高，但塑性则降低。I～IV级为热轧钢筋，V级为IV级经热处理后制成。I级为低碳钢，II～IV级为普通低合金钢。I级钢筋外表为光圆；II～III级钢筋外表带肋，按形状分有牙肋和等高肋，统称为带肋钢筋；IV级为精轧螺纹钢筋，一般用作预应力筋。本节对钢筋加工过程中的几个工序予以介绍。

9.2.1 钢筋的调直

为了便于运输和储存，直径10mm以下的钢筋出厂时常卷成盘形，粗钢筋常弯成“发卡”形或截成8～10m长。运到工地上的钢筋应先予以调直，然后方可加工弯制。

盘形钢筋应先放开，截成30～40m的长度，然后用人力绞磨或电动绞车拉直，拉直时应注意控制拉力，使任一段的伸长率不超过1%，也可用钢筋调直机调直。粗钢筋可放在工作台上用手锤敲直，也可用手工扳子或自动机床调直。调直后的钢筋应挺直、无曲折，钢筋中心线的偏差不超过全长的1%。

9.2.2 钢筋的冷拉及时效强化

将钢材于常温下进行冷拉使产生塑性变形，从而提高屈服强度，称为冷拉强化。将经过冷拉的钢筋于常温下存放15～20d或加热到100～200℃并保持一定时间，称为时效处理。前者称为自然时效，后者称为人工时效。冷拉以后再经过时效处理的钢筋，其屈服点进一步提高，抗拉极限强度也有所增长，塑性继续降低。由于时效过程中内应力的消减，故弹性模量可基本恢复。工地或预制构件常利用这一原理，对钢筋或低碳钢盘条按一定制度进行冷拉加工，以提高屈服强度节约钢材。冷拉时钢筋被拉直，表面锈渣剥落，因此，冷拉还可同时完成调直、除锈工作。

冷拉时，钢筋的应力和伸长率是影响钢筋冷拉质量的两个主要参数。在冷拉时最好采用同时控制钢筋应力和伸长率的方法，即“双控”，以应力控制为主，伸长率控制为辅。

9.2.3　钢筋焊接连接

钢筋连接常用的方法有：绑扎连接、焊接连接、冷压连接。除个别情况（如不准出现明火）外，应尽量采用焊接连接，以保证质量、提高效率和节约钢材。

钢筋的对焊过程：将两钢筋成对接形式水平安置在对焊机夹钳中，使两钢筋接触，通以低电压的强电流，把电能转化为热能（电阻热）。当钢筋加热到一定程度后，即施加轴向压力挤压（称为顶锻），便形成对焊接头。

闪光对焊具有生产效率高、操作方便、节约钢材、焊接质量高、接头受力性能好等许多优点。钢筋闪光对焊过程：先将钢筋夹入对焊机的两电极中，闭合电源，使钢筋两端面轻微接触，这时即有电流通过。由于接触轻微，钢筋端面不平，接触面很小，故电流密度和接触电阻很大，因此接触点很快熔化，形成“金属过梁”。过梁进一步加热，产生烧化，火花般的熔化金属微粒自钢筋两端面的间隙中喷出，形成闪光现象，故称闪光对焊。通过烧化使钢筋端部温度升高到要求温度后，便快速将钢筋挤压，然后断电，即形成对焊接头。

根据所用对焊机功率大小及钢筋品种、直径不同，闪光对焊又分连续闪光焊、预热闪光焊、闪光－预热闪光焊等不同工艺。钢筋直径较小时，可采用连续不够平整时，宜采用闪光－预热闪光焊。

（1）连续闪光焊。采用连续闪光焊时，先闭合电源，然后使两钢筋端面轻微接触，形成闪光。闪光一旦开始，徐徐移动钢筋形成连续闪光过程。待钢筋烧化到规定的长度后，以适当的压力迅速进行顶锻，使两根钢筋焊牢。

（2）预热闪光焊。预热闪光焊是在连续闪光焊前增加一次预热过程。采用这种焊接工艺时，先闭合电源，然后使两钢筋端面交替地接触和分开。这时钢筋端面的间隙中即发出断续的闪光，而形成预热过程。当钢筋烧化到预定的预热留量后，随即进行连续闪光和顶锻，使钢筋焊牢。

（3）闪光－预热闪光焊。在预热闪光焊前加一次闪光过程，目的是使不平整的钢筋端面烧化平整，使预热均匀。采用这种焊接工艺时，首先连续闪光，最后进行顶锻，以完成整个焊接的过程。

9.2.4　钢筋的弯制成型

下料后的钢筋，可在工作平台上用手工或电动弯筋器按规定的弯曲半径弯制成型。钢筋的两端也应按图纸完成所需的弯钩。如钢筋图中对弯曲半径未作规定，则宜按相应施工规范的要求进行弯制。如需要较长的钢筋，最好在接长以后再弯制，这样较易控制尺寸。

9.2.5　钢筋骨架的组成与钢筋的安装

9.2.5.1　钢筋骨架的组成

钢筋骨架可以焊接成型，也可以绑扎成型，但为了使搬运、安装和灌注混凝土过程中不致变形、松散，骨架必须有足够的刚度。

焊接钢筋骨架应在紧固的焊接工作台上施工。骨架的焊接一般采用电弧焊，先焊成单片平面骨架，再组拼成立体骨架。由于焊接过程中温度变化，骨架会产生翘曲变形，同时将引起甚至会导致焊缝开裂的收缩应力。为了防止或减小这种变形和应力，一般宜采用双跨径骨架。不得不采用单面焊时，则需在垂直骨架平面的方向做成预拱骨架中心向两端对称、错开地焊接，先焊骨架下部，后焊骨架上部；在同一断面处，如钢筋层次多，各道焊缝也应互相交错跳焊。

实践表明，装配式简支梁焊接钢筋骨架焊接后，在骨架平面内还会发生两端上翘的焊接变形。为此，尚应结合骨架在安装时可能产生的挠度，将骨架拼成具有一定的预拱度，再行施焊。

焊接成型的钢筋骨架，安装用一般起重设备吊入模板内即可。但在模板内安装钢筋之前，必须详细检查模板各部分的尺寸，以及模板有无歪斜、裂缝及变形等现象。若有不符要求之处需预先处理好。

绑扎骨架钢筋的安装，应事先拟定安装顺序。一般的梁肋钢筋，先放箍筋，再安下排主筋，后装上排钢筋。为了保证达到设计及构造要求，钢筋安装工作中应注意以下几点：

（1）钢筋的接头应按规定要求错开布置。

（2）钢筋的交叉点应用铁丝绑扎结实，必要时可用电焊焊接。

（3）除设计有特殊规定者外，箍筋应与主筋垂直。箍筋弯钩的叠合处，应在梁中沿纵向置于上面并交错布置。

（4）为保证混凝土保护层的厚度，应在钢筋与模板间设置错开的垫块，如水泥浆块、混凝土垫块或其他形式的垫块。

（5）为保证及固定钢筋间的横向净距，两排钢筋之间可使用混凝土分隔块，或用短钢筋绑扎固定。

（6）必要时可增加装配钢筋，以保证钢筋骨架足够的刚度。

9.2.5.2　钢筋的安装

钢筋安装顺序可根据钢筋混凝土构件的形状、钢筋配置情况、混凝土浇注的先后而定，一般可依下列次序进行：

（1）基础钢筋的安装。先在模板侧壁上标明主筋位置，然后将主筋置于基坑底上，每隔3～4根安置1根分布钢筋，并用铁丝把分布钢筋与主筋紧密绑扎以固定主筋位置，再安置其余的分布钢筋，最后进行全部绑扎工作。如有伸入躯体的直立钢筋应进行绑扎固定。

（2）墩台钢筋的安装。宜预先制成钢筋骨架，然后整体安装。对于大型桥墩、桥台，有时采用边安装钢筋边浇注混凝土的方法。

（3）上部构造钢筋的安装。应由下而上进行安装，其顺序是：主梁、横梁、副纵梁和桥面板。梁上的上部钢筋和侧壁的钢筋，可按图9－6所示的方法固定。桥面板钢筋的安装，其步骤与基础钢筋相同。

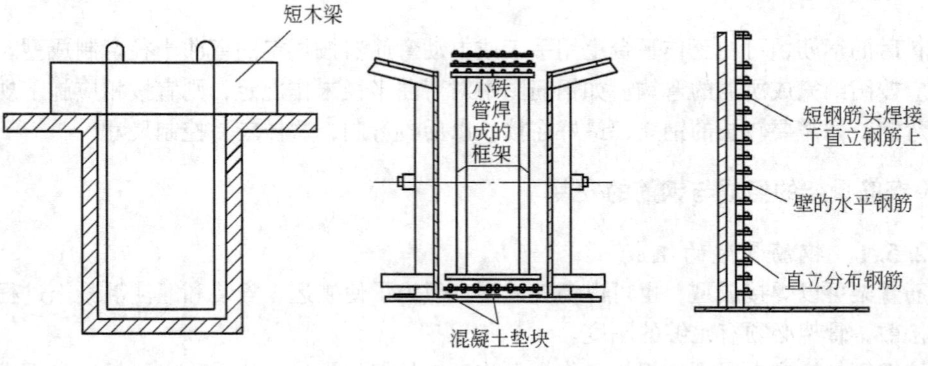

图9－6　钢筋安置法

（a）构造钢筋安置；（b）上部钢筋安装；（c）侧壁钢筋安置

(4) 桩、立柱和装配式钢筋混凝土构件的钢筋安装。通常都是先做好钢筋骨架，然后安装于模板内，同时应用混凝土垫块支承，以保证护层的厚度。

为了提高钢筋安装工作速度并保证安装质量，可根据结构形状、起重和运输条件，尽可能预先制成立体骨架式平面网，再放入模板内进行绑扎或焊接。制成的骨架应注意有足够的刚性和不变形性，以便运输和吊装，在钢筋的交叉点最好采用焊接。安装钢筋时，其位置允许偏差不应大于表 9 -1 的规定。

表 9 -1　钢筋位置允许偏差

项次	项　目		允许偏差/mm
1	两排以上受力钢筋的钢筋排距		±5
2	同一排受力钢筋的钢筋间距	梁、板、拱肋	±10
		基础、墩、台、柱	±20
3	钢筋弯起点位置的钢筋间距		±20
4	焊接预埋件	中心线位置	5
		水平高差	±3
5	保护层厚度	墩、台、基础	±10
		柱、梁、拱肋	±5
		板	±3

9.3 混　凝　土

混凝土是指用水泥浆、沥青或合成树脂等胶凝材料固结而成的材料总称。通常所说的混凝土主要以水泥浆作胶凝材料形成的，用水泥、砂石料、水和外加剂混合硬化而成。混凝土工程包括拌制、运输、灌注、振捣、养护与拆模等工序。混凝土质量的好坏直接影响结构的强度与耐久性，因此施工中必须保证每一工序的施工质量。

9.3.1 混凝土的拌和

9.3.1.1 人工拌和

人工拌和混凝土在铁板或在不渗水的拌和板上进行。拌和时先将拌和所需的砂料堆正中耙成浅沟，然后将水泥倒入沟中，干拌至颜色一致，再倒入石子加水拌和，反复混拌若干次到全部颜色一致，直至石子和水泥砂浆无分离和无不均匀现象为止。

9.3.1.2 机械拌和

机械拌和混凝土在搅拌机内进行。混凝土拌和前，应先测定砂石料的含水率，调整配合比，计算配料单，水泥以包为单位。

假设实验室配合比为水泥: 砂: 石子 $=1:x:y$，水灰比为 W/C，现场砂、石含水率分别为 w_x、w_y，则施工配合比为：水泥: 砂: 石子 $=1:x(1+w_x):y(1+w_y)$。

为了拌制出均匀优质的混凝土，除合理地选择搅拌机的类型外，还必须正确地确定搅拌制度，其内容包括进料容量、搅拌时间与投料顺序等。

进料容量是指搅拌前搅拌筒可容纳的各种原材料的累计体积，几何容量则是指搅拌筒内几何容积。进料容量与几何容量的比称为搅拌筒的利用系数，其值一般为 0.22 ~ 0.40。不同类型的搅拌机都有一定的进料容量，如果装料的松散体积超过额定进料容量的一定值（如10%以上），就会使搅拌筒内无充分的拌和空间，影响混凝土搅拌的均匀性。但数量也不宜过少，否则会降低搅拌机的生产效率。

从原材料全部投入搅拌筒中起到开始卸料时所经历的时间称为搅拌时间。为了获得混合均匀、强度和工作性都能满足要求的混凝土，所需最低限度的搅拌时间称为最短搅拌时间。最短搅拌时间随搅拌机的类型与容量、骨料的品种、粒径及对混凝土的工作性要求等因素的不同而异。混凝土搅拌应保证最短的搅拌时间，但并非越长越好，搅拌时间过长，不但会影响搅拌机的生产率，而且对混凝土的强度提高也无益处。甚至由于水分的蒸发和较软骨料颗粒被长时间的研磨而破碎变细，还会引起混凝土工作性的降低，从而影响混凝土的质量。

确定原材料投入搅拌筒内的先后顺序，应综合考虑到能否保证混凝土的搅拌质量，提高混凝土的强度，减少机械的磨损与混凝土的粘罐现象，减少水泥飞扬，降低电耗以及提高生产率等多种因素。按原材料加入搅拌筒内投料顺序的不同，普通混凝土的搅拌方法可分为：一次投料法、二次投料法和水泥裹砂法等。

9.3.2 混凝土的运输

混凝土从搅拌站拌和完毕到浇注进模板的过程中，可能要进行水平运输、垂直运输和混凝土分配三部分工作。混凝土运输的基本要求如下：

（1）混凝土运输路线应尽量短，尽可能减少转运次数。道路应平坦，以保证车辆行驶平稳。

（2）混凝土运输过程中不应发生离析、泌水和水泥浆流失现象，坍落度前后相差不得超过30%，如有离析现象，必须在灌注前进行二次搅拌。二次搅拌时不得任意加水，可同时加水和水泥以保持原水灰比不变。如二次搅拌仍不符合要求，则不得使用。

（3）混凝土从拌和机内卸出，经运输、灌注直至振捣完毕所需的运输时间不宜超过表9－2中的规定。

表9－2 混凝土运输允许延续时间

从搅拌机倾出时的混凝土温度/℃	运输允许延续时间 min
20～30	45
10～19	60
5～9	90

混凝土运输工具种类繁多，应根据结构物特点、混凝土灌注量、运输距离、道路及现场条件等确定选用混凝土的运输设备。水平运距短时，可选取用人力手推车、内燃翻斗车、轻便轨道人力翻斗车等；运距远时，可选用轨道牵引翻斗车或吊斗、混凝土搅拌运输车等。

泵送混凝土能同时满足水平运输与垂直运输的需要，而且可直接灌入模板内，可节省劳动力和起吊运输工具，从而降低费用。对于施工条件困难、结构复杂的桥梁构筑物，以及需要高速灌注的大体积混凝土等特别适用。

用泵输送混凝土应有较大的流动性，同时为保证输送的畅通，还应严格控制石料的最大粒径，最好选用卵石。碎石最大粒径与输送管内径之比，宜不超过1∶3，卵石宜不超过1∶2.5；砂率宜控制在40%～50%之间。为了提高混凝土的流动性以减少管道堵塞的危险，宜掺加助泵剂（减水剂或引气剂）。

用混凝土泵输送混凝土时，首先要确定泵的安装地点及管道布置。混凝土泵可直接与搅拌机相连接，也可用倾卸汽车或混凝土搅拌运输车等其他运输机械为其运料。管路布置应使管道最短，弯曲最少，管子拆装时混凝土泵的停歇时间最短。混凝土泵的供料必须是连续的，不能有超过30min以上的停歇，否则应每过15～20min，将曲轴开动3～4转，使混凝土沿输送管移动一点，以免发生阻塞现象。通常混凝土泵的输送量很大，因此在浇注地点应设置布料装置，以便将输送来的混凝土进行摊铺或直接浇注入模，从而减轻繁重的体力劳动，充分发挥混凝土泵的使用效率。布料装置由可回转、可伸缩的臂架和输送管组成，常称之为布料杆。

在运距近又有高差而灌注速度和灌注方式稳定时，可采用带式运输系统输送混凝土。带式输送系统是将搅拌机和输送带组成流水作业线，使上料、搅拌、混凝土输送形成连续作业，能加快速度，节约劳力，提高效益。

混凝土的垂直运输，可利用各种起重机械配合吊斗等容器来装运混凝土，选用起重机械时应考虑桥梁的施工高度及混凝土的运送条件。

9.3.3 混凝土灌注

混凝土灌注前仔细检查模板和钢筋的尺寸及预埋件的位置是否正确，并检查模板的清洁、润滑和紧密程度。

9.3.3.1 允许间隙时间

混凝土灌注应依照次序，逐层连续灌完，不得任意中断，并应在前层混凝土开始初凝前即将次层混凝土灌捣完毕，其允许间隙时间以混凝土尚未初凝或振捣器尚能顺利插入为准。

9.3.3.2 工作缝的处理

当间歇时间超过表9-3所规定的数值时，应按工作缝处理，其方法如下：

（1）需待下层混凝土强度达到1.2MPa（钢筋混凝土为2.5MPa）后方可灌注上层混凝土。

（2）在灌注混凝土前应凿除施工缝处下层混凝土表面的水泥砂浆和松弱层，使坚实混凝土层外露并凿成毛面。

（3）旧混凝土经清理干净后，用水清洗干净并排除积水。垂直接缝应刷一层水泥净浆；水平接缝应铺一层厚为1～2cm的1:2水泥砂浆。斜缝可把斜面凿毛呈台阶状。

（4）无筋构件的工作缝应加锚固钢筋或石榫。

（5）对施工接缝处的混凝土，应仔细地加强振捣，使新旧混凝土紧密结合。

表9-3 灌注混凝土允许间歇时间

混凝土入模温度/℃		20～30	10～19	5～9
允许间歇时间/h	普通水泥	1.5	2.0	2.5
	矿渣、火山灰质水泥	2.0	2.5	3.0

工作缝宜留置在结构受剪力和弯矩较小且便于施工的部位。

9.3.3.3 混凝土灌注时的分层厚度

每层混凝土的灌注厚度应根据拌和能力、运输距离、灌注速度、气温及振捣能力来决定，一般为15～25cm。

9.3.3.4 混凝土的自由倾落高度

为了保证混凝土在垂直灌注过程中不发生离析现象，灌注无筋或少筋混凝土时，混凝土拌和物的自由倾落高度不宜超过2m。当倾落高度超过2m时，应用滑槽或串筒输送；当倾落高度超过10m时，串筒内应附设减速设备。灌注钢筋较密的混凝土时，自由倾落高度不宜超过30cm。在溜槽串筒的出料口下面，混凝土堆积高度不宜超过1m。

9.3.3.5　混凝土灌注的最小进度

分层灌注混凝土时，为了保证其整体性，后灌注层应在先灌注层开始初硬之前灌注完毕。根据这一条件，混凝土灌注的最小进度为：

$$h = \frac{H}{t} \tag{9-1}$$

每小时混凝土的最小灌注量为：

$$V = hA \tag{9-2}$$

式中　h——混凝土灌注的最小进度，m/h；

H——混凝土灌注层的厚度，m；

t——混凝土开始初硬之前的时间，h；

V——混凝土的最小浇注量，m^3/h；

A——灌注层的面积，m^3。

9.3.3.6　斜层灌注混凝土的方法

大型构造物每小时的混凝土灌注量相当大，使混凝土的生产能力很难适应。采用斜层灌注混凝土的方法，可以减少灌注层的面积，从而减少每小时的混凝土灌注量。如一块板的长度为 l，高度为 h，则斜层长度 $l' = h/\sin\alpha$，如图9-7所示。

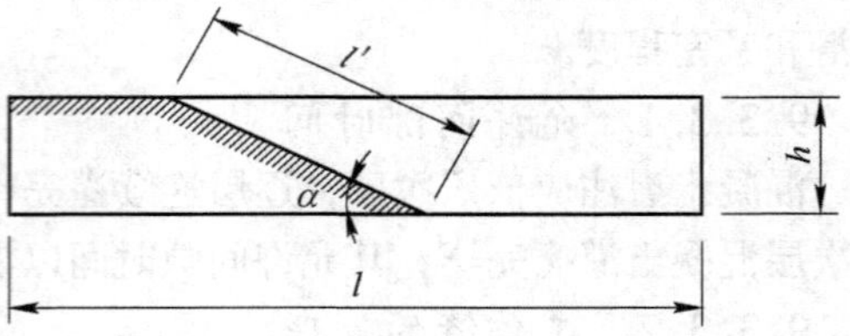

图9-7　斜层浇注大面积的混凝土板

9.3.3.7　分单元灌注混凝土的方法

对于大型构造物如桥梁墩台，当其截面积超过100～150m^2时，为了减少混凝土每小时的需要量，可把整体混凝土分成几个单元来灌注。分单元灌注混凝土还可防止墩台表面发生裂缝。大体积混凝土体硬化时，由于水泥放出大量热量，内部温度显著增高，与空气接触的外层体积的缩小速率快于内部体积，于是表面产生相当大的拉应力而发生裂缝现象。当分单元灌注混凝土时，因每个单元与相邻单元接合前已经历了一定时间，收缩的影响显著减少。

分单元灌注混凝土时，每个单元面积最好不小于50m^2，其高度不超过2m，上下两个单元间的垂直缝应彼此相间、互相错开约1～1.5m。单元间应保证结合良好，以求得整体性，结合处应按工作缝处理。

9.3.3.8　上部构造混凝土的灌注

（1）简支梁混凝土的灌注。灌注上部构造混凝土可以采用水平分层灌注法或斜层灌注法。

整体式简支板梁混凝土的灌注，宜不间断地一次灌注完毕。一般采用斜层灌注法，从两端同时开始，向跨中灌注，将梁和行车道板一次灌注完毕。也可采用水平层灌注法，在所有钢筋绑扎安装后，把上部构造分层一次灌注完毕，灌注时通过上部钢筋的缝隙，从上面把混凝土灌入模板内并进行捣实。

（2）悬臂梁、连续梁混凝土的灌注。混凝土灌注顺序从跨中向两端墩台进行，在桥墩处（刚性支点）设接缝，待支架稳定后，灌注接缝混凝土。

跨径较大的并且在满布式支架上灌注简支梁式上部构造，以及在基底刚性不同的支架上灌注悬臂梁式和连续梁式上部构造，其灌注方法要选用适当，应不使灌注的混凝土因支架沉陷不均匀，而发生裂缝。

9.3.3.9 混凝土中外加剂的掺加

根据混凝土的特殊要求，可在灌注过程中掺入外加剂。外加剂可采用以下几类：

(1) 普通减水剂。以木质磺酸盐或腐殖酸盐等为主要成分，可改善混凝土的和易性，节约水泥，适用于普通混凝土、大流动性混凝土和防水混凝土。

(2) 高效减水剂。以萘磺酸甲醛合物、β-萘磺酸盐芳香族树脂等为主要成分，可显著改善混凝土的和易性，节约水泥，适用于高强度混凝土、大流动性混凝土、泵送混凝土和预应力混凝土。

(3) 早强减水剂。以木钙、硫酸钠和萘磺酸盐等为主要成分，适用于有减水和早强要求的混凝土。

(4) 缓凝减水剂。以蔗糖、蔗糖化钙或木钙衍生物为主要成分，适用于大体积混凝土、水下混凝土和泵送混凝土。

(5) 引气减水剂。以松香热聚物、松脂皂等为主要成分，适用于防冻、抗渗混凝土。

(6) 抗冻剂。以明矾石、石膏等为主要成分，适用于有抗冻要求的混凝土。

(7) 膨胀剂。以明矾石、石膏等为主要成分，适用于地下防水混凝土、混凝土构件接头。

(8) 早强剂。有早强要求的混凝土可采用氯化钙（适用于无筋混凝土）、三乙醇胺等早强剂。

(9) 阻锈剂。有阻锈要求的钢筋混凝土可采用亚硝酸钠等阻锈剂。

(10) 防水剂。氯化铁、硅酸钠、引气剂、三乙醇胺等外加剂可用于有防水、抗冻要求的混凝土。

9.3.4 混凝土振捣

为了使混凝土具有需要的密实度，提高混凝土的强度与耐久性，应采用振捣器捣实，仅在缺乏或无法采用振捣器时，方可采用人工振捣。

9.3.4.1 人工振捣

采用人工振捣的混凝土，适用于坍落度大、混凝土数量少或布筋较密的场合，且应按规定分层灌注。为使混凝土密实、表面平整、无蜂窝麻面等现象，每层需以捣钎捣实，并需延模板边缘捣边，捣边时要用手锤或木锤轻敲模板外侧，应注意振捣均匀。

9.3.4.2 机械振捣

A 插入式振捣

用插入式振捣器插入混凝土内部振捣，适用于非薄壁构件的振捣，如实心板、墩台基础和墩台身。振捣棒插入混凝土时要垂直，振捣时快插慢拔、插点要均匀，可按行列式或交错式进行，两点间距离以 1.5 倍作用半径为宜，如图 9-8 所示。作用半径一般为 40~50cm。振捣上一层的混凝土时，振捣器应略插入下层混凝土 5~10cm 以消除两层之间的接触面。应与侧模保持 5~10cm 的距离，避免振动碰撞模板。

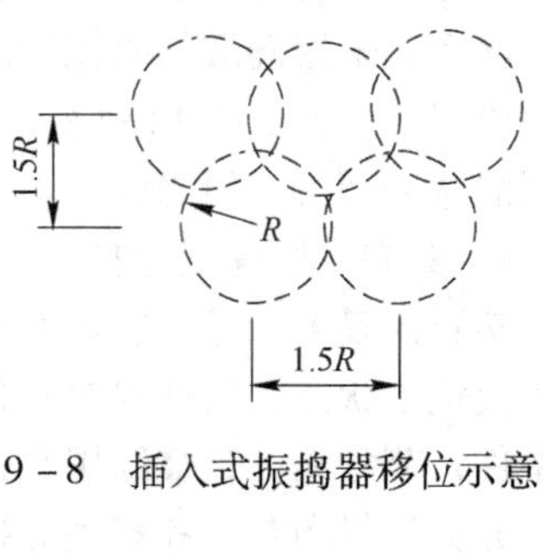

图 9-8 插入式振捣器移位示意图

振捣时间以混凝土不再下沉、不再产生气泡、水泥砂浆开始上浮、表面平整为止。插入式振捣器振捣时间约为 15~30s。应严格控制振捣时间，不可过久振捣，避免混凝土离析。

B 平板式振捣

平板式振捣是用平板式振捣器放在混凝土浇注层的表面振捣，适用于较大面积混凝土的振捣，如实心板、空心板的底板和顶板、桥面和基础等。平板式振捣器的移位间距应以使振捣器平板能覆盖已振实部分10cm左右，振捣时间约为20～40s。

C 附着式振捣

附着式振捣是用附着式振捣器安装在模板外部振捣，适用于振捣薄壁构件，如T形梁等。振捣器的布置与构件厚度有关，当厚度小于15cm时，可两面交错布置；当厚度大于15cm时，应两面对称布置。振捣器布置的间距不应大于它的作用半径。附着式振捣器振捣时间约为40～60s。该方法为通过振捣模板达到捣实混凝土的目的，效果并不理想，且对模板要求很高，故一般只有在钢筋过密而无法采用插入式振捣器时才会采用。

9.3.5 养护与拆模

9.3.5.1 养护

混凝土的凝结与硬化是由于水泥水化反应的结果。为使已浇注的混凝土能获得所要求的物理力学性能，在混凝土浇注后的初期，采取一定的工艺措施，建立适当的水化反应条件的工作，称为混凝土的养护。由于温度和湿度是影响水泥水化反应速度和水化程度的两个主要因素，因此，混凝土的养护就是对凝结硬化过程中进行温度和湿度的控制。

根据混凝土在养护过程中所处温度和湿度条件的不同，混凝土的养护一般可分为标准养护、自然养护和热养护。混凝土在温度为（20±3）℃和相对湿度为90%以上的潮湿环境或水中进行的养护称为标准养护。在自然气候条件下，对混凝土采取相应的保湿、保温等措施所进行的养护称为自然养护。为了加速混凝土的硬化过程，对混凝土进行加热处理，将其置于较高温度条件下进行硬化的养护称为热养护。

A 自然养护

在施工现场，对混凝土进行自然养护时，根据所采用的保湿措施的不同，可分为覆盖浇水养护和塑料膜保湿养护两类。

a 覆盖浇水养护

覆盖浇水养护是在混凝土表面覆盖吸湿材料，采取人工浇水或蓄水措施，使混凝土表面保持潮湿状态的一种养护方法。所用的覆盖材料，应具有较强的吸水保湿能力，常用的有麻袋、帆布、草帘、芒席、锯末等。

开始覆盖和浇水的时间，一般在混凝土浇注完毕后3～12h内（根据外界气候条件的具体情况而定）即应进行。浇水养护日期的长短，主要取决于水泥的品种和用量。在正常水泥用量情况下，采用硅酸盐水泥拌制的混凝土，不得少于7昼夜；采用缓凝型外加剂或抗渗性要求的混凝土，不得少于14昼夜。每日浇水次数视具体情况而定，以能保持混凝土经常处于足够的润湿状态即可。但当日平均气温低于5℃时，不得浇水。

b 塑料薄膜保湿养护

塑料薄膜养护是用防蒸发材料密封混凝土表面，阻止混凝土中的水分蒸发，使混凝土保持或接近饱水状态，保证水泥水化反应正常进行的一种养护方法。它与湿养护法相比，可改善施工条件，节省人工，节约用水，保证混凝土的养护质量。根据所用密封材料的不同，保湿养护又可分为塑料布养护和薄膜养护剂养护。

B 蒸汽养护

蒸汽养护方法是最常用的热养护方法。在冬季施工或需要混凝土强度快速增长时，常采用蒸汽养护。蒸汽养护一般分为预护、升温、恒温和降温四个阶段。预护是指混凝土浇注完毕后在常温下凝固一段时间（约3～4h）。升温速度与结构表面系数有关，一般不得超过

10～15℃/h。恒温时间视养护温度和要达到的强度而定，一般在8～12h之间。降温速度与升温速度相同。养护最高温度与水泥种类有关。

9.3.5.2　拆模

模板拆除应遵循先支后拆、先拆非承重、后拆承重的顺序，自上而下进行。

非承重侧模板应在混凝土强度保证其表面及棱角不致因拆模而受损坏方可拆除，一般抗压强度应达到2.5MPa。

芯模和预留孔道的内模，应在混凝土强度能保证其表面不发生塌陷和裂缝现象时方可抽除。

预应力混凝土结构的承重底模，应在施加预应力后拆除。

拆除立杆（拉杆）时，要特别注意防止失稳，一般最后一道水平横撑杆要与立杆（拉杆）同时拆下。卸落支架时，要设专人用仪器观测梁、拱的变形情况并做详细记录。

现浇钢筋混凝土桥落架工作，应从挠度最大处支架上的落架设备开始向两支点进行。宜逐渐增大，并要纵向对称、横向一致同时卸落。简支梁、连续梁宜从跨中向支座依次循环卸落；悬臂梁应先卸挂梁及悬臂的支架，再卸无铰跨内的支架。

在拆除模板及其支架以前，应进行混凝土立方体试压，以确定所达到的强度。混凝土立方体应取自浇注承重结构的混凝土中，并且应与承重结构处于相同的条件下进行养护。

模板及其支架的拆除期限与混凝土硬化的速度、气温及结构性质等有关。拆除模版及其支架的最短期限可参见表9－4。

表9－4　拆除模板及其支架的最短期限　　（昼夜）

混凝土强度达到设计强度的百分比	拆除项目	昼夜平均温度			
		20～30℃	15～20℃	10～15℃	5～10℃
25%	横梁、柱的侧面模板，以及不承受混凝土重量的模板	2	3	4	5
50%	跨径小于3m的板的底面模板，墩台直立横板，主梁侧面模板	6	7	8	10
75%	跨径大于3m的底面模板，墩台直立横板，主梁侧面模板	12	14	18	24
100%	跨径小于12m的主梁底面模板及其支架，拱桥模板，拱架及其支架	21	25	28	35

模板拆除时，应尽量避免对混凝土的震动，已拆除模板的结构，应在混凝土达到设计强度时才允许承受全部计算荷载。

思　考　题

1. 简述模板和支架在设计、制作和安装时的程序及要求。
2. 钢筋如何焊接及弯制成型？
3. 简述钢筋骨架的组成与钢筋的安装。
4. 混凝土浇注时工作缝怎样处理？
5. 如何选择混凝土的振捣方式？

10　预应力混凝土梁的预制

【本章概要】

本章简要地介绍了预应力混凝土简支梁先张法、后张法的制造工艺。先张法主要从张拉台座、预应力筋的制备、张拉、浇注、预应力筋放松等方面介绍施工方法和步骤，后张法主要从预应力筋的制备、孔道形成、张拉、孔道压浆及封锚等方面介绍施工方法和步骤。

【关键词】

先张法，后张法，张拉台座，预应力筋的制备，张拉，浇注，预应力筋放松，孔道形成，孔道压浆，封锚

【章节重点】

本章重点掌握预应力筋的下料方法，孔道的形成工艺，预应力筋的张拉要求、放张方法，压浆及封锚的要求。

预应力混凝土是预应力钢筋混凝土的简称。普通钢筋混凝土梁在受荷时发生弯曲，再加荷时发生裂缝直至破坏，预应力钢筋混凝土则与普通钢筋混凝土不同，先在没有荷载时在受拉区施加一个压力，这预先施加的压力称为预应力。先加的压力使梁产生反拱，当梁受荷时，梁先回复到平直状态，再增加荷载，梁发生弯曲，荷载继续增加，梁才产生裂缝直至破坏。

预应力混凝土技术在桥梁工程中的使用范围和数量，已成为衡量一个桥梁技术水平的重要标志之一。与普通钢筋混凝土相比，预应力钢筋混凝土提高了构件的抗裂度和刚度，同时节约了大量钢材，既降低了生产成本，又使得结构自重较轻。因此，可用于大跨度桥梁结构。

施加预应力的方法有先张法和后张法两种，本章分别予以介绍。

10.1　先张法预应力混凝土简支梁的制造工艺

先张法的制梁工艺是在浇注混凝土前张拉预应力筋，并将其临时锚固在张拉台座上。然后立模浇注混凝土，待混凝土达到规定强度后（一般不低于设计强度的70%），逐渐将预应力筋放松。这样就因预应力筋的弹性回缩，通过其与混凝土之间的黏结作用，使混凝土获得预压应力。

先张法可采用台座法或流水机组法。采用流水机组法时，构件在移动式的钢模中生产，钢模按流水方式通过张拉、灌注、养护等各个固定机组完成每道工序。流水机组法可加快生产速度，但需要大量钢模和较高的机械化程度，且需配合蒸汽养护，适用于工厂内预制定型构件。采用台座法时，施工工序全在固定台座上进行，不需复杂机械设备，施工适用性强，应用较广。因此，重点介绍张拉台座、预应力筋制备、预应力张拉、混凝土灌注、预应力筋放松等工艺。

10.1.1　张拉台座

台座是先张法施加预应力的主要设备之一，承受构件制作时预应力筋的全部张拉力。张拉台座必须在受力后不倾覆、不移动、不变形。张拉台座按构造形式可分为框架式、槽式和墩式；按材料可分为钢筋混凝土式、钢筋混凝土和型钢组合式及钢管混凝土式；按使用方式可分为拆装配式和固定式；按受力形式可分为轴心压柱式、偏心压柱式和无压柱式。

台座的长度和宽度根据施工现场的实际情况和生产板梁的数量决定，长度一般为 50 ~ 120m。台座主要由承力支架、横梁、定位钢板和台面等组成，如图 10－1 所示，台座材料要求有足够的强度与稳定性。

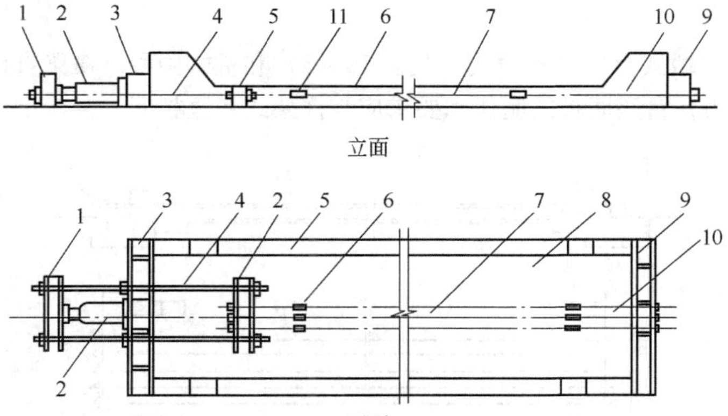

图 10－1　槽式台座示意图

1—活动前横梁；2—千斤顶；3—固定前横梁；4—大螺丝杆；5—活动后横梁；6—传力柱；7—预应力筋；8—台面；9—固定后横梁；10—工具式螺丝杆；11—夹具

10.1.1.1　承力支架

承力支架是台座的重要组成部分，要承担全部张拉力，在设计和建造时应保证不变形、无位移、经济、安全和操作方便。目前，在桥梁施工中所采用的承力支架多为槽式（见图 10－2），这种支架一般能承受 1000kN 以上的张拉力。

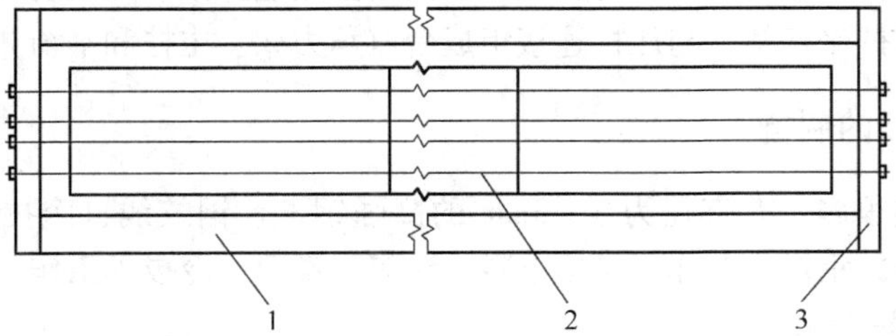

图 10－2　槽式承力支架

1—压杆；2—钢筋；3—横梁

10.1.1.2　台面

台面是制作构件的底模，要求坚固、平整、光滑。一般可在夯实平整的地基上浇铺一层素混凝土，并按规定留出伸缩缝作为台面。

10.1.1.3　横梁

横梁是将预应力筋的全部张拉力传给承力支架的两端横向构件，可用型钢或钢筋混凝土制作，并根据横梁的跨度、张拉力的大小，计算确定其断面尺寸，以保证其强度、刚度和稳定性，避免受力后产生变形或翘曲。

10.1.1.4　定位板

定位板是用来固定预应力钢筋的位置的，一般用钢板制作，必须具有足够的厚度，以保证其刚度。圆孔位置是按照梁体预应力钢筋来设计位置。孔径的大小应比预应力钢筋略大2～4mm，以便穿筋。

施工中多采用集中张拉台座，其主要形式有：

(1) 框架式台座。框架式台座是由纵梁、横梁、横系梁组成框架，一般采用钢筋混凝土在现场整体浇注。其中横梁也可采用装配式型钢组合梁，现场只浇注混凝土纵梁和系梁。台座应选择在硬地基上，若有局部软土需进行地基处理，压实整平地基后铺设砾石（碎石）层，再浇注混凝土底板。

(2) 墩式台座。墩式台座分重力式（见图10－3）和桩式两种。横梁直接和墩或桩基连成整体共同承受张拉力，台座底板的制作和要求应与框架式台座相同。

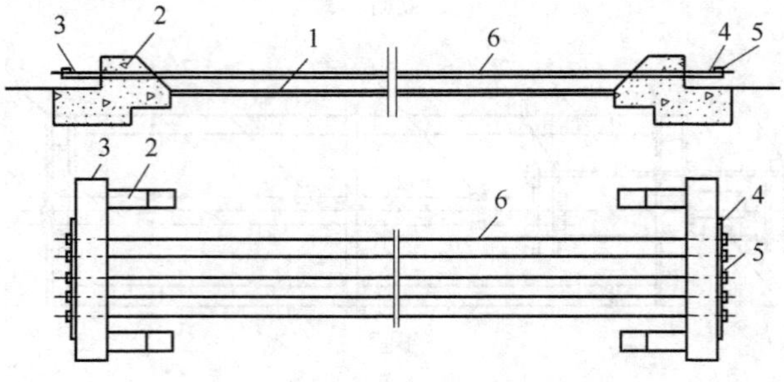

图10－3　重力式台座构造示意图

1—台面；2—承力架；3—横梁；4—定位钢板；5—夹具；6—预应力筋

墩式台座优点是构造简单、造价低廉；缺点是稳定性较差、变形较大。重力式台座需具有足够的强度和刚度，抗倾覆系数不应小于1.5，抗滑系数不应小于1.3。当预制板梁的数量较少、张拉吨位较小时，可选用墩式台座。

(3) 拼装式钢管混凝土台座。拼装式钢管混凝土台座具有施工迅速、方便、重复使用、节省造价的优点，它以钢管混凝土作为压柱，节间用法兰盘连接。压柱的两端采用型钢主柱和型钢框架装片石压重的平衡体，与压柱连接组成台座承力架。主柱和平衡体都可以拆卸。

10.1.2　预应力钢筋的制备

预应力钢筋种类很多，有直径为3～5mm的高强钢丝、钢绞线、冷拉Ⅲ、冷拉Ⅳ级钢筋等。本章仅介绍预应力钢筋的制作，包括下料、对焊、镦粗、冷拔等工作。

10.1.2.1　钢筋下料

预应力钢筋的下料长度是通过计算确定的，计算时应考虑构件或台座长度、锚夹具长度、千斤顶长度、焊接接头或墩头预留量、冷拉伸长值、弹性回缩值和外露长度等因素。

图10－4中，钢筋下料长度的计算公式（按一端张拉）为：

$$L=\frac{L_0}{1+\delta_1-\delta_2}+n_1l_1+l_2$$

$$L_0=L_1+L_2+L_3 \tag{10-1}$$

式中　L——下料长度；

δ_1——钢筋冷拉率；

δ_2——钢筋回缩率；
n_1——对焊接头的数量；
l_1——每个对焊接头的预留量；
l_2——镦粗头的预留量；
L_0——钢筋的要求长度；
L_1——长线台座的长度（包括横梁、定位板）；
L_2——夹具长度；
L_3——张拉机具所需的长度。

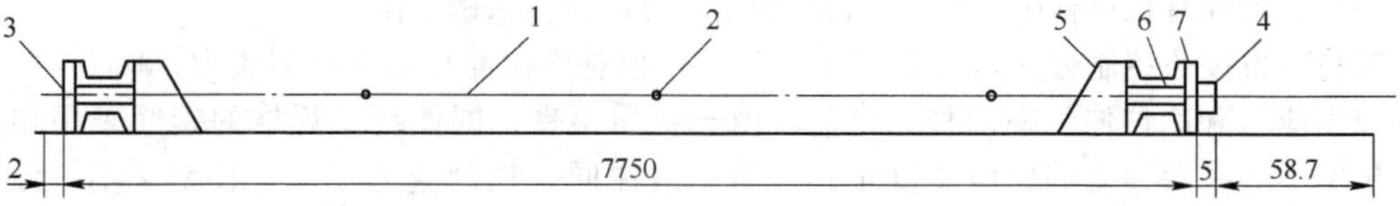

图 10－4　长线台座预应力钢筋下料长度示意图
1—粗钢筋；2—对焊接头；3—垫板；4—螺丝端杆；5—台座；6—帮条锚具；7—螺母

10.1.2.2　钢筋对焊

钢筋对焊必须在冷拉前对预应力钢筋的接头进行对焊，以免冷拉钢筋高温回火后失去冷拉所提高的强度。

普通低合金钢筋的对焊工艺，多采用闪光对焊。对焊后应进行热处理，以提高焊接质量。预应力筋有对焊接头时，宜将接头设置在受力较小处，在结构受拉区及在相当于预应力筋 30 倍直径长度（不小于 50cm）范围内，对焊接头的预应力筋截面面积不得超过钢筋总截面积的 25%。

10.1.2.3　镦粗

制作预应力混凝土构件需要夹具和锚具，会耗费一定的优质钢材。可将预应力钢筋端部做一个大头（即镦粗头），加上开孔的垫板，来代替夹具和锚具，如图 10－5 所示。钢筋的镦粗头可以采用电热镦粗；高强钢丝可以采用液压冷镦；冷拔低碳钢丝可以采用冷冲镦粗。冷拉钢筋端头的镦粗及热处理工作应在钢筋冷拉前进行。

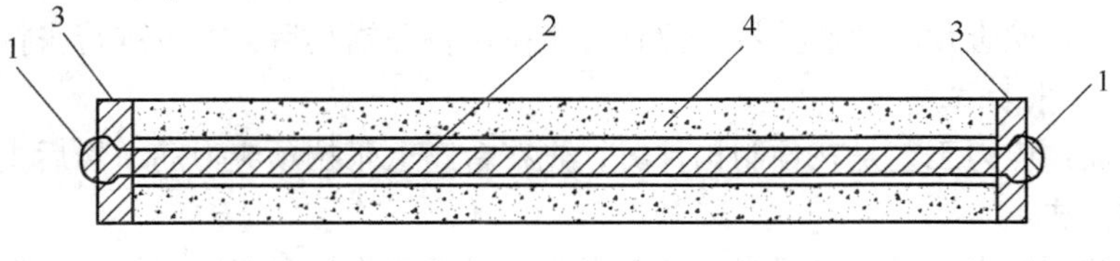

图 10－5　预应力钢筋（或钢丝）镦粗头
1—镦粗；2—钢筋；3—垫板；4—混凝土

钢筋或钢丝的镦粗头制成后，要经过拉力试验。当钢筋或钢丝本身拉断，而镦粗头仍不破坏时，则认为合格；同时进行外观检查，不得有烧伤、歪斜和裂缝。

10.1.2.4　钢筋冷拔

为了提高钢筋的强度并达到节约钢筋的目的，预应力粗钢筋一般在使用前需要进行冷拔，即在常温下用超过钢筋屈服强度的拉力拉伸钢筋。

对预应力钢筋进行冷拉，具有下列好处：

(1) 钢筋冷拉后，屈服点提高，长度变长。如预应力钢筋采用Ⅳ级钢筋，可使它的屈服点由588000kPa提高到735000kPa，加上它的伸长，可以节省钢筋30%左右。

(2) 冷拉后可以使强度高低不齐的钢筋达到比较一致的强度，不会因个别钢筋的屈服点较低而影响构件的质量。

(3) 钢筋冷拉后韧性和塑性有所降低，可以减少变形，使钢筋与混凝土的变形比较接近，可以减少构件受拉部分混凝土出现裂缝的现象。

(4) 可以检验钢筋对焊接头的质量。

(5) 盘圆钢筋的冷拉过程又是调直过程，减少了整直工序。

(6) 钢筋在冷拉过程中表面锈蚀自动脱落，可以减轻除锈工作。

钢筋冷拔按照控制方法可分为“单控”——控制冷拉伸长率或控制应力，“双控”——同时控制应力和冷拉伸长率两种。目前，由于材质不良，即使统一规格的钢筋采用相同冷拉伸长率，冷拉后建立的屈服强度也不一致；或在同一控制应力下，伸长率又不一致。因此，最好采用“双控”冷拉，既可保证质量，又可在设计上充分利用钢材强度。采用“双控”冷拉时，应以应力控制为主，伸长率控制为辅。只有在没有测力设备的情况下，采用“单控冷拉”。

10.1.2.5 冷拉时效

冷拉后的钢筋，在一定的温度下给予适当的时间“休息”，而不立即加载，从而使钢筋的屈服强度比冷拉完成时有所提高，钢筋的这种性质称为“冷拉时效”。

钢筋的“冷拉时效”有自然时效和人工时效两种。自然时效就是将冷拉后的钢筋在25～30℃下放置1～2d；人工时效就是将冷拉后的钢筋在100℃的恒温下保持2h。

10.1.3 预应力筋的张拉

10.1.3.1 张拉前的准备工作

先张法梁的预应力筋是在底模整理后，在台座上对已加工好的预应力筋进行张拉。对于长线台座，预应力筋之间的连接或者预应力筋与拉杆、拉索的连接，必须先用连接器串联后才能张拉。先张法通常采用一端张拉，另一端在张拉前设置好固定装置或安放好预应力筋的放松装置。但也有采用两端张拉的方法。

张拉前先安装定位板，检查定位板的筋孔位置和孔径大小是否符合设计要求，然后将定位板固定在横梁上。检查预应力筋数量、位置、张拉设备和锚具后，方可进行张拉。

10.1.3.2 张拉工艺

先张法施加预应力工艺是在预制构件时，先在台座上张拉预应力筋，然后支模浇注混凝土使构件成型的方法。

先张法张拉预应力筋，分单根张拉和多根张拉；单向张拉和双向张拉。单根张拉设备比较简单，吨位要求小，但张拉速度慢，张拉的顺序不会导致台座承受过大的偏心力。多根张拉张拉速度快，一般需有两个大吨位千斤顶。数根预应力筋张拉时，必须使它们的初始长度一致，张拉后每根力筋的应力均匀。因此，可在预应力筋的一端选用螺丝杆锚具和横梁、千斤顶组成张拉端，另一端选用镦粗夹具为固定端，这样可以利用螺丝端杆的螺帽调整各根力筋的初始长度。如果力筋直径较小，在保证每根力筋下料长度精确的情况下，可两端采用镦粗夹具。将多根张拉固定端的镦粗夹具改为夹片锚具，用小型穿心式张拉千斤顶先单根施加部分拉力，同时使每根预应力筋均匀受力，然后在另一端多根张拉到位，就是双向张拉。双向张拉速度快，预应力筋拉力均匀。

先张法预应力筋张拉程序可参照表10－1进行。表中σ_k为张拉时的控制应力（包括预应力损失在内）。张拉控制应力应符合设计要求，需要超张拉时，可比设计要求增加5%。张拉力筋时，为保证施工安全，应在超张拉放松至$0.9\sigma_k$时安装模板、普通钢筋及预埋件等。

表10－1 先张法预应力筋张拉程序

Ⅱ、Ⅲ、Ⅳ级钢筋	0→初应力→105%σ_k（持荷2min）→90%σ_k→σ_k（锚固）
碳素钢丝、钢绞线	0→初应力→105%σ_k（持荷2min）→0→σ_k（锚固）
冷拔低碳钢丝	0→105%σ_k（持荷2min）→σ_k或0→103%σ_k（锚固）

10.1.3.3 一般操作

（1）调整预应力筋长度。采用螺丝杆锚具，拧动端头螺帽，调整预应力筋长度，使每根预应力筋受力均匀。

（2）初始张拉。一般施加10%的初始张拉应力，将预应力筋拉直，锚固端和连接器处拉紧，在预应力筋上选定适当的位置刻画标记，作为测量延伸量的基点。

（3）正式张拉。

1）一端固定，一端单根张拉：张拉顺序由中间向两侧对称进行，如横梁、承力架受力安全也可从一侧进行。单根预应力筋张拉吨位不可一次拉至超张拉应力。

2）一端固定，一端多根张拉：千斤顶必须同步顶进，保持横梁平行移动，预应力筋均匀受力。分级加载拉至超张拉应力。

3）一端单根张拉，一端多根张拉：先张拉单根预应力筋，由延伸量和油表压力读数双控制施加30%～40%的张拉力，同时使预应力筋受力均匀，先顶锚锚固一端，再张拉多根预应力筋至超张拉应力。

10.1.3.4 持荷

按预应力筋的类型选定持荷时间为2～5min，使预应力筋完成部分徐舒，完成量约为全部量的20%～25%，以减少钢丝锚固后的应力损失。

10.1.3.5 锚固

补足或放松预应力筋的拉力至控制应力。测量、记录预应力筋的延伸量，并核对实测值与理论计算值，其误差应在±6%范围内。锚固预应力筋，千斤顶应回油至零。

10.1.4 混凝土的浇注

混凝土浇注前除按操作规程检查外，对先张构件还应检查台座受力、夹具、预应力筋数量、位置及张拉吨位等是否符合要求。

混凝土浇注除按正常规程操作外，还应注意以下事项：

（1）尽量采用侧模振捣工艺。

（2）先张构件使用振捣棒振捣时应避免触及力筋，防止发生受振滑移和断筋伤人事故，不得触及充气胶管。

（3）浇注混凝土时防止充气胶管上浮和偏位，应随时检查定位箍筋和压块固定的情况。

（4）先张构件用蒸汽养护，开始时恒温温度应按设计规定进行，不得任意提高，以免造成不可补救的预应力损失。待混凝土强度达到10MPa时，可适当提高温度，但不得超过60℃。

10.1.5 预应力筋的放松

当混凝土达到设计规定的放松强度之后，可在台座上放松受拉预应力筋（简称“放张”），对预制梁施加预应力。当设计无规定时，一般应在大于混凝土设计强度标准值的75%时进行。本节对几种常见的放松方法进行介绍。

10.1.5.1 千斤顶放松法

在台座固定端的承力支架和横梁之间，张拉前预先安放千斤顶，如图10－6所示。待混凝土达到规定的放松强度后，两个千斤顶同时回程，使拉紧的预应力筋徐徐回缩，张拉力被放松。

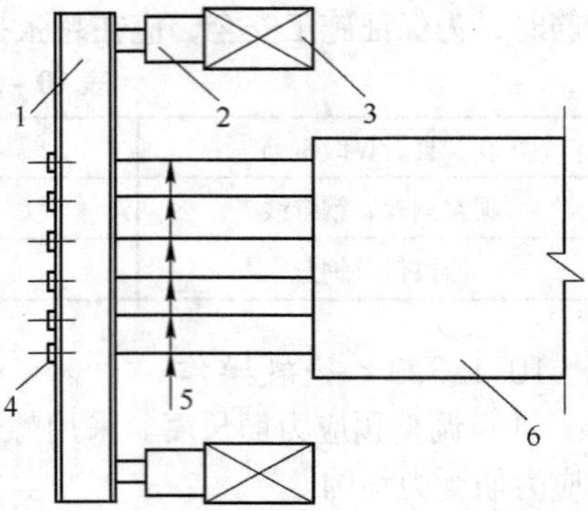

图10－6 千斤顶放松张拉力的布置
1—横梁；2—千斤顶；3—承力支架；4—夹具；5—钢筋；6—构件

10.1.5.2 砂箱放松法

以砂箱代替千斤顶，如图10－7所示。使用时从进砂口灌满烘干的砂子，加上压力压紧。待混凝土达到规定的放松强度后，打开出砂口，砂子即慢慢流出，放砂速度应均匀一致，预应力筋随之徐徐回缩，张拉力即被放松。当单根钢筋采用拧松螺母的方法放松时，宜先两侧后中间，分阶段、对称地进行。

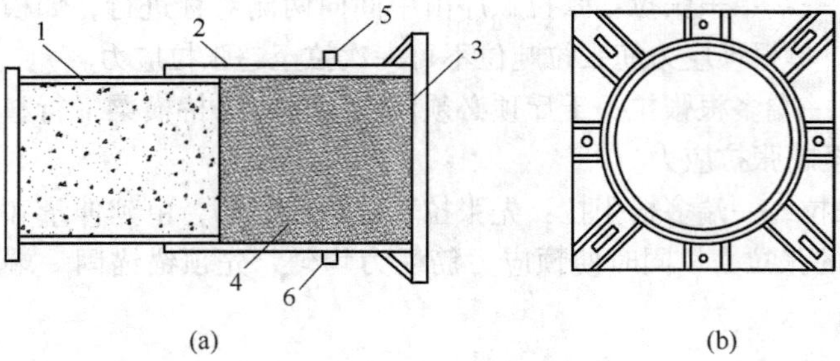

图10－7 砂箱放松法
1—活塞；2—套箱；3—套箱底板；4—砂子；5—进砂口；6—出砂口

10.1.5.3 张拉放松法

（1）在张拉端利用连接器、拉杆、双螺帽放松预应力筋。施加应力不应超过原张拉时的控制应力，之后将固定在横梁定位板前的双螺帽慢慢拖动，同一组放松的预应力筋螺帽旋动的距离应相等，然后再将千斤顶回油、张拉，放松螺帽，反复进行，慢慢放松预应力筋。

（2）在台座固定端设置落案和张拉架，张拉架顶紧横梁使预应力筋锚固在张拉架上。放松时，再略微拉紧预应力筋，让其伸长一些，然后拧松螺帽，再将千斤顶回油、预应力筋就慢慢回缩，张拉力即被释放。

10.1.5.4 滑楔放松法

张拉前将三块U形滑楔放在台座横梁与螺帽之间，如图10－8所示在中间滑楔上设置螺杆、螺丝顶住预应力筋。张拉完成后，旋松螺丝，因反力作用，而使中间滑楔向上滑动，将预应力筋慢慢放松。

10.1.5.5 氧割法

直接用氧炔焰沿构件端部将锚固在台座上的预应力筋切断，这种放松预应力筋的方法对预应力冲击很大，易产生裂缝和造成预应力大量损失。氧割操作人员只准沿横向站立，严禁站在预应力筋上进行操作。

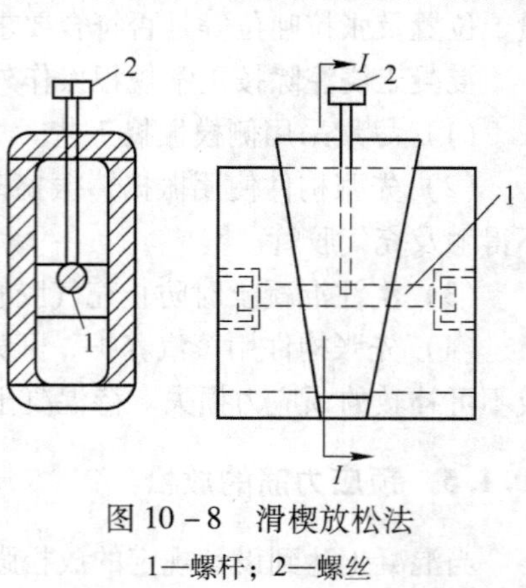

图10－8 滑楔放松法
1—螺杆；2—螺丝

10.1.5.6 手工法

采用各种手工机具将预应力筋沿构件端部锯断或剪断。预应力筋全部放松后，可用“乙炔-氧气”烧割或用电弧切割外露的钢筋。切割时要防止烧伤端部混凝土，切割后的外露端头应用砂浆封闭或涂刷防蚀材料，防止生锈。长线台座上预应力筋的切割顺序，宜由放张端开始，逐次切向另一端。

10.2 后张法预应力混凝土简支梁的制造工艺

后张法制梁的步骤是先制作留有预应力筋孔道的梁体。待混凝土达到规定强度后，再在孔道内穿入预应力筋，进行张拉并锚固，最后进行孔道压浆并浇注梁端封头混凝土。

后张法需要留孔道、穿筋、灌浆等工序。比先张法复杂，且构件上耗用的锚具和预埋件等增加了用钢量和制作成本，但此法不需要强大的张拉台座，便于现场施工，而且适用于配制曲线形预应力筋的大型和重型构件制作。因此，在公路、铁路、桥梁上得到广泛的应用。

后张法预应力混凝土桥梁常用高强碳素钢丝束、钢绞线和冷拉Ⅲ、Ⅳ级粗钢筋作为预应力筋。对于跨径较小的T型梁，也可采用冷拔低碳钢丝束作为预应力筋。

10.2.1 预应力钢筋的制备

10.2.1.1 高强钢丝束的制备

钢丝束的制备包括下料和编束工序。若高强碳素钢丝的盘径小于1.5m，则下料前应先在调直机上整直。对于在厂内已经矫直回火处理且盘径为1.7m的高强钢丝，一般不必整直就可下料。如发现局部存在波弯现象，可先在木制台座上用木锤整直后下料。调直好的钢丝，最好成直线存放。如果需将钢丝盘起来存放时，其盘径应不小于钢丝直径的400倍，否则钢丝将发生塑性变形和弯曲。下料前除应抽样试验钢丝的力学性能外，还要测量钢丝的圆度。

钢丝的下料长度L应为：

$$L = L_0 + L_1 \qquad (10-2)$$

式中 L_0——构件混凝土预留孔道长度；

L_1——固定端和张拉端（或两个张拉端）所需钢丝工作长度。

当构件的两端均采用锥形锚具、双作用或三作用千斤顶张拉钢丝时，其工作长度一般可取140~160cm。当采用其他类型锚具及张拉设备时，应根据实际需要，计算钢丝工作长度。

对于采用锥形螺杆锚具和墩头锚具的钢丝束，为保证每根钢丝下料长度相等，钢丝需在应力状态下切断下料。

为了防止钢丝扭结，必须进行编束。编束时，可将钢丝对齐后穿入特制的梳丝板并排列整齐，如图10-9所示，然后一边梳理钢丝一边每隔1.0~1.5m衬以长3~4cm的螺旋衬圈或短钢管，并设在衬圈处，用2号铁丝缠绕20~30道捆扎成束。图10-10所示为用24ϕ5钢丝配合锥形锚编制的钢丝束断面。这种制束工艺对防锈、压浆有利，但操作较繁琐。另一种编束方式是每隔一个螺旋衬圈1.0~1.5m先用18~20号铅丝将钢丝编成帘状。然后每隔1.5m设置一个螺旋衬圈，并将编好的钢丝绕衬圈围成圆束。

绑扎好的钢丝束，应标出其长度和设计编号，并按编号分批堆放。

当采用环销锚锚具时，钢丝宜先绑扎成小束而后绑扎成大束。绑束完毕后，在钢丝束的两端按分丝的要求，将钢丝束分成内外两层，并分别用铅丝编结成帘状或做出明显的标志，以防两端内外层钢丝交错张拉。

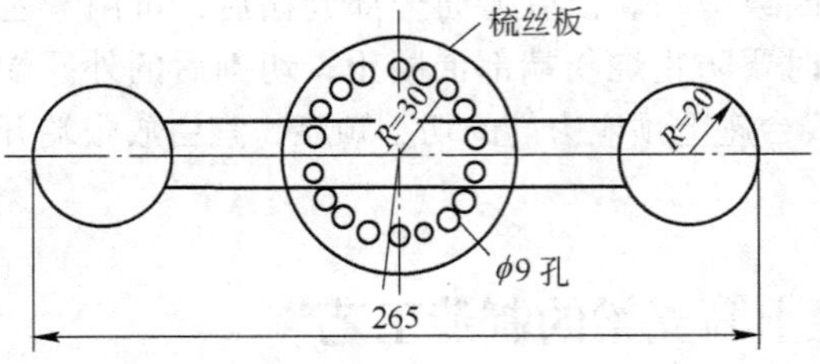

图 10－9 梳丝板

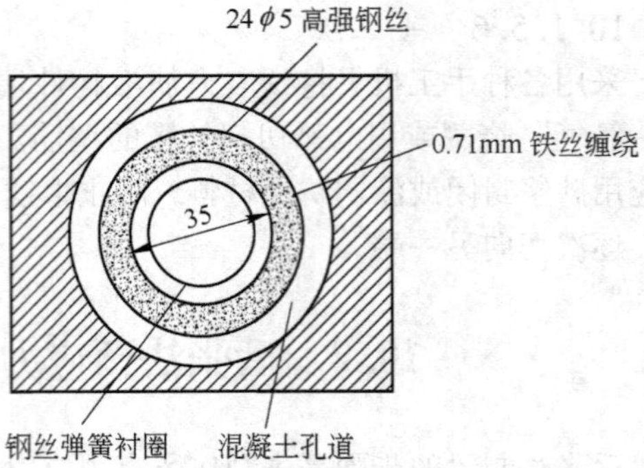

图 10－10 钢丝束断面

10.2.1.2 钢绞线束的制备

钢绞线是用若干根钢丝围绕一根中心芯丝绞捻而成的。如 7ϕ5 钢绞线是由六根直径为 5mm 的钢丝围绕一根直径为 5.15～5.20mm 的钢丝扭结后，经低温回火处理而成的。

钢绞线出厂时缠于圆盘上。使用时按需要长度下料。钢绞线束的下料长度也由孔道长度和工作长度决定。

钢绞线的成束，可采用与钢丝束编扎相同的方法，即用 18～20 号铅丝每隔 1～1.5m 绑扎一道，但应在编束前进行预拉工作。当采用专门的穿束机时，无需对钢绞线进行预拉和编束。

10.2.2 预应力孔道的形成

后张法施工的预应力梁，在浇注梁体混凝土前，需在预应力筋的设计位置预先安放制孔器，以便在梁体制成后在梁内形成孔道。在进行预应力工艺时，即可将预应力筋穿入孔道，然后进行张拉和锚固。

预应力孔道的形成包括制孔器的安装和抽拔以及通孔检查等工作。

10.2.2.1 制孔器的种类

为了在混凝土内形成钢束管道，应在浇注混凝土前预先安放制孔器。按制孔的方式可分为埋置式制孔器和抽拔式制孔器两种。

埋置式制孔器在梁体制成后将留在梁内，形成的孔道壁对预应力筋的摩阻力小，但加工成本高，使用后不能回收。其种类主要有铁皮管、铝合金波纹管以及塑料波纹管等。铁皮管以薄铁皮制作，安放时分段连接。铁皮管制孔器的缺点是制作慢、费人工、接缝和接头处容易漏浆导致以后穿束和张拉的困难。波纹管由铝合金片材用制管机卷制而成，横向刚度大，不易变形、不漏浆，纵向也便于弯成各种线型，与构件混凝土的黏结也较好，故比较适用。塑料波纹管具有抗腐蚀性好、能防止氯离子浸入、防电流腐蚀、强度高、耐疲劳性好等优点，因此其应用越来越广泛。

抽拔式制孔是将制孔器预先安放在预应力束的设计位置上，待混凝土强度达到抽拔要求后将它拔出，构件内即形成孔道。这种方法制孔的最大优点是制孔器能够周转使用，因此应用较广。常用的抽拔式制孔器（俗称抽拔管）有以下三种：

（1）橡胶管制孔器。它分为夹布胶管和钢丝网胶管两种。通常选用具有 5～7 层夹布的高压输水（气）管作为制孔器，要求管壁牢固，耐磨性能好，能承受 5kN 以上的工作拉力，并且弹性恢复性能好，有良好的挠曲适应性。

预应力混凝土 T 梁的预留孔道长度一般在 25m 以上，而胶管的出厂长度不到 25m，考虑制孔器安装和抽拔的方便，常采用专门的接头。

胶管内如利用充气或充水来增加刚度，管内压力不得低于500kPa。充气（水）后胶管的外径应符合孔道直径的要求。为增加胶管的刚度和控制位置的准确，需在橡胶管内置圆钢筋芯棒。

（2）金属伸缩管制孔器。它是一种用金属丝编织成的可伸缩网套，具有压缩时直径增大而拉伸时直径减小的特性。为了防止漏浆和增强刚度，网套内可衬以普通橡胶衬管和插入圆钢或5mm钢丝束芯棒。

（3）钢管制孔器。钢管制孔器用表面平整光滑的钢管焊接制成，抽拔力大，但不能弯曲，仅适用于短而直的孔道。

无论采用何种制孔器，都应按设计规定或施工需要预留排气排水和灌浆用的孔眼。

10.2.2.2　制孔器的抽拔

制孔器可由人工逐根或用机械分批地进行抽拔工作。抽拔时先抽芯棒，后拔胶管；先拔下层胶管，后拔上层胶管。抽拔完毕后，应用通孔器进行通孔检查。

抽拔时机的选择是能否顺利抽拔和保证成孔质量的关键。制孔器的抽拔要在混凝土初凝之后与终凝之前进行，抽拔过早混凝土容易塌陷而堵塞孔道；抽拔过迟则可能拔断胶管。根据经验，抽拔胶管的时间可参考表10－2或按式（10－3）估算：

$$H=\frac{100}{T} \qquad (10-3)$$

式中　H——混凝土浇注完毕至抽拔制孔器的时间，h；

T——预制构件所处的环境温度，℃。

表10－2　抽拔制孔器的时间

环境温度/℃	抽拔时间/h
>30	3
30～20	3～5
20～10	5～8
<10	8～12

10.2.3　预应力筋的张拉

混凝土强度达到设计强度的75%时，方可进行构件预应力筋的张拉工作。

预应力筋张拉时，应避免构件呈过大的偏心状态，为此，应对称于构件截面进行张拉，或先张拉靠近截面重心处的预应力筋，后张拉距截面重心较远处的预应力筋。对曲线预应力筋或长度不小于25m的直线预应力筋，宜在两端同时张拉；长度小于25m的直线预应力筋，可在一端张拉。

10.2.3.1　张拉程序

后张法预应力筋的张拉应符合设计要求，设计无规定时，其张拉程序可参照表10－3进行。

10.2.3.2　操作方法

预应力筋的张拉操作方法与配用的锚具和千斤顶的类型有关。如张拉钢丝束可配用锥形锚具、锥锚式千斤顶（见图10－11）；张拉粗钢筋可配用螺丝端杆锚具、拉杆式千斤顶（见图10－12）；张拉精轧螺纹钢筋可配用特质螺帽、穿心式千斤顶（见图10－13）；张拉钢绞线束可配 OVM 锚、穿心式千斤顶。

表 10－3　后张法预应力筋张拉程序

预应力钢筋种类		张拉程序
钢筋、钢筋束		0→初应力→105%σ_k（持荷 2min）→σ_k（锚固）
钢绞线束	夹片式锚具等有自锚性能锚具	普通松弛力筋：0→初应力→103%σ_k（锚固） 低松弛力筋：0→初应力→σ_k（持荷 2min）
	其他锚具	0→初应力→105%σ_k（持荷 2min）→σ_k（锚固）
钢丝束	夹片式锚具等有自锚性能锚具	普通松弛力筋：0→初应力→103%σ_k（锚固） 低松弛力筋：0→初应力→σ_k（持荷 2min）
	其他锚具	0→初应力→105%σ_k（持荷 2min）→0→σ_k（锚固）
精轧螺纹钢筋	直线配筋时	0→初应力→σ_k（持荷 2min）
	曲线配筋时	0→初应力→σ_k（持荷 2min）→0（上述程序可重复几次）→初应力→σ_k（持荷 2min 锚固）

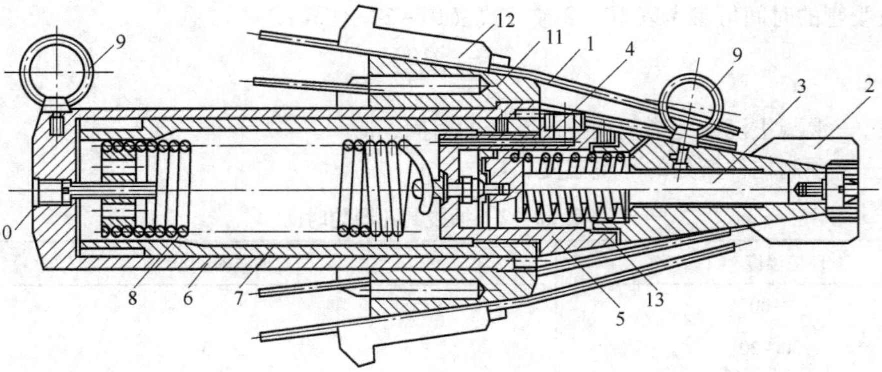

图 10－11　锥锚式千斤顶

1—钢丝；2—顶头；3—小缸活塞；4—小缸油嘴；5—小缸；6—大缸；7—大缸活塞；8—拉力弹簧；9—吊环；10—大缸油嘴；11—锥形卡环；12—楔块；13—复位弹簧

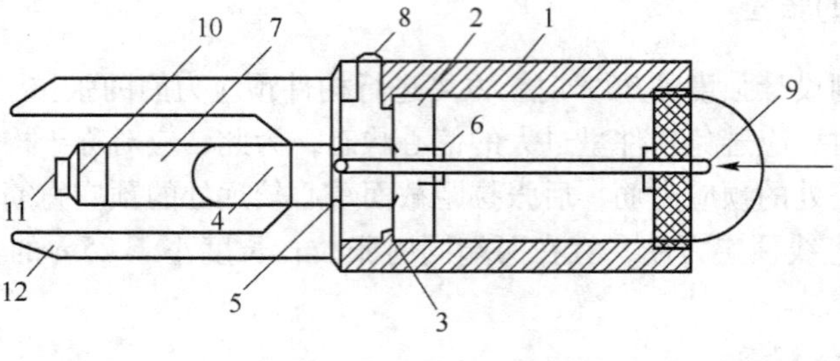

图 10－12　拉杆式千斤顶

1—大缸；2—大缸油塞；3—大缸油封圈；4—小缸；5—小缸活塞；6—小缸油封圈；7—活塞杆；8—前油嘴；9—后油嘴；10—套碗；11—拉头；12—顶脚

以锥形锚具配锥锚式千斤顶为例，介绍张拉操作方法：

(1) 张拉准备工作。钢丝穿过锚环，放入锚塞并使钢丝均匀分布在锚塞周围，用手锤轻敲锚塞，装上对中套，将钢丝用楔块楔在千斤顶夹盘内。

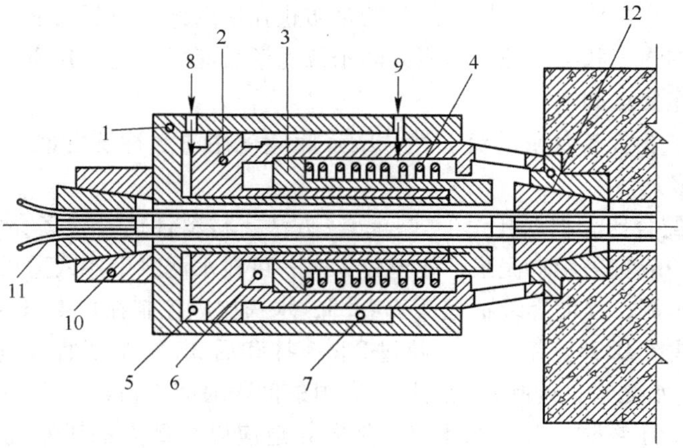

图 10－13 穿心式千斤顶

1—大缸；2—小缸；3—顶压活塞；4—弹簧；5—张拉工作油室；6—顶压工作油室；7—张拉回程油室；8—后油嘴；9—前油嘴；10—工具式锚具；11—钢绞线；12—锚具

（2）初始张拉。两端同时张拉至钢丝达到初应力（约 10%σ_k）。由于钢丝在夹盘上未楔紧，钢丝发生滑移，当滑移停止后打紧楔块，使钢丝牢牢固定在夹盘上。分两次进行楔块打紧，第一次均匀地将每只楔块敲击两锤，第二次则重击楔块使钢丝卡紧，在两端补足张拉的初应力。在分丝盘沟槽处的钢丝上标出测量伸长量的起点标记，在夹盘前端的钢丝上也标出用以辨认是否滑丝的标记。

（3）正式张拉。两端轮流分级加载张拉，每级加载值为油压表读数 5000kPa 的倍数，直至超张拉值并持荷，以消除预应力筋的部分松弛损失。控制张拉应力，测量钢丝伸长量。

（4）顶锚。当张拉到控制张拉应力后，钢丝伸长量若与计算伸长量相符合，即可进行顶锚（顶锚力约为控制张拉力的 50% ~55%）。顶锚时先从一端开始，此时钢筋因回缩发生预应力损失，应在另一端补足预应力损失及进行顶锚。若回缩量大于 3mm，必须重新张拉。

10.2.3.3 预应力筋张拉允许偏差

预应力筋张拉的允许偏差应符合表 10－4 的规定。

表 10－4 预应力筋张拉的允许偏差

<table>
<tr><th rowspan="2">序号</th><th rowspan="2" colspan="2">项目</th><th rowspan="2">允许偏差</th><th colspan="2">检验频率</th><th rowspan="2">检验方法</th></tr>
<tr><th>范围</th><th>点数</th></tr>
<tr><td>1</td><td colspan="2">张拉应力值</td><td>±5%</td><td>每根（束）</td><td>1</td><td>压力表测量或查张拉记录</td></tr>
<tr><td rowspan="2">2</td><td rowspan="2">预应力筋断裂或滑脱数</td><td>先张法</td><td>5% 总根数，且每米不大于 2 丝</td><td rowspan="3">每个构件</td><td rowspan="2">1</td><td rowspan="2">观察</td></tr>
<tr><td>后张法</td><td>3% 总根数，且每米不大于 2 丝</td></tr>
<tr><td>3</td><td colspan="2">每端滑移量</td><td>符合设计规定</td><td>1</td><td rowspan="3">尺量</td></tr>
<tr><td>4</td><td colspan="2">每端滑丝量</td><td>符合设计规定</td><td>每根（束）</td><td>1</td></tr>
<tr><td>5</td><td colspan="2">先张法预应力筋中心位置</td><td>5mm</td><td>每个构件</td><td>1</td></tr>
</table>

10.2.4 孔道压浆

孔道压浆是用压浆机将水泥浆压入孔内，填满预应力筋与孔道间的空隙，使预应力筋与混凝土牢固黏结成为一个整体。孔道压浆的目的是防止孔道内预应力筋锈蚀，并与构件混凝土结成整体，保证构件的强度和耐久性。预应力筋张拉完毕后应尽快进行孔道压浆。

孔道压浆的操作要点如下：

（1）冲洗孔道。为保持灰浆的流动性，压浆前应先用清水冲洗湿润孔道，同时要检查灌浆孔、排气孔是否畅通。

（2）确定灰浆配合比。根据孔道形式、灌浆方法、材料性能及设备条件试验确定灰浆的配合比。孔道压浆一般宜采用水泥浆，孔道较大时，可在水泥浆中掺入适量的细砂。压浆水泥宜采用普通硅酸盐水泥，强度等级不宜低于42.5，水灰比应控制在0.4～0.45之间。掺入减水剂时，水灰比可减少到0.35。泌水率不超过3%，拌和后3h泌水率宜控制在2%，泌水应在24h内被重新吸收。水泥浆自调制开始到压入孔道的间隔时间不得超过30～45min。

（3）压浆方法。压浆时，对曲线孔道和竖向孔道应以最低点的压浆孔压入，由最高点的排气孔排气和泌水。压浆顺序宜先压注下层孔道，后压注上层孔道。压浆应缓慢、均匀、连续地进行，不得中断，如中间因故停顿时，应立即将已灌入孔道的灰浆用水冲洗干净后重新压浆。压浆时，每一工作班应留取不少于3组的立方体试件，检查其28d抗压强度。压浆过程中及压浆后48h内，混凝土温度不得低于5℃，否则应采取保温措施。当温度高于35℃时，压浆宜在夜间进行。

10.2.5 封锚锚固

孔道压浆后应立即将锚固端水泥浆冲洗干净，并将端面混凝土凿毛。在绑扎端部钢筋网和安装封锚模板时，要妥善固定，以免浇注封锚混凝土时模板走样。封锚混凝土标号应符合设计规定，一般不宜低于构件混凝土标号的80%。封锚混凝土必须严格控制梁体长度。浇注后1～2h带模养护，脱模后继续洒水养护不少于7d。对于长期外露的锚具，应采取可靠的防锈措施。

思 考 题

1. 简述先张法预应力混凝土简支架桥的施工工艺过程。
2. 简述钢筋下料长度的计算方法。
3. 预应力钢筋冷拉的作用是什么？
4. 简述预应力钢筋的张拉程序。
5. 预应力筋的放松方法有几种？
6. 后张法预应力筋的孔道是怎样形成的？对制孔器的抽拔有哪些要求？
7. 孔道压浆的目的是什么？怎样操作？

11 桥梁的悬臂施工

【本章概要】

本章简要地介绍了悬臂浇注法、悬臂拼装法、混合施工法。悬臂浇注法主要从托架与挂篮的组成、悬臂浇注施工工艺方面介绍施工方法与步骤，悬臂拼装法主要从块件预制、吊装系统、接缝处理方面介绍施工方法与步骤。同时，对比分析了悬臂浇注与悬臂拼装的异同点。

【关键词】

悬臂浇注法，悬臂拼装法，混合施工法，托架与挂篮，块件预制，吊装系统，接缝处理

【章节重点】

本章重点掌握挂篮的组成、悬臂浇注施工控制方法、吊装系统的组成、接缝处理工艺、悬臂浇注与悬臂拼装的异同点。

11.1 桥梁的悬臂施工概述

桥梁的悬臂施工是指桥梁上部结构施工时，从桥墩顶部开始，对称或不对称地分段悬臂拼装或悬臂浇注的施工方法。该方法适合于梁的上翼缘承受拉应力的桥梁形式，如悬臂梁、连续梁、连续刚构、拱桥及斜拉桥等，如图 11－1 所示。

悬臂拼装是用已制造好的钢梁杆件或预制好的预应力梁节段，用悬拼吊机悬吊于上部结构上将杆件或节段梁逐一拼装。拼装牢固一个节段后，再拼装下一个节段，形成向桥跨中部逐渐增大的悬臂，直至跨中合拢或拼至下一个墩台上。

悬臂浇注法是用挂篮就地分段现浇，待每段混凝土养护并张拉预应力后，再将挂篮前移，浇注下一节段。悬臂浇注的每一段将要承受随后浇注的结构自重及施工机具等荷载，并要保持悬臂平衡及安全稳定。

悬臂施工法主要适用于以下情况：

（1）桥梁位于深山峡谷之间，桥墩很高，用支架法很不经济时，可考虑用悬臂施工。

（2）桥梁位于大江大河之上，水深流急，有通航要求的河流，要求桥梁跨度较大，可考虑用悬臂施工。

（3）桥梁的上部结构形式有利于悬臂施工时，即悬臂施工的受力与桥梁建成后受力较接近，如悬臂梁桥、连续梁桥、连续刚构桥、斜拉桥等，可考虑用悬臂施工。

（4）桥梁属于立交桥，在施工中不能妨碍桥下净空的使用，或大跨度桥梁施工工期要求很紧时，为加快施工进度，可考虑用悬臂施工。

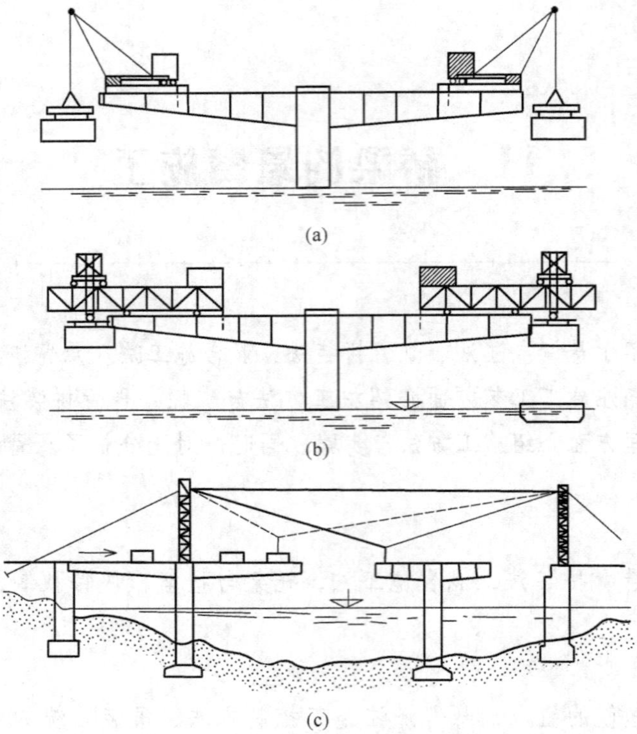

(a)

(b)

(c)

图 11－1　桥梁的悬臂施工

11.2　悬臂浇注法

11.2.1　移动式挂篮

悬臂浇注采用移动式挂篮作为主要施工设备，以桥墩为中心，利用挂篮对称浇注梁段混凝土，每段长 2～5m。每浇注完一对梁段，待混凝土达到规定强度后，张拉预应力束并锚固，再向前移动挂篮，进行下一节段的施工。悬臂浇注施工作业的流程如图 11－2 所示。

当桥墩宽度较小时，浇注桥墩两侧 1 号梁段，因挂篮拼装场地不足，往往采用托架支撑（见图 11－3），然后再在其上安装脚手钢桁架（见图 11－4（a））供吊设挂篮和浇注 2 号悬臂梁段。待左右两侧的 2 号梁段浇好后，再延伸钢桁架，并移动挂篮位置至外端，供 3 号梁段浇注（见图 11－4（b））。浇注几段后，将钢桁架分成两半浇注，后端锚固或重压，以防止倾覆。

悬臂施工时，悬臂平衡是最重要的问题，但是不可能保持悬臂在桥墩两侧绝对平衡，因此常采用下列临时措施：

（1）用预应力临时固结，完工后解除之，恢复原来的支撑条件（见图 11－5（a））。

（2）在桥墩两侧加设临时支墩（见图 11－5（b））。

（3）在墩顶设扇形托架，以达到梁与墩的临时固结（见图 11－5（c））。

每段浇注的混凝土经养护达到设计强度的 70% 后，再经过孔道检查和修理埋孔口等工序，即可进行穿束、张拉、压浆和封锚工作。

移动式挂篮是悬臂浇注采用的主要施工设备，它由底模板、悬挂系统、钢桁架、行走系统、工作平台、平衡重力及锚固系统等组成。挂篮能沿轨道行走，能悬挂在已完成悬臂浇注的

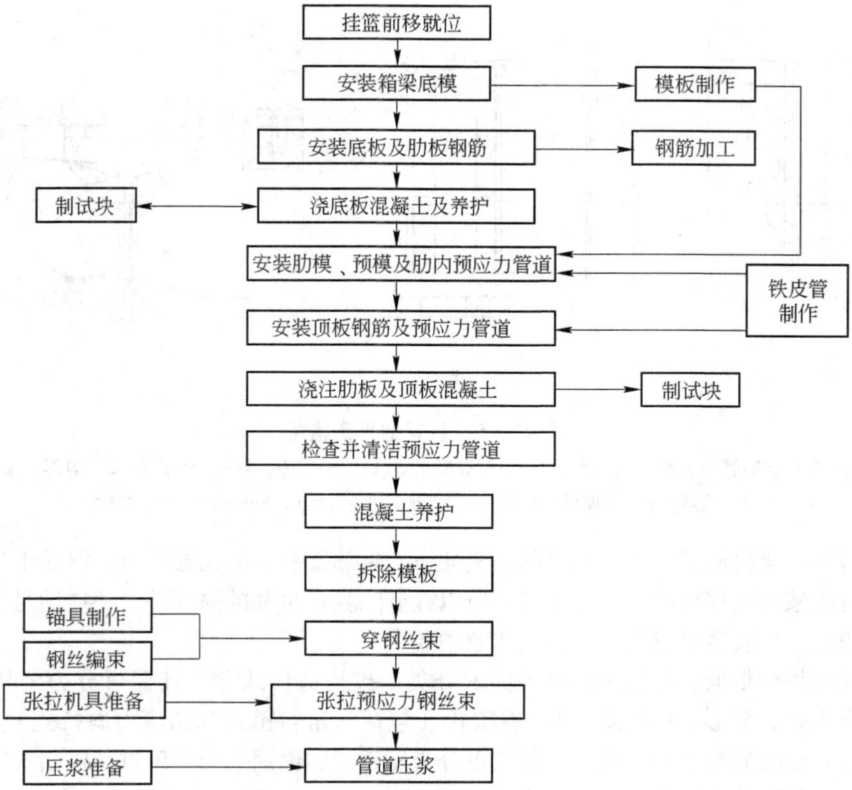

图 11－2　悬臂浇注施工作业的流程图

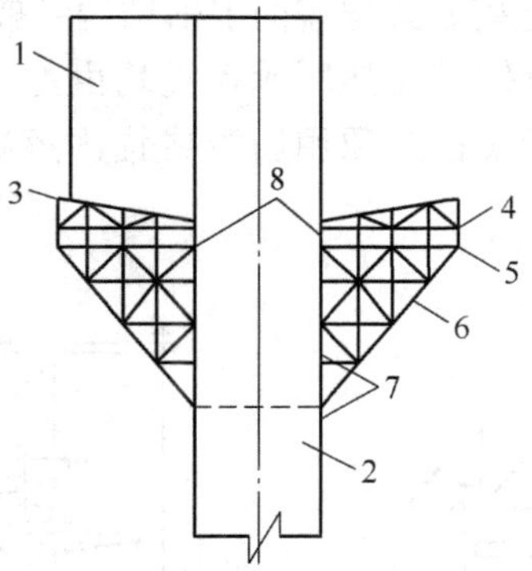

图 11－3　用托架支撑浇注墩桩两侧的 1 号梁段

1—1 号梁段；2—墩柱；3—三角垫架；4—木楔；5—工字钢；6—扇形托架；7—垫块；8—预埋钢筋

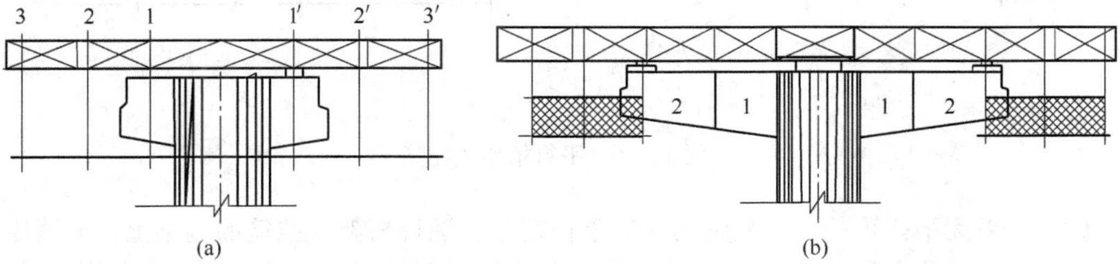

图 11－4　悬臂对称浇注

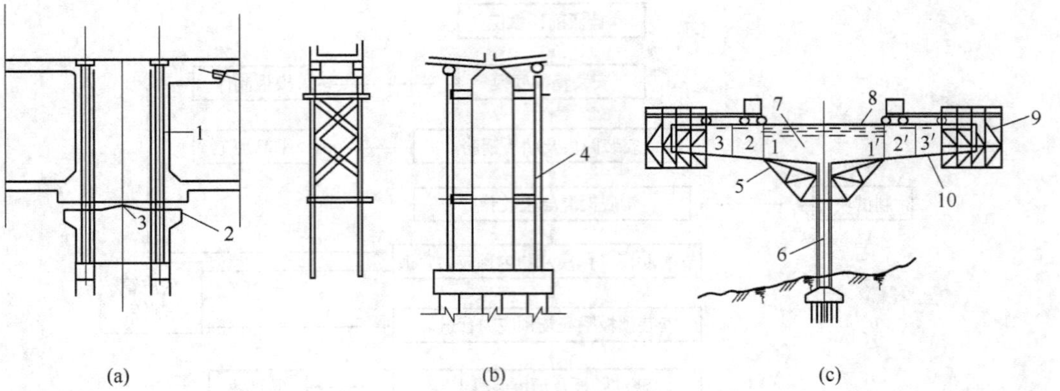

图 11－5 悬臂的平衡措施

1—穿在钢筋管内的临时预应力；2—临时混凝土垫块；3—支座；4—临时支撑；5—扇形托架；6—桥墩；7—墩顶梁段；8—逐段施加的预应力筋；9—挂篮；10—梁段

梁段上进行下一梁段施工。由于梁段的模板架设、钢筋绑扎、制孔器安装、混凝土浇注、预加应力和管道压浆等工序均在挂篮上进行，所以挂篮除具备足够的强度外，还应满足变形小、行走方便、锚固、拆装容易以及各项施工作业的要求。

按不同的划分依据，挂篮可以有不同的分类。按构造形式分，挂篮可分为桁架式（包括平弦无平衡重式、菱形、弓弦式等）、斜拉式（包括三角斜拉式和预应力斜拉式）、型钢式及混合式四种；按抗倾覆平衡方式分，挂篮可分为压重式、锚固式和半压重半锚固式三种；按走行方法分，挂篮可分为一次走行到位和两次走行到位两种；按移动方式分，挂篮可分为滚动式、滑动式和组合式三种。下面介绍几种主要挂篮的结构与特点：

（1）平行桁架式挂篮。平行桁架式挂篮的上部结构一般为一个等高的桁架，如图 11－6 所示，其受力特点为底模平台及侧模支架所承荷重均由前后吊杆垂直传至桁架节点和箱梁底板上，故又称吊篮式结构，桁架在梁顶用压重或锚固解决倾覆稳定问题，桁架本身为受弯结构。

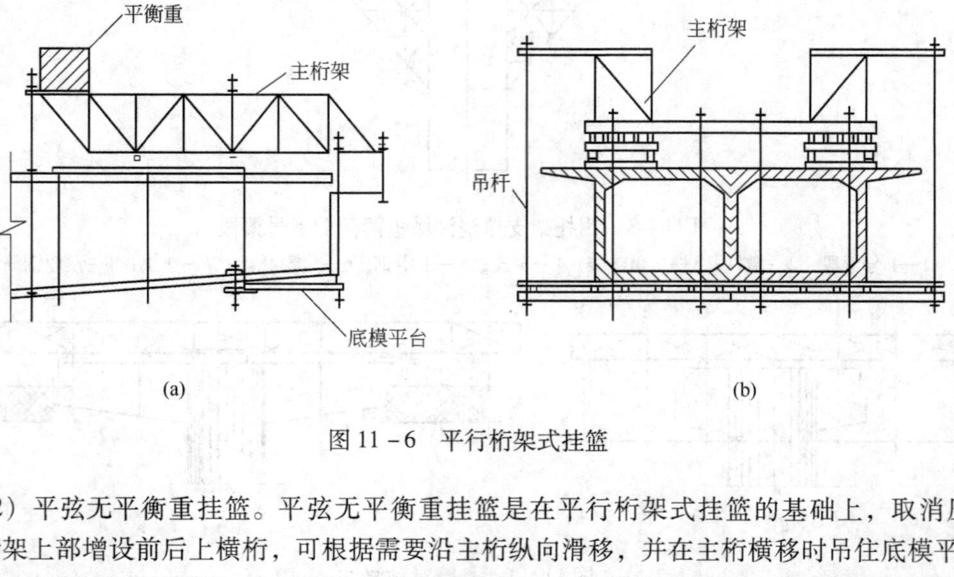

图 11－6 平行桁架式挂篮

（2）平弦无平衡重挂篮。平弦无平衡重挂篮是在平行桁架式挂篮的基础上，取消压重，在主桁架上部增设前后上横桁，可根据需要沿主桁纵向滑移，并在主桁横移时吊住底模平台及侧模架，如图 11－7 所示。由于平弦无平衡重挂篮减小了挂篮底部荷重作用在主桁架上的力臂，大大减小了倾覆力矩，故不需平衡压重，其主桁后端则通过梁体竖向预应力筋锚固于主梁顶板上。

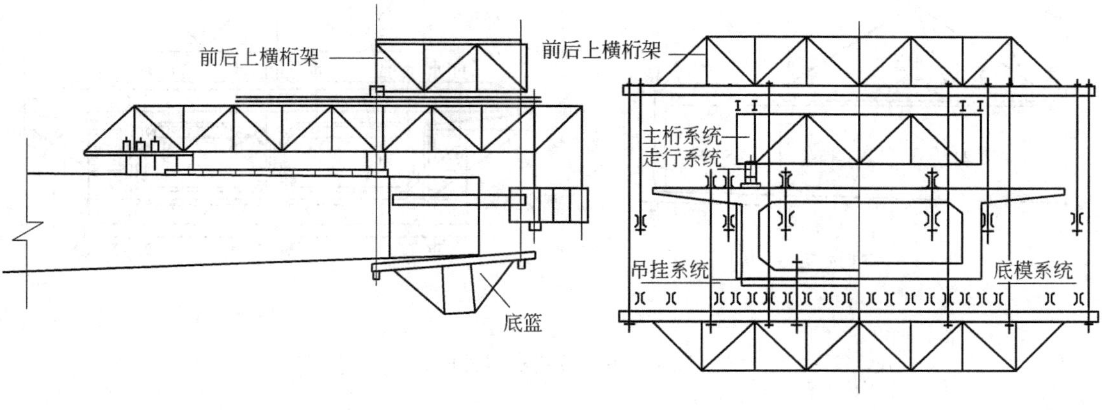

图 11－7　平弦无平衡重挂篮

（3）三角型组合梁挂篮。三角型组合梁挂篮是在平行桁架式挂篮的基础之上，将受弯桁架改为三角形组合梁结构的斜拉式挂篮，如图 11－8 所示。由于斜拉杆的拉力作用，大大降低了主梁的弯矩，主梁能采用单构件实体型钢。挂篮上部结构较轻，因此除尾部锚固外，还需较大压重。三角型组合梁挂篮的底模平台及侧模支架等承重传力与平行桁架式挂篮基本相同。

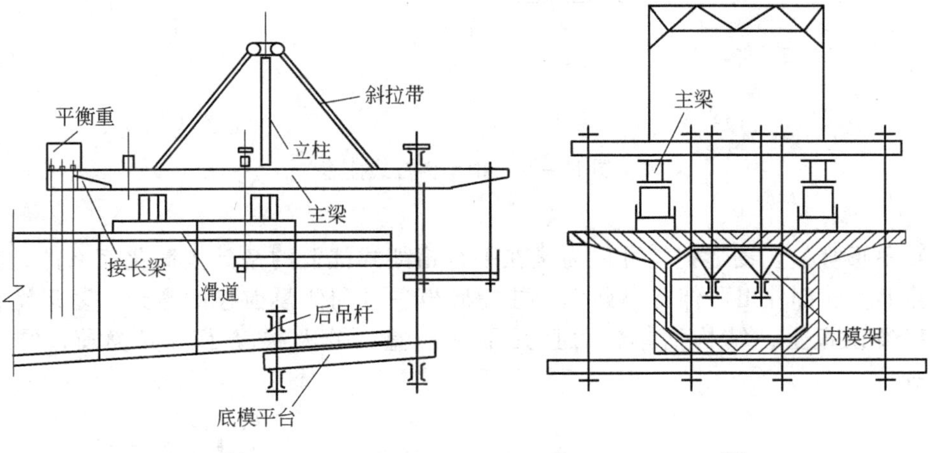

图 11－8　三角型组合梁挂篮

（4）弓弦桁架式挂篮。弓弦桁架式挂篮又称曲弦桁架式挂篮，其主桁形似弓形，除具有桁高随弯矩大小变化、受力合理的特点外，还可在结构内部预施应力消除非弹性变形，故可取消平衡重，一般重量较轻，其结构如图 11－9 所示。

（5）滑动斜拉式挂篮。滑动斜拉式挂篮上部采用斜拉体系代替梁式或桁架式结构的受力，而由此引起的水平分力，通过上下限位装置（也称水平制动装置）承受，主梁的纵向倾覆稳定由后端锚固压力维持。底模平台后端仍吊挂或锚固于箱梁底板之上，如图 11－10 所示。

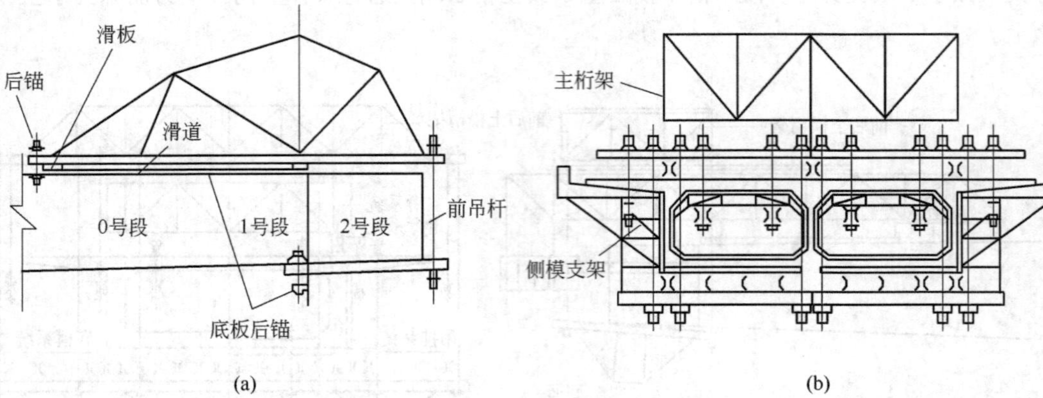

图 11－9　弓弦桁架式挂篮

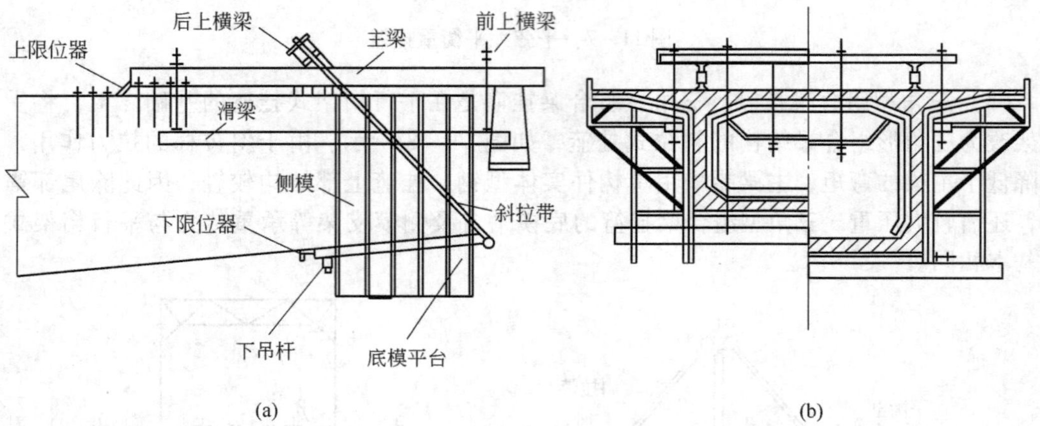

图 11－10　滑动斜拉式挂篮

（6）菱形挂篮。菱形挂篮可认为是在平行桁架式挂篮的基础上简化而来的，其上部结构为菱形，前部伸出两伸臂小梁作为挂篮底模平台和侧模前移的滑道，菱形结构后端锚固于箱梁顶板上，结构简单，而且无平衡压重，大大减轻了自身静荷，结构如图11－11所示。

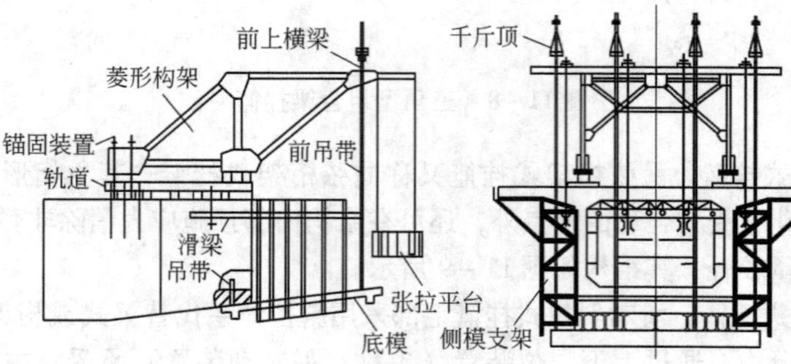

图 11－11　菱形挂篮结构

（7）自承式挂篮。自承式挂篮分为两种，一种是模架支承在整体桁架上，桁架用销子和预应力筋挂在已成箱梁的前端角上。灌注混凝土时主梁和走行桁架移至一边，挂篮前行时再安上，吊着空载的模板系统前移。另一种是将侧模制成能承受巨大压力的刚性模板，通过梁上的水平及竖直预应力筋拉住模板来承担混凝土重，走行方法与前者相同，由临时吊车悬吊着模板系统前移到下一梁段。自承式挂篮结构如图 11 – 12 所示。

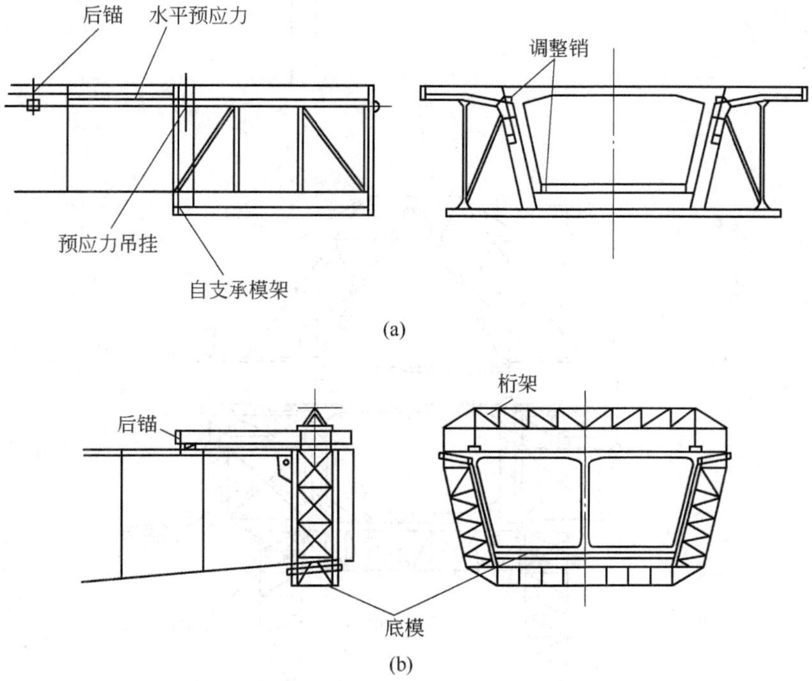

图 11 – 12 自承式挂篮结构

11.2.2 移动式桁梁悬吊模架施工

图 11 – 13 所示为移动式桁梁悬吊模架法的结构，该法适用桥跨约在 40 ~ 150m 之间，经济跨径为 70 ~ 90m，对于多跨长桥经济效益较好，而且可以设计专用的桁梁，施工方便。

相对于挂篮悬臂浇注法来说，由于移动式桁梁可支承于墩顶梁上，能减小主梁悬浇时的弯矩和剪力，改善桥墩受力状况，从而节省了桥梁主体结构的材料用量，并可加大悬臂施工时的节段长度。一般分段长度可达 10m 左右，因而减少了设备的周转循环次数，可较大程度地加快施工进度。

此外，由于受力桁架既可沿桥纵向移动，又可沿桥横向移动，比较适用于一定曲率的曲线桥的悬臂灌注。

11.2.3 滑移支架法施工

当桥下地势较平且高度不大时，采用落地式滑移支架施工则可能较为方便和经济。此方法的具体结构如图 11 – 14 所示。

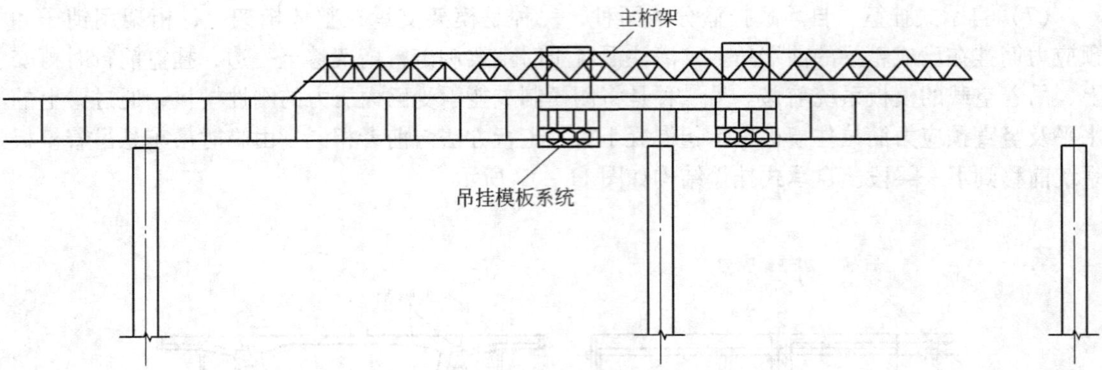

(a)

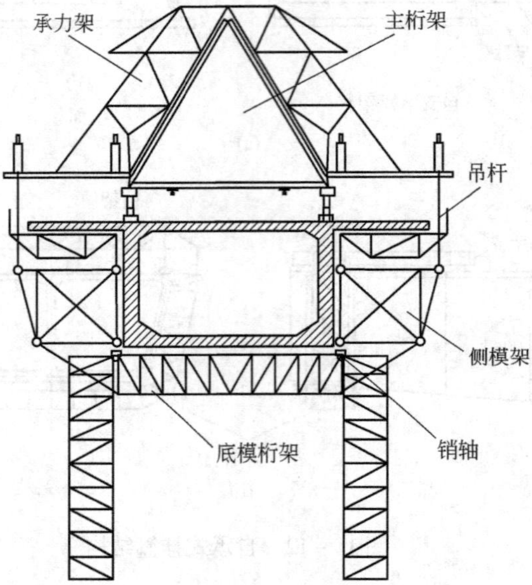

(b)

图 11－13 移动式桁梁悬吊模架法

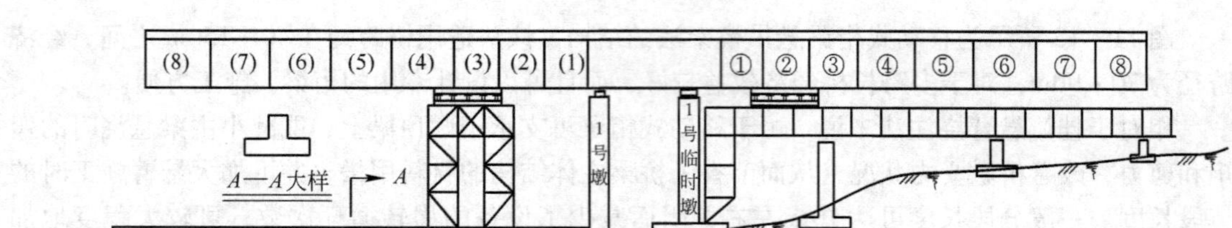

图 11－14 滑移支架法的具体结构

11.3 悬臂拼装法

悬臂拼装法是在桥墩两侧设置吊架，平衡地逐段向跨中悬臂拼装水泥混凝土梁体预制件，并逐段施加预应力的施工方法。悬臂拼装法施工包括块件的预制、运输、拼装及合拢。

为了使各段之间的接缝紧密，可先浇制奇数编号的块件，然后在其间浇注偶数编号的块件。可在顶板和腹板上设图11－15中所示的榫头作向导，以使拼装构件的位置准确。腹板上的榫头可起到增强接缝抗剪能力、防止滑动的重要作用。

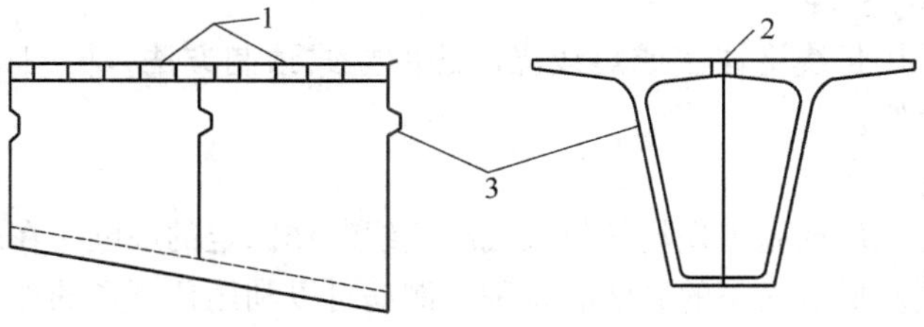

图11－15 预制块件的榫头
1—拼装块件；2—中间榫头；3—侧面榫头

悬臂拼装的顺序是先安装墩顶梁段，再用墩顶上的悬臂钢桁架，同时拼装两侧块件（见图11－16（a））。待拼装几段后，分开导梁，一端支在已拼装的3号块件上，另一端支在岸墩上和支在靠近桥墩的块件上，依次对称拼装其他块件（见图11－16（b））。当梁的位置经校正其误差在允许范围后，即可穿束、张拉，使其自成悬臂，如此循环，直至墩顶梁段安装完毕。

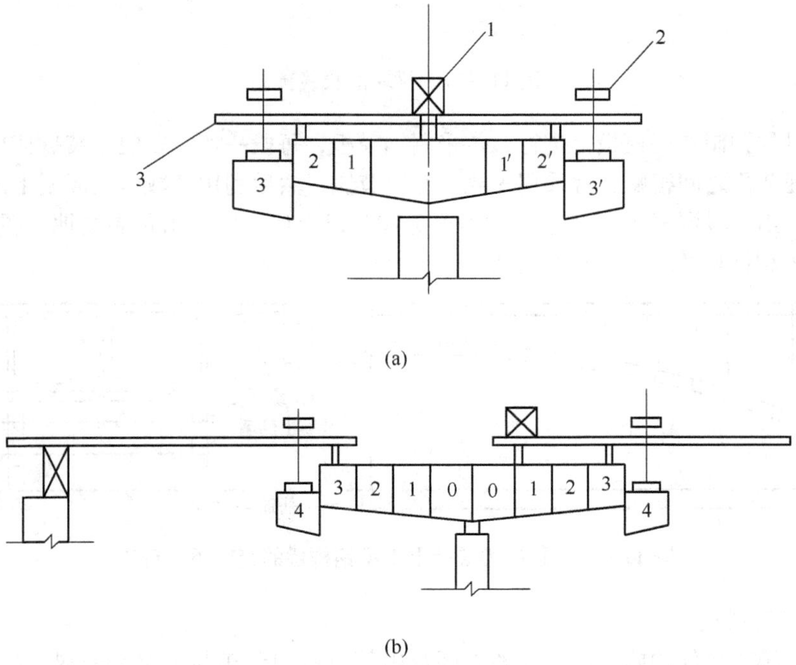

图11－16 悬臂梁块拼装程序
1—卷扬机；2—起吊机；3—导梁

11.3.1 混凝土块件预制类型及方法

11.3.1.1 混凝土块件的预制类型

根据预制模板及预制台座的设置不同，混凝土块件预制经常采用固定底座和活动底座两种类型。固定底座是在预制块件前按整跨或单跨悬臂梁的长度做好底座，通过移动侧模顺次完成块件的制作，其优点是能准确放样梁底曲线到台座上，但养护设备需要移动，占地较多。活动底座是按主梁纵剖面的变化尺寸设计出单个浇注单元，在配有纵移及调整底板高度设备的底模上浇注梁段。梁段一端是刚度大、平整度好的端模，另一端是已浇梁端，称为配筑单元，其优点是底座长度短、浇注位置固定、便于养护，适于工厂化生产。

11.3.1.2　预制方法

箱梁块件通常采用长线浇注法或短线浇注法的立式预制方法，桁架梁段采用卧式预制方法，以下分别予以介绍。

A　长线预制法

长线预制法是在工厂或施工现场按桥梁底缘曲线制作固定的底座，在底座上安装底模进行块件预制工作的方法。形成底座的方法有多种，例如可以利用预制场的地形堆筑土胎，经加固夯实后，铺砂石层并在其上面做混凝土底板；石料丰富的山区可以用石砌圬工筑成所需的梁底缘的形状；地质条件较差的预制场地，需采用打短桩基础，再搭设木材或型钢组成的排架形成梁底曲面。图 11－17 为在长线台座上用间隔法预制块件。

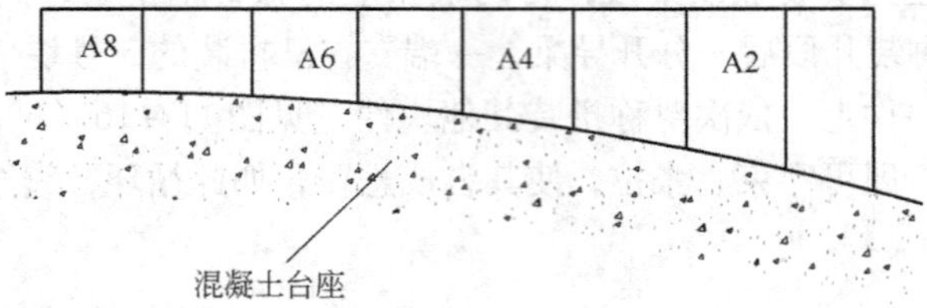

图 11－17　梁块的长线预制

箱梁节段的预制在底模板上进行，常采用钢模板，每段一块，以便于装拆使用。为加快施工进度，保证节段之间密贴，常采用先浇注奇数节段，然后利用奇数节段混凝土的端面弥合浇注偶数节段。当节段混凝土强度达到设计强度 70% 以上后，可吊出预制场地。图 11－18 为预应力混凝土 T 型钢构桥的箱梁预制台座。

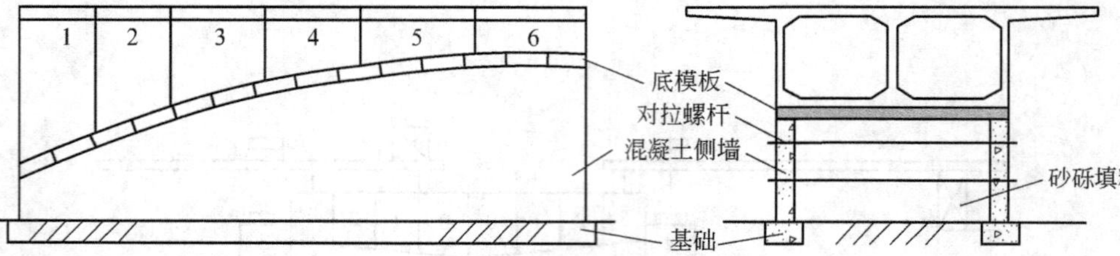

图 11－18　预应力混凝土 T 型钢构桥的箱梁预制台座

B　短线预制法

短线预制箱梁块件的施工由可调整外部及内部模板的台车与端梁来完成，如图 11－19 所示。第一节混凝土浇注完成后，在其相应位置上安装下一段模板，并利用第一节段的端面作为第二节段的端模完成混凝土的浇注工作。

短线预制适合工厂节段预制，设备可周转使用，节段尺寸和相对位置的调整略为复杂。此法也称为活动底座法。

C　卧式预制

桁架的预制节段常采用卧式预制法。卧式预制要有一个较大地坪。地坪应有足够的强度和平整度，不致产生不均匀沉陷。对相同的节段还可以在已预制完成的节段上安装模板进行叠置，两层构件间常用塑料布或涂机油等方法分隔。桁架梁预制节段的起吊、翻身工作要求操作

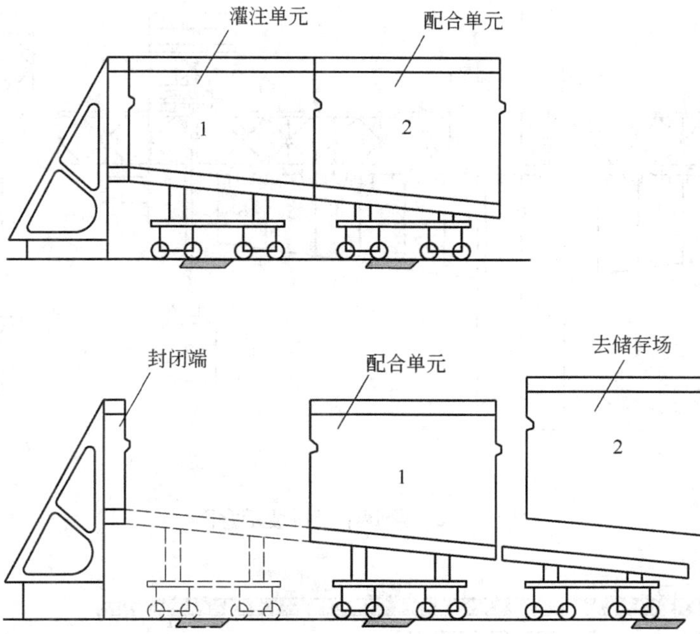

图 11－19　短线预制箱梁块件

细致，并注意选择吊点和吊装机具。

无论是箱梁或桁架构件的预制，都要求相邻构件之间接触密贴，故必须以前面浇注块件的端面作为后来浇注构件的端模，同时必须采用隔离剂使块件相互容易从接缝处脱离。

11.3.2 吊装系统

预制阶段的悬臂吊装可根据现场布置和设备条件选用不同的方法。当靠岸边的桥跨不高且可在陆地或便桥上施工时，可采用自行式起重机或门式起重机吊装；对于河中桥孔，可采用水上浮吊安装；如果桥墩很高或水流湍急而不便在陆上、水上施工时，可利用各种吊机高空悬拼施工。

11.3.2.1 悬臂式吊装

悬臂式吊装系统由纵向主桁架、横向起重桁架、锚固装置、平衡装置、起重系统、行走系统和工作吊篮等部分组成，如图 11－20 所示。预制好的梁体块件运至安装位置的下方，通过位于悬出部分的吊机将块件起吊安装，安装就位后，在就位梁段上前移吊机安装下一块件。吊装过程中为了保持悬臂梁的平衡应设置前方的支承平台，并注意后方与梁体的锚固构造，以利于安全施工。

11.3.2.2 连续桁架（闸式吊机）吊装

连续桁架吊装施工可分为移动式和固定式两类。移动式连续桁架的长度大于桥的最大跨径。桁架支承在已拼装完成的梁段和待拼墩顶上，由吊车在桁架上移运节段进行悬臂拼装。固定式连续桁架的支点均设在桥墩上，而不增加梁段的施工荷载。移动式连续桁架吊机如图 11－21所示，其长度大于两个跨度，有三个支点。这种吊机每移动一次可以同时拼装两孔桥跨结构。

11.3.2.3 缆索吊装

缆索吊装无需考虑桥位状况，吊运结合，机动灵活，作业空间大。在一定设计范围内，缆吊几乎可以承担从下部到上部、从此岸到彼岸的施工作业。目前，我国使用的缆吊悬拼连续梁

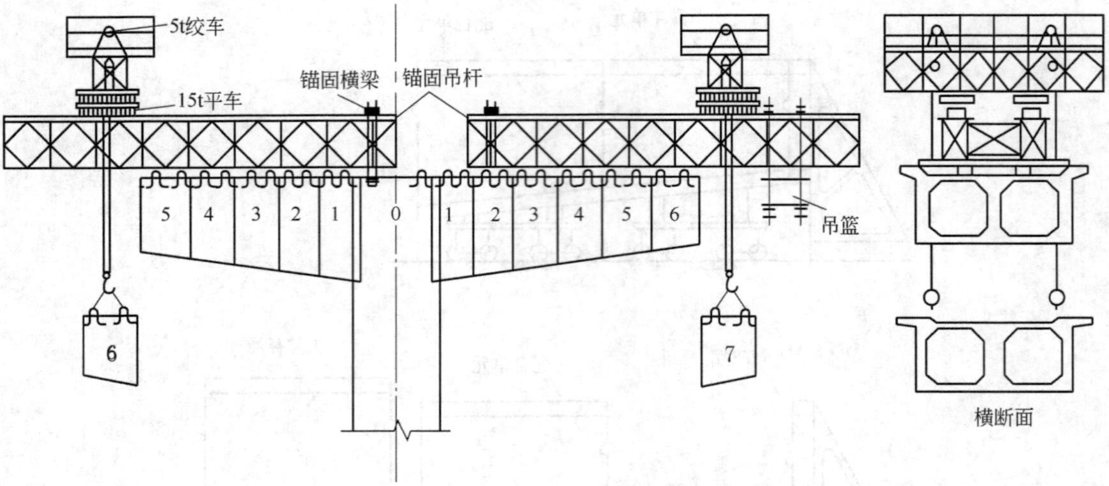

图 11－20　悬臂吊机拼装示意图

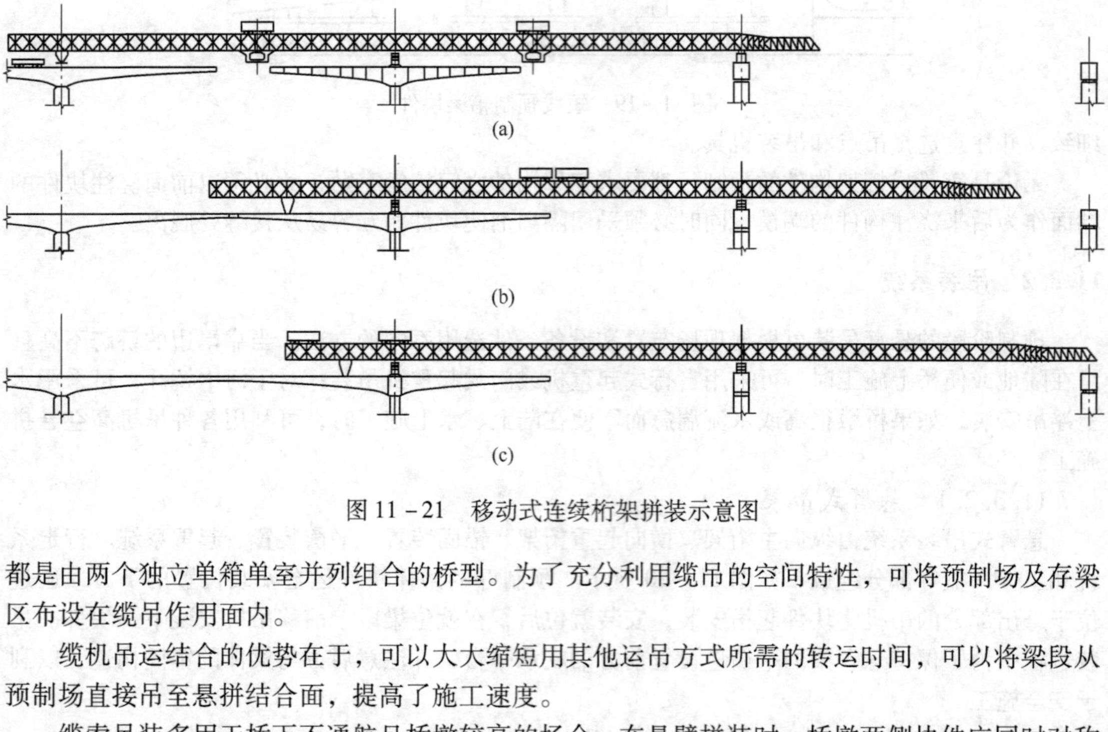

图 11－21　移动式连续桁架拼装示意图

都是由两个独立单箱单室并列组合的桥型。为了充分利用缆吊的空间特性，可将预制场及存梁区布设在缆吊作用面内。

缆机吊运结合的优势在于，可以大大缩短用其他运吊方式所需的转运时间，可以将梁段从预制场直接吊至悬拼结合面，提高了施工速度。

缆索吊装多用于桥下不通航且桥墩较高的场合，在悬臂拼装时，桥墩两侧块件应同时对称起吊，故缆索吊机的主索至少需 2 组。主索与牵引索、起重索、缆风索等共同构成缆索吊装系统。

11.3.2.4　修建临时施工便桥配合龙门吊装

在平坦的地面上建造高架桥或者在河滩上搭建便桥配合龙门吊装。根据吊机类型和桥孔处具体条件的不同，吊机可以支承在墩柱上、已拼好的梁段上或处在栈桥上、桥孔下。

悬臂吊机需要满足如下要求：（1）吊机的结构尽量简单，便于装拆；（2）起重能力满足起吊最大节段的需要；（3）吊机拼装时，能方便地起吊节段进行竖向提升和纵、横向移动，以便调整节段拼装位置；（4）吊机能便于纵向移动，移动后又能固定于拼装位置。

11.3.2.5 浮式起重机吊装

在水深但流速不是很大的水流上建筑桥梁时，可设置浮式起重机吊装。重型的起重机械装配在船舶上，全套设备在水上作业就位方便，40m 的吊高范围内起重力大，辅助设备少，施工速度较快。

11.3.3 接缝

悬臂拼装时，预制块件接缝的处理分湿接缝、干接缝、胶接缝和半干接缝等几种形式。对于不同的施工阶段和不同的部位，应交叉采用不同的接缝形式。湿接缝通常用于拼装与0号块连接的第1对块件，需钢筋伸出并焊接。在满足抗剪强度要求的情况下，也可以采用无伸出钢筋仅填筑水泥砂浆的平面湿接缝。湿接缝施工有利于调整块件的位置和增强接头的整体性，但占用工时多。密贴的平面或齿形干接缝虽可简化拼装工作，但由于接缝渗水会降低结构的运营质量和耐久性，故应少采用。目前，环氧树脂胶接缝在悬拼施工中应用最为广泛，因胶接缝能消除水分对接头的不利影响，从而提高结构的耐久性。半干接缝即预制块件在顶底板处采用干接缝，在腹板处采用湿接缝，对调整悬臂位置有利。

胶接缝可以做成平面型、多齿型、单级型和单齿型等形式，如图11－22所示。单齿型和单级型的胶接缝用于块件间摩阻力和黏结力不足以抵抗梁体剪力的情况，单级型的胶接缝有利于施工拼装。

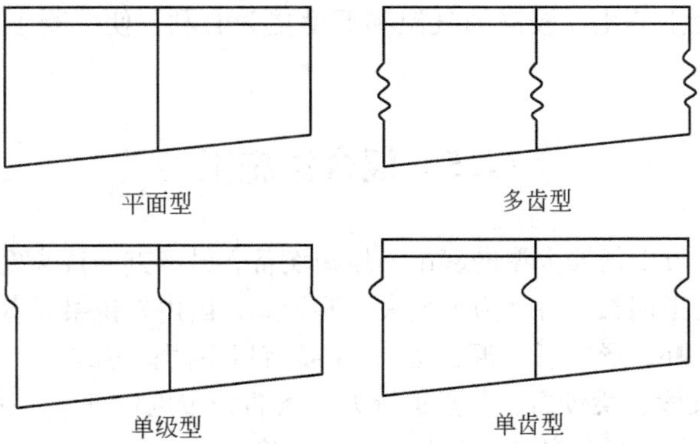

图11－22 胶接缝形式

11.4 悬臂浇注与悬臂拼装

混凝土桥梁采用平衡悬臂施工，一般是从某一中间墩开始，向两侧对称分段施工，各梁段之间用预应力筋相连接。梁段可以是现浇的，也可以是预制的，两种方法均能取得良好效果。悬臂浇注或悬臂拼装的选择取决于工程实际情况。两种施工方法比较如下：

（1）从设计角度来看，两种方法需用的混凝土与钢筋材料大致相等，成桥后受力及结构行为基本相同，主要区别在于施工阶段的内力与变形不同。

（2）从施工进度来看，预制梁段施工速度比现浇梁段快得多，上部结构的梁段预制与桥梁基础及下部工程可平行作业，梁段提前预制，拼装时仅占用施工周期的运输、吊装定位和穿束张拉等工序。一个梁段的施工周期仅为1～1.5d，每月平均速度可达200～400m。而悬臂浇注施工要待桥墩建好后才可施工，且梁部施工速度又取决于混凝土的养护时间，每个梁段的施工周期为5～7d，每月平均速度为40～60m。

（3）从施工机具设备来看，悬臂拼装施工需要预制场地和运输及架桥设备，一般需要起重吊机50t以上，因此预制拼装施工对建造重复性高架长桥较经济；悬臂浇注施工对特殊设备投资少，仅需要可反复周转使用的挂篮及1.5t以上的吊机即可，因此用该法建造跨度短的梁较为方便和经济。

（4）从施工质量来看，悬臂拼装施工梁段质量容易得到保证，但要注意预制梁段的接头施工，避免出现因环氧树脂或湿接缝处达不到黏结强度而引起剪切破坏，必须注意梁的整体性。悬臂浇注施工梁体的钢筋连续性好，混凝土的整体性也较好，但是应注意高空作业工作量大，工作面小，要从设计和施工方面考虑保证节段混凝土的现浇质量。

（5）从施工变形控制及稳定性来看，悬臂拼装的施工变形及稳定性较难控制，应特别注意保证中间体系的施工稳定性，必须严格控制几何位置，使相邻截面中因弹性变形、徐变和收缩引起的挠度相协调，以免发生梁体上翘及过大的二次弯矩值。悬臂浇注较易控制施工中的变形，可以逐节段调整挂篮标高，但应注意挂篮移动时的稳定性及施工安全措施，避免出现挂篮倾覆等安全事故。

（6）从对自然环境的要求来看，悬臂浇注适应性更强一些，用挂篮现浇一般不受桥孔下的地形、地质、水文、船只、建筑物或市区交通的影响。悬臂拼装则要求能运送预制块件、吊装预制梁段的施工作业。

（7）从对温度及湿度的要求来看，悬臂拼装及预制节段时，受气候的影响较少。悬臂浇注施工时，需考虑混凝土养生，较高的气温和湿度更为有利，使混凝土易于早强，若冬季施工，则需蒸汽养生。

11.5　混合法施工

悬臂拼装法施工一方面需要大型的起吊和运输设备，另一方面接头处理不善会影响结构的整体性。悬臂浇注法的工期长、劳动力消耗大。鉴于此，国内外桥梁界着眼于悬臂拼装和悬臂浇注两种施工方法的互补，形成了“混合法”，主要有以下两种方式：

（1）靠近桥墩的梁段，梁较高、节段重量大，钢筋分布也较密集，采用悬臂浇注法施工。跨中附近的梁段，则采用悬臂拼装法，以加快施工进度。

（2）先用挂篮拼装预制腹板，然后再现浇顶板和底板，这样便可克服吊装能力不足的困难，并采用干接缝拼装的预制梁段，实现更好的钢筋连续性和梁体线型。

思　考　题

1. 进行悬臂法施工时，如何划分节段？
2. 试述悬臂浇注法施工和悬臂拼装法施工两者的适用条件和优缺点。
3. 悬臂拼装法施工时，混凝土块件的预制类型和方法有哪些？
4. 混合法施工有哪几种方式？

下篇

路桥试验检测技术

12 公路工程试验检测技术基础知识

【本章概要】

本章首先简要地介绍了道路工程检测的意义、对试验检测人员的要求、公路工程质量检验与等级评定的依据；接着介绍了抽样检验的意义、抽样方法、抽样检验的条件；重点介绍了试验检测数据的分析、质量数据的修约规则、可疑数据的取舍方法。

【关键词】

工程检测，抽样，总体，样本，抽样检验，计量值数据，计数值数据，修约规则，拉依达法，肖维纳特法，格拉布斯法

【章节重点】

本章重点掌握抽样检验的条件、质量数据的修约规则、可疑数据的取舍方法。

12.1 概　　述

公路是国民经济的重要命脉，公路运输具有一定的优越性和灵活性，是其他运输方式所不可替代的。公路建设的迅速发展，对于促进国民经济的发展、拉动其他相关产业的发展起着非常重要的作用。在公路建设中，质量是工程建设的关键，任何一个环节、任何一个部位出现问题，都会给工程的整体质量带来严重后果，直接影响到公路的使用效益，甚至返工重建造成巨大的经济损失。因此，工程试验检测机构必须对工程项目或产品进行检测，并判断工程质量或产品质量状态。

12.1.1 道路工程检测的意义

随着我国交通事业的发展，公路建设已进入以提高质量管理为主的新阶段，如果不实行完善而严格的质量管理、保证和监督体系，难免会在道路或桥梁施工过程中出现质量事故或质量隐患。因此，在现场施工的质量控制中，配备与质量控制和管理相匹配的常规标准试验仪器和采用适宜的检测方法进行必要的试验检测，对确保工程质量是十分重要的。

工程试验检测工作是道路和桥梁施工技术管理中的一个重要组成部分，也是施工质量控制和竣工验收评定工作中不可缺少的一个主要环节。通过试验检测，能充分地利用当地原材料，

能迅速推广应用新材料、新技术和新工艺，能用定量的方法科学地评定各种材料和构件的质量，能合理地控制并科学地评定工程质量。因此，工程质量检测工作为提高工程质量、加快工程进度、降低工程造价、推动道路和桥梁施工技术进步，将起到极为重要的作用。公路工程检测技术是一门正在发展的新兴科学，它融入试验检测基本理论和测试操作技能及相关基础知识于一体，是工程设计参数、施工质量控制、施工验收评定、养护管理决策的主要依据。

随着公路技术等级的提高，质量检测的加强与施工质量控制和验收工作引起了公路管理部门和施工单位的高度重视。作为工程试验检测人员或质量控制管理人员，在整个施工期间应吃透并领会设计文件，熟悉现行施工技术规范和试验检测规程，严格做好道路和桥梁用料质量、施工控制参数、现场施工过程质量和分部分项工程验收四个关键环节的把关工作。

12.1.2 现行国家试验检测规程

公路工程检测依据的国家试验规程、规范、标准等，主要有：

（1）公路土工试验规程（JTG E40—2007）

（2）公路工程沥青及沥青混合料试验规程（JTJ 052—2000）

（3）公路工程水泥及水泥混凝土试验规程（JTG E30—2005）

（4）公路工程岩石试验规程（JTG E41—2005）

（5）公路工程金属试验规程（JTJ 055—83）

（6）公路工程水质分析操作规程（JTJ 056—84）

（7）公路工程无机结合料稳定材料试验规程（JTG E51—2009）

（8）公路工程集料试验规程（JTG E42—2005）

（9）公路路基路面现场测试规程（JTG E60—2008）

（10）公路土工合成材料试验规程（JTG E50—2006）

（11）公路工程技术标准（JTG B01—2003）

（12）公路工程质量检验评定标准（土建）（JTG F80/1—2004）

12.1.3 试验检测人员的要求

为确保检测工作质量，除了具备先进的规范标准之外，还要求试验检测人员应认真履行岗位职责，做好本职工作，应根据以下要求，严格要求自己，努力提高自己的能力。

（1）检测人员应熟悉检测任务、内容、项目，合理选择检测仪器，熟悉仪器的性能。使用精密、贵重、大型检测仪器设备者，应经过培训，考核合格后，取得操作证书后方可上岗操作。检测人员会进行日常养护，进行一般或常规仪器的检验与校正。

（2）检测人员应掌握与所检测项目相关的技术标准，了解本领域国内外测试技术、检测仪器的现状及发展方向，并具有学习与应用国内外最新技术进行检测的能力。

（3）检测人员必须正确如实地填写原始记录。原始记录不得用铅笔填写，必须有检测人员、计算和校核人员的签名：原始记录如确需更改，应在作废数据上画两条水平线，将正确数据填在上方，盖上更改人的印章。原始记录保管期不得少于两年。检测结果必须由在本领域工作五年以上的有经验者校核，校核者必须在检测记录和报告上签字，以示负责。

（4）检测人员应了解计量法常识及国际单位制基本内容，能运用数理统计方面的知识对检测结果进行数据处理。

（5）检测人员要坚持原则、忠于职守、作风正派、秉公办事，要以数据说话。

12.1.4　公路工程质量检验与等级评定的依据

公路工程质量检验评定的目的在于判断完成的工程是否满足设计图纸与施工规范规定的技术标准的要求，并作为竣工质量验收和技术档案的一项重要内容。现行部颁《公路工程质量检验评定标准（土建）》（JTG F80/1—2004）是对公路工程质量进行管理、监控和验收的法规性技术文件，是检验评定公路工程质量和等级的标准。

《公路工程质量检验评定标准（土建）》（JTG F80/1—2004）适用于工程质量监督部门和有资质的检测机构对工程质量检查鉴定，监理工程师对工程质量的检查认定，施工单位的自检和分项工程的交接验收，是公路工程竣工验收的质量评定依据。

《公路工程质量检验评定标准（土建）》（JTG F80/1—2004）主要针对三级及三级以上公路的新建和改建工程。对于公路大、中修工程和四级公路，考虑到工程规模小、施工组织形式和技术设备条件等因素，难以实施严格的质量管理和控制，只规定参照使用。

12.2　抽　　样

12.2.1　总体和样本

检验是质量管理工作的重要内容之一，常称质量检验，其主要功能是对产品的合格性进行控制。在工程质量检验中，除重要项目外，大多数采用抽样检验，这就涉及总体与样本的概念。

总体又称母体，它是统计分析中所要研究对象的全体。而组成总体的每个单元称为个体。从总体中抽取一部分个体就是样本（又称子样）。例如，从每一桶沥青中抽取两个试样，一批沥青有100桶，抽检了200个试样做试验，则这100桶沥青称为总体，200个试样就是样本。而组成样本的每一个个体，即为样品。例如上述200个试样中的某一个，就是该样本中的一个样品。其关系如图12－1所示。

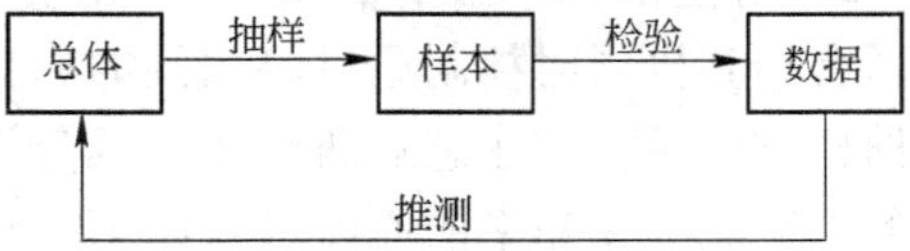

图12－1　总体与样本的关系

检验的基本意义在于：将用某种方法检验物品的结果与质量判定标准比较，判断出各个物品是“良品”还是“不良品”，或者与产品“批”的判定标准做比较，判断出批是“合格批”还是“不合格批”。从此意义上说，检验分为对“各个产品”的检验和对“批”的检验两种情况。这两种检验过程可用图12－2和图12－3表示。

图12－2　对“各个产品”的检验过程

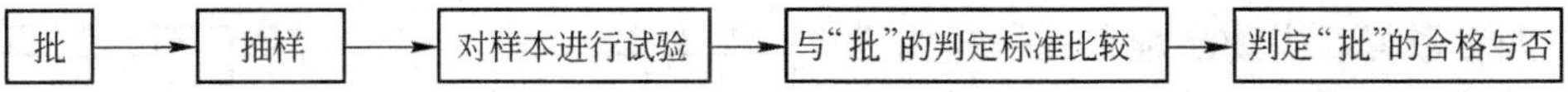

图12－3　对“批”的检验过程

12.2.2　抽样检验的意义

在产品检验中，全数检验的应用场合很少，大多数情况下是采取抽样检验。这是因为：

（1）由于无破损检验仪器械的种类少，性能难以稳定，在不采用无破损性检验时，就得采用破坏性检验，而破坏性检验是不可能对全部产品都做检验的。

（2）当检验对象为连续性物体或粉块混合物时（如油、沥青、水泥等），在一般情况下可能对物质的整体质量特性进行检测试验。

（3）由于产品“批”的质量往往有所波动，尤其是在产品量大、金额高、检验项目多的场合，采用全数检验实际上做不到，用无损检验也有可能导致由于产品不良品率高而带来重大经济损失。此时，抽样检验十分必要。

此外，抽样检验由于检验的样本较少，因而可以收集质量信息，提高检验的全面程度和促进产品质量的改善。

12.2.3　抽样检验的条件

抽样检验从批中抽取较少的样本进行检验，根据试验结果来判定全批产品是否合格或不合格。由此，为使抽样检验对判定质量好坏提供准确的信息，必须注意抽样检验应具备的条件：

（1）要明确批的划分。即要注意使同批产品在原材料、工艺条件、生产时间等方面具备基本相同的条件。例如，抽样检验水泥、沥青等物品的质量特性时，应将相同厂家、相同品种或标号的产品作为一个批，而不能将不同生产厂家和不同牌号的水泥或沥青划在一个批内。

（2）必须抽取能代表批的样本。由于抽样检验是以样本检验结果来推断批的好坏，故样本的代表性尤为重要。为了使取的样本能成为批的可靠代表，常采用如下方法：

1）单纯随机取样。这是一种完全随机化的取样，它适用于对总体缺乏基本了解的场合。“随机”取样不同于“随便”取样。随机取样是利用随机表或随机数骰子等工具进行的取样。它可以保证总体每个单位出现的概率相同。

2）分层取样。当批量或工序被分为若干层时，可从所有分层中按一定比例取样。例如有两台拌和机同时拌制原材料相同的同标号混凝土，为了检验生产混凝土垢质量特性，采用抽样方法时，应注意对两台拌和机分别取样，这样便于了解不同层的产品质量特性，研究各层造成不良品率的原因（见图 12－4），也可将甲、乙样品混合进行试验，了解混合产品的质量特性。

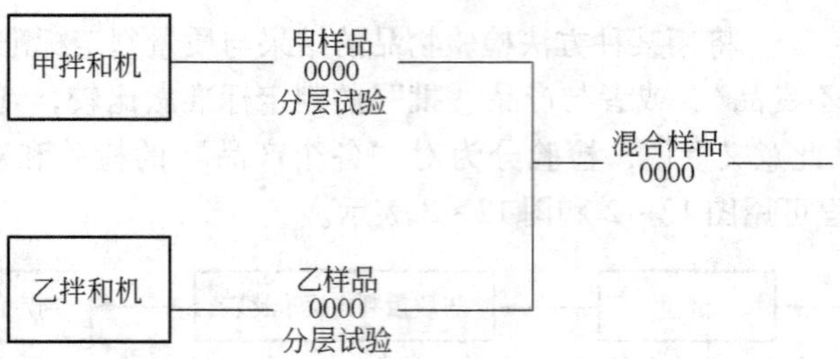

图 12－4　分层取样示例

3）两级取样。当物品堆积在一起构成批量时，由许多货箱堆积在一起，按单纯随机取样相当麻烦。此时，可先将若干箱进行第一级随机取样，挑出部分箱物品，然后再从已挑选出的箱中对物品进行随机取样（见图 12－5）。

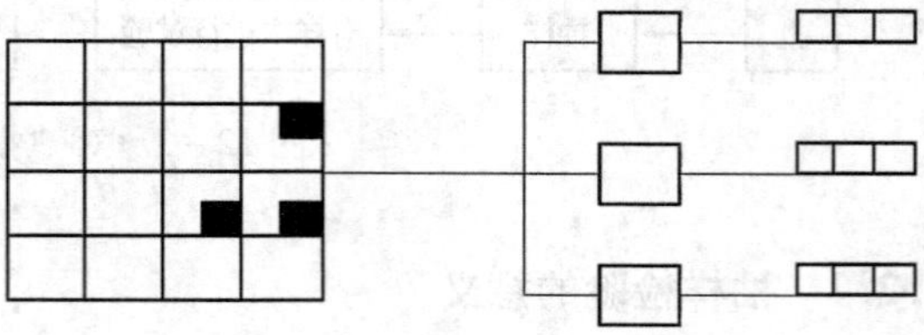

图 12－5　两级取样示意图

4）系统取样。当对总体实行单纯随机抽样有困难时，如连续作业时抽样、产品为连续体时的抽样（如测定公路路基的弯沉值）等，可采用一定间隔进行抽取的抽样方法，称为系统抽样或等距抽样。

例如，现要求测定1000m范围内路基的弯沉值，由于路基是连续体，可采取每20m或50m测定一点（或两点）的办法，做抽样测定。这时可用掷骰子或其他随机方法确定起点位置，如从k0+010开始，然后分别测定k0+030、k0+050…，或k0+060、k0+110…位置的弯沉。

系统抽样还适用于流水生产线上的取样，但应注意，当产品质量特性发生变化时，易产生较大的偏差。

（3）要明确检验标准。所谓检验标准，是指对于一批产品中不良品的质量判定标准。如路基压实度小于93%的为不合格，基层材料现场抽样的7d龄期抗压强度小于2.0MPa时为强度不合格等。

（4）要有统一的检验试验方法。产品质量判定标准应与统一的检测试验方法所测定结果相比照，如果试验方法不统一，试验结果偏差很大，容易造成各种误判，抽样检验也就失去了应有的意义。对于公路工程的各种产品，大多数情况为现场加工制作，质量检测也大多在现场进行。因此，加强现场检测方法的统一、检测仪器性能的稳定、提高操作人员的技术熟练程度是十分重要的。

12.3 试验检测数据的分析

12.3.1 概述

工程质量控制、评价是以数据为依据的，质量控制中常说的“一切用数据说话”，就是要用数据来反映工序质量状况及判断质量效果。

质量数据的来源，主要是工程建设过程中的各种检验，即材料检验、工序检验、竣工验收检验，也包括使用过程中的必要检验。只有通过对它的收集、处理、分析，才能达到对生产施工过程的了解、掌握及控制。没有质量数据，就不可能有现代化的、科学的质量控制。

质量数据就其本身的特性来说，可以分为计量值数据和计数值数据。

（1）计量值数据。计量值数据是可以连续取值的数据，如长度、厚度、直径、强度、化学成分等质量特征，表现形式是连续型的，一般都是可以用检测工具或仪器等测量（或试验）的。类似这些质量特征的测量数据，一般都带有小数，如长度为2.15m、2.18m等。在工程质量检验中得出的原始检验数据大部分是计量值数据。

（2）计数值数据。有些反映质量状况的数据是不能用测量器具来度量的。为了反映或描述属于这一类型内容的质量状况，而又必须用数据来表示时，便采用计数的办法，即用1、2、3…连续地数出个数或次数，凡属于这样性质的数据即为计数值数据。计数值数据的特点是不连续，如不合格品数、不合格的构件数、缺陷的点数等等，并只能出现0、1、2…等非负的整数，不可能有小数。一般来说，以断定方法得出的数据和以感觉性检验方法得出的数据大多属于计数值数据。

计数值数据有两种表示方法。一种是直接用计数出来的次数、点数来表示（称P_n数据）；一种是把它们（P_n数据）与总检查次（点）数相比，用百分数表示（P数据）。P数据在工程检验中是经常使用的，如某分项工程的质量合格率为90%，即是表示经检查为合格的点（次）

数与总检查点（次）数的比值为90%。但也应注意，不是所有的百分数表示的数据都是计数值数据，因为当分子为计量值数据时，则计算出来的百分数也应是计量值数据。一般可以这样说，在用百分数表示数据时，当分子、分母为计量值数据时，分数值为计量值数据；当分子、分母为计数值数据时，分数值为计数值数据。

12.3.2 质量数据的修约规则

获得数据后，还涉及数据的定位问题，也就是出现了对规定精确程度范围之外的数字如何取舍的问题。在统计中一般常用的数值修约规则如下：

（1）拟舍去的数字中，其最左面的第一位数字小于5时，则舍去，留下的数字不变。

例如，将18.2432修约只留一位小数时，其拟舍去的数字中最左面的第一位数字是4，则可舍去，结果成18.2。

（2）拟舍去的数字中，其最左面的第一位数字大于5时，则进1，即所留下的末位数字加1。

例如，将26.4743修约只留一位小数时，其拟舍去的数字中最左面的第一位数字是7，则应进1，结果成26.5。

（3）拟舍去的数字中，其最左面的第一位数字等于5，而后面的数字并非全部为0时，则进1，即所留下的末位数字加1。

例如，将16.0502修约只留一位小数时，其拟舍去的数字中最左面的第一位数字是5，5后面的数字还有02，故应进1，结果为16.1。

（4）拟舍去的数字中，其最左面的第一位数字等于5，而后面无数字或全部为0时，所保留的数字末位数为奇数（1、3、5、7、9）则进1，如为偶数（0、2、4、6、8）则舍去。

例如，将下列各数字修约只留一位小数时，其拟舍去的数字中最左面的第一位数字是5，5后面无数字，根据所留末位数的奇偶关系，结果为：

15.05→15.0（因为“0”是偶数）

15.15→15.2（因为“1”是奇数）

15.25→15.2（因为“2”是偶数）

15.35→15.4（因为“3”是奇数）

（5）拟舍去的数字并非单独的一个数字时，不得对该数值连续进行修约，应按拟舍去的数字中最左面的第一位数字的大小，照上述各条一次修约完成。

例如，将15.4546修约成整数时，不应按15.4546→15.455→15.46→15.5→16进行，而应按15.4546→15进行修约。

上述数值修约规则（有时称为“奇升偶舍法”）与以往用的“四舍五入”的方法区别在于，用“四舍五入”法对数值进行修约，从很多修约后的数值中得到的均值偏大，用上述修约规则，进舍的状况具有平衡性，进舍误差也具有平衡性，若干数值经过这种修约后，修约值之和变大的可能性与变小的可能性是一样的。

为便于记忆，将上述规则归纳为以下几句口诀：四舍六入五考虑，五后非零则进一，五后为零视奇偶，奇升偶舍要注意，修约一次要到位。

12.3.3 可疑数据的取舍方法

工程质量常会发生波动情况。由于质量的波动，自然会引起质量检测数据的参差不齐，有时还会发现一些明显过大或过小的数据，这些数据为可疑数据。因此，在进行数据分析之前，应用数理统计法判别其真伪，并决定取舍。常用的方法有三种。

12.3.3.1　拉依达法

当试验次数较多时，可简单地用3倍标准差（3S）作为确定可疑数据取舍的标准。当某一测量数据（χ_i）与其测量结果的算术平均值（χ）之差大于3倍标准偏差时，用公式表示为：

$$|\chi_i - \chi| > 3S \tag{12-1}$$

则该测量数据应舍弃。

由于该方法是以3倍标准偏差为判别标准，所以也称3倍标准偏差法，简称3S法。取3S的理由是：根据随机变量的正态分布规律，在多次试验中。测量值落在$\bar{\chi}-3S$与$\bar{\chi}+3S$之间的概率为99.73%，出现在此范围之外的概率为0.27%，也就是在近400次试验才遇到一次，这种事件为小概率事件，出现的可能性很小，几乎是不可能的，因而在实际试验中，一旦出现，就认为该测量数据是不可靠的，应将其舍弃。

12.3.3.2　肖维纳特法

进行n次试验，其测量值服从正态分布，以概率1/2n设定一判别范围（$-K_nS$，K_nS），当偏差超出该范围时，就意味着该测量值χ_i是可疑的，应予舍弃。因此，肖维纳特法可疑数据舍弃的标准为：

$$\frac{|\chi_i - \bar{\chi}|}{S} \geqslant K_n \tag{12-2}$$

式中　K_n——肖维纳特系数，与试验次数n有关，见表12-1。

表12-1　肖维纳特系数

n	K_n	n	K_n	n	K_n	n	K_n	n	K_n	n	K_n
3	1.38	8	1.86	13	2.07	18	2.20	23	2.30	50	2.58
4	1.53	9	1.92	14	2.12	19	2.22	24	2.31	75	2.71
5	1.65	10	1.96	15	2.13	20	2.24	25	2.33	100	2.81
6	1.73	11	2.00	16	2.15	21	2.26	30	2.39	200	3.02
7	1.80	12	2.03	17	2.17	22	2.28	40	2.49	500	3.20

肖维纳特法改善了拉依达法。但从理论上分析，当$n\to\infty$，$K_n\to\infty$，此时所有异常值都无法舍弃。此外，肖维纳特系数与置信水平之间无明确联系，已逐渐被格拉布斯法所代替。

12.3.3.3　格拉布斯法

格拉布斯法假定测量结果服从正态分布，根据顺序统计量来确定可疑数据的取舍。

例如，做n次重复试验，测得结果为x_1，x_2，…，x_i，…，x_n，而且x_i服从正态分布。为了检验x_i（$i=1$，2，…，n）中是否有可疑值，可x_i将按其值由小到大顺序重新排成，得：

$$x_1 \leqslant x_2 \leqslant x_3 \leqslant x_i \leqslant \cdots \leqslant x_n$$

根据顺序统计原则，给出标准化顺序统计量g：

$$\left.\begin{aligned} &\text{当最小值 } x_1 \text{ 可疑时，} & g &= \frac{\bar{x}-x_1}{S} \\ &\text{当最大值 } x_n \text{ 可疑时，} & g &= \frac{x_n-\bar{x}}{S} \end{aligned}\right\} \tag{12-3}$$

式中　$\bar{x}$——测量值的算术平均数；

S——测量值的标准差值。

根据格拉布斯统计量的分布，在指定的显著性水平β（一般$\beta=0.05$）下，求得判别可疑值的临界值$g_0(\beta, n)$，格拉布斯法的判别标准为：

$$g \geqslant g_0(\beta, n) \tag{12-4}$$

则可疑值 x_i 是异常的，应予舍去。其中 $g_0(\beta,\ n)$ 值列于表 12-2 中。

表 12-2 格拉布斯系数

n	β		n	β		n	β	
	0.01	0.05		0.01	0.05		0.01	0.05
3	1.15	1.15	13	2.61	2.33	23	2.96	2.62
4	1.49	1.46	14	2.66	2.37	24	2.99	2.64
5	1.75	1.67	15	2.70	2.41	25	3.01	2.66
6	1.94	1.82	16	2.74	2.44	30	3.10	2.74
7	2.10	1.94	17	2.78	2.47	35	3.18	2.81
8	2.22	2.03	18	2.82	2.50	40	3.24	2.87
9	2.32	2.11	19	2.85	2.53	50	3.34	2.96
10	2.41	2.18	20	2.88	2.56	100	3.59	3.17
11	2.48	2.24	21	2.91	2.58			
12	2.55	2.29	22	2.94	2.60			

利用格拉布斯法每次只能舍弃一个可疑值，若有两个以上的可疑数据，应该逐一舍弃。舍弃第一个数据后，检测次数由 n 变为 $n-1$。以此为基础再判别第二个可疑数据是否应舍去。每次均值和均方差要重新计算，再决定取舍。

思 考 题

1. 抽样检验的条件有哪些？
2. 质量数据的修约规则有哪些？
3. 可疑数据的取舍方法有哪些？如何操作？

13　路基路面工程检测

【本章概要】

本章详细介绍了路基土标准击实试验、无机结合料击实试验、路基路面压实度的试验检测、路面弯沉检测、路面平整度及结构层厚度的试验检测、路面抗滑性能试验检测、水泥混凝土芯样劈裂程度试验等检测方法。

【关键词】

最大干密度，最佳含水量，沥青混合料标准密度，灌砂法，环刀法，核子密度湿度仪法，钻取芯样，压实度代表值，路面弯沉，贝克曼梁，路面平整度，3m 直尺法，连续式平整度仪，国际平整度指数，路面抗滑性能，横向力系数，手工铺砂法，电动铺砂法，摆式仪，芯样劈裂

【章节重点】

本章重点掌握路基土标准击实试验、路基路面压实度试验、路面弯沉检测、路面平整度及结构层厚度试验检测、路面抗滑性能试验检测、水泥混凝土芯样劈裂程度试验的方法和操作规程。

13.1　路基土标准击实试验

在公路建设中，土可被用作建筑材料，如作为路基、路面的构筑物；土也可作为建筑物周围的介质或环境，如隧道、涵洞及地下建筑等。土和建筑是密不可分的，以致人们把建筑行业统称为土木工程。然而，由于土三相成分的比例不同，所运用的环境不同，使其物理和力学特性变得十分复杂。工程概念上的土是由固体颗粒、水和气体三部分所组成的三相体系。固体部分一般由矿物质所组成，有时含有有机质，由它构成土的骨架。土骨架间布满相互贯通的孔隙，这些孔隙有时完全被水充满，称为饱和土；有时一部分被水占据，另一部分被气体占据，称为非饱和土；有时也可能完全充满气体，称为干土。这三种组成部分本身的性质以及它们之间的比例关系和相互作用决定土的物理力学性质及工程状态。其中，土工标准击实试验是较为重要的常规试验检测方法。

13.1.1　概述

土作为筑路材料时，需要在模拟现场施工条件下，获得路基土压实的最大干密度和相应的最佳含水量。击实试验就是为了这种目的利用标准化的击实仪具，试验土的密度和相应的含水量的关系，所以击实试验是控制路基压实质量不可缺少的重要试验项目。

用击实试验模拟现场土的压实，这是一种半经验方法。由于土的现场填筑碾压和室内击实试验具有不同的工作条件，两者之间的关系是根据工程实践经验求得的，但要求室内试验的击实功应相当于现场施工的压实功。因此，很多国家以及一个国家的不同部门就可能有其自用的击实试验方法和仪器。

13.1.2 试验方法的类型

击实试验分轻型和重型两类，其击实试验方法类型见表 13－1。

表 13－1 击实试验方法类型

试验方法	类别	锤底直径/cm	锤质量/kg	落高/cm	试筒尺寸			层数	每层击数	击实功/kJ·m^{-2}	最大粒径/mm
					内径/cm	高/cm	容积/cm^3				
轻型	Ⅰ.1	5	2.5	30	10	12.7	997	3	27	598.2	25
Ⅰ法	Ⅰ.2	5	2.5	30	15.2	12	2177	3	59	598.2	38
重型	Ⅱ.1	5	4.5	45	10	12.7	997	5	27	2687.0	25
Ⅱ法	Ⅱ.2	5	4.5	45	15.2	12	2177	3	98	2677.2	38

13.1.3 试验方法

13.1.3.1 试样制备

试样制备分干法和湿法两种，对一般土来说，干法制样和湿法制样所得击实结果有一定差异。具体试验应根据工程性质选择制备方法。

(1) 干法制样：将代表性土样风干或在低于 50℃的温度下烘干，放在橡皮板上用木碾碾散，过筛（筛号视粒径大小而定）拌匀备用。

测定土样风干含水量 w_0，按土的塑限估计最佳含水量，并依次按相差约 2% 的含水量制备一组试样（不少于 5 个），其中有两个大于和两个小于最佳含水量，需加水量 m_w 可按式（13－1）计算：

$$m_w=\frac{m_0}{1+0.01w_0}\times 0.01\ (w-w_0) \tag{13-1}$$

式中 m_0——风干含水量时土样的质量。

按确定的含水量制备试样。将称好的质量为 m_0 的土平铺于不吸水的平板上，用喷水设备往土样上均匀喷洒预定 m_w 的水量，静置一段时间后，装入塑料袋内静置备用：静置时间对高液限黏土不得少于 24h，对低液限黏土不得少于 12h。

(2) 湿法制样：对天然含水量的土样过筛（筛孔视粒径大小而定），并分别风干到所需的几组不同含水量备用。

13.1.3.2 试样击实

将击实筒放在坚硬的地面上，取制备好的土样按所选击实方法分 3 次或 5 次倒入筒内。每层按规定的击实次数进行击实，要求击完后余土高度不超过试筒顶面 5mm。

用修土刀齐筒顶削平试样，称筒和击实样土重后，用推土器推出筒内试样，测定击实试样的含水量并测算击实后土样的湿密度。依次重复上述过程将所备不同预定含水量的土样击实完毕。

13.1.3.3 结果整理

按式（13－2）计算击实后各点的干密度 ρ_d：

$$\rho_d=\frac{\rho}{1+0.01w} \tag{13-2}$$

式中　ρ——击实后土的湿密度，g/cm^3；

　　w——击实后土的含水量,%。

以干密度 ρ_d 为纵坐标，含水量 w 为横坐标，绘制 ρ_d-w 关系曲线，曲线上峰值点的纵、横坐标分别为最大干密度和最佳含水量。

表 13－2 和图 13－1 为击实试验实例。

表 13－2　击实试验记录

土样编号		筒　号		落　距	45cm
土样来源		筒容积	997cm^3	每层击数	27
试验日期		击锤质量	4.5kg	大于5mm颗粒含量	

干密度	试验次数	1		2		3		4		5	
	筒加土质量/g	2907.6		2981.8		3130.9		3206.7		3191.1	
	筒质量/g	1103		1103		1103		1103		1103	
	湿土质量/g	1804.6		1878.8		2027.9		2103.7		2088.1	
	湿密度/g·cm^{-3}	1.81		1.88		2.03		2.11		2.09	
	干密度/g·cm^{-3}	1.67		1.71		1.80		1.82		1.76	
含水量	盒　号	1	2	3	4	5	6	7	8	9	10
	盒+湿土质量/g	33.45	33.27	35.60	35.44	32.88	33.13	34.20	34.09	36.96	38.31
	盒+干土质量/g	32.45	32.26	34.16	34.02	31.40	31.64	32.36	32.15	24.28	35.36
	盒质量/g	20	20	20	20	20	20	20	20	20	20
	水质量/g	1.0	1.01	1.44	1.42	1.48	1.49	1.84	1.94	2.68	2.95
	干土质量/g	12.45	12.26	14.16	14.02	11.40	11.64	11.36	12.15	14.28	15.36
	含水量/%	8.0	8.2	10.3	10.1	13.0	12.8	16.2	16.0	18.8	19.2
	平均含水量/%	8.1		10.2		13.0		16.1		19.0	

最佳含水量＝15.8%　　最大干密度＝1.83g/cm^3

试验者________　　计算者________　　校核者________

13.1.3.4　注意问题

当土样中粒径大于5mm的土含量小于总含量的30%时，求出试料中粒径大于5mm颗粒的含量 P 值。取出粒径大于5mm颗粒，仅把粒径小于5mm粒径的土做击实试验。按式（13－3）和式（13－4）分别对试验所得的最大干密度和最佳含水量进行校正。

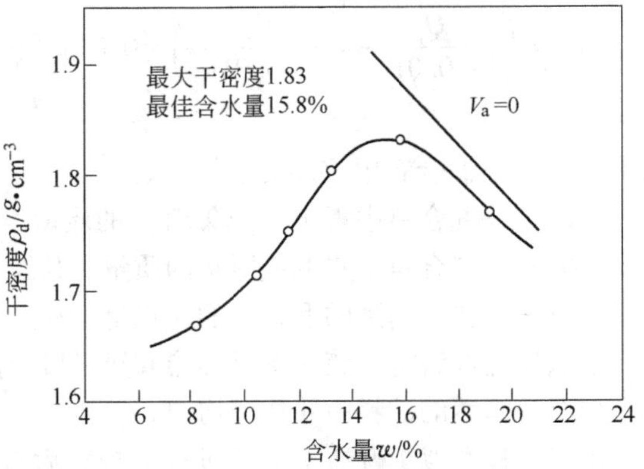

图 13－1　击实试验曲线

注：规程中要求对 $d>38$mm 的粒径进行如下校正：

$$\rho'_{dmax}=\frac{1}{\frac{1-P}{\rho_{dmax}}+\frac{P}{G_{s2}\rho_w}} \qquad (13-3)$$

$$w'_0=w_0(1-P)+Pw_2 \qquad (13-4)$$

式中　ρ'_{dmax}——校正后的最大干密度，g/cm^3；

ρ_{dmax}——粒径小于5mm试样击实后的最大干密度，g/cm³；

ρ_w——水的密度，g/cm³；

P——粒径大于5mm颗粒的含量（用小数表示）；

G_{s2}——粒径大于5mm颗粒的干比重；

w'_0——校正后的最佳含水量，%；

w_0——粒径小于5mm击实样的最佳含水量，%；

w_2——粒径大于5mm颗粒的饱和面干含水量，%。

13.1.3.5 无机结合料的击实试验方法

A 概述

无机结合料在国外常称为水硬性结合料，它主要指水泥、石灰、粉煤灰。所用术语水泥稳定土、石灰稳定土、石灰粉煤灰稳定土等都是总称。

水泥遇水就要开始水化作用，从加水拌和到进行击实试验间隔的时间愈长，水泥的水化作用和结硬程度就愈大。水化作用会影响水泥混合料所能达到的密实度，间隔时间愈长，影响愈大，所以，水泥不参与土与其他混合料的浸润过程，仅在击实前1h内将其和已浸润过的料进行拌和。另外，含水量的测试也应采用无机结合料稳定土的含水量测试法。

B 试验方法

试验方法类型见表13-3，它和常规土击实试验略有不同。

表13-3 无机结合料稳定土击实试验方法类型

类别	锤的质量 /kg	锤击面直径 /cm	落高 /cm	试筒尺寸			锤击层数	每层锤击次数	平均单位击实功 /J	容许最大粒径 /mm
				内径 /cm	高 /cm	容积 /cm³				
甲	4.5	5.0	45	10	12.7	997	5	27	2.687	25
乙	4.5	5.0	45	15.2	12.0	2177	5	59	2.687	25
丙	4.5	5.0	50	15.2	12.0	2177	3	98	2.677	40

试料的准备可参照常规土击实法进行。试件制备时，先将除水泥以外的设计料按比例称取并充分拌和均匀。

按式（13-5）分别给要求达到含水量的试料配水。

$$Q_w=\left(\frac{Q_n}{1+0.01w_n}+\frac{Q_C}{1+0.01w_C}\right)\times0.01w-\frac{Q_n}{1+0.01w_n}\times0.01w_n-\frac{Q_C}{1+0.01w_C}\times0.01w_C \tag{13-5}$$

式中 Q_w——混合料中应加的水量，g；

Q_n——混合料中素土（或集料）的质量，其原始含水量为w_n，%；

Q_C——混合料中水泥或石灰的质量，其原始含水量为w_C，%；

w——要求达到的混合料的含水量，%。

给试样配水后将其装入密封容器或塑料口袋内浸润备用。击实前1h内将所需要的稳定剂水泥加至浸润后的试料中并拌和均匀。

击实过程类似于普通土击实过程，击实后含水量应按无机结合料稳定土含水量的要求测定。资料整理过程也类似于普通土击实方法。

当试样中大于规定最大粒径的超尺寸颗粒的含量为5%～30%时，按式（13-6）对试验所得最大干密度和最佳含水量进行校正：

$$\rho'_{dmax} = \rho_{dmax}(1 - 0.01P) + 0.09 \times 0.01PG'_{\alpha} \quad (13-6)$$

$$w'_0 = w_0(1 - 0.01P) + 0.01Pw_{\alpha} \quad (13-7)$$

式中 ρ'_{dmax}——校正后的最大干密度，g/cm^3；

ρ_{dmax}——试验所得的最大干密度，g/cm^3；

P——试样中超尺寸颗粒的百分率；

G'_{α}——超尺寸颗粒的毛体积相对密度；

w'_0——校正后的最佳含水量，%；

w_0——试验所得的最佳含水量，%；

w_{α}——超尺寸颗粒的吸水量，%。

C 注意事项

（1）试验集料的最大粒径宜控制在25mm以内，最大不得超过40mm（圆孔筛）。

（2）试料浸润时间：黏性土12～24h，粉性土6～8h，砂性土、砂砾土、红土砂砾、级配砂砾等4h左右，含土很少的未筛分碎石、砂砾和砂等2h。

（3）试料浸润后才能加水泥，并应在1h内完成击实试验，拌和后超过1h的试样，应予作废。石灰可与试料一起拌匀后浸润。

（4）试料不得重复使用。

（5）应做两次平行试验，两次试验最大干密度的差不应超过0.05g/cm^3（稳定细粒土）和0.08g/cm^3（稳定中粒土和粗粒土），最佳含水量的差不应超过0.5%（最佳含水量小于10%）和1.0%（最佳含水量大于10%）。

13.2 路基、路面压实度的试验检测

路基、路面压实质量是道路工程施工质量管理最重要的内在指标之一，只有对路基、路面结构层进行充分压实，才能保证路基、路面的强度、刚度及路面的平整度，并可以保证及延长路基、路面工程的使用寿命。

现场压实质量用压实度表示，对于路基土及路面基层，压实度是指工地实际达到的干密度与室内标准击实试验所得的最大密度的比值；对沥青路面，压实度是指现场实际达到的密度与室内标准密度的比值。

13.2.1 标准密度（最大干密度）和最佳含水量的确定方法

由于筑路材料结构层次等因素的不同，确定室内标准密度的方法也是多样化的，有些方法需在实践中进一步完善。最大干密度是指在标准击实曲线（驼峰曲线）上最大的干密度值，该值对应的含水量即为最佳含水量。

13.2.1.1 路基土的最大干密度和最佳含水量确定方法

路基受到的荷载应力，随深度而迅速减少，所以路基上部的压实度应高一些；另外，公路等级高，其路面等级也高，对路基强度的要求则相应提高，所以对路基压实度的要求也应高一些。因此，高速、一级公路路基的压实度标准，对于路床0～80cm范围内应不小于96%，路堤80～150cm范围内应不小于94%，150cm以下应不小于93%；对于零填及路堑、路槽底面以下0～30cm应不小于95%。

在平均年降雨量少于130mm且地下水位低的特殊干旱地区（相当于潮湿系数不大于0.25的地区），压实度标准可降低2%～3%。因为这些地区雨量稀少，地下水位低，天然土的含水

量大大低于最佳含水量，要加水到最佳含水量情况下进行压实确有很大困难，压实度标准适当降低也不致影响路基的强度和稳定性。在平均年降雨量超过2000mm，潮湿系数大于2的过湿地区和不能晾晒的多雨地区，天然土的含水量超过最佳含水量5%时，要达到上述的要求极为困难，应进行稳定处理后再压实。

由于土的性质、颗粒的差别，确定最大干密度的方法也有区别，除了一般土的"击实法"以外，还有粗粒土和巨粒土最大干密度的确定方法。不同性质土的最大干密度确定方法及各方法的适用范围见表13－4。

表13－4 土的最大干密度确定方法及各方法的适用范围

试验方法	适用范围	土的粒组
轻型、重型击实法	小试筒适用于粒径不大于25mm的土 大试筒适用于粒径不大于38mm的土	细粒土 粗粒土
振动台法	（1）本试验规定采用振动台法测定无黏性自由排水粗粒土和巨粒土（包括堆石料）的最大干密度；（2）本试验方法适用于0.074mm标准筛的干颗粒质量分数不大于13%的无黏性自由排水粗粒土和巨粒土；（3）对于最大颗粒大于60mm的巨粒土，因受试筒允许最大粒径的限制，宜按相似级配法的规定处理	粗粒土 巨粒土
表面振动压实仪法	同振动台法	粗粒土 巨粒土

击实试验由于击实功的不同，可分为重型和轻型击实，两个试验的原理和基本规律相似，但重型击实试验的击实功提高了4.5倍。击实试验中按采集土样的含水量，分湿土法和干土法；按土能否重复使用，也分为两种，即土能重复使用和不能重复使用。选择时应根据下列原则进行：根据工程的具体要求，按击实试验方法种类中规定选择轻型或重型试验方法；根据土的性质选用干土法或湿土法，对于高含水量土宜选用湿土法；对于非高含水量土则选用干土法（易击碎的试样除外），试样可以重复使用。

振动台法与表面振动压实仪法均是采用振动方法测定土的最大干密度。前者是整个土样同时受到垂直方向的振动作用，而后者是振动作用自土体表面垂直向下传递的。研究结果表明，对于无黏聚性自由排水的土，这两种方法最大干密度试验的测定结果基本一致，但前者试验设备及操作较复杂，后者相对容易，且更接近于现场振动碾压的实际状况。因此，使用时可根据试验设备拥有情况择其一即可，但推荐优先采用表面振动压实仪法。已有的国内外研究结果表明，对于砂、卵、漂石及堆石料等无黏聚性自由排水土而言，一致公认采用振动方法而不是普通击实法。因此，建议采用振动方法测定无黏聚性自由排水土的最大干密度。

各试验方法的仪器设备、试验步骤等详见《公路土工试验规程》（JTG E40—2007）。

13.2.1.2 路面基层混合料最大干密度及最佳含水量确定方法

常见的路面基层材料有半刚性基层及粒料类基层，粒料类基层最大干密度的确定可参照粗粒土和巨粒土的振动法。半刚性基层材料按照《公路工程无机结合料稳定材料试验规程》（JTG E51—2009）执行，用标准击实法求得，但当粒料含量高时（50%以上），由于击实筒空间的限制，现行方法就不能得出真正的最大干密度，若以此为准，按施工规范要求的压实度成型，所测得的强度和有关参数大小，据此进行设计，势必造成浪费。同样，如以此为准进行施工质量控制，必然要求太低，不能保证施工质量。因此，需要寻求更科学的方法、下面介绍一种确定最大干密度和最佳含水量的方法，即理论计算法。

A　石灰土、二灰稳定粒料

根据室内试验测得结合料的最大干密度 ρ_1 和集料的相对密度 γ，把已确定的结合料与集料的质量比换算为体积比 $V_1:V_2$，则可计算混合料的最大干密度 ρ_0 为：

$$\rho_0 = V_1\rho_1 + V_2\gamma \tag{13-8}$$

石灰土、二灰稳定粒料的最佳含水量 w_0 是结合料的最佳含水量 w_1 和集料饱水裹覆含水量 W_2 的加权值，可按式（13－9）计算：

$$w_0 = w_1A + w_2B \tag{13-9}$$

式中　A，B——结合料和集料的质量分数，以小数计。

饱水裹覆含水量是指把集料浸水饱和后取出，不擦去表面裹覆水时的含水量。除吸水率特大的集料外，此值对于砾石可以取3%，碎石可取4%。

B　水泥稳定粒料

此类材料的最大干密度 ρ_0 与集料的最大干密度 ρ_G 和水泥硬化后的水泥质量有关，即：

$$\rho_0 = \frac{\rho_G}{1 - \frac{(1+k)a}{100}} \tag{13-10}$$

式中　ρ_G——集料在振动台上加载振动而得到的最大干密度，g/cm³；

a——水泥含量，%；

k——水泥水化时水的增量，视水泥品种不同而异，一般为水泥质量的10%～25%，以小数计。

水泥加水拌匀后，在105℃烘箱中烘干，称量试验前水泥质量和烘干后硬化的水泥质量，即可求得水泥水化的水增量。

因水泥中含有水化水，故用烘箱法不能正确测出水泥稳定粒料的最佳含水量。根据对比试验，水泥稳定粒料的最佳含水量 w_0 由水泥的水化水、集料的饱水裹覆含水量和拌和水泥所需要的水（水灰比为0.5）三者组成，即：

$$w_0 = (0.5 + k)a + w_2\left(1 - \frac{a}{100}\right) \tag{13-11}$$

式中　k——水泥水化水增量，以小数计，同式（13－10）中规定；

a——水泥含量，%；

w_2——集料饱水裹覆含水量，%，同式（13－9）中规定。

13.2.2　沥青混合料标准密度确定方法

沥青混合料标准密度以沥青拌和厂取样试验的马歇尔密度或者试验段密度为准，当采用前者时，压实度标准比后者高，无论是用哪种方法，均存在对试件（马氏试件或芯样试件）测密度的问题，在进行密度试验时，应根据混合料本身的特点采用下列方法之一：

（1）水中重法：本法仅适用于密实型沥青混凝土试件，不适用于采用了吸水性大的集料的沥青混合料试件。

（2）表干法：本法适用于表面较粗但较密实的沥青混凝土试件，不适用于吸水率大于2%的沥青混合料试件。

（3）蜡封法：本法适用于吸水率大于2%的沥青混凝土试件以及沥青碎石混合料试件。不能用水中重法或表干法测密度时，应用蜡封法测定。

（4）体积法：本法适用于空隙率较大的沥青碎石混合料及大空隙透水性开级配沥青混合料试件。

具体的试验方法见《公路工程沥青及沥青混合料试验规程》（JTJ 052—93）。

13.2.3 现场压实度试验检测方法及各方法

现场密度检测方法适用范围见表13－5。

表13－5 现场密度检测方法及适用范围

试验方法	适用范围
灌砂法	适用于在现场测定基层（或底基层）、砂石路面及路基土的各种材料压实层的密度和压实度，也适用于沥青表面处治、沥青贯入式面层的密度自压实度检测，但不适用于填石路堤等有大孔洞或大孔隙材料的压实度检测
环刀法	适用于细粒土及无机结合料稳定细粒土的密度测试，但对无机结合料稳定细粒土来说，其龄期不宜超过2d，且宜用于施工过程中的压实度检验
核子密度湿度仪法	适用于现场用核子密度仪以散射法或直接透射法测定路基或路面材料的密度和含水量并计算施工压实度，适用于施工质量的现场快速评定，不宜用作仲裁试验或评定验收试验
钻芯法	适用于检验从压实的沥青路面上钻取的沥青混合料芯样试件的密度，以评定沥青面层的施工压实度，同时适用于龄期较长的无机结合料稳定类基层和底基层的密度检测

13.2.3.1 灌砂法

灌砂法是利用均匀颗粒的砂去置换试洞的体积，它是当前最通用的方法，很多工程都把灌砂法列为现场测定密度的主要方法。该方法可用于测试各种土或路面材料的密度，它的缺点是：需要携带较多量的砂，而且称量次数较多，因此它的测试速度较慢。

采用此方法时，应符合下列规定：

（1）当集料的最大粒径小于13mm，测定层的厚度不超过130mm时，宜采用ϕ100mm的小型灌砂筒测试。

（2）当集料的粒径等于或大于13mm，但不大于40mm，测定层的厚度超过130mm，但不超过200mm时，应用ϕ130mm的大型灌砂筒测试。

A 仪具与材料

（1）灌砂筒：有大小两种，根据需要采用。灌砂筒的主要尺寸见表13－6。在储砂筒筒底中心有一个圆孔，下部装一倒置的圆锥形漏斗，漏斗上端开口，直径与储砂筒的圆孔相同，漏斗焊接在一块铁板上，铁板中心有一圆孔与漏斗上开口相接，储砂筒筒底与漏斗之间设有开关。开关铁板上也有一个相同直径的圆孔。

表13－6 灌砂筒的主要尺寸

结构		小型灌砂筒	大型灌砂筒
储砂筒	直径/mm	100	130
	容积/cm^3	2120	4600
流砂孔	直径/mm	10	13

续表 13 - 6

结构		小型灌砂筒	大型灌砂筒
金属标定罐	内径/mm	100	130
	外径/mm	130	200
金属方盘基板	边长/mm	350	400
	深/mm	40	50
	中孔直径/mm	100	130

注：如集料的最大粒径超过 40mm，则应相应地增大灌砂筒和标定罐的尺寸。如集料的最大粒径超过 60mm，灌砂筒和现场试洞的直径应为 200mm。

（2）金属标定罐：用薄铁板制作的金属罐，上端周围有一罐缘。

（3）基板：用薄铁板制作的金属方盘，盘的中心有一圆孔。

（4）玻璃板：边长约 500 ~ 600mm 的方形板。

（5）试样盘：小筒挖出的试样可用铝盒存放，大筒挖出的试样可用 300mm × 500mm × 40mm 的搪瓷盘存放。

（6）天平或台秤：称量 10 ~ 13kg，感量不大于 1g。

对细粒土、中粒土、粗粒土进行含水量测定的天平精度宜分别为 0. 01g、0. 1g、1. 0g。

（7）含水量测定器具：如铝盒、烘箱等。

（8）量砂：粒径 0. 30 ~ 0. 60mm 及 0. 25 ~ 0. 50mm 清洁干燥的均匀砂，约 2040kg，使用前需洗净、烘干，并放置足够长的时间，使其与空气的湿度达到平衡。

（9）盛砂的容器：塑料桶等。

（10）其他：凿子、改锥、铁锤、长把勺、小簸箕、毛刷等。

B 试验方法与步骤

（1）标定筒下部圆锥体内砂的质量。

1）在灌砂筒筒口高度上，向灌砂筒内装砂至距筒顶 13mm 左右为止。称取装入筒内砂的质量 m_1（准确至 1g）。以后每次标定及试验都应该维持装砂高度与质量不变。

2）将开关打开，让砂自由流出，并使流出砂的体积与工地所挖试坑内的体积相当（可等于标定罐的容积），然后关上开关，称灌砂筒内剩余砂质量 m_3（准确至 1g）。

3）不晃动储砂筒的砂，轻轻地将灌砂筒移至玻璃板上，将开关打开，让砂流出，直到筒内砂不再下流时，将开关关上，并细心地取走灌砂筒。

4）收集并称量留在板上的砂或称量筒内的砂（准确至 1g）。玻璃板上的砂就是填满锥体的砂 m_2。

5）重复上述测量三次，取其平均值。

（2）标定量砂的单位质量 γ。

1）用水确定标定罐的容积 V（准确至 1mL）。

2）在储砂筒中装入砂并称重，并将灌砂筒放在标定罐上，将开关打开，让砂流出，在整个流砂过程中，不要碰动灌砂筒，直到砂不再下流时，将开关关闭，取下灌砂筒，称取筒内剩余砂的质量（准确至 1g）。

3）按式（13 - 12）计算填满标定罐所需砂的质量 m_a：

$$m_a = m_1 - m_2 - m_3 \qquad (13-12)$$

式中 m_a——标定罐中砂的质量，g；

m_1——装入灌砂筒内砂的总质量，g；

m_2——灌砂筒下部圆锥体内砂的质量，g；

m_3——灌砂入标定罐后，筒内剩余砂的质量，g。

4）重复上述测量三次，取其平均值。

5）按式（13-13）计算量砂的单位质量：

$$\gamma_g = \frac{m_a}{V} \tag{13-13}$$

式中 γ_g——量砂的单位质量，g/cm^3；

V——标定罐的体积，cm^3。

（3）试验步骤。

1）在试验地点，选一块平坦表面，并将其清扫干净，其面积不得小于基板面积。

2）将基板放在平坦表面上。当表面的粗糙度较大时，则将盛有量砂 m_5(g) 的灌砂筒放在基板中间的圆孔上，将灌砂筒的开关打开，让砂流入基板的中孔内，直到储砂筒内的砂不再下流时关闭开关。取下灌砂筒，并称量筒内砂的质量 m_6(准确至1g)。当需要检测厚度时，应先测量厚度后再进行这一步骤。

3）取走基板，并将留在试验地点的量砂收回，重新将表面清扫干净。

4）将基板放回清扫干净的表面上（尽量放在原处），沿基板中孔凿洞（洞的直径与灌砂筒一致）。在凿洞过程中，应注意勿使凿出的材料丢失，并随时将凿出的材料取出装入塑料袋中，不使水分蒸发，也可放在大试样盒内。试洞的深度应等于测定层厚度，但不得有下层材料混入，最后将洞内的全部凿松材料取出。对土基或基层而言，为防止试样盘内材料的水分蒸发，可分几次称取材料的质量。全部取出材料的总质量为 m_w（准确至1g）。

5）从挖出的全部材料中取出有代表性的样品，放在铝盒或洁净的搪瓷盘中，测定其含水量（w，以%计）。样品的数量如下：用小灌砂筒测定时，对于细粒土，不少于100g；对于各种中粒土，不少于500g。用大灌砂筒测定时，对于细粒土，不少于200g；对于各种中粒土，不少于1000g。对于粗粒土或水泥、石灰、粉煤灰等无机结合料稳定材料，宜将取出的全部材料烘干，且不少于2000g，称其质量 m_d（准确至1g）。当为沥青表面处治或沥青贯入结构类材料时，则省去测定含水量的步骤。

6）将基板安放在试坑上，将灌砂筒安放在基板中间（储砂筒内放满砂质量 m_1），使灌砂筒的下口对准基板的中孔及试洞，打开灌砂筒的开关，让砂流入试坑内。在此期间，应注意勿碰动灌砂筒，直到储砂筒内的砂不再下流时，关闭开关。小心取走灌砂筒，并称量筒内剩余砂的质量 m_4（准确到1g）。

7）如清扫干净的平坦表面的粗糙度不大，也可省去上述2）和3）的操作。在试筒挖好后，将灌砂筒直接对准放在试坑上，中间不需要放基板。打开筒的开关，让砂流入试坑内。在此期间，应注意勿碰动灌砂筒。直到储砂筒内的砂不再下流时，关闭开关，小心取走灌砂筒，并称量剩余砂的质量 m'_4（准确至1g）。

8）仔细取出试筒内的量砂，以备下次试验时再用，若量砂的湿度已发生变化或量砂中混有杂质，则应该重新烘干、过筛，并放置一段时间，使其与空气的温度达到平衡后再用。

C 计算

（1）按式（13-14）或式（13-15）计算填满试坑所用的砂的质量 m_b。

灌砂时，试坑上放有基板时：

$$m_b = m_1 - m_4 - (m_5 - m_6) \tag{13-14}$$

灌砂时，试坑上不放基板时：

$$m_b = m_1 - m'_4 - m_2 \tag{13-15}$$

式中 m_b——填满试坑的砂的质量，g；

m_1——灌砂前灌砂筒内砂的质量，g；

m_2——灌砂筒下部圆锥内砂的质量，g；

m_4，m'_4——灌砂后，灌砂筒内剩余砂的质量，g；

$m_5 - m_6$——灌砂筒下部圆锥体内及基板和粗糙表面间砂的合计质量，g。

（2）按式（13－16）计算试坑材料的湿密度 ρ_w：

$$\rho_w = \frac{m_w}{m_b} \times \gamma_s \tag{13-16}$$

式中 m_w——试坑中取出的全部材料的质量，g；

γ_s——量砂的单位质量，g/cm^3。

（3）按式（13－17）计算试坑材料的干密度 ρ_d：

$$\rho_d = \frac{\rho_w}{1 + 0.01w} \tag{13-17}$$

式中 w——试坑材料的含水量，%。

（4）水泥、石灰、粉煤灰等无机结合料稳定土，可按式（13－18）计算干密度 ρ_d：

$$\rho_d = \frac{m_d}{m_b} \times \gamma_g \tag{13-18}$$

式中 m_d——试坑中取出的稳定土的烘干质量，g。

当试坑材料组成与击实试验的材料有较大差异时，可以试坑材料作标准击实，求取实际的最大干密度。

灌砂法是施工过程中最常用的试验方法之一。为提高试验精度，使试验做得准确，应注意以下几个环节：

（1）量砂要规则。量砂如果重复使用，一定要注意晾干，处理一致，否则影响量砂的松方密度。

（2）每换一次量砂，都必须测定松方密度，漏斗中砂的数量也应该每次重做。因此，宜事先准备较多数量量砂。切勿到试验时临时找砂，又不作试验，仅使用以前的数据。

（3）地表处理要平整，只要表面凸出一点（即使 1mm），使整个表面高出一薄层，其体积也会算到试坑中去，会影响试验结果。因此本方法一般宜采用放上基板先测定一次粗糙表面消耗的量砂，按式（13－7）计算填坑的砂量，只有在非常光滑的情况下方可省去此操作步骤。

（4）在挖坑时，试坑周壁应笔直，避免出现上大下小或上小下大的情形，这样就会使检测密度偏大或偏小。

（5）灌砂时检测厚度应为整个碾压层厚，不能只取上部或者取到下一个碾压层中。

13.2.3.2 环刀法

环刀法是测量现场密度的传统方法。国内习惯采用的环刀容积通常为 $200cm^3$，环刀高度通常约 5cm。用环刀法测得的密度是环刀内土样所在深度范围内的平均密度。它不能代表整个碾压层的平均密度。由于碾压土层的密度一般是从上到下减小的，若环刀取在碾压层的上部，则得到的数值往往偏大；若环刀取的是碾压层的底部，则所得的数值将明显偏小，就检查路基土和路面结构层的压实度而言，我们需要的是整个碾压层的平均压实度，而不是碾压层中某一部分的压实度，因此，在用环刀法测定土的密度时，应使所得密度能代表整个碾压层的平均密度。然而，这在实际检测中是比较困难的，只有使环刀所取的土恰好是碾压层中间的土，环刀法所得的结果才可能与灌砂法的结果大致相同。另外，环刀法适用面较窄，对于含有粒料的稳定土及松散性材料无法使用。

A 仪具与材料

（1）人工取土器或电动取土器。

人工取土器包括环刀、环盖、定向筒和击实锤系统（导杆、落锤、手柄）。环刀内径6～8cm，高2～3cm，壁厚1.5～2mm。

电动取土器由底座、行走轮、立柱、齿轮箱、升降机构、取芯头等组成。电动取土器主要技术参数为：工作电压DC24V（36Ah），转速50～70r/min，无级调速，整机质量约35kg。

（2）天平：感量0.1g（用于取芯头内径小于70mm样品的称量），或1.0g（用于取芯头内径100mm样品的称量）。

（3）其他：镐、小铁锹、修土刀、毛刷、直尺、钢丝锯、凡士林、木板及测定含水量设备等。

B 试验方法与步骤

（1）用人工取土器测定黏性土及无机结合料稳定细粒土密度。

1）擦净环刀，称取环刀质量 m_2（准确至0.1g）。

2）在试验地点，将面积约为30cm×30cm的地面清扫干净，并将压实层铲去表面浮动及不平整的部分，达到一定深度，使环刀打下后，能达到要求的取土深度，但不得扰动下层。

3）将定向筒齿钉固定于铲平的地面上，顺次将环刀、环盖放入定向筒内与地面垂直。

4）将导杆保持垂直状态，用取土器落锤将环刀打入压实层中，至环盖顶面与定向筒上口齐平为止。

5）去掉击实锤和定向筒，用镐将环刀及试样挖出。

6）轻轻取下环盖，用修土刀自边至中削去环刀两端余土，用直尺检测直至修平为止。

7）擦净环刀外壁，用天平称取环刀及试样合计质量 m_1（准确至0.1g）。

8）自环刀中取出试样，取具有代表性的试样，测定其含水量。

（2）用人工取土器测定砂性土或砂层密度。

1）如为湿润的砂土，试验时不需要使用击实锤和定向筒。在铲平的地面上，细心挖出一个直径较环刀外径略大的砂土柱，将环刀刃口向下，平置于砂土柱上，用两手平稳地将环刀垂直压下，直至砂土柱突出环刀上端约2cm时为止。

2）削掉环刀口上的多余砂土，并用直尺刮平。

3）在环刀上口盖一块平滑的木板，一手按住木板，另一只手用小铁锹将试样从环刀底部切断，然后将装满试样的环刀转过来，削去环刀刃口上部的多余砂土，并用直尺刮平。

4）擦净环刀外壁，称环刀与试样合计质量 m_1（精确至0.1g）。

5）自环刀中取具有代表性的试样测定其含水量。

6）干燥的砂土不能挖成砂土柱时，可直接将环刀压入或打入土中。

（3）用电动取土器测定无机结合料细粒土和硬塑土密度。

1）装上所需规格的取芯头。在施工现场取芯前，选择一块平整的路段，将四只行走轮打起，四根定位销钉采用人工加压的方法，压入路基土层中。松开锁紧手柄，旋动升降手轮，使取芯头刚好与土层接触，锁紧手柄。

2）将电瓶与调速器接通，调速器的输出端接入取芯机电源插口。指示灯亮，显示电路已通；启动开关，电动机工作，带动取芯机构转动。根据土层含水量调节转速，操作升降手柄，上提取芯机构，停机，移开机器。由于取芯头圆筒外表有几条螺旋状突起，切下的土屑排在筒外顺螺纹上旋抛出地表，因此，将取芯套筒套在切削好的土芯立柱上，摇动即可取出样品。

3）取出样品，立即按取芯套筒长度用修土刀或钢丝锯修平两端，制成所需规格土芯，如拟进行其他试验项目，装入铝盒，送试验室备用。

4）用天平称量土芯带套筒质量 m_1，从土芯中心部分取试样测定含水量。

按式（13－19）和式（13－20）分别计算试样的湿密度 ρ_w 及干密度 ρ_d：

$$\rho_w = \frac{4 \times (m_1 - m_2)}{\pi d^2 h} \tag{13-19}$$

$$\rho_d = \frac{\rho_w}{1 + 0.01w} \tag{13-20}$$

式中　ρ_w——试样的湿密度，g/cm³；

ρ_d——试样的干密度，g/cm³；

m_1——环刀或取芯套筒与试样合计质量，g；

m_2——环刀或取芯套筒质量，g；

d——环刀或取芯套筒直径，cm；

h——环刀或取芯套筒高度，cm；

w——试样的含水量，%。

13.2.3.3　核子密度湿度仪法

该法是利用放射性元素（通常是 γ 射线和中子射线）测量土或路面材料的密度和含水量。这类仪器的特点是测量速度快，需要人员少。该类方法适用于测量各种土或路面材料的密度和含水量，有些进口仪器可储存打印测试结果。其缺点是：放射性物质对人体有害，另外需要打洞的仪器，在打洞过程中使洞壁附近的结构遭到破坏，影响测定的准确性。对于核子密度湿度仪法，可作施工控制使用，但需与常规方法比较，以验证其可靠性。

A　仪具与材料

（1）核子密度湿度仪：符合国家规定的关于健康保护和安全使用标准，密度的测定范围为1.12～2.73g/cm³，测定误差不大于10.03g/cm³，含水率测量范围为0～0.64g/cm³，测定误差不大于0.013g/cm³。它主要包括下列部件：

1）γ 射线源：双层密封的同位素放射源，如铯137、钴60或镭226等。

2）中子源：如镅（241）－铍等。

3）探测器：γ 射线探测器或中子探测器等。

4）读数显示设备：如液晶显示器、脉冲计数器、数率表或直接读数表。

5）标准板：提供检验仪器操作和散射计数参考标准用。

6）安全防护设备：符合国家规定要求的设备。

7）刮平板、钻杆、接线等。

（2）细砂：0.13～0.3mm。

（3）天平或台秤。

（4）其他：毛刷等。

B　试验方法与步骤

本方法用于测定沥青混合料面层的压实密度时，在表面用散射法测定，所测定沥青面层的层厚应不大于根据仪器性能决定的最大厚度。用于测定土基或基层材料的压实密度及含水量时，打洞后用直接透射法测定，测定层的厚度不宜大于20cm。

a 准备工作

（1）每天使用前按下列步骤用标准板测定仪器的标准值：

1）接通电源，按照仪器使用说明书建议的预热时间预热测定仪。

2）在测定前，应检查仪器性能是否正常，在标准板上取34个读数的平均值建立原始标准值，并与使用说明书提供的标准值校对，如标准读数超过使用说明书规定的界限时，应重复此标准的测量，若第二次标准计数仍超出规定的界限时，需视作故障并进行仪器检查。

（2）在进行沥青混合料压实层密度测定前，应用核子法对钻孔取样的试件进行标定；测定其他材料密度时，宜与挖坑灌砂法的结果进行标定。标定的步骤如下：

1）选择压实的路表面，按要求的测定步骤用核子仪测定密度，记录读数。

2）在测定的同一位置用钻机钻孔法或挖坑灌砂法取样，量测厚度，按规定的标准方法测定材料的密度。

3）对同一种路面厚度及材料类型，在使用前至少测定13处，求取两种不同方法测定的密度的相关关系，其相关系数应不小于0.9。

（3）测试位置的选择。

1）按照随机取样的方法确定测试位置，但与距路面边缘或其他物体的最小距离不得小于30cm。核子仪距其他射线源不得少于10m。

2）当用散射法测定时，应用细砂填平测试位置路表结构凹凸不平的空隙，使路表面平整，能与仪器紧密接触。

3）当使用直接透射法测定时，应在表面上用钻杆打孔，孔深略深于要求测定的深度，孔应竖直圆滑并稍大于射线源探头。

b 测定步骤

（1）如用散射法测定时，应按图13－2的方法将核子仪平稳地置于测试位置上。

（2）如用直接透射法测定时，应按图13－3的方法将放射源棒放下插入已预先打好的孔内。

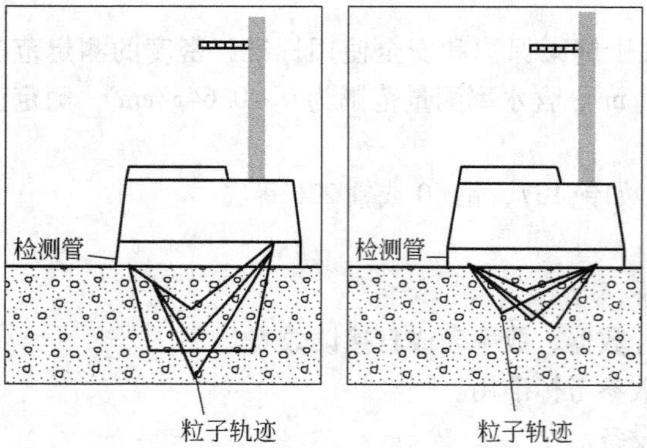

图13－2 用散射法测定的方法

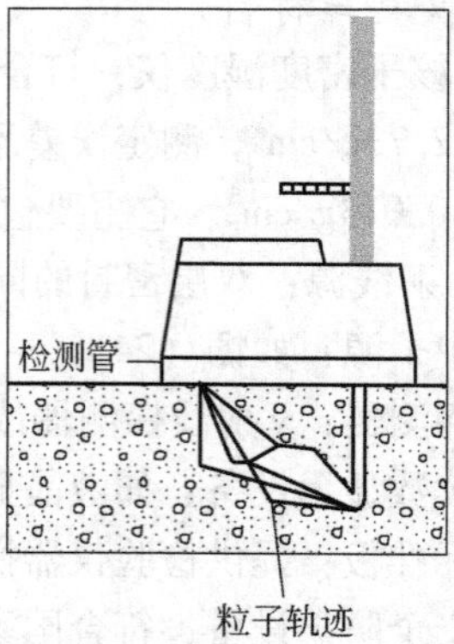

图13－3 用透射法测定的方法

（3）打开仪器，测试员退出仪器2m以外，按照选定的测定时间进行测量，到达测定时间后，读取显示的各项数值，并迅速关机。

各种型号的仪器具体操作步骤略有不同，可按照仪器使用说明书进行。

c 使用安全注意事项

（1）仪器工作时，所有人员均应退到距仪器2m以外的地方。

（2）仪器不使用时，应将手柄置于安全位置，仪器应装入专用的仪器箱内，放置在符合核辐射安全规定的地方。

(3) 仪器应由经有关部门审查合格的专人保管，专人使用。对从事仪器保管及使用的人员，应遵照有关核辐射检测的规定，不符合核防护规定的人员，不宜从事此项工作。

13.2.3.4 钻芯法

沥青混合料面层的施工压实度是指按规定方法测得的混合料试样的毛体积密度与标准密度之比，以百分率表示。对沥青混合料，国内外均以取样测定作为标准试验方法。

A 仪具与材料

(1) 路面取芯钻机。

(2) 天平：感量不大于0.1g。

(3) 溢流水槽。

(4) 吊篮。

(5) 石蜡。

(6) 其他：卡尺、毛刷、小勺、取样袋（容器）、电风扇。

B 试验方法与步骤

(1) 钻取芯样。按“路面钻孔及切割取样方法”钻取路面芯样，芯样直径不宜小于100mm。当一次钻孔取得的芯样包含有不同层位的沥青混合料时，应根据结构组合情况用切割机将芯样沿各层结合面锯开分层进行测定。

(2) 测定试件密度。

1) 将钻取的试件在水中用毛刷轻轻刷净黏附的粉尘。如试件边角有松散颗粒，应仔细清除。

2) 将试件晾干或用电风扇吹干（不少于24h），直至恒重。

按现行《公路工程沥青及沥青混合料试验规程》(JTJ 052—2000) 的沥青混合料试件密度试验方法测定试件的视密度或毛体积密度。当试件的吸水率小于2%时，采用水中重法或表干法测定；当吸水率大于2%时，用蜡封法测定；对空隙率很大的透水性混合料及开级配混合料用体积法测定。

C 计算

(1) 当计算压实的沥青混合料的标准密度采用马歇尔击实试件成型密度或试验路段钻孔取样密度时，沥青面层的压实度按式（13-21）计算：

$$K = \frac{\rho_S}{\rho_0} \times 100 \tag{13-21}$$

式中 K——沥青面层的压实度，%；

ρ_S——沥青混合料芯样试件的视密度或毛体积密度，g/cm^3；

ρ_0——沥青混合料的标准密度，g/cm^3。

(2) 由沥青混合料实测最大密度计算压实度时，应按式（13-21）进行空隙率折算密度，再按式（13-22）计算压实度：

$$\rho_0 = \rho_1\left(\frac{100 - W}{100}\right) \tag{13-22}$$

式中 ρ_0——沥青混合料的标准密度，g/cm^3；

ρ_1——沥青混合料的实测最大密度，g/cm^3，具体试验方法见《公路工程沥青及沥青混合料试验规程》(JTJ 052—2000)；

W——试件的空隙率，%。

D 试验检测中应注意的问题

压实度的大小取决于实测的压实密度，同样也与标准密度的大小有关。但目前对标准密度的规定并不统一，有些工程在压实度达不到时便重新进行马歇尔试验，调整标准密度使压实度达到要求，这样实际上是弄虚作假。为了防止这种情况出现，新的检测方法规定了三种标准密度，第一种是马歇尔击实试件密度；第二种是试验路段钻孔取样密度；第三种是由实测最大密度按空隙率折算的标准密度。在进行检测时，应结合工程实际情况，采用相应的标准密度。

13.2.4 压实度检测结果评定

路基、路面压实度以 1～3km 长的路段为检验评定单元，按要求的检测频率及方法进行现场压实度抽样检查，求算每一测点的压实度 K。

压实度评定要点是：

(1) 控制平均压实度的置信下限，以保证总体水平；

(2) 规定单点极值不得超出给定值，防止局部隐患；

(3) 规定扣分界限以区分质量优劣。

检验评定段的压实度代表值 K（算术平均值的下置信界限）为：

$$K = \bar{k} - t_a S/\sqrt{n} \geqslant K_0 \tag{13-23}$$

式中 $\bar{k}$——检验评定段内各测点压实度的平均值；

t_a——t 分布表中随测点数和保证率（或置信度）而变的系数，高速、一级公路：基层、底基层为 99%，路基、路面面层为 95%；其他公路：基层、底基层为 95%，路基、路面面层为 90%；

S——检测值的均方差；

n——检测点数；

K_0——压实度标准值。

(1) 路基、基层和底基层：$K \geqslant K_0$，且单点压实度 K_i 全部大于等于规定值减 2 个百分点时，评定路段的压实度可得规定满分；当 $K \geqslant K_0$，且单点压实度全部大于等于规定极值时，对于测定值低于规定值减 2 个百分点的测点，按其占总检查点数的百分率计算扣分值。$K < K_0$ 或某一单点压实度 K_i 小于规定极值时，该评定路段压实度为不合格，评为零分。

路堤施工段短时，分层压实度要点点符合要求，且实际样本数不小于 6 个。

(2) 沥青面层：当 $K \geqslant K_0$ 且全部测点大于等于规定值减 1 个百分点时，评定路段的压实度可得规定的满分；当 $K \geqslant K_0$ 时，对于测定值低于规定值减 1 个百分点的测点，按其占总检查点数的百分率计算扣分值。$K < K_0$ 时，评定路段的压实度为不合格，评为零分。

13.3 路面弯沉检测

路面弯沉是指在汽车车轮荷载作用下路面表面产生的垂直变形值。它是反映路面整体抗压强度的一个综合指标。目前，我国柔性路面设计方法采用的设计指标之一是路表回弹弯沉，并规定双轮胎轮隙中心处路面表面最大回弹弯沉代表值，应不大于竣工验收弯沉值。

13.3.1 弯沉的基本概念

路面在车轮作用下产生沉降，其总变形值即总弯沉值。当车轮荷载卸除后，路面便向上回弹，其回弹变形值即回弹弯沉值。总弯沉与回弹弯沉之差便是残余弯沉。一般总弯沉比回弹弯沉大，表明路面除了产生弹性变形外还产生塑性变形。若总弯沉等于回弹弯沉，表明路面是完全弹性体。若总弯沉小于回弹弯沉，表明路面产生隆起的塑性变形。

13.3.2 弯沉测量的目的

一是利用弯沉仪测定路面表面在标准轴载作用下的轮隙回弹弯沉值，用作评定路面强度的指标，二是通过对路面结构分层测定所得的回弹弯沉值，根据弹性体系垂直位移理论解，反算路面各结构层的材料回弹模量值。

13.3.3 弯沉测量方法

用弯沉指标来表示路面强度的做法早在20世纪30年代便开始了。美国在50年代研制了贝克曼弯沉梁。我国也仿照贝克曼弯沉梁研制了现在的弯沉仪。为了提高测量精度和解决弯沉测量时支座位移的问题，前苏联、瑞士、法国研制了光学弯沉仪，它的特点是把测点与读数装置分开，消除了支座位移的影响。近年来，日本、丹麦等国研制了动力式落锤弯沉仪，用以测量冲击荷载作用下路面表面的弯沉，它可模拟快速行车对路面的弯沉效应。贝克曼梁法测弯沉属传统方法，速度慢，静态测试，比较成熟，目前属于标准方法。以下主要介绍贝克曼弯沉仪测量法。

13.3.4 贝克曼梁法测弯沉

13.3.4.1 试验目的和使用范围

（1）本方法适用于测定各类路基路面的回弹弯沉，用以评定其承载能力，可供路面结构设计使用。

（2）沥青路面的弯沉以路表温度20℃时为准，在其他温度测试时，对厚度大于5cm的沥青路面，弯沉值应予以温度修正。

13.3.4.2 仪具与材料

（1）路面弯沉仪：由贝克曼梁、百分表及表架组成。贝克曼梁通常由铝合金制成。其前臂（接触路面）与后臂（装百分表）长度比为2∶1。弯沉仪有两种：一种长3.6m，前后臂分别为2.4m和1.2m；另一种加长的弯沉仪长5.4m，前后臂分别为3.6m和1.8m。要求刚度高，质量小，精度高，灵敏度高和使用方便。仪器构造如图13－4所示。

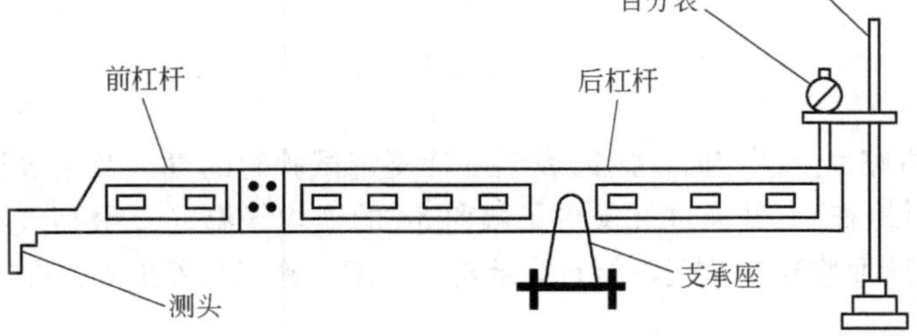

图13－4 弯沉仪构造图

（2）测试车：采用双轴、后轴双侧4轮的载重车。测试车可根据需要按公路等级选择，高速公路、一级公路和二级公路采用后轴为100kN的BZZ－100型汽车。其他等级公路采用后轴为60kN的BZZ－60型汽车。其标准轴载车的主要参数见表13－7，并要求轮胎花纹清晰，没有明显磨损。车上所装重物应稳固均匀，汽车行驶时荷载不得移动。测试前应对轮胎气压进行检验。

表 13－7　标准轴载车的主要参数

标准轴载等级	BZZ－100	BZZ－60
后轴标准轴载/kN	100±1	60±1
一侧双轮荷载/kN	50±0.5	30±0.5
轮胎充气压力/MPa	0.7±0.05	0.5±0.05
单轮传压当量圆直径/cm	21.30±0.5	19.5±0.5
轮迹宽度	满足能自由插入弯沉仪测头的测试要求	

（3）接触式路面温度计。

（4）其他：粉笔、小旗、皮尺、口哨等。

13.3.4.3　试验方法与试验步骤

A　试验前的准备工作

（1）检查并保持测定用标准车的车况及制动性能良好，轮胎内胎符合充气压力。

（2）向汽车车槽中装载（铁块或集料），并用地中衡称量后轴总质量，符合要求的轴重规定，汽车行驶及测定过程中，轴重不得变化。

（3）汽车轮胎着地面积：在平整光滑的硬质路面上用千斤顶将汽车后轴顶起，在轮胎下方放一张新的复写纸，轻轻放下千斤顶，即在方格纸上印上轮胎印痕，用求积仪或数方格的方法，测算轮胎的接地面积 F（精确至 $0.1cm^2$）。

（4）检查弯沉仪百分表测量灵敏情况。

（5）计算后轮的单位面积压力及荷载当量圆直径。

压力为：

$$p=\frac{P}{2F} \tag{13-24}$$

单圆荷载直径：

$$D=\sqrt{\frac{4F}{\pi}} \tag{13-25}$$

双圆荷载直径：

$$d=\frac{D}{\sqrt{2}} \tag{13-26}$$

（6）当在沥青路面上测定时，用路表温度计测定试验时的气温及路表温度时（一天气温不断变化，应随时检查），并通过气象台了解前5d的平均气温（日最高气温及最低气温的平均值）。记录沥青路面修建或改建时材料、结构、厚度、施工及养护等情况。

B　测试步骤

（1）在测试路段内布置测点，其距离视测试需要而定。测点应在路面行车车道的轮迹带上，并画上标记。

（2）将测试车后轮轮隙对准测点后约3～5cm处的位置上。

（3）将弯沉仪插入汽车后轮之间的缝隙处，与汽车的方向一致，轮臂不得碰到轮胎，弯沉仪测头至于测点上（轮隙中心前方3～5cm处），并安装百分表于弯沉仪的测定杆上，百分表调零，用手指轻轻叩打弯沉仪，检查百分表是否稳定回零。弯沉仪可以是单侧测定，也可以是双侧测定。

（4）测定者吹哨发令指挥汽车缓缓前进，百分表随路面变形的增加而持续向前转动。当表针转到最大值时，迅速读取初读数 d_1。汽车仍然向前行驶，表针反向回转，待汽车驶出弯沉影响半径（3m 以上）后，吹口哨或挥动指挥红旗，汽车停止。待表针回转稳定后，再次读取终读数 d_2。汽车前进的速度宜为 5km/h 左右。当弯沉仪的杠杆比为 1∶2 时，则回弹弯沉值（mm）如下：

$$l_t = 2(d_1 - d_2) \times \frac{1}{100} \tag{13-27}$$

（5）将回弹弯沉测量的结果记录在表 13-8 中。

表 13-8　回弹弯沉试验记录表

路线名称　　　　试验日期　　　　气温
试验车型号　　　　后轴重
车轮当量圆直径单圆 D：左　　cm　右　　cm；双圆 d：左　　cm　右　　cm
车轮对地面的压力：左　　MPa，右　　MPa，路面温度

编号	测点桩号	百分表读数/0.01mm		回弹弯沉 l_t/mm	土基干湿类型	路况描述	备　注
		初读数 d_1	终读数 d_2				

读数________记录________校核________

（6）如需测定总弯沉值和残余弯沉值，则应用“后退加荷法”，即：先将试验车停驻在弯沉影响半径范围以外，在测点先安置好弯沉仪测头，读记百分表读数 d_3。然后指挥试验车缓缓地由前向后倒退至测点，并使弯沉仪测头刚好对准轮胎间隙中心，待百分表稳定后读记数值 d_4，随即指挥汽车向前缓缓驶离测点至影响半径范围之外，待百分表稳定后读记数值 d_5，则

总弯沉为：

$$l_Z = 2(d_4 - d_3) \times \frac{1}{100} \tag{13-28}$$

回弹弯沉：

$$l_1 = 2(d_4 - d_5) \times \frac{1}{100} \tag{13-29}$$

残余弯沉：

$$l_e = l_Z - l_1 \tag{13-30}$$

C　弯沉仪的支点变形修正

（1）当采用 3.6m 的弯沉仪对半刚性基层沥青路面、水泥混凝土路面等进行弯沉测试时，有可能引起弯沉仪支座处变形，因此应检验支点有无变形。用另一台检验用的弯沉仪安装在检测用的弯沉仪后方，其测点架于测定用的弯沉仪的支点旁。当汽车开动时，同时读取两台弯沉仪的读数，如测验用的弯沉仪百分表有读数，则应记录并进行支点变形修正。

（2）当采用长 5.4m 的弯沉仪测定时，可不进行支点变形修正。进行弯沉仪支点变形修正时，路面测点的回弹弯沉值按式（13-31）计算：

$$L_T = (L_1 - L_2) \times 2 + (L_3 - L_4) \times 6 \tag{13-31}$$

式中　L_1——车轮中心临近弯沉仪测头时测定用弯沉仪的最大读数，0.01mm；

L_2——汽车驶出弯沉影响半径后测定用弯沉仪的终读数，0.01mm；

L_3——车轮中心临近弯沉仪测头时检验用弯沉仪的最大读数，0.01mm；

L_4——汽车驶出弯沉影响半径后检验用弯沉仪的终读数，0.01mm。

式（13－31）适用于测定用弯沉仪支座处有变形，但百分表架处路面无变形的情况。

D　温度修正

沥青面层厚度大于5cm，且路面湿度超过（20±2）℃范围时，回弹弯沉值应进行温度修正，温度的修正有两种方法。

（1）查图法。测定时的沥青层平均温度按式（13－32）计算：

$$T = (T_{25} + T_m + T_e)/3 \tag{13-32}$$

式中　T——测定时沥青层平均温度，℃；

T_{25}——根据T_0由图13－5决定的路表下25mm处的温度，℃；

T_m——根据T_0由图13－6决定的沥青层中间深度的温度，℃；

T_e——根据T_0由图13－7决定的沥青层地面处的温度，℃。

图13－5中T_0为测定时路表温度与测定前5d日平均气温的平均值之和，平均气温为日最高气温与最低气温的平均值。

不同基层的沥青路面弯沉值的温度修正系数K，根据沥青平均温度T及沥青层厚度，分别由图13－6及图13－7求取。

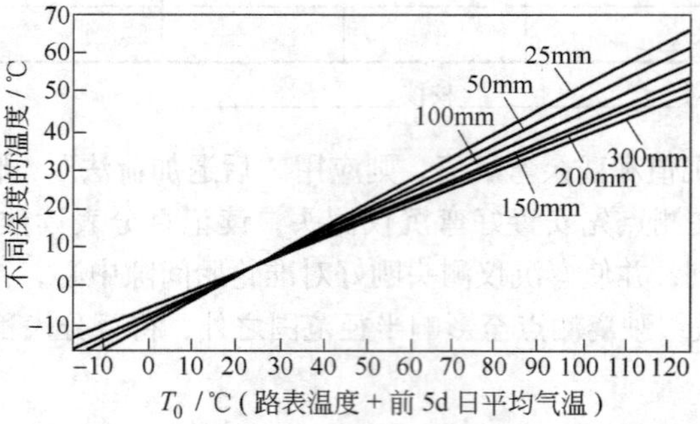

图13－5　沥青面层平均温度的确定

（线上的数字表示路表下的不同深度）

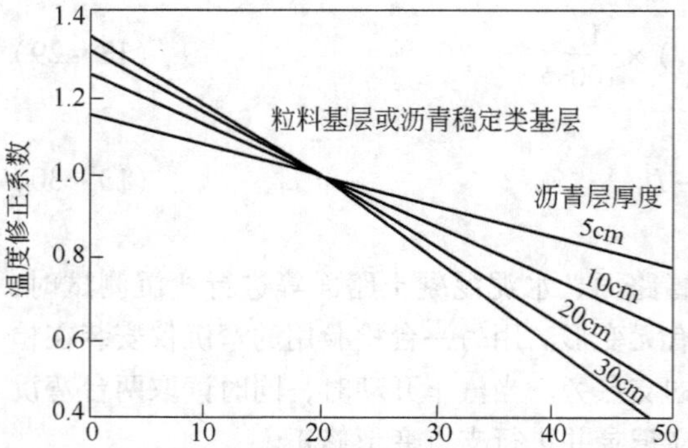

图13－6　路面弯沉温度修正系数曲线

（适用于粒料基层或沥青稳定类基层）

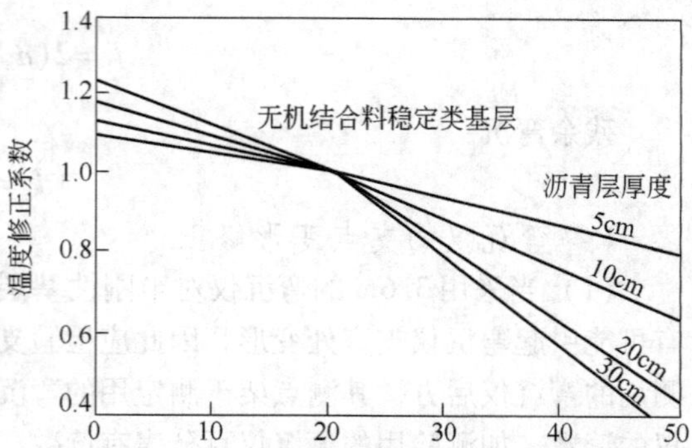

图13－7　路面弯沉温度修正系数曲线

（适用于无机结合料稳定的半刚性基层）

沥青路面回弹弯沉按式（13－33）计算：

$$L_{20}=L_{T}K \tag{13-33}$$

式中 L_{20}——换算为20℃的沥青路面回弹弯沉值，0.01mm；

L_{T}——测定时沥青面层内平均温度为 T 时的回弹弯沉值，0.01mm；

K——温度修正系数。

（2）经验计算法。测定时的沥青面层平均温度 T 由经验公式确定：

$$T=a+bT_0 \tag{13-34}$$

$$a=-2.65+0.52h$$

$$b=0.62-0.008h$$

式中 T_0——测定时路表温度与测定前5d日平均气温的平均值之和，℃；

h——沥青面层厚度。

弯沉温度修正系数经验公式：

当 $T \geqslant 20$℃时 $$K=e^{\left(\frac{1}{T}-\frac{1}{20}\right)h} \tag{13-35}$$

当 $T<20$℃时 $$K=e^{0.002h(20-T)} \tag{13-36}$$

E 测试数据的整理与计算

在确定原有路面计算弯沉值中，在同一段落各测点的弯沉值比较接近且每车道不少于20点；各段的最小长度应与施工方法相适应，一般不小于500m，机械化施工不小于1km的要求，且土基干湿类型和土质应相同，将全线进行段落划分，统计计算各段的计算参数，见式（13－37）～式（13－40）。

平均弯沉值 $\overline{L_0}$：

$$\overline{L_0}=\frac{1}{n}\sum_{i=1}^{n}L_i \tag{13-37}$$

标准偏差 S：

$$S=\sqrt{\frac{\sum(L_i-\overline{L_0})^2}{n-1}} \tag{13-38}$$

变差系数 C_V：

$$C_V=\frac{S}{\overline{L_0}}\times 100\% \tag{13-39}$$

代表弯沉 L_0：

$$L_0=\overline{L_0}+Z_{\alpha}S \tag{13-40}$$

式中 L_0——路段的计算回弹弯沉值，0.01mm；

$\overline{L_0}$——路段内原有路面的平均弯沉值，0.01mm；

S——弯沉值的均方差，0.01mm；

Z_{α}——与保证率有关的系数，高速公路、一级公路取2.0，二级公路取1.645，二级以下公路取1.5。

13.4 路面平整度及结构层厚度的试验检测

13.4.1 路面平整度

13.4.1.1 路面平整度概述

路面平整度是评定路面质量的主要技术指标之一，它关系到行车的安全、舒适以及路面所受冲击力的大小和使用寿命，不平整的路表面会增大行车阻力，并使车辆产生附加的振动作用。这种振动作用会造成行车颠簸，影响行车的速度和安全，影响驾驶的平稳和乘客的舒适。同时，振动作用还会对路面施加冲击力，从而加剧路面和汽车机件的损坏和轮胎的磨损，并增大油料的消耗。而且，对于位于水网地区，不平整的路面还会积滞雨水，加速路面的水损坏。因此，为了减少振动冲击力，提高行车速度和增进行车舒适性、安全性，路面应保持一定的平整度。

影响路面平整度因素涉及设计、施工、自然条件等方方面面，优良的路面平整度要依靠优良的施工装备、精细的施工工艺、严格的施工质量控制以及经常和及时的养护来保证。影响沥青混凝土路面平整度的因素主要有：不均匀沉降、摊铺工艺、碾压工艺、横接缝处理、配合比设计、下承层病害等。

平整度的测试设备分为断面类及反应类两大类。断面类实际上是测定路面表面凹凸情况的，如最常用的3m直尺及连续式平整度仪，还可用精确测定高程得到；反应类测定路面凹凸引起车辆振动的颠簸情况。反应类指标是司机和乘客直接感受到的平整度指标，因此它实际上是舒适性能指标，最常用的测试设备是车载式颠簸累积仪。现已有更新型的自动化测试设备，如纵断面分析仪、路面平整度数据采集系统测定车等。常见的几种平整度测试方法的特点及技术指标比较见表13－9。国际上通用国际平整度指数*IRI*衡量路面行驶舒适性或路面行驶质量，可通过标定试验得出*IRI*与标准差σ或单向累计值*VBI*之间的关系。

表13－9 平整度测试方法的特点及技术指标比较

方 法	特 点	技术指标
3m直尺法	设备简单，结果直观，间断测试，工作效率低，反应凸凹程度	最大间隙h（mm）
连续式平整度仪法	设备较复杂，连续测试，工作效率高，反应凸凹程度	标准差σ（mm）
颠簸累计仪法	设备复杂，工作效率高，连续测试，反应舒适性	单向累计值*VBI*（cm/km）

13.4.1.2 平整度测试方法

A 3m直尺法

3m直尺法有单尺测定最大间隙及等距离（1.5m）连续测定两种。两种方法测定的路面平整度有较好的相关关系：前者常用于施工质量控制与检查验收，单尺测定时要计算出测定段的合格率；等距离连续测试也可用于施工质量检查验收，要算出标准差，用标准差来表示平整程度。

a 试验目的和适用范围

用于测定压实成型的路基、路面各层表面的平整度，以评定路面的施工质量及使用质量。

b 测试要点

在测试路段路面上选择测试地点：

（1）当为施工过程中质量检测需要时，测试地点根据需要确定，可以单杆检测。

（2）当为路基、路面工程质量检查验收或进行路况评定需要时，应首尾相接连续测量10尺。除特殊需要外，应以行车通一侧车轮轮迹（距车道线80～100cm）带作为连续测定的标准位置。

（3）对旧路面已形成车辙的路面，应取车辙中间位置为测定位置，用粉笔在路面上做好标记。

c 计算

单杆检测路面的平整度计算，以3m直尺与路面的最大间隙为测定结果。连续测定10尺时，判断每个测定值是否合格，根据要求计算合格百分率，并计算 10 个最大间隙的平均值。

合格率 =（合格尺数/总测尺数）×100%

d 报告

单杆检测的结果应随时记录测试位置及检测结果。连续测定 10 尺时，应报告平均值、小合格尺数、合格率。

B 连续式平整度仪法

a 试验目的与适用范围

用于测定路表面的平整度评定路面的施工质量和使用质量，但不适用于在已有较多坑槽、破损严重的路面上测定。

b 仪器设备

（1）连续式平整度仪：构造如图 13－8 所示。

除特殊情况外，连续式平整度仪的标准长度为 3m，其质量应符合仪器标准的要求。中间为一个 3m 长的机架，机架可缩短或折叠，前后各有 4 个行走轮，前后两组轮的轴间距离为 3m。机架中间有一个能起落的测定轮。机架上装有蓄电源及可拆卸的检测箱，检测箱可采用显示、记录、打印或绘图等方式输出测试结果。测定轮上装有位移传感器，自动采集位移数据时，测定间距为 10cm，每一计算区间长 100m。输出一次结果。当为人工检测、无自动采集数据及计算功能时，应能记录测试曲线。机架头装有一牵引钩及手拉柄，可用人力或汽车牵引。

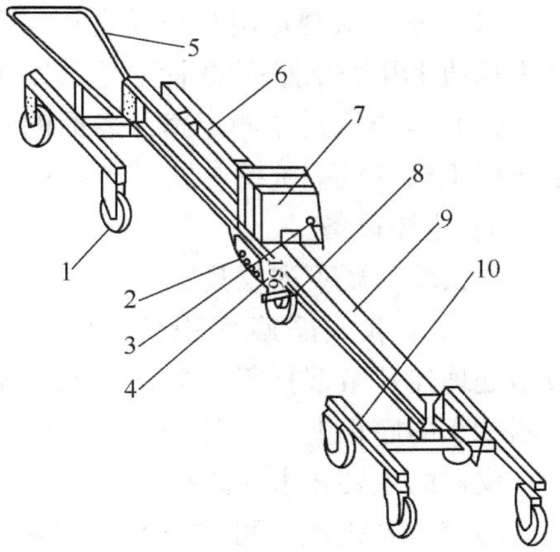

图 13－8 连续式平整度仪构造

1—脚轮；2—拉簧；3—离合器；4—测架；5—牵引架；6—前架；7—纵断面绘图仪；8—测定轮；9—纵梁；10—后架

（2）牵引车：小面包车或其他小型牵引汽车。

（3）皮尺或测绳。

c 试验要点

（1）选择测试路段路面测试地点，同 3m 直尺法。

（2）将连续式平整度测定仪置于测试路段路面起点上。

（3）在牵引汽车的后部，将平整度的挂钩挂上后，放下测定轮，启动检测器及记录仪，随即启动汽车，沿道路纵向行驶，横向位置保持稳定，并检查平整度检测仪表上测定数字显示、打印、记录的情况。检测设备中如某项仪表发生故障，即停车检测。牵引平整度仪的速度应均匀，速度宜为 5km/h，最大不得超过 12km/h。在测试路段较短时，也可用人力拖拉平整度仪测定路面的平整度，但拖拉时应保持匀速前进。

d 计算

（1）连续式平整度测定仪测定后，可按每 10cm 间距采集的位移值自动计算 100m 计算区间的平整度标准差，还可记录测试长度、曲线振幅大于某一定值（3mm、5mm、8mm、10mm 等）的次数、曲线振幅的单向（凸起或凹下）累计值及以 3m 机架为基准的中点路面偏差曲线图，并打印输出。当为人工计算时，在记录曲线上任意设一基准线，每隔一定距离（宜为 1.5m）读取曲线偏离基准线的偏离位移值 d_i。

（2）每一计算区间的路面平整度以该区间测定结果的标准差表示，按式（13－41）计算：

$$\sigma_i = \sqrt{\frac{\sum(\bar{d} - d_i)^2}{n-1}} \tag{13-41}$$

式中 σ_i——各计算区间的平整度计算值，mm；

d_i——以100m为一个计算区间，每隔一定距离（自动采集间距为10cm，人工采集间距为1.5m）采集的路面凹凸偏差位移值，mm；

n——计算区间用于计算标准差的测试数据个数。

（3）计算一个评定路段内各区间平整度标准差的平均值、标准差、变异系数。

e 报告

试验应列表报告每一个评定路段内各测定区间的平整度标准差、各评定路段平整度的平均值、标准差、变异系数以及不合格区间数。

C 车载式颠簸累积仪法简介

a 目的和适用范围

（1）本方法规定用车载式颠簸累积仪测量车辆在路面上通行时后轴与车厢之间的单向位移累积值*VBI*表示路面的平整度，以cm/km计。

（2）本方法适于测定路面表面的平整度，以评定路面的施工质量和使用期的舒适性。但不适用于已有较多坑槽、破损严重的路面测定。

b 主要设备

本试验需要下列仪具：

（1）车载式颠簸累积仪：由机械传感器、数据处理器及微型打印机组成，传感器固定安装在测试车的底板上，如图13－9所示。

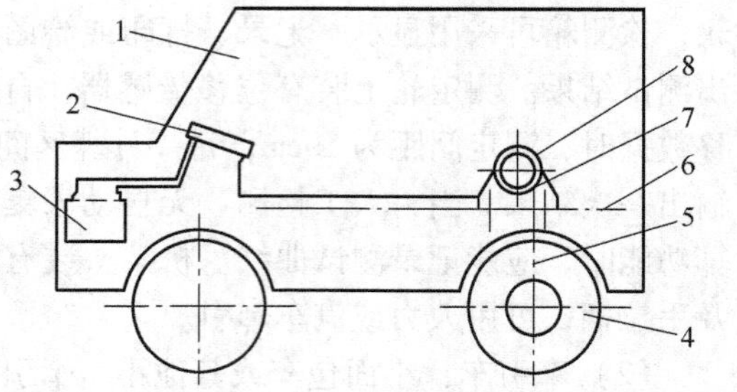

图13－9 车载式颠簸累积仪安装示意图

1—测试车；2—数据处理器；3—电瓶；4—后桥；5—挂钩；6—底板；7—钢丝绳；8—颠簸累计仪传感器

仪器的主要技术性能指标如下：

1）测试速度：可在30～50km/h范围内选定；

2）最小读数：1cm；

3）最大测试幅值：30cm；

4）最大显示值：9999cm；

5）系统最高反应频率：5kHz。

（2）测试车：旅行车、越野车或小轿车。

c 工作原理

测试车以一定的速度在路面上行驶，由于路面上的凹凸不平，引起汽车的激振，通过机械传感器可测量后轴同车厢之间的单向位移累积值*VBI*，以cm/km计。*VBI*越大，说明路面平整性越差，人体乘坐汽车时越不舒适。

d 使用技术要点

（1）仪器安装应准确、牢固，便于操作。

（2）测试速度以32km/h为宜，一般不宜超过40km/h。

e 注意事项

（1）检测结果与测试车机械系统的振动特性和车辆行驶速度有关。减振性能好，则*VBI*测值小；车速越高，*VBI*测值越大。因此，必须通过对机械系统的良好保养和检测时严格控制车速来保持测定结果的稳定性。

（2）用车载式颠簸累积仪测出的颠簸累积值*VBI*，与用连续式平整仪测出的标准差σ概念不同，可通过对比试验，建立两者的相关关系，将*VBI*值换算为σ用于路面平整度评定。

（3）通过大量研究观察得出：$\sigma = 0.6IRI$。

(4) 国际平整度指数 *IRI* 是国际上公认的衡量路面行驶舒适性或路面行驶质量的指数。可以通过标定试验，建立 *VBI* 与 *IRI* 的相关关系，将颠簸累积仪测出的颠簸累积值 *VBI* 换算为国际平整度指数 *IRI*。

关于车载式颠簸累积仪测定平整度试验方法可详见《公路路基路面现场测试规程》(JTG E60—2008)。

f 报告

(1) 应列表报告每一个评定路段内各测定区间的颠簸累积值，各评定路段颠簸累积值的平均值、标准差、变异系数。

(2) 测试速度。

(3) 试验结果与国际平整度指数等其他平整度指标建立的相关关系式、参数值、相关系数。

13.4.1.3 平整度指标间相互关系的建立

A 国际平整度指数

平整度测定的方法和仪器很多，相应采用的指标也各不相同。为了使采用不同方法和仪器测定的结果可以相互比较，需要寻找一个标准的（或通用的）平整度指标，它同其他平整度指标有良好的相关关系。同时，采用反应类平整度仪测定时，为使测定结果具有时间稳定性，必须经常进行标定；而标定曲线的精度取决于标定路段采用的平整度指标同反应类测定系统的相关性。

为了解决上述问题，世界银行于 1982 年组织了包括巴西、英、美、法等国专家参加的国际研究小组，在巴西进行了大规模的路面平整度试验。在此基础上提出来用国际平整度指数 (*IRI*) 作为评价标准的建议。

国际平整度指数（*IRI*）是一项标准化的平整度指标。它同反应类平整度测定系统类似，但是采用的是数学模型模拟 1/4 车轮（即单轮，类似于拖车）以规定速度行驶在路面断面上，分析行驶距离内动态反应悬挂系的累积竖向位移量。标准的测定速度规定为 80km/h，其测定结果的单位为 m/km。这一指标与反应类仪器的平均调整坡 *ARS* 相似，称作参照平均调整坡 (*RARS*80)。

求得每一个位置的变量值后，即可计算该位置的调整坡（*RS*）。

IRI 为路段长度内 *RS* 变量的平均值。因此，当每个断面点的调整坡求得后，便可按式 (13-42) 计算 *IRI*：

$$IRI = \frac{1}{n-1}\sum_{i=2}^{n} RS_i \qquad (13-42)$$

上述计算过程已编制电算程序，在测量得到纵断面的高程资料后，便可按抽样点间距利用此程序计算该段路面平整度的国际平整度指数 *IRI* 值。

国际平整度指数 *IRI* 作为通用指标的效果，可以通过考察不同平整度测定方法的测定结果转换成以 *IRI* 表征后的一致性得到证实。

图 13-10 所示为各类路面国际平整度指数 *IRI* 变化范围。

B *VBI* 与其他平整度指标相关关系的建立

用车载式颠簸累积仪测定的 *VBI* 值需要与其他平整度指标（如连续式平整度仪测出的标准差、国际平整度指数（*IRI*）等）进行换算时，应将车载式颠簸累积仪的测试结果进行标定，即与相关的平整度仪测量结果建立相关关系，相关系数均不得小于 0.90。

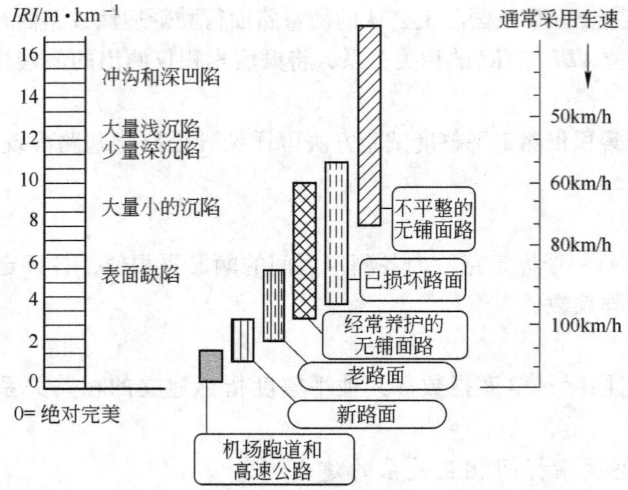

图 13-10 各类路面国际平整度指数 *IRI* 变化范围

为与其他平整度指标建立相关关系，选择的标定路段应符合下列要求：

(1) 有 5~6 段不同平整度的现有道路，从好到坏不同程度的都应各有一段。

(2) 每段路长宜为 250~300m。

(3) 每一段中的平整度应均匀，段内应无太大差别。

(4) 标定路段应选纵坡变化较小的平坦、直线地段。

(5) 选择交通量小或可以疏导的路段，减少标定时车辆的干扰。

标定路段起讫点用油漆做好标记，并每隔一定距离作中间标记，标定宜选择在行车道的正常轮迹上进行。

1) 用连续式平整度仪进行标定。

①用于标定的仪器应使用按规定进行校准后能准确测定路面平整度的连续式平度仪。

②按现行操作规程用连续式平整度仪沿选择的每个路段全程连续测量平整度 3~5 次，取其平均值作为该路段的测试结果（以标准差表示）。

③用车载式颠簸累积仪沿各个路段进行测量，重复 3~5 次后，取其各次颠簸累积值的平均值为该路段的测试结果，与平整度仪的各段测试结果相对应。标定时的测试车速应在 30~50km/h 范围内选用一种或两种稳定的车速分别进行，记录车速及搭载量，以后测试时的情况应与标定时的相同。

④整理相关关系。

将连续式平整度仪测定的标准差 σ 及车载式颠簸累积仪测出的颠簸累积值 VBI_v 绘制出曲线并进行回归分析，建立相关关系：

$$\sigma = a + bVBI_v \tag{13-43}$$

式中 σ——用连续式平整度仪测定的以标准差表示的平整度，mm；

VBI_v——测试速度为 v 时用颠簸累积仪测得的累积值 VBI，cm/km；

a，b——回归系数。

2) 将车载式颠簸累积仪测定结果换算成国际平整度指数的标定方法。

①将所选择的标定路段在标记上每隔 0.25m 做出补充标记。

②在每个路段上用经过校准的精密水平仪分别测出每隔 0.25m 标点上的国际平整度指数 *IRI*。

③用车载式颠簸累积仪测试得到各个路段的测试结果。

④将各个路段的国际平整度指数 IRI 与颠簸累积值 VBI_v 绘制出曲线并进行回归分析，建立相关关系：

$$IRI = a + bVBI_v \tag{13-44}$$

式中 IRI——国际平整度指数，m/km；

VBI_v——测试速度为 v 时颠簸累积仪测得的颠簸累积值，cm/km；

a，b——回归系数。

13.4.2 路面结构层厚度检测方法

13.4.2.1 路面结构层厚度概述

在路面设计中，不论是刚性路面，还是沥青路面，最终需要决定的是各个层次的厚度。路面厚度测定常采用射线或超声检测技术，通常用反射法测定面层厚度，但是仅仅在水泥混凝土路面厚度中使用比较成功。对于沥青路面尚在研制阶段，则难以保证测量精度。我国多采用钻取芯样或挖坑测定的方法测量沥青路面碾压的厚度，路面自动测厚仪也在研制开发。在先进的厚度无损检测中，路面雷达测试系统能在高速行驶状态下实时收集路面结构层资料，并通过计算机自动分析出路面各层厚度、湿度、空隙位置和内部破损情况，在路面检测中得到越来越广泛的应用。

公路路面工程的评价往往依据多项指标。很多发达国家都普遍装备了综合测试专用车，车上配有各种检测仪器以及数据处理设备等。只要到测试现场一次，就能测取各种所需的数据，方便且效率高。一台路面综合检测专用车约需要人民币几百万元，如此昂贵的价格限制了它在我国的推广与应用。但由于它有许多优点，在一些检测中心配置还是可能的，可用来测定多项指标值，建立数据库，评价路面使用性能。

13.4.2.2 厚度检测方法

A 挖坑法

根据现行规范的要求，随机取样决定挖坑检查的位置。如为旧路，该点有坑洞等显著缺陷或接缝时，可在其旁边检测。

选一块约 40cm ×40cm 的平坦表面作为试验地点，用毛刷将其清扫干净。根据材料坚硬程度，选择镐、铲、凿子等适当的工具，开挖这一层材料，直至层位底面。在便于开挖的前提下，开挖面积应尽量缩小，坑洞大体呈圆形，边开挖边将材料铲出，置于搪瓷盘中。用毛刷将坑底清扫，确认为坑底面下一层的顶面。

将钢板尺平放横跨于坑的两边，用另一把钢尺或直尺等量具在坑的中部位置垂直伸至坑底，测量坑底至钢板尺的距离，即为检查层的厚度，以 cm 计，精确至 0.1cm。

B 钻孔取样法

根据现行规范的要求，随机取样决定挖坑检查的位置。如为旧路，该点有坑洞等显著缺陷或接缝时，可在其旁边检测。

用路面取芯钻孔机钻孔，芯样的直径应为 100mm。如芯样仅供测量厚度，不作其他试验时，对沥青面层与水泥混凝土板也可用直径 50mm 的钻头；对基层材料有可能损坏试件时，也可用直径 130mm 的钻头，但钻孔深度必须达到层厚。仔细取出芯样，清除底面灰尘，找出与下层的分界面。

C 施工过程中的简易方法

在施工过程中，当沥青混合料尚未冷却时，可根据需要，随机选择测点，用大改锥插入量取或挖坑量取沥青层的厚度（必要时用小锤轻轻敲打），但不得使用铁镐等扰动四周的沥青层。挖坑后清扫坑边，架上钢板尺，用另一钢板尺量取层厚，或用改锥插入坑内量取深度后用尺读数，即为层厚，以 cm 计，精确至 0.1cm。

13.4.2.3 填补试坑或钻孔

补填工序如有疏忽，易成为隐患而导致开裂，因此，所有挖坑、钻孔均应仔细做好。按下列步骤用取样层的相同材料填补试坑或钻孔。

（1）适当清理坑中残留物，钻孔时留下的积水应用棉纱吸干。

（2）对无机结合料稳定层及水泥混凝土路面板，按相同配比用新拌的材料并用小锤击实。水泥混凝土中宜掺加少量快凝早强的外掺剂。对无结合料粒料基层，可用挖坑时取出的材料，适当加水拌和后分层填补，并用小锤击实。

（3）对正在施工的沥青路面，用相同级配的热拌沥青混合料分层填补并用加热的铁锤或热夯压实。旧路钻孔也可用乳化沥青混合料修补。所有补坑结束时，宜比原面层略鼓出少许，用重锤或压路机压实平整。

13.4.2.4 结构层厚度的评定

路面厚度是关系到质量和造价的重要指标，既不能给承包商提供偷工减料的可能机会，又要考虑正常施工条件下的厚度偏差情况，采用平均值的置信下限作为合格指标，单点极值作为扣分指标。

计算一个评定路段检测的厚度的平均值、标准差、变异系数，并计算代表厚度。厚度代表值按式（13－45）计算：

$$x_1 = \bar{x} - \frac{t_a S}{\sqrt{n}} \tag{13-45}$$

式中 x_1——厚度代表值；

$\bar{x}$——厚度平均值；

t_a——分布在表中随测点数和保证率（或置信度）而变的系数，采用保证率，高速公路、一级公路：基层、底基层为99%，面层为95%；其他公路：基层、底基层为95%，面层为90%；

S——标准差；

n——检测数量。

当厚度代表值大于等于设计厚度减代表值允许偏差时，则按单个检查值的偏差是否超过极值来评定合格率和计算应得分数；当厚度代表值小于设计厚度减去代表值允许偏差时，则厚度指标评为零分。代表值和极限值的允许偏差见实测项目表。

沥青面层一般按沥青铺筑层总厚度进行评定，但高速公路和一级公路多分 2～3 层铺筑，还应进行上面层厚度检查和评定。

13.5 路面抗滑性能的试验检测

路面抗滑性能通常被看作是路面的表面特性，并用轮胎与路面间的摩阻系数来表示。表面特性包括路表面细构造和粗构造，影响抗滑性能的因素有路面表面特性、路面潮湿程度和行车速度。

路表面细构造是指集料表面的粗糙度，它随车轮的反复磨耗而渐被磨光。通常采用石料磨光值（*PSV*）表征抗磨光的性能。细构造在低速（30～50km/h 以下）时对路表抗滑性能起决定作用。而高速时起主要作用的是粗构造，它是由路表外露集料间形成的构造，功能是使车轮下的路表水迅速排除，以避免形成水膜。粗构造由构造深度表征。

抗滑性能测试方法有：制动距离法、偏转轮拖车法（横向力系数测试）、摆式仪法、构造深度测试法（手工铺砂法、电动铺砂法、激光构造深度仪法）。各方法的特点和测试指标见表13－10。

表13－10　路面抗滑性能测试方法比较

测试方法	测试指标	原　理	特点及适用范围
制动距离法	摩擦系数	以一定速度在潮湿路面上行驶的4轮小客车或轻货车，当4个车轮被制动时，测试出从车辆减速滑移到停止的距离，运用动力学原理，算出摩擦系数	测试速度快，必须中断交通
摆式仪法	摩擦摆值 *BPN*	摆式仪的摆锤底面装一橡胶滑块，当摆锤从一定高度自由下摆时，滑块面同试验表面接触。由于两者间的摩擦而损耗部分能量，使摆锤只能回摆到一定高度。表面摩擦阻力越大，回摆高度越小（即摆值越大）	定点测量，原理简单，不仅可以用于室内，而且可用于野外测试沥青路面及水泥混凝土路面的抗滑值
手工铺砂法、电动铺砂法	构造深度 *TD*（mm）	将已知体积的砂，摊铺到所要测试的路表的测点上，量取摊平铺盖的面积。砂的体积与所覆盖平均面积的比值，即为构造深度	定点测量，原理简单，便于携带，结果直观，适用于测定沥青路面及水泥混凝土路面表面构造深度，用以评定路面表面的宏观粗糙度、排水性能及抗滑性
激光构造深度仪法	构造深度 *TD*（mm）	中子源发射的许多束光线，照射到路表面不同深度处，用200多个二极管接收往返回的光束，利用二极管被点亮的时间差算出所测路面的构造深度	测试速度快，适用于测定沥青路面干燥表面的构造深度，用以评价路面抗滑及排水能力，但不适用于较多坑槽，显著不平整或裂缝过多的路段
摩擦系数测试法	横向力系数 *SFC*	测试车上安装有两只标准试验轮胎，它们对车辆行驶方向偏转一定的角度。汽车以一定速度在潮湿路面上行驶时，试验轮上的载重，即为横向力系数	测试速度快，用以标准的摩擦系数测试车测定沥青或水泥混凝土路面的横向力系数，结果可作为竣工验收或使用期评定路面抗滑能力使用

路面的抗滑摆值是指用标准的手提式摆式摩擦系数测定仪测定的路面在潮湿条件下对摆的摩擦阻力。路表构造深度是指一定面积的路表面凹凸不平的开口孔隙的平均深度。路面横向摩擦系数是指用标准的摩擦系数测定车测定，当测定轮与行车方向成一定角度且以一定速度行驶时，轮胎与潮湿路面之间的摩擦阻力与试验轮上荷载的比值。

高速、一级公路的路面应具有良好的抗滑性。其沥青路面抗滑性能应符合表13－11的要求，二级及三级公路应根据各路段的具体情况采取必要的技术措施，以提高路面抗滑性能。在设计高速、一级公路的沥青表面层时，应选用抗滑、耐磨石料，其石料磨光值应大于42。高速、一级公路的摩擦系数宜在竣工后第一个夏季采用摩擦系数测定车，以（50＋1）km/h的车速测定横向力系数（*SFC*）；宏观构造深度应在竣工后第一个夏季用铺砂法或激光构造深度仪测定，此时的测定值应符合表 13－11 规定的竣工验收值的要求。

表 13－11 沥青路面抗滑性能标准

公路等级	竣工验收值		
	横向力系数 *SFC*	摆值 F_B/BPN	构造深度 *TD*/mm
高速、一级公路	≥54	≥45	≥0.55

对于水泥混凝土路面抗滑标准用构造深度表示：对高速、一级公路，构造深度 *TD* 为 0.8mm；对于其他公路，*TD* 为 0.6mm。

上述抗滑标准仅为设计阶段的抗滑标准。公路在养护过程中，也有养护的具体标准。

鉴于路面抗滑性能测试方法较多，下面仅介绍常见的试验方法。

13.5.1 手工铺砂法

13.5.1.1 目的与适用范围

本方法适用于测定沥青路面及水泥混凝土路面表面构造深度，用以评定路面表面的宏观粗糙度、路面表面的排水性能及抗滑性能。

13.5.1.2 仪具与材料

（1）人工铺砂仪：由圆筒、推平板组成。

1）量砂筒：形状尺寸如图 13－11（a）所示，一端是封闭的，容积为（25×0.13）mL，可通过称量砂筒中水的质量以确定其容积 *V*，并调整其高度，使其容积符合要求。带一专门的刮尺将筒口量砂刮平。

2）推平板：形状尺寸如图 13－11（b）所示，推平板应为木制或铝制（ϕ50mm），底面粘一层厚 1.5mm 的橡胶片，上面有一圆柱把手。

3）刮平尺：可用 30cm 钢尺代替。

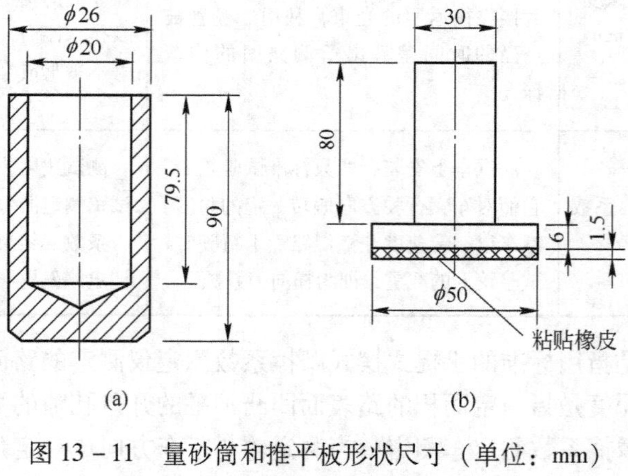

图 13－11 量砂筒和推平板形状尺寸（单位：mm）

（a）量砂筒；（b）推平板

（2）量砂：足够数量的干燥洁净的均匀砂，粒径为 0.13～0.3mm。

（3）量尺：钢板尺、钢卷尺，或采用已按式（13－45）将直径换算成构造深度作为刻度单位的专用的构造深度尺。

（4）其他：装砂容器（小铲）、扫帚或毛刷、挡风板等。

13.5.1.3 方法与步骤

A 准备工作

（1）量砂准备：取洁净的细砂晾干、过筛，取0.13～0.3mm的砂置于适当的容器中备用。量砂只能在路面上使用一次，不宜重复使用；回收砂必须经干燥、过筛处理后方可使用。

（2）对测试路段按随机取样选点的方法，决定测点所在横断面位置。测点应选在行车道的轮迹带上，距路面边缘不应小于1m。

B 试验步骤

（1）用扫帚或毛刷子将测点附近的路面清扫干净，面积不小于30cm×30cm。

（2）用小铲装砂沿筒向圆筒中注满砂，手提圆筒上方，在硬质路面上轻轻地叩打3次，使砂密实，补足砂面用钢尺一次刮平。不可直接用量砂筒装砂，以免影响量砂密度的均匀性。

（3）将砂倒在路面上，用底面粘有橡胶片的推平板，由里向外重复做摊铺运动，稍稍用力将砂细心地尽可能地向外摊开，使砂填入凹凸不平的路表面的空隙中，尽可能将砂摊成圆形，并不得在表面上留有浮动余砂。注意摊铺时不可用力过大或向外推挤。

（4）用钢板尺测量所构成圆的两个垂直方向的直径，取其平均值（精确至5mm）。

（5）按以上方法，同一处平行测定不少于3次，3个测点均位于轮迹带上，测点间距3～5m。该处的测定位置以中间测点的位置表示。

13.5.1.4 计算

（1）路面表面构造深度测定结果按式（13－46）计算：

$$TD = \frac{1000V}{\pi D^2/4} = \frac{31831}{D^2} \qquad (13-46)$$

式中 TD——路面表面构造深度，mm；

V——砂的体积，$V=25\text{cm}^3$；

D——推平砂的平均直径，mm。

（2）每一处均取3次路面构造深度的测定结果的平均值作为试验结果（精确至0.1mm）。

（3）计算每一个评定区间路面构造深度的平均值、标准差、变异系数。

13.5.1.5 报告

（1）列表逐点报告路面构造深度的测定值及3次测定的平均值，当平均值小于0.2mm时，试验结果以“<0.2mm”表示。

（2）每一个评定区间路面构造深度的平均值、标准差、变异系数。

13.5.2 电动铺砂法

13.5.2.1 目的和适用范围

本方法适用于测定沥青路面及水泥混凝土路面表面构造深度，用以评定路面表面的宏观粗糙度及路面表面的排水性能和抗滑性能。

13.5.2.2 仪具与材料

（1）电动铺砂仪：利用可充电的直流电源将量砂通过砂漏铺设成宽度5cm、厚度均匀一致的器具，如图13－12所示。

（2）量砂：足够数量的干燥洁净的匀质砂，粒径为0.13～0.3mm。

（3）标准量筒：容积50mL。

（4）玻璃板：面积大于铺砂器，厚5mm。

（5）其他：直尺、扫帚、毛刷等。

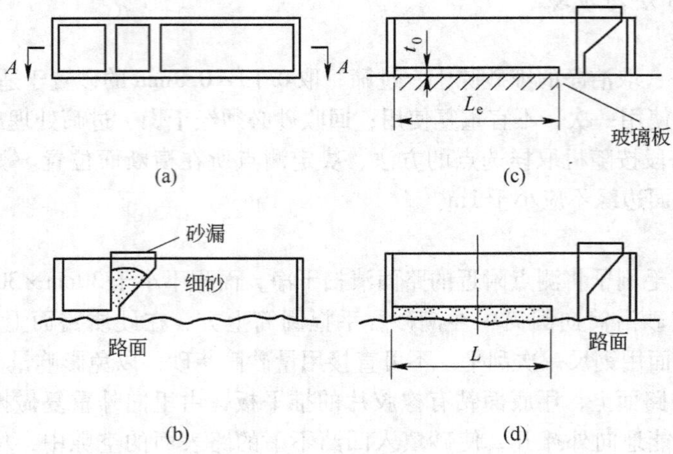

图 13－12　电动铺砂仪

（a）平面图；（b）A—A 断面；（c）标定；（d）测定

13.5.2.3　方法与步骤

A　准备工作

（1）量砂准备：取洁净的细砂，晾干，过筛，取粒径为 0.13～0.3mm 的砂置于适当的容器中备用。已在路面上使用过的砂如回收重复使用时，应重新过筛并晾干。

（2）对测试路段按随机取样选点的方法，决定测点所在横断面的位置。测点应选在行车道的轮进带上，距路面边缘不应小于 1m。

B　电动铺砂器标定

（1）将铺砂器平放在玻璃板上，将砂漏移至铺砂器端部。

（2）将灌砂漏斗口和量筒口大致齐平。通过漏斗向量筒中缓缓注入准备好的量砂至高出量筒成尖顶状为止，用直尺沿筒口一次刮平，其容积为 50mL。

（3）将漏斗口与铺砂器砂漏上口大致齐平。将砂通过漏斗均匀倒入砂漏，漏斗前后移动，使砂的表面大致齐平，但不得用任何其他工具刮动砂。

（4）开动电动马达，使砂漏向另一端缓缓运动，量砂沿砂漏底部铺成图 13－12 所示的宽 5cm 的带状，待砂全部漏完后停止。

（5）按图 13－13 和式（13－40）由 L_1 及 L_2 的平均值决定量砂的摊铺长皮 L_0，精确至 1mm：

$$L_0=(L_1+L_2)/2 \qquad (13-47)$$

式中　L_0——量砂的摊铺长度，mm。

（6）重复标定 3 次，取平均值决定 L（精确至 1mm）；标定应在每次测试前进行，用同一种量砂，由同一试验员承担测试。

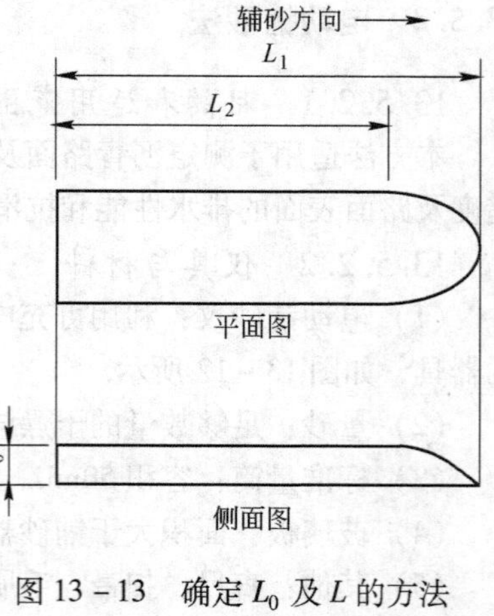

图 13－13　确定 L_0 及 L 的方法

C　测试步骤

（1）将测试地点用毛刷刷净，面积大于铺砂仪。

（2）将铺砂仪沿道路纵向平稳地放在路面上，将砂漏移至端部。

（3）按上述电动铺砂器标定（2）～（5）相同的步骤，

在测试地点摊铺 50mL 量砂，按图 13－13 的方法量取摊铺长度 L_1 及 L_2，计算 L（准确至 1mm）。

（4）按以上方法，同一处平行测定不少于 3 次，3 个测点均位于轮迹带上，测点间距 3～5m。该处的测定位置以中间测点的位置表示。

13.5.2.4 计算

（1）按式（13－48）计算铺砂仪在玻璃板上摊铺的量砂厚度 t_0：

$$t_0 = \frac{V}{BL_0} \times 1000 = \frac{1000}{L_0} \tag{13-48}$$

式中 t_0——量砂在玻璃板上摊铺的标定厚度，mm；

V——量砂体积，$V = 50$mL；

B——铺砂仪铺砂宽度，$B = 50$mm；

L_0——玻璃板上 50mL 量砂摊铺的长度，mm。

（2）按式（13－49）计算路面构造深度 TD：

$$TD = \frac{L_0 - L}{L} \times t_0 = \frac{L_0 - L}{LL_0} \times 1000 \tag{13-49}$$

式中 TD——路面的构造深度，mm；

L——路面上 50mL 量砂摊铺的长度，mm。

（3）每一处均取 3 次路面构造深度的测定结果的平均值作为试验结果（精确至 0.1mm）。

（4）计算每一个评定区间路面构造深度的平均值、标准差、变异系数。

13.5.2.5 报告

（1）列表逐点报告路面构造深度的测定值及 3 次测定的平均值，当平均值小于 0.2mm 时试验结果以“<0.2mm”表示。

（2）每一个评定区间路面构造深度的平均值、标准差、变异系数。

13.5.3 摆式仪测定路面抗滑值试验方法

13.5.3.1 目的和适用范围

本方法适用于以摆式摩擦系数测定仪（摆式仪）测定沥青路面及水泥混凝土路面的抗滑值，用以评定路面在潮湿状态下的抗滑能力。

13.5.3.2 仪具与材料

（1）摆式仪：形状及结构如图 13－14 所示，摆及摆的连接部分总质量为（1300±30）g，摆动中心至摆的重心距离为（410±5）mm，测定时摆在路面上滑动长度为（126±1）mm，摆上橡胶片端部距摆动中心的距离为 508mm，橡胶片对路面的正向静压力为（22.2±0.5）N。

（2）橡胶片：用于测定路面抗滑值时的尺寸为 6.35mm×25.4mm×76.2mm，橡胶物理性质技术要求应符合表 13－12 的要求。当橡胶片使用后，端部在长度方向上磨损超过 1.6mm 或边缘在宽度方向上磨耗超过 3.2mm，或有油污染时，即应更换新的橡胶片。新橡胶片应先在干燥路面上测 10 次后再用于测试。橡胶片的有效使用期为 1 年。

（3）标准量尺：长 126mm。

（4）洒水壶。

（5）橡胶刮板。

（6）路面温度计：分度不大于 1 度。

（7）其他：皮尺式钢卷尺、扫帚、粉笔等。

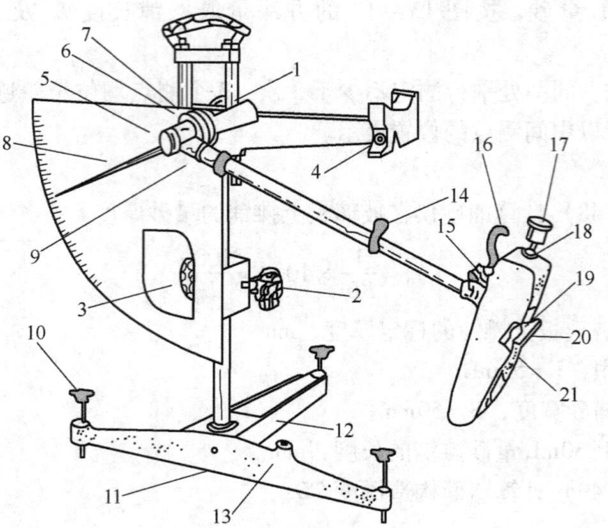

图 13-14 摆式仪结构图

1，2—紧固把手；3—升降把手；4—释放开关；5—转向节螺盖；6—调节螺母；7—针簧片或毡垫；8—指针；9—连接螺母；10—调平螺栓；11—底座；12—垫块；13—水准泡；14—卡环；15—定位螺丝；16—举升柄；17—平衡锤；18—并紧螺母；19—滑溜块；20—橡胶片；21—止滑螺丝

表 13-12 橡胶物理性质技术要求

性能指标	温度				
	0℃	10℃	20℃	30℃	40℃
弹性/%	43~49	58~65	66~73	71~77	74~79
硬度/度	55±5				

13.5.3.3 方法与步骤

(1) 准备工作。

1) 检查摆式仪的调零灵敏情况，并定期进行仪器的标定。当用于路面工程检查验收时，仪器必须重新标定。

2) 对测试路段按随机取样方法，决定测点所在横断面位置。测点应选在行车车道的轮迹带上，距路面边缘不应小于1m，并用粉笔作出标记。测点位置宜紧靠铺砂法测定构造深度的测点位置，并与其一一对应。

(2) 试验步骤。

1) 仪器调平。

①将仪器置于路面测点上，并使摆的摆动方向与行车方向一致。

②转动底座上的调平螺栓，使水准泡居中。

2) 调零。

①放松上、下两个紧固把手，转动升降把手，使摆升高并能自由摆动，然后旋紧把手。

②将摆向右运动，按下安装于悬臂上的释放开关，使摆上的卡环进入开关槽，放开释放开关，摆即处于水平位置，并把指针抬至与摆杆平行处。

③按下释放开关，使摆向左带动指针摆动，当摆达到最高位置后下落时，用左手将摆杆接住，此时指针应指向零。若不指零时，可稍旋紧或放松摆的调节螺母，重复本项操作，直至指

针指向零。调零允许误差为 ±1BPN。

（3）校核滑动长度。

1）用扫帚扫净路面表面，并用橡胶刮板清除摆动范围内路面上的松散粒料。

2）让摆自由悬挂，提起摆头上的举升柄，将底座上垫块置于定位螺丝下面，使摆头上的滑溜块升高。放松紧固把手，转动立柱上的升降把手，使摆缓缓下降。当滑块上的橡胶片刚刚接触路面时，即将紧固把手旋紧，使摆头固定。

3）提起举升柄，取下垫块，使摆向右运动。然后，手提举升柄使摆慢慢向左运动，直至橡胶片的边缘刚刚接触路面。在橡胶片的外边摆动方向设置标准尺，尺的一端正对准该点。再用于提起举升柄，使滑溜块向上抬起，并使摆继续运动至左边，使橡胶片返回落下再一次接触地面，橡胶片两次同路面接触点的距离应在 126mm（即滑动长度）左右。若滑动长度不符合标准时，则升高或降低仪器底正面的调平螺丝来校正，但需调平水准泡，重复此项校核直至滑动长度符合要求。而后，将摆和指针置于水平释放位置。

校核滑动长度时应以橡胶片长边刚刚接触路面为准，不可借摆力量向前滑动，以免标定的滑动长度过长。

（4）用喷壶的水浇洒试测路面，并用橡胶刮板刮除表面泥浆。

（5）再次洒水，并按下释放开关，使摆在路面滑过，指针即可指示出路面的摆值。但第一次测定，不做记录。当摆杆回落时，用左手接住摆，右手提起举升柄使滑溜块升高，将摆向右运动，并使摆杆和指针重新置于水平释放位置。

（6）重复（5）的操作测定 5 次，并读记每次测定的摆值，即 BPN。5 次数值中最大值与最小值的差值不得大于 3BPN。如差值大于 3BPN 时，应检查产生的原因，并再次重复上述各项操作，至符合规定为止。取 5 次测定的平均值作为每个测点路面的抗滑值（即摆值 F_B），取整数，以 BPN 表示。

（7）在测点位置上用路表温度计测记潮湿路面的温度（精确至 1℃）。

（8）按以上方法，同一处平行测定不少于 3 次，3 个测点均位于轮迹带上，测点间距 3～5m。该处的测定位置以中间观点的位置表示。一处均取 3 次测定结果的平均值作为试验结果（精确至 1BPN）。

13.5.3.4　抗滑值的温度修正

当路面温度为 T 时测得的值为 F_{BT}，必须按下式换算成标准温度 20℃ 的摆值 F_{B20}：

$$F_{B20} = F_{BT} + \Delta F \tag{13-50}$$

式中　F_{B20}——换算成标准温度 20℃ 时的摆值，BPN；

F_{BT}——路面温度时测得的摆值，BPN；

T——测定的路表潮湿状态下的温度，℃；

ΔF——温度修正值，按表 13－13 选用。

表 13－13　温度修正值

温度 T/℃	0	5	10	13	20	25	30	35	40
温度修正值 ΔF	－6	－4	－3	－1	0	+2	+3	+5	+7

13.5.3.5　报告

（1）测试日期、测点位置、天气情况、洒水后潮湿路面的温度，并描述路面类型、外观、结构类型等。

（2）列表逐点报告路面抗滑值的测定值 F_{BT} 经温度修正后的 F_{B20} 及 3 次测定的平均值。

（3）每一个评定路段路面抗滑值的平均值、标准差、变异系数。

13.5.4 抗滑性能检测中应注意的问题

（1）在使用摆式仪前必须按照说明书或者按照《公路工程集料试验规程》（JTG E42—2005）中附录 A 的方法对摆式仪进行标定，否则所测数据缺乏可靠性。

（2）用摆式仪法测定时“标定滑动长度”是一个非常重要的环节，标定时应取滑溜块与路面正好轻轻接触的点进行量取。切不可给摆锤一个力，让它有滑动后再量取，这样标定，则滑动长度偏长，所测摆值偏大。

（3）在用手工铺砂法测路面构造深度时，不同的人进行测试，所测结果往往差别较大，测试时应严格掌握操作方法中的细节问题。

13.6 水泥混凝土芯样劈裂程度试验

水泥混凝土路面强度的控制指标是弯拉或劈裂强度。由于弯拉强度试件成型及试验过程比较麻烦，现多用劈裂强度来代替。

需要强调的是，快速无破损方法与传统的钻芯试验方法比较，有其较大的优势，但不能代替钻芯的劈裂强度试验结果，也不能代替试验室标准条件下的弯拉强度，不适宜作为仲裁试验或工程验收的最终依据。

13.6.1 目的和适用范围

从硬化混凝土结构物中钻取和检查芯样，测定芯样的劈裂抗拉强度，作为评定结构品质的主要指标。

13.6.2 仪具与材料

（1）压力机。

（2）劈裂夹具、木质三合板垫条，如图 13－15 所示。

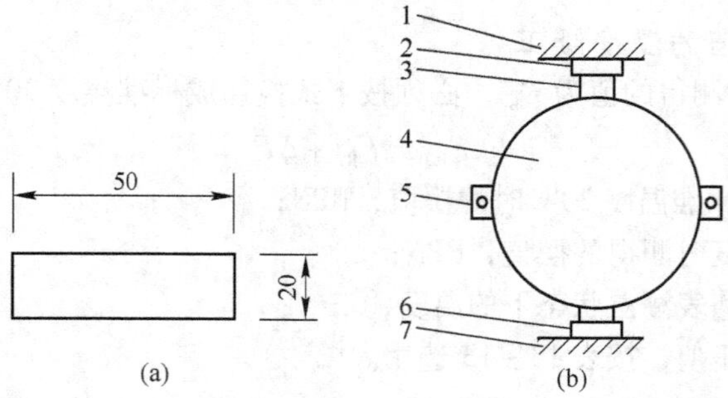

图 13－15 芯样劈裂试验装置示意图（单位：mm）

（a）夹具钢板条；（b）劈裂夹具

1，7—压力机压板车；2，6—夹具钢垫条；3—木质或纤维层；4—试件；5—侧杆

13.6.3 试验方法与步骤

13.6.3.1 检查

（1）外观检查：每个芯样应详细描述有无裂缝、接缝、分层、麻面或离析等情况，必要

时应记录以下事项：

1）集料情况：估计集料的最大粒径、形状及种类，粗细集料的比例与级配。

2）密实性：检查并记录存在的气孔及其位置、尺寸与分布情况，必要时应拍下照片。

（2）测量。

1）测平均直径 d_m：在芯样的中间及两面各1/4处按两个垂直方向测量三对数值确定芯样的平均直径 d_m（精确至1.0mm）。

2）测平均长度 L_m：取芯样直径两端侧面测定钻取后芯样的长度及端面加工后的长度（精确至1.0mm）。

（3）表观密度：如有必要，应测定芯样的表观密度。

13.6.3.2 试验步骤

（1）试件的制作：试件两端平面应与它的轴线相垂直，误差不应大于±1，端面凹凸每100mm不超过0.05mm，承压线凹凸不应大于0.25mm。

（2）湿度控制：试验前试件应在（20±2）℃的水中浸泡40h，从水中取出后立即进行试验。如有专门要求，可用其他养护或湿度控制条件。

（3）劈裂试验。

1）将试件、劈裂垫条和垫层放在压力机上，借助夹具两侧杆，将试件对中。

2）开动压力机，当压力机压板与夹具垫条接近时，调整球座使压力均匀接触试件。当压力加到5kN时，将夹具的侧杆抽出，以（60±4）N/s的速度连续、均匀加荷。直至试件劈裂为止，记下破坏荷载（精确至0.01N）。

13.6.4 计算

芯样劈裂抗拉强度 R_a 按式（13－51）计算：

$$R_a = \frac{2P}{\pi A} = \frac{2P}{\pi d_m L_m} \tag{13-51}$$

式中 R_a——芯样劈裂抗拉强度，MPa，计算结果精确至0.1MPa；

P——极限荷载，N；

A——芯样劈裂面面积，mm^2；

d_m——芯样截面的平均直径，mm；

L_m——芯样平均长度，mm。

思 考 题

1. 简述灌砂法检测压实度操作过程。
2. 简述路面弯沉检测方法。
3. 简述手工铺砂法、摆式仪法检测抗滑性的试验过程。

14 桥梁工程检测

【本章概要】

本章首先介绍了桥梁工程用钢材的分类及其力学性能，包括抗拉性能、冷弯性能、冲击韧性、耐疲劳性、塑性、硬度，以及桥梁用钢材物理力学性能检测方法；详细介绍了地基承载力检测、土及碎石地基承载力检测、基桩完整性检测、基桩承载力检测、混凝土结构及预应力混凝土结构构件检测，以及桥梁结构应变电测技术；最后简单介绍了桥梁静动荷载试验。

【关键词】

碳素钢，合金钢，抗拉性能，冷弯性能，冲击韧性，耐疲劳性，塑性，硬度，拉伸试验，压缩试验，冷弯试验，冲击试验，浅平基，地基承载力，基桩完整性，反射波法，机械阻抗法，钻芯取样法，回弹法，应变电测技术，桥梁荷载

【章节重点】

本章重点掌握桥梁工程用钢材的物理力学性能及其检测方法，地基承载力检测、土及碎石地基承载力检测、基桩完整性检测、基桩承载力检测、混凝土结构及预应力混凝土结构构件检测方法以及桥梁结构应变电测技术。

14.1 桥梁工程用钢材及其力学性能检测

14.1.1 桥梁用钢材及其力学性能

14.1.1.1 桥梁工程用钢材的分类

按照钢的化学成分、品质、冶炼方法和用途的不同，可对桥梁工程用的钢材进行不同的分类。

（1）按冶炼方法分类。按冶炼设备的不同，即炼钢方法不同，分为转炉钢和电炉钢两大类。我国大量的碳素钢和低碳合金结构钢都是在转炉中炼制的。

（2）按化学成分分类。按化学成分可以把钢分为碳素钢和合金钢（低合金结构钢实际是属于合金钢）两大类。在钢的化学成分中，碳元素对钢的性能起主要作用，而其他元素（如硅、锰、硫、磷等）因含量不多，不起决定性作用的为碳素钢。

碳素钢分为普通碳素钢和优质碳素钢两种。优质碳素钢按其含碳量又分为低碳、中碳和高碳钢。普通碳素钢则分为甲类、乙类和特类钢。优质碳素钢按含锰量分为普通含锰量和较高含锰量两种。

优质碳素钢中，低碳钢的含碳量小于0.25%，中碳钢的含碳量在0.25%～0.6%之间，高碳钢的含碳量在0.6%以上。优质碳素钢必须同时保证钢的化学成分和力学性能的要求。

普通碳素钢按照所保证的技术条件，甲类钢保证力学性能，也保证一定的化学成分；乙类钢保证标准规定的化学成分含量，但不保证力学性能；特类钢既保证力学性能，也保证化学成分的含量符合标准要求。

钢的力学性能通常是指屈服强度、抗拉强度、伸长率和冷弯性能四项。

低合金结构钢是在普通碳素钢中加入少量（除铁以外的其他元素的总量不超过3%）合金元素（如锰、硅、钒、钛、银、硼、稀土等）而成。这些元素的加入既改善了钢的综合性能，有时还可以使钢具有某些性能。用它代替普通碳素钢，可以大大节约钢材。

含有一种或多种适量的合金元素，具有较好的或特殊性能的钢称为合金钢。按其合金元素的总量分为：低合金钢（合金元素总含量小于5%）；中合金钢（合金元素总量为5% ~ 10%）；高合金钢（合金元素总量大于10%）。

（3）按品质分类。根据钢中所含杂质的多少可分为普通钢（包括甲类、乙类、特类）优质钢和高级优质钢三类（高级优质钢是在优质钢后面加“A”表示）。高级优质钢主要是将硫控制在0.02% ~0.03%之间，磷含量控制在0.035%以内，对其他混入杂质限制更严。

（4）按用途分类。钢的用途与其形状有关，所以按用途分类时实际上是按形状来分类。

桥梁用钢按其形状分类可分为型材、棒材（或线材）和异型材（特种形状）等三类。

1）型材主要包括型钢和钢板，主要用于大跨度钢桥。

2）线材主要包括钢筋、预应力钢筋（丝）、高强钢丝（包括桥梁缆索用镀锌钢丝）和钢绞线等。它是钢筋混凝土桥梁中使用的重要材料之一。

3）异型材是为特殊用途而制作的，如预应力混凝土桥梁中的锚具、夹具和大变形伸缩件中使用的异型钢梁等。

14.1.1.2 桥梁用钢材的有关力学标准

我国的公路桥梁用钢，按其用途主要分为钢桥用钢和钢筋混凝土桥梁用钢两大类。

（1）钢桥用钢。钢桥上使用的钢材主要是低合金钢，如16锰（16Mn）、16锰桥（16Mnq）钢均属低合金钢，现在16锰桥（16Mnq）钢已成为建造钢桥主体结构的基本材料，最近几年，13锰钒氮桥（13MnVNq）、14锰铌桥（14MnNbq）等钢种也得到了应用。

（2）钢筋混凝土桥梁用钢。钢筋混凝土桥梁用钢可以分为钢筋、预应力混凝土用冷拔钢筋、冷拔钢丝、高强钢丝、钢绞线和精轧螺纹粗钢筋。

我国桥梁用钢材技术指标可参阅相关技术规范。

14.1.1.3 桥梁用钢的主要力学性能

钢材的主要力学性能，通常指钢材在标准条件下均匀拉伸、冷弯、冲击和疲劳荷载等单独作用下，显示出的各种力学性能。

（1）抗拉性能。拉伸作用是钢材的主要受力形式。过拉伸试验可以测定三个主要的强度指标，如图14 -1所示。第一个指标是弹性极限，拉伸试件在卸载后没有残余变形，加载过程中出现的应变也很小。第二个指标是屈服强度（或称屈服点），当应力在弹性极限与屈服强度之间时，试件开始出现塑性变形，卸载后有残余变形。当应力达到屈服强度时，应力即使不再增大，应变却会继续扩大到一定程度。第三个指标是极限强度，当应力达到极限强度时，试件就被拉断。

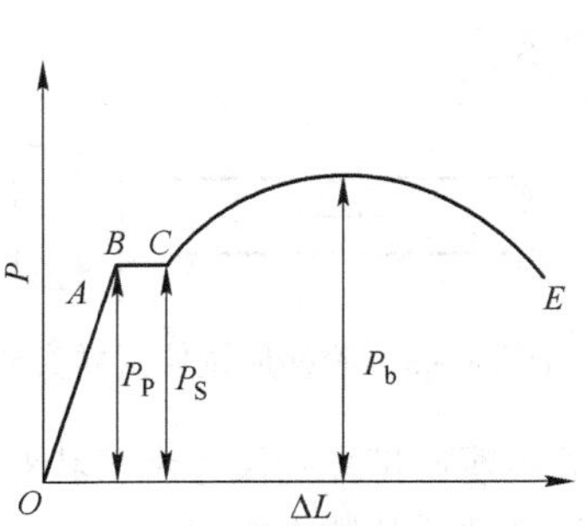

图14 -1 低碳钢拉伸图

（2）冷弯性能。钢材的冷弯性能是衡量钢材在常温下弯曲加工产生塑性变形时对产生裂纹的抵抗能力的一项指标。钢材的冷弯性能可在材料试验机上通过冷弯试验显示出来。

（3）冲击韧性。钢材的冲击韧性是指钢材在冲击荷载作用下断裂时吸收能量的能力。它是衡量钢材抵抗脆性破坏的力学性能指标。

（4）耐疲劳性。钢材若在交变应力（随时间作周期性交替变更的应力）的反复作用下，往往在工作应力远小于抗拉强度时发生骤然断裂，这种现象称为“疲劳破坏”。钢材抵抗疲劳破坏的能力称为耐疲劳性。

（5）塑性。荷载作用下的钢材，若在断裂前产生较大的塑性变形，则称此钢材具有延展性，或称此钢材具有塑性。

钢材的塑性常用静力拉伸试验中的伸长率和断面收缩率来衡量。伸长率是钢材受拉发生断裂时所能承受的永久变形能力。试件拉断后标准长度的增量与原标准长度之比的百分率即伸长率。面收缩率是指试件拉断后，缩颈处横断面积最大缩减量占原横断面积的百分率。

（6）硬度。硬度是钢材抵抗其他较硬物体压入的能力，实际上硬度为钢材抵抗塑性变形的能力。测定钢材硬度常用的方法有布氏法、洛氏法和维氏法，相应的作为硬度指标有布氏硬度（HB）、洛氏硬度（HR）和维氏硬度（HV）。硬度常用于检查钢材质量和确定合理的加工工艺。

14.1.2 桥梁用钢材物理力学性能检测

14.1.2.1 拉伸试验

拉伸试验可测定材料的屈服强度、极限强度、伸长率和断面收缩率，它们是最富有代表性的材料力学性能的四个指标。本试验所涉及的材料强度等力学性能指标的概念，只适用于在室温下用光滑试样进行普通拉伸试验的测试结果，即拉断前载荷缓慢增加。温度、应力和加载速度对材料的力学性能有一定的影响，所以试验时这三个条件应按《金属拉伸试验方法》（GB/T 228—2010）中的规定执行。

A 试样

试样可制成圆形或矩形截面。试样中段用于测量拉伸变形，此段的长度 l_0 称为标距。两端较粗的部分是头部，为装入试验机夹头中传递拉力之用。试样头部形状可根据试验机夹头的要求而定，对制成圆柱形（见图14－2）、阶梯形（见图14－3）或螺纹形（见图14－4）。试样两头部之间的均匀段长度 l 应大于标距 l_0，均匀段长度称为平行长度，用符号 l 表示。

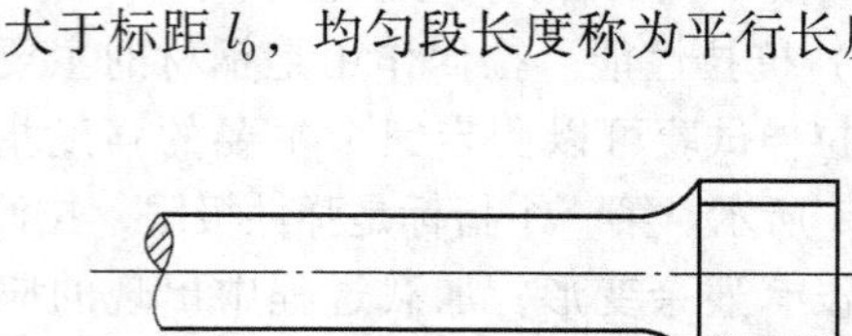

图14－2 圆柱形拉伸试样

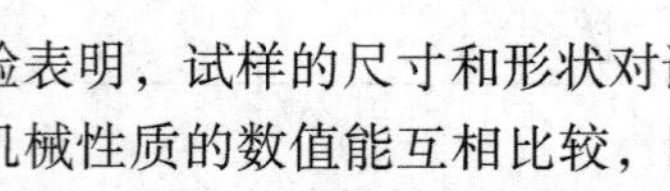
图14－3 阶梯形拉伸试样头部

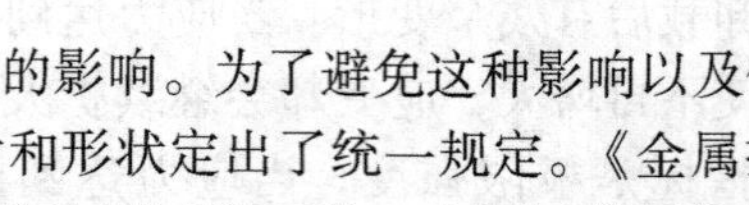
图14－4 螺纹形拉伸试样头部

试验表明，试样的尺寸和形状对试验结果具有一定的影响。为了避免这种影响以及便于各种材料机械性质的数值能互相比较，国家对试样的尺寸和形状定出了统一规定。《金属拉伸试验方法》（GB 228—87）中将拉力试样分为比例试样和非比例试样两种。比例试样是指标距长度与横截面面积间具有下列关系的试样：

$$l_0 = K\sqrt{A_0} \tag{14-1}$$

式中，系数K通常为5.65和11.3，前者称为短试样，后者称为长试样。因此，直径为d_0的短、长圆形试件的标距长度l_0分别等于5 d_0和10 d_0。非比例试样的标距与其横截面间无上述关系，而是根据制品（薄板、薄带、细管、细丝、型材等）的尺寸和材料的性质给以规定的平形长度l和标距长度。

B 试验设备

a 试验机

各种类型试验机均可使用，试验机应备有调速指示装置和记录或显示装置。试验机误差应符合《拉力、压力和万能材料试验机检定规程》（JJG 139—1999）的Ⅰ级试验机要求。试验机应由计量部门定期进行检定。试验时所使用力的范围应在检定范围内。

b 引伸计

引伸计（包括记录器或指示器）应进行标定，标定时引伸计的工作状态应尽可能与试验时的工作状态相同。引伸计的标定与分级方法参照《金属拉伸试验方法》（GB 228—87）。过标定的引伸计，在日常试验前应注意检查，当引伸计经过检修或发现异常，应按规定重新进行标定。

c 试验步骤

测量试样标距两端和中间这三个截面处的尺寸，对于圆试样，在每一横截面内沿互相垂直的两个直径方向各测量一次，取其平均值。以测得的三个平均值中最小的值计算试样的横截面面积。

从手册中查得材料强度极限σ_b和量得的横截面面积A_0，估计试验中要加的最大载荷，并由此选择合适的测力量程，同时调整好自动记录装置。

将试样安装在试验机上，开动试验机进行缓慢匀速加载。加载速度应根据材料性质和试验目的确定。

（1）测定规定非比例伸长应力、规定残余伸长应力和规定总伸长应力时，弹性范围内的应力速率应符合表14－1规定，并保持试验机控制器固定于该速率位置上，直至该性能测出为止。

表14－1 材料的弹性模量与应力速率

金属材料弹性模量/MPa	应力速率/N·(mm²·s)⁻¹	
	最 小	最 大
<130000	1	10
≥130000	3	30

（2）测定屈服点和上屈服点时，屈服前的应力速率按表14－1规定，并保持试验机控制器固定于该速率位置上，直至该性能测出为止。

（3）测定下屈服点时，平行长度内的应变速率应在(0.00025～0.0025)s^{-1}之间，并应尽可能保持恒定。如不能直接控制这一速率，则应通过调节在屈服开始前的应力速率将其固定，直至屈服阶段过后。但弹性范围内的应力速率不得超过表14－1所允许的最大速率。

（4）屈服过后或只需测定抗拉强度及最大力下或断后伸长率时，试验机两夹头在力作用下的分离速率应不超过0.5l_c/min，其中l_c是试样两头部或两夹持部分（不带头试样）之间的平行长度。

d 试验结果

根据屈服荷载 P_s 和最大荷载 P_b 计算屈服强度 σ_s 和极限强度 σ_b：

$$\sigma_s = \frac{P_s}{A_0} \tag{14-2}$$

根据试样断裂前后标距长度和颈缩处的横截面面积计算伸长率 δ 和断面收缩率 ψ：

$$\delta = \frac{l_1 - l_0}{l_0} \times 100\% \tag{14-3}$$

$$\psi = \frac{A_0 - A_1}{A_0} \times 100\% \tag{14-4}$$

14.1.2.2 压缩试验

通过压缩试验，可以得到材料的压缩模量、应力－应变曲线、屈服强度和压缩强度。工程检测中，常常只对脆性材料进行压缩试验，测定压缩强度极限 σ_b，因为脆性材料抗拉能力较差，一般只用来制造承压构件。

铸铁材料的压缩试验一般将试样加工成圆柱形，其高度 h_0 与直径 d_0 之比满足：

$$1 \leqslant \frac{h_0}{d_0} \leqslant 3 \tag{14-5}$$

试验装置和试验方法基本上与拉伸试验相同，加载方向与拉伸试验相反。圆柱形试样的下端应当用球形承垫。试样两端面稍有不平行时，球形承垫可起调节作用，使压力通过试样的轴线。对于薄板压缩试样，要设计专用夹具，防止试样纵向失稳。

铸铁压缩过程的应力应变曲线如图 14－5 所示。用铸铁试样进行压缩试验时，达到最大载荷 P_b 前会出现一定量的塑性变形，然后才发生破裂，铸铁的压缩强度极限 σ_b 是以 P_b 除以试验前试样的横截面面积 A_0，即：

$$\sigma_b = \frac{P_b}{A_0} \tag{14-6}$$

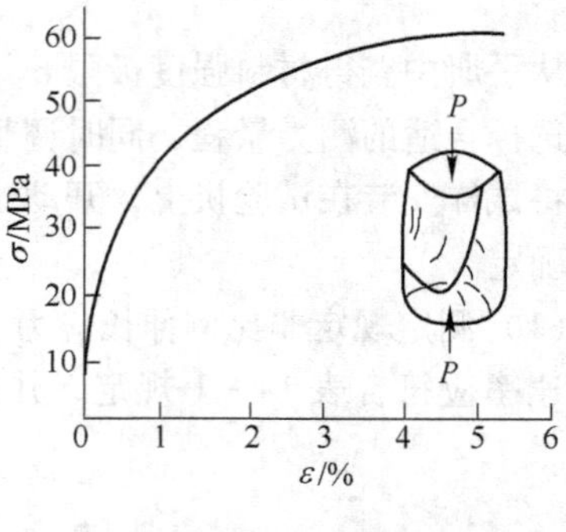

图 14－5 铸铁压缩过程的应力应变曲线

14.1.2.3 冷弯试验

冷弯是桥梁钢材的重要工艺性能，用以检验钢材在常温下承受规定弯曲程度的弯曲变形能力，并显示其缺陷。

工程中经常需对钢材进行冷弯加工，冷弯试验就是模拟钢材弯曲加工而确定的。通过冷弯试验，不仅能检验钢材适应冷加工能力和显示钢材内部缺陷（如起层、非金属夹渣等）状况，而且由于冷弯时试件中部受弯部位受到冲头挤压以及弯曲力剪切的复杂作用，因此也是考察钢材在复杂应力状态下发展塑性变形能力的一项指标。所以，冷弯试验是对钢材质量一种较严格的检验。

A 试样

试样的横截面为圆形、方形、长方形或多边形。样坯的切取位置和方向应符合相关产品标准的要求。试样应通过机加工去除由于剪切或火焰切割等影响了材料性能的部分。

试样表面不得有划痕和损伤。方形、长方形和多边形横截面试样的棱边应倒圆，倒圆半径不得超过试样厚度的 1/10。棱边倒圆时不应形成影响试验结果的横向毛刺、伤痕或刻痕。

试样的宽度、厚度（或直径）应按照相关产品的要求，如未具体规定，应按《金属材料弯曲试验方法》（GB/T 232—2010）中的有关规定办理。

试样的长度应根据试样厚度和所使用的试验设备确定，当采用图 14－6～图 14－9 的方法时，可以按照式（14－7）确定：

$$L=0.5\pi(d+a) \tag{14-7}$$

式中　d——弯曲压头或弯曲直径，mm；

　　　a——试样厚度或直径或多边形内切圆直径，mm。

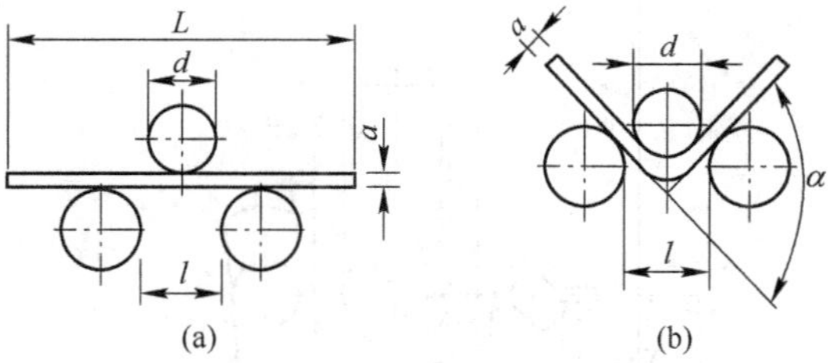

图 14－6　支辊式弯曲装置

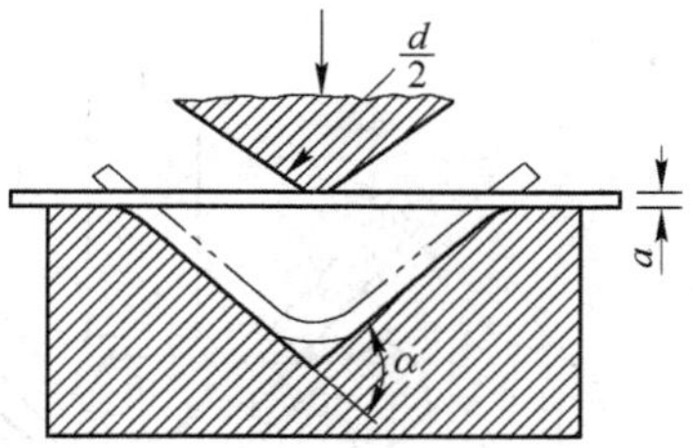

图 14－7　V 形模具式弯曲装置

B　试验原理及试验设备

冷弯试验是以圆形、方形、长方形或多边形横截面试样在图 14－6～图 14－9 所示的弯曲装置上经受弯曲塑性变形，不改变加力方向，直至达到规定的弯曲角度。然后卸除试验力，检查试样承受变形性能，通常检查试样弯曲部分的外面、里面和侧面，若弯曲处无裂纹、起层或断裂现象，即可认为冷弯性能合格。

弯曲试验可在压力机或万能试验机上进行。压力机或万能试验机上应配备弯曲装置。常用弯曲装置有支辊式（见图 14－6）、V 形模具式（见图 14－7）、虎钳式（见图 14－8）、翻板式（见图 14－9）等四种。这四种弯曲装置的弯曲压头（或弯心）应具有足够的硬度，支辊式的支辊和翻板式的滑块也应具有足够的硬度。

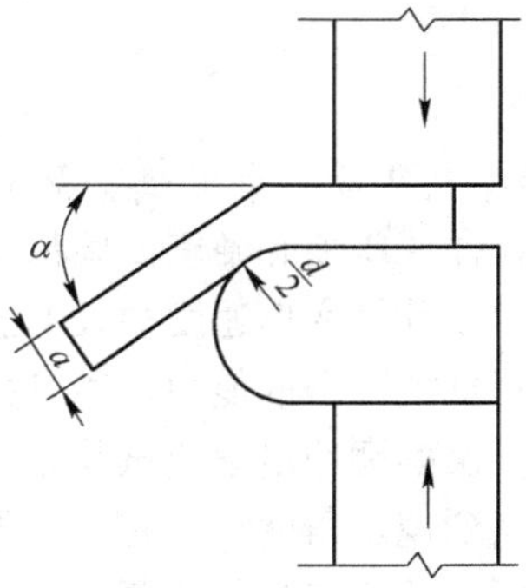

图 14－8　虎钳式弯曲装置

C　试验步骤与要求

下面以采用支辊式弯曲装置为例介绍试验步骤与要求：

（1）试样放置于两个支点上，将一定直径的弯心在试样两个支点中间施加压力，使试样弯曲到规定的角度，或出现裂纹、裂缝、断裂为止。

（2）试样在两个支点上按一定弯心直径弯曲至两臂平行时，可一次完成试验，也可先按第一步弯曲至 90°，然后放置在试验机平板之间继续施加压力，压至试样两臂平行。

（3）试验时应在平稳压力作用下，缓慢施加试验力。

（4）弯心直径必须符合相关产品标准中的规定，弯心宽度必须大于试样的宽度或直径，两支辊间距离为$(d+3a)\pm0.5a$，并且在试验过程中不允许有变化。

国家标准《碳素结构钢》（GB/T 700—2006）对于厚度（直径）小于 60mm 的 Q235 钢材规定：试样宽度 $b=2a$，弯心直径 $d=a$（纵向试样，对型钢）、$d=1.5a$（横向试样，对钢板和钢带）。

（5）试验应在 10～35℃下进行，在控制条件下，试验在 (23 ± 5)℃下进行。

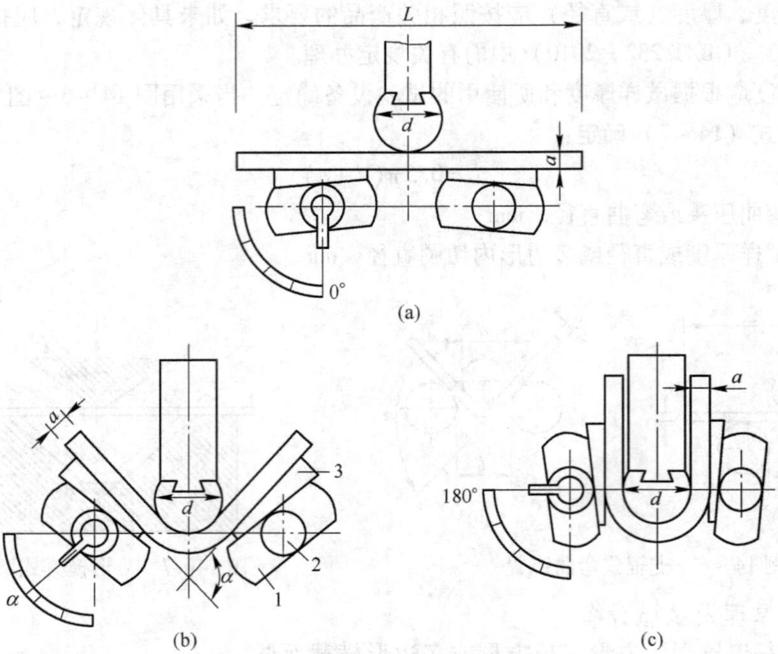

图 14－9　翻板式弯曲装置

1—翻板；2—耳轴；3—滑块

14.1.2.4　冲击试验简介

拉伸、压缩和硬度试验都属于静载试验。用静载试验测得的力学性能指标不能反映动载条件下，尤其是变形速度很大的急剧加载情况下材料的力学性能。工程中常用“冲击韧度”表示材料抵抗冲击的能力。测量材料的冲击韧度通用的方法是一次性冲击试验法。

一次摆锤冲击弯曲试验是将按规定尺寸加工成的标准试样放在冲击试验机的支架上，然后将升高到规定角度、具有一定位能的摆锤释放向下摆，将试样冲断。试样折断消耗的能量等于摆锤原来的位能与其冲断试样后在另一侧扬起位置时的位能之差。冲击试验机的简图和摆锤冲击前后的位置如图 14－10 所示，将冲击试样摆锤消耗的能量 U 除以试样缺口处的截面面积 A 之商定义为材料的冲击韧度 a_k。

$$a_k = \frac{U}{A} \tag{14-8}$$

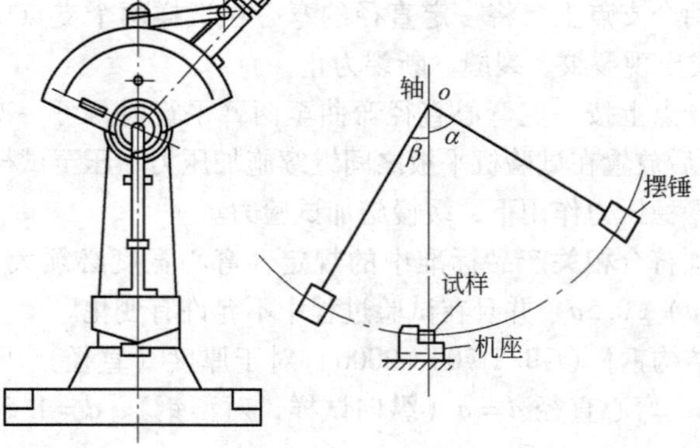

图 14－10　冲击试验机简图和冲击原理图

14.2 地基承载力检测

14.2.1 浅平基的特点及设计原则

14.2.1.1 浅平基的特点

直接修筑在天然地基上的桥梁墩台基础，当基础底面是平的，基底以上全部荷载由地基支承时，它们和以深入土中的桩或管桩来支承全部荷载的桩基础或管柱基础对比可称为平基。虽然完工后的平基有时基底不一定是很整齐的平面，但设计和计算中总将其作为平面考虑。

平基按基底的埋置深度不同，大致可分为浅平基和深平基两种。从设计计算方面讲，浅和深的差别主要在前者不考虑基底以上土对基础侧面的作用，而后者则考虑。从总的基础工程来看，浅和深的不同主要取决于采用的施工方法。凡在明挖基坑或敞坑内修筑的平基通称为浅平基，而需特殊施工法修筑者（如沉井）算作深平基。事实上，这两种平基就因为施工法不同才会有上述不同的计算上的差别。

对于浅平基，当基坑建成后，应立即进行坑底地基土的鉴定，看是否满足设计所要求的承载力及其他力学性能指标。确定的方法可以是取土样做土的物理力学性能试验和各种现场试验，如荷载板试验、标准贯入试验等。对于大中桥梁墩台基础，还要进行钻探，以检查基坑坑底以下（至少4m）的土质情况或做现场深层荷载板试验。倘若发现土质、地基不合要求，即应改变基础设计或进行地基加固。由此可见，浅平基的有关试验具有重要的作用。

14.2.1.2 浅平基的设计原则

在浅水或无水场所和地质条件较好处，桥梁墩台一般多采用浅平基，这是由于其设计和施工都比较简单。平基结构虽然简单，但它与其他类型的桥梁墩台基础一样，也应具有足够的强度和稳定性，且其基底沉降也应满足设计规范要求。强度和稳定性的要求，就是要求整个基础在任何外力的作用下，都能够保持正常工作，而不致破坏。计算时，必须考虑建造时与使用期间所能发生的各种最不利的外力组合，进行基底的强度和稳定性计算时，可以采用与墩台设计时相同的外力。平基的设计可依照桥规有关规定，按下列步骤进行：

（1）相关资料的收集。收集资料内容有：桥渡线路资料、桥址处地形、工程地质、水文等资料。此外，还要对料源、交通、电力供应等情况进行调查。

（2）确定基础埋置深度。基础埋置深度确定主要考虑以下几点：

1）地基的地质、地形条件；

2）河流的冲刷深度；

3）当地的冻结深度；

4）上部结构形式；

5）保持持力层稳定所需的最小埋深和施工技术条件。

（3）确定基础类型。根据基础拟用的建造材料来确定基础类型（刚性基础或柔性基础）。

（4）设计基础尺寸。主要根据基础埋置深度确定基础平面尺寸和基础厚度。

（5）地基承载力验算。地基承载力验算包括持力层验算、软弱下卧层承载力验算和地基承载力容许值的验算。

（6）按规范进行强度、稳定性、沉降验算。

1）强度验算包括材料强度、基底应力、基底偏心验算；

2）稳定性验算包括基础倾覆稳定性验算和基础滑动稳定性验算；

3）沉降验算包括沉降量、相邻基础沉降差以及基础倾斜验算。

（7）进行基础的结构设计，对基础进行结构的内力分析、强度计算，并满足构造设计要求，以保证基础具有足够的强度、刚度和耐久性。

（8）绘制基础的设计图、施工图。对于地质情况比较单纯的浅平基，地基承载力可按桥规规定的数值选用，沉降可按桥规推荐的公式计算。对于地质情况比较复杂和重要桥梁的浅平基，应该用各种试验方法来确定其承载力和变位。开挖基坑时，表层地基土的结构受到破坏或受到荷载时引起塑性挤出，以及在附加压力作用下引起的土的压缩，都会使浅平基发生较大的沉降。前者在设计和施工中如加以注意，是能够避免的。因此，浅平基的沉降主要归因于后者。

14.2.2　土及碎石地基承载力检测

14.2.2.1　黏性土、黄土地基承载力检测

对于黏性土和黄土地基，可在现场取有代表性的土样（一般每个基础的地基不少于4个土样）进行土工试验，得到地基土的有关物理力学指标，由规范求出承载力。对于老黏性土和残积黏性土地基，可取土样进行压缩试验，求得土样压缩模量按表14－2和表14－3确定容许承载力。对于一般黏性土和新近沉积黏性土地基，测土样含水量、湿容重、液限、塑限和颗粒密度，求出土样天然孔隙比和液性指数，按表14－4和表14－5确定容许承载力。对新近堆积黄土地基，按土含水比（天然含水量 w 和液限 w_L 的比值）确定容许承载力，见表14－6。对于一般新黄土地基，按天然含水量和液限比（液限 w_L 与天然孔隙比 e 的比值）确定容许承载力，见表14－7。对于老黄土地基，按天然孔隙比 e 和含水比 w/w_L 确定容许承载力，见表14－8。

表14－2　老黏性土的地基容许承载力（σ_0）

E_c/MPa	10	13	20	25	30	35	40
σ_0/kPa	380	430	470	510	550	580	620

注：老黏性土是指第四纪晚更新世及其以前沉积的黏性土，一般具有较高的强度和较低的压缩性。

表14－3　残积黏性土的地基容许承载力（σ_0）

E_c/MPa	4	6	8	10	12	14	16	18
σ_0/kPa	140	220	250	270	290	310	320	330

注：本表适用于西南地区碳酸盐类岩层的残积红土，其他地区可参照使用。

表14－4　一般黏性土的地基容许承载力（σ_0）

e	I_L												
	0	0.1	0.2	0.3	0.4	0.5	0.6	0.7	0.8	0.9	1.0	1.1	1.2
0.5	450	440	430	420	400	380	350	310	270	240	220		
0.6	420	410	400	380	360	340	310	280	250	220	200	180	
0.7	400	370	350	330	310	290	270	240	220	140	170	160	130
0.8	380	330	300	280	260	240	230	210	180	160	130	140	130
0.9	320	280	260	240	220	210	140	180	160	140	130	120	100
1.0	250	230	220	210	140	170	160	130	140	120	110		
1.1			160	130	140	130	120	100	90				

表 14－5　新近沉积黏性土的地基容许承载力（σ_0）

e	I_L		
	≤0.25	0.75	1.25
≤0.8	140	120	100
0.9	130	110	90
1.0	120	100	80
1.1	110	90	

注：新近沉积的黏性土是指自文化期以来沉积的黏性土，一般为欠固结，且强度较低。

表 14－6　新近堆积黄土的地基容许承载力（σ_0）

W/W_L	0.4	0.5	0.6	0.7	0.8	1.0	1.2
σ_0	130	120	110	100	90	80	70

注：表列新近堆积黄土为湿陷性黄土地基时，经人工处理后，其承载力按下列系数提高：

（1）人工夯实（用0.5kN的普通石夯，落距50cm，分别夯三遍），提高1.2；

（2）换土夯实（表层换填卵石16cm，三七石灰土（体积比为三分石灰、七分土）4cm，电动蛙式机夯打3～4遍），提高1.3；

（3）重锤夯实（包括表层1～1.5cm厚度的夯实和回填夯实），提高2.0；

（4）打石灰砂桩（基础底面地基加固），提高4.0。

表 14－7　一般新黄土的地基容许承载力（σ_0）

e	w								
	≤10%	13%	16%	14%	22%	25%	28%	31%	34%
22	190	180	170	130	130	110	90	70	50
25	200	140	180	160	140	120	100	80	60
28	210	200	140	170	130	130	110	90	70
31	230	210	200	180	160	140	120	100	80
34	250	230	210	140	170	130	130	110	100
37		250	230	210	140	170	130	130	110
40			250	230	210	140	170	130	130
43				250	230	210	190	170	150

表 14－8　老黄土的地基容许承载力（σ_0）

W/W_L	e			
	<0.7	0.7～0.8	0.8～0.9	>0.9
<0.6	700	600	500	400
0.6～0.8	500	400	300	250
>0.8	400	300	250	200

注：山东老黄土性质较弱，容许承载力（σ_0）应降低100～200kPa。

14.2.2.2 砂土、碎石地基承载力检测

砂土、碎石土地基承载力可按其分类和密实度确定，表 14－9 和表 14－10 给出其容许承载力，砂类土和碎石土的分类可以按桥规规定确定。土的密实度可用相对密度表示，碎石土的密实度根据钻探情况按规范而定。

表 14－9 砂土的地基容许承载力（σ_0）

土的类别	湿 度	密实程度		
		密 实	中 密	松 散
砾砂、粗砂	与湿度无关	550	400	200
中 砂	与湿度无关	450	350	130
细 砂	水上	350	250	100
	水下	300	200	
粉 砂	水上	300	200	
	水下	200	100	

表 14－10 碎石土地基的容许承载力（σ_0）

土的类别	密实程度		
	密 实	中 密	松 散
乱 石	1200～1000	1000～600	500～300
碎 石	1000～800	800～500	400～200
圆 砾	800～600	600～400	300～200
角 砾	700～500	500～300	300～200

土的密实度一般可用孔隙比 e 表示，但对砂类土和碎石土只用孔隙比一个指标还不够，密实度还和颗粒的形状、大小以及级配有关。举一个极端的情况来分析，假如用一定的方法把砂土捣实到最紧密状态，这时孔隙比称为最小孔隙比 e_{min}，不同级配砂土的 e_{min} 不同，级配越好，e_{min} 越小。反之，即使天然孔隙比相同的几种砂土，由于级配不同而可能处于不同的密实状态。因此，引入相对密度的概念，如用一定的试验方法测得砂土最紧密状态的孔隙比 e_{min} 和最疏松状态的孔隙比 e_{max}（最大孔隙比），则相对密度 Dr 可由下式求得：

$$Dr = \frac{e_{max} - e}{e_{max} - e_{min}} \tag{14-9}$$

式中 e——天然状态的孔隙比。

不同矿物成分、不同级配和不同粒度成分的砂土，最大孔隙比和最小孔隙比都是不同的，因此，相对密度 Dr 比孔隙比 e 更能全面地反映上述各因素对密实度的影响。从理论上讲，用相对密度划分砂土的密实度的概念是比较理想的，但是，测定 e_{max} 和 e_{min} 的试验方法缺少完善的标准，试验结果常常有很大的出入。同时，由于很难在地下水位以下的砂土层取得原状土样，因此测定天然孔隙比的结果很不可靠，这就使相对密度的指标更难以测准。所以，实际工程中直接测试相对密度并不普遍，而是通过标准贯入试验，测得地基标准贯入锤击数来确定相对密度和密实度。

14.3 基桩完整性检测

桩基础是桥梁工程中重要的基础形式之一，属于隐蔽工程。为了保证桩基础的安全可靠，基桩的质量控制和检测至关重要。

预制钢筋混凝土桩大都为打入成桩，容易发生的质量问题主要是：桩头被击碎、连接处开裂和松动及打桩过程中过大的拉应力引起的桩身混凝土开裂等。一般最大锤击应力不容许超过混凝土抗压强度的65%，预制混凝土桩质量检测的常用方法有反射波法、机械阻抗法、动力参数法及水电效应法等。

14.3.1 反射波法

该方法适用于检测桩身混凝土的完整性、推定缺陷类型及其在桩身中的位置，也可以对桩长进行校核，对桩身混凝土强度等级做出估计。

14.3.1.1 基本原理

反射波法源于应力波理论，基本原理是在桩顶进行竖向激振，弹性波沿着桩身向下传播，在桩身存在明显波阻抗界面（如桩底、断桩或严重离析等部位）或桩身截面积变化（如缩径或扩径）部位，将产生反射波。经接收、放大滤波和数据处理，可识别来自桩身不同部位的反射信息。据此计算桩身波速、判断桩身完整性和混凝土强度等级。

14.3.1.2 仪器设备及要求

反射波法检测系统基本组成与要求如下：

（1）仪器宜由传感器、放大器、滤波器、记录、处理、监视系统以及激振设备和专用附件组成。

（2）传感器可选用宽频带的速度型或加速度型传感器。速度型传感器灵敏度应大于300mV/(cm·s)、加速度型传感器灵敏度应大于1000mV/g。

（3）放大系统增益应大于60dB，长期变化量应小于1%。折合输入端的噪声水平应低于3μV。频带宽度应不窄于10~1000Hz，滤波频率可调整。

（4）模/数转换器的位数不应小于8bit。采样时间宜为50~1000μs，可分数档调整。每个通道数据采集暂存器的容量不应小于1kB。

（5）多道采集系统应具有一致性，其振幅偏差应小于3%，相位偏差应小于0.1ms。

（6）可根据激振条件试验要求改变激振频谱和能量，选择符合材质和重量要求的激振设备，满足不同的检测目的。

14.3.1.3 现场检测及注意事项

（1）被测桩应凿去浮浆，桩头平整。

（2）检测前应对仪器设备进行检查，性能正常时方可使用。

（3）每个检测工地均应进行激振方式和接收条件的选择试验，确定最佳激振方式和接收条件。

（4）激振点宜选择在桩头中心部位，传感器应稳固地安置在桩头上，对于大直径的桩可安置两个或多个传感器。

（5）当随机干扰较大时，可采用信号增强方式，进行多次重复激振与接收。

（6）为提高检测的分辨率，应使用小能量激振，并选用高截止频率的传感器和放大器。

（7）判别桩身浅部缺陷，可同时采用横向激振和水平速度型传感器接收，进行辅助判定。

(8) 每一根被检测的单桩均应进行两次及以上重复测试。发现异常波形应在现场及时研究，排除影响测试的不良因素后再重复测试。重复测试的波形应与原波形具有相似性。

14.3.1.4 实测曲线判读解释的基本方法

由于桩身缺陷种类复杂和实测曲线判读人员的技术水平所限，实测资料的解释是一项较为困难的工作。下面通过对桩身各种常见缺陷的反射波特性，结合一些典型的实测波形（见图 14－11），对反射波法的实测曲线的解释方法加以归纳。

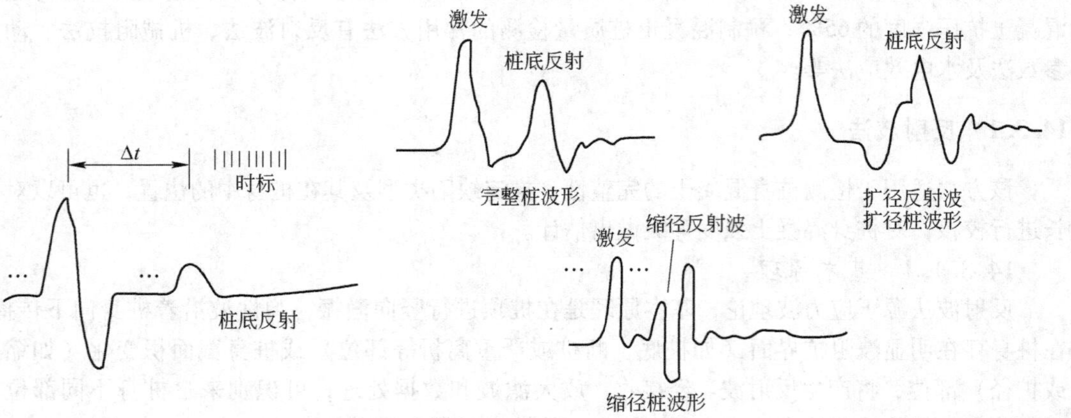

图 14－11 反射波法实测波形

A 缺陷存在可能性的判读

判断桩身缺陷存在与否，需分辨实测曲线中有无缺陷的反射信号及分辨桩底反射信号，这对缺陷的定性及定量解释是有帮助的。桩底反射明显，一般表明桩身完整性好，或缺陷轻微、规模小。

此外，还应分析地层等资料，排除由于桩周土层波阻抗变化过大等因素造成的“假反射”现象。

B 多次反射及多层反射问题

当实测曲线中出现多个反射波时，应判别它是同一缺陷面的多次反射，还是桩间多处缺陷的多层反射，前者（即缺陷反射波）在桩顶面与缺陷面间来回反射，其主要特征为：反射波随时间成倍增加，反射波能量有规律递减。后者往往是杂乱的，不具有上述规律性。

多次反射现象的出现，一般表明缺陷在浅部，或反射系数较大（如断桩）。它是桩顶存在严重离析或断裂（断层）的有力证据。断层反射不只表明缺陷可能有多处，而且由下层缺陷反射波在能量上的相对差异，可推测上部缺陷的性质及相对规模。

14.3.1.5 影响基桩质量检测波形的因素分析

A 露出于桩头的钢筋对波形的影响

由于灌注桩考虑到以后的承台问题，桩头均有钢筋露出，这对实测波形有一定影响，严重时可影响反射信息的识别。这是因为在桩头激振时，钢筋所产生的回声极易被检测器接收，之后又与反射信息叠加在一起。解决这一影响因素的方法是，将检波器用细砂或粒土屏蔽起来，使检波器收不到声波信息。经多次实验证明这一方法是有效的。图 14－12(a)是某工程桩屏蔽前的实测波形，图 14－12(b)是屏蔽后的实测波形，可以看出，屏蔽后实测波形反射信息清晰易辨，图中 i 是桩间反射旅行时间，t_b 是桩底反射旅行时间。

B 桩头破损对波形的影响

预制桩在贯入过程中，桩头可能产生破损，灌注桩头表面松散，这将使弹性波能量很快衰减，从而削弱桩间及桩底反射信息，影响了波形的识别。解决这一问题的有效途径是：将破损处或松散处铲去。

总之，影响基桩质量检测波形的因素较多，工作中应逐一排除，以便桩间、桩底反射信息的辨识，避免产生误判。

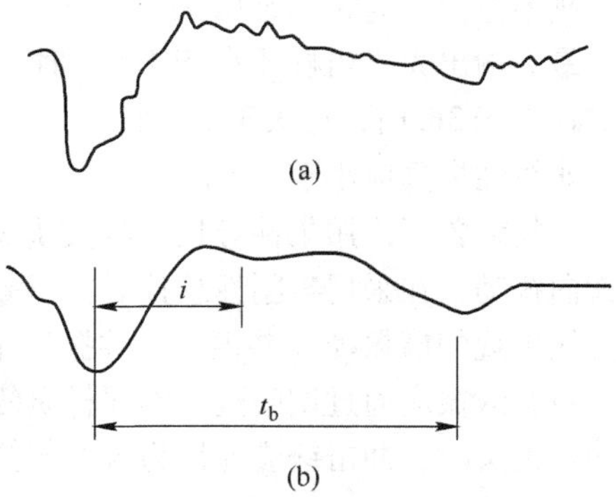

图 14－12 实测波形

14.3.2 机械阻抗法

机械阻抗法适用范围较为广泛，可用于各种机械结构和土木结构的动力分析。基桩检测中，本方法有稳态激振和瞬态激振两种方式，适用于检测桩身混凝土的完整性、推断缺陷类型及其在桩身中的部位。而本方法有效测试范围为桩长与桩径的比值小于 30，对摩擦端承桩或端承桩其比值小于 50。

14.3.2.1 仪器设备及要求

接收传感器的技术特性应符合下列要求：

（1）力传感器。

频率响应宜为：5～1500Hz，其幅度畸变应小于 1dB；

灵敏度不应小于 1.0pC/N；

量程：当稳态激振时，按激振力的最大值确定，当瞬态冲击时，按冲击力最大值确定。

（2）测量响应传感器。

频率响应：5～1500Hz；

灵敏度：对小桩径，速度传感器的灵敏度 S_V，应大于 300MV/(cm·s)；加速度传感器的灵敏度 S_a 应大于 1000pC/g；当桩径较大时，S_V 应大于 800MV/(cm·s)。S_e 应大于 1000pC/g。

横向灵敏度不应大于 5%；

加速度传感器的量程：当稳态激振时，应小于 5g；当瞬态激振时，不应小于 20g。

（3）接收传感器的灵敏度应每年标定一次，力传感器可采用振动台进行相对标定，或采用压力试验机用准静态标定。进行准静态标定所采用的电荷放大器，其输入电阻不应小于 $10^{11}\Omega$。测量响应的传感器可采用振动台进行相对标定。

（4）测试设备可以采用专用的机械阻抗测试仪器，也可采用通用测试仪器组成的测试装置。电传感器的信号放大应采用电荷放大器，磁电式传感器应采用电压放大。带宽度宜为 5～2000Hz，增益应大于 80dB，动态范围应在 40dB 以上，折合到输入端的噪声应小于 10μV。在稳态测试中，应采用跟踪滤波器或在放大器内设置性能相似的滤波器，滤波器的阻滞衰减不应小于 40dB。在瞬态测试中分析仪器的选择，应具有频域平均和计算相干函数的功能。当采用数字化仪器进行数据采集分析时，其模/数转换器位数不应小于 12bit。

（5）信号处理分析的记录设备包括：磁记录器、X－Y 函数记录器、与计算机配合的笔式绘图仪或打印机。磁带记录器不得少于两个通道，信噪比不得低于 45dB，频率范围不得低于 5kHz。使用的各类记录仪的系统误差应小于 1%。

（6）稳态激振设备及瞬态冲击装置应符合下列要求。

稳态激振应采用电磁激振器，并宜选择永磁式激振器。激振器的技术要求应符合下列规定：

频率范围宜为 5 ~ 1500Hz；

最大输出力：当桩径小于 1.5m 时，应大于 200N；当桩径为 1.5 ~ 3m 时，应大于 400N；当桩径大于 3m 时，应大于 600N；

非线性失真应小于 1%。

悬挂装置可采用柔性悬挂（橡皮绳）或半刚性悬挂。在采用柔性悬挂时应避免高频段出现横向振动；在采用半刚性悬挂时，当激振频率在 10 ~ 1500Hz 的范围内时，激振系统本身特性曲线出现的谐振峰（共振及反共振）不应超过 1 个。

瞬态激振应通过试验选择不同材质的锤头进行冲击，使可用于计算的谱宽度大于 1500Hz。在冲击桩头时，冲击锤应保持为自由落体。

激振装置初次使用或经长距离运输，在正式使用前进行调整，使横向振动系数控制在 10% 以下，其谐振时的最大值不应超过 25%。

14.3.2.2　现场检测及注意事项

（1）桩的振动响应测试点应按下列原则布置：

在桥梁桩基础测试中，可布置 1 个测点；当只布置 2 个测点时，其测点应位于顺流向的两侧；当布置 4 个测点时，应在顺流向的两侧和顺桥纵轴方向两侧各布置 2 个测点。

（2）激振力应位于桩头顶面正中，采用半刚性悬挂时，则粘贴在桩头顶面中心的钢板必须保持水平。

（3）现场测试应按下列步骤进行：

1）安装全部测试设备，并应确认各项仪器装置处于正常工作状态。

2）在测试前应正确选定仪器系统的各项工作参数，使仪器在设定的状态下进行试验。

3）在瞬态激振试验中，重复测试的次数应大于 4 次。

4）在测试过程中应观察各设备的工作状态，当全部设备均处于正常状态，则该次测试有效。

14.3.2.3　各种激振下桩的典型导纳曲线

机械阻抗法得到的导纳函数或频响函数描述了桩 - 土系统的动力特性。它与激振和响应量的性质无关，即不论是用简谐稳态激振、瞬态冲击激振或随机激振，得到的导纳函数都是一样的，都能得到相同的导纳曲线，包括幅频曲线、相频曲线、实频曲线、虚频曲线等，差别仅仅在于激振方法不同、检测仪器不同和分析原理不同可能带来的精度不同而已。

在一般情况下，桩的竖向振动包含了低频的刚体运动和高频的波动。同时，由于阻尼的存在，实际从桩顶上检测到的导纳函数的典型曲线应是图 14 - 13 的形式，图中，(a）是幅频图，(b）是相频图。

在幅频图上，f_0 可理解为桩体刚体运动的谐振频率，后面的 f_1、f_2、f_3 是桩身波动的各阶谐振频率。谐振频率点之间的频率差均相等。

桩的刚体运动和波动两种状态之间是一种过渡过程，没有明显的分界频率。一般来说，桩周土质愈软，或者说土的支承刚度愈小，两者在导纳曲线图上区分愈明显。如果桩底支承在岩层上或嵌固在岩层中，则桩身将不会发生刚体运动，只有波动，导纳曲线上也不存在 f_0 及其相应的导纳峰。

在相频曲线上，各谐振点的相角都应是零度。

14.3.2.4　判别基桩质量的依据

既然导纳函数反映了桩 - 土系统的动力特性，那么，导纳曲线所具备的各种特征都可作为判别基桩质量（包括完整性和承载力）的数据。根据每根桩的导纳曲线，可以计算：

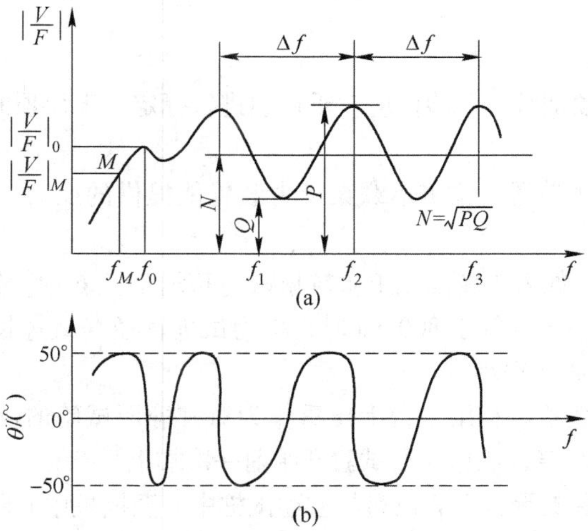

图 14－13　典型的速度导纳曲线

（a）幅频图；（b）相频图

（1）桩的测量长度：

$$L_{m} = \frac{v_{Pm}}{2\Delta f} \tag{14-10}$$

式中　v_{Pm}——整个工地上完整桩波速的平均值。

（2）导纳的几何平均值（测量值）：

$$N_{m} = \sqrt{PQ} \tag{14-11}$$

式中　P——导纳曲线的极大值（峰值）；

　　　Q——导纳曲线的极小值（谷值）。

（3）导纳的理论值：

$$N_{t} = \frac{1}{v_{Pm}A} \tag{14-12}$$

式中　A——桩的横截面积。

（4）桩的动刚度：

$$K_{d} = \frac{2\pi f_{M}}{\left|\frac{V}{F}\right|_{M}} \tag{14-13}$$

式中　f_M，$\left|\frac{V}{F}\right|_{M}$——分别为曲线初始端近似为直线部分任一点的频率和导纳值。

（5）确系完好的桩可以计算波速：

$$v_{P} = 2L\Delta f \tag{14-14}$$

（6）计算一阶谐振频率和 Δf 的比值：

计算出上列各参数以后，再根据导纳曲线的形状即可对桩的质量进行初步估计。如果 L_m 与桩的实际长度相近；N_m 小于各桩的平均值，并与理论值 N_t 接近；K_d 接近各桩的平均值，$v_P \geq 3500$m/s，曲线形状无异常，此时即可断定该桩为质量良好的完整桩。

14.4　基桩承载力检测

利用静压试验测定基桩承载力。

14.4.1　加载设备

一般采用油压千斤顶加载，试验前应对千斤顶进行标定。千斤顶的反力装置可根据现场条件选用下列形式之一：

（1）锚桩承载梁反力装置。锚桩承载梁反力装置能提供的反力，应不小于预估最大荷载的1.3～1.5倍。

锚桩一般采用4根，如入土较浅或土质较松散时可增加至6根，锚桩与试桩的中心间距，当试桩直径（或边长）小于或等于800mm时，可为试桩直径（或边长）的5倍；当试桩直径大于800mm时，上述距离不得小于4m。

（2）压重平台反力装置。利用平台上压重作为对桩静压试验的反力装置。压重不得小于预估最大试验荷载的1.2倍，压重应在试验开始前一次加上。

试桩中心至承压平台支承边缘的距离与上述试桩中心至锚桩中心距离相同。

（3）锚桩压重联合反力装置。当试桩最大加载量超过锚桩的抗拔能力时，可在承载梁上放置或悬挂一定重物，由锚桩和重物共同承受千斤顶受力。

14.4.2　位移测量装置

测量仪表必须准确。一般使用1/20mm光学仪器或力学仪器，如水平仪、挠度仪、偏移计等。支承仪表的基准架应有足够的刚度和稳定性。基准梁的一端在其支承上可以自由移动，不受温度影响引起上拱或下挠。基准桩应埋入地面以下一定深度，不受气候条件等影响。基准桩中心与试桩、锚桩中心之间的距离应符合表14－11规定。

表14－11　基准桩中心与试桩、锚桩中心之间的距离

反力系统	基准桩与试桩	基准桩与锚桩
锚桩承载梁反力装置	$\geqslant 4d$	$\geqslant 4d$
压重平台反力装置	≥2.0m	≥2.0m

14.4.3　加载方法

（1）加载重心应与试桩轴线相一致。加载时应分级进行，使荷载传递均匀，无冲击。加载过程中，不使荷载超过每级的规定值。

（2）加载分级：每级加载量为预估最大荷载的1/10～1/13。当桩的下端埋入巨粒土、粗粒土以及坚硬的黏质土中时，第一级可按2倍的分级荷载加载。

（3）预估最大荷载：对施工检验性试验，一般可采用设计荷载的2倍。

14.4.4　沉降观测

（1）下沉未达稳定不得进行下一级加载。

（2）每级加载的观测时间规定为：每级加载完毕后，每隔13min观测一次；累计1h后，每隔30min观测一次。

14.4.5　稳定标准

每级加载下沉量，在下列时间内如不大于0.1mm即可认为稳定：

（1）桩端下为巨粒土、砂类土、坚硬黏质土，最后30min。

（2）桩端下为半坚硬和细粒土，最后 1h。

14.4.6　加载终止及极限荷载取值

（1）总位移量大于或等于 40mm，本级荷载的下沉量大于或等于前一级荷载的下沉量的 5 倍时，加载即可终止。取此终止时荷载小一级的荷载为极限荷载。

（2）总位移量大于或等于 40mm，本级荷载加上后 24h 未达稳定，加载即可终止。取此终止时荷载小一级的荷载为极限荷载。

（3）巨粒土、密实砂类土以及坚硬的黏质土中，总下沉量小于 40mm，但荷载已大于或等于设计荷载乘以设计规定的安全系数，加载即可终止。取此时的荷载为极限荷载。

（4）施工过程中的检验性试验，一般加载应继续到桩的 2 倍的设计荷载为止。如果桩的总沉降量不超过 40mm，及最后一级加载引起的沉降不超过前一级加载引起的沉降 5 倍，则该桩可以予以检验。

（5）极限荷载的确定有时比较困难，应绘制荷载 - 沉降曲线（$P-s$ 曲线）、沉降 - 时间曲线（$s-t$ 曲线）确定，必要时还应绘制 $s-\lg t$ 曲线、$s-\lg P$ 曲线等综合比较，确定比较合理的极限荷载取值。

14.4.7　桩的卸载及回弹量观测

（1）卸载应分级进行，每级卸载量为两个加载级的荷载值，每级荷载卸载后，应观测桩顶的回弹量，观测办法与沉降相同。直到回弹稳定后，再卸下一级荷载。回弹稳定标准与下沉稳定标准相同。

（2）卸载到零后，至少在 2h 内每 30min 观测一次，如果桩尖下为砂类土，则开始 30min 内，每 13min 观测一次；如果桩尖下为黏质土，每一小时内，每 13min 观测一次。

14.4.8　试验记录

所有试验数据应按表 14 - 12 及时填写记录，绘制静压试验曲线，如图 14 - 14 所示，并编写试验报告。

表 14 - 12　静压试验记录表

________线________桥　　　　地质情况________

________号试桩　　　　桩的类型、截面尺寸及长度________

沉桩方法及设备型号________　　设计荷载________（kN）　　最终贯入度________（mm/击）

桩的入土深度________（m）

加载方法________　　　　加载顺序________

荷载编号	起止时间			间歇时间 /min	每级荷载 /kN	各表读数 /mm		平均读数 /mm	位移 /mm			气温 /℃	备注
	日	时	分			1 号	2 号		下沉	上拔	水平		

其他记录：

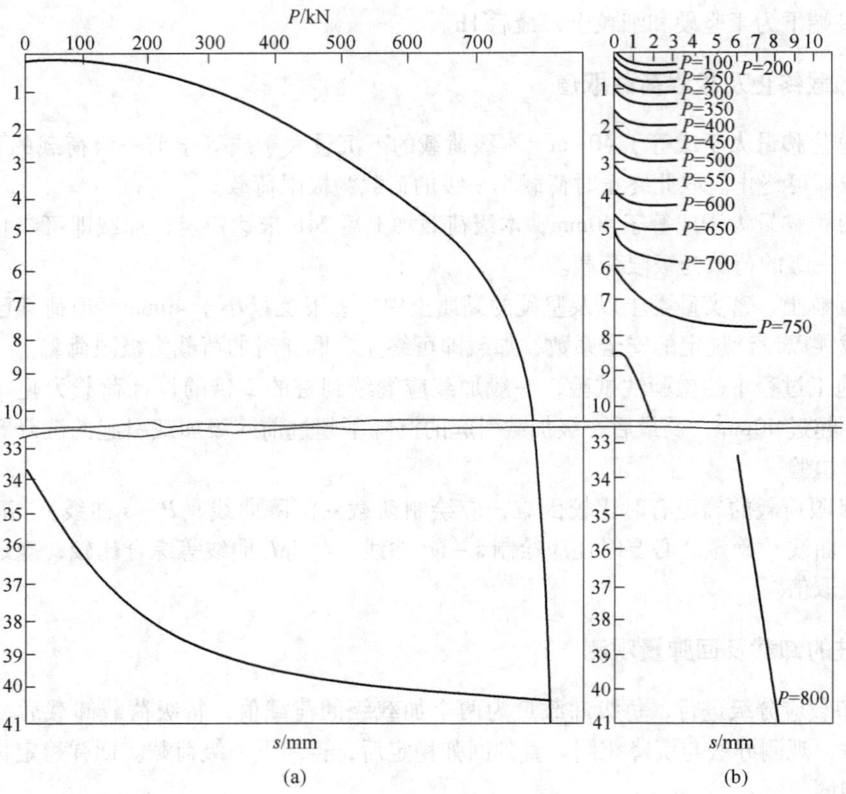

图 14-14　静压试验曲线

（a）$P-s$ 曲线；（b）$s-t$ 曲线

14.4.9　桩侧摩阻力及桩端承载力测试

桩侧摩阻力及桩端承载力测试是基桩承载力试验的重要内容，其测试方法有静力测试方法和高应变测试方法，这里仅介绍静力测试的基本方法。

14.4.9.1　测试原理

测试桩侧摩阻力和桩端承载力，是通过测试桩身的分段轴力和桩底的压应力来推算而得。桩身相邻测试断面的轴力差即为本段的摩阻力。桩底的压应力乘以桩底面面积即为桩端承载力。

14.4.9.2　测试元件

测试桩身轴力的元件，通常为应变式钢筋计、钢弦式钢筋计、差动式应变计及滑动测微计等，其测值均为测点处的应变，通过弹模换算得应力。桩端承载力测试元件通常为压力盒。

14.4.9.3　侧摩阻力及端承力测试

（1）测试断面及测点布置。通常在土层变化处应设置测试断面，当同一土层厚度较大时，应在同一土层内增设测试断面。每一测试断面布设 4 个测点，测点设置在钢筋笼的主筋上，4 个测点位于通过桩中心的两条垂直线上。

（2）桩身外形图的确定。测试元件测得的是测点处的应变，通过实测弹模求得应力。而桩身测点处断面的轴力则需要通过该断面的面积乘以应力而得到，因此必须确定每一测试断面的横截面面积，这就要求在桩成孔后灌注混凝土的过程中，随时测量灌注混凝土面的标高和记录相应的灌注量，进而推求桩身的分段外形图。

（3）侧摩阻力及端承力的确定。每一断面的轴力确定后，即可通过相邻两断面的轴力差求得该段的侧摩阻力，端承力可通过桩端应力与桩端截面积求得。

14.5 混凝土结构及预应力混凝土结构构件检测

桥涵混凝土结构、钢筋混凝土结构或预应力混凝土结构或构件的检验，依据交通部的有关标准，主要包括内容有三个方向：一是施工阶段的质量控制，包括原材料的试验检测、混凝浇注前的检查等；二是外观质量检测，主要是在构件成型达到一定强度后检测结构实物的尺寸和位置偏差，混凝土表面平整度、蜂窝、麻面、露筋及裂缝等；三是构件混凝土的强度等级，通常以立方体试件的抗压强度来反映，当对某一方面的检验内容产生怀疑时，如构件的强度离散大、强度不足或振捣不密实时，通常还需要进行专项强度检验或荷载试验来判定。

14.5.1 结构混凝土强度等级评定

14.5.1.1 混凝土立方体试件的取样原则

结构混凝土立方体试验制取组数是以不同等级及不同配合比的浇注地点或拌和地点随机制取的。浇注一般体积的结构物（如基础、墩台）时，每一单元结构应制取2组；连续浇注大体积结构时，每8m或每一工作班应制取2组。桥梁上部构造主要构件长度在16m以下时应制取1组，16～30m时制取2组，31～50m时应制取3组，50m以上者不少于5组。对小型构件每批或每个工作班至少应制取2组，对于钻孔桩每条至少应制取2组；当桩长在20m以上时不少于3组；当桩径大、灌注时间很长时不少于4组。另外还要根据施工的需要，在制取几组作为拆模、张拉和吊装等施工阶段强度依据。

14.5.1.2 结构混凝土强度评定

结构混凝土强度的合格标准评定的常规方法是以浇注或拌和现场制取试件，以28d龄期的极限抗压强度值进行统计评定。《公路桥涵施工技术规范》（JTG/T F50—2011）对大桥等重要工程及中小桥、涵洞工程的取样试件大于或等于10组时，要求以数理统计方法按规定的条件进行评定；对中小桥及涵洞等工程，同批混凝土试件小于10组时，规定可采用非统计方法的条件评定；当混凝土强度按试件强度进行评定达不到合格条件时，可采用无损检测法或钻取试样确定结构混凝土的实际强度和浇注质量。如仍有不合格，应采取措施进行处理。

14.5.2 钻芯取样法检验混凝土强度

钻芯取样法检验混凝土强度是指从混凝土结构物中钻取芯样和检查芯样，测定混凝土的劈裂抗拉强度或抗压强度，作为评定结构的主要品质指标。但是由于结构或构件部位的条件、所处位置及受力状态的影响，钻取芯样的数量通常比较少，在一定程度上可作为抽检混凝土抗压强度、均匀性和内部缺陷的指标。

14.5.2.1 芯样钻取

在钻取芯样前应考虑由于钻芯可能导致对结构的不利影响，应尽可能避免在靠近混凝土构件的接缝或边缘钻取，且基本上不应带有钢筋。

芯样直径应为混凝土所有集料最大粒径的3倍，一般为130mm或100mm，任何情况下都不小于集料最大粒径的2倍。

钻出后的每个芯样应立即清楚地标上记号，并记录芯样在混凝土结构中钻取的位置。

钻取的芯样数量应满足下列规定：

（1）按单个构件检验时，每个构件钻取芯样数不少于3个，对较小构件至少应取2个。

（2）对构件局部区域检验时，应由要求检验的单位确定取芯位置及数量。

14.5.2.2 钻取芯样检查

每个芯样应详细描述有关裂缝、分层、麻面或离析等，并估计集料的最大粒径、形状种类及粗细集料的比例与级配，检查并记录存在的气孔的位置、尺寸与分布情况，必要时应进行拍照。在芯样的中间及两端1/4按两个垂直方向测量三对数值确定芯样的平均直径d（精确至1.0mm）。取芯样直径两端侧面测定钻取后芯样的长度及端面加工后的长度，其尺寸误差应在0.25mm之内，取平均值作为试件平均长度L（精确至1.0mm）。

如有必要，应测定芯样的表观密度。

14.5.2.3 试件的制作

抗压试验用的试件长度（端部加工后）不应小于直径，也不应大于直径的2倍。芯样端面必须平整，必要时应磨平或用抹顶等方法处理。

芯样两端平面应与轴线垂直，误差不应大于1。

14.5.2.4 芯样抗压强度计算

芯样抗压强度f_{cu}^{c}按式（14－15）计算：

$$f_{cu}^{c}=a\frac{P}{A}=a\frac{4P}{\pi d^2} \tag{14-15}$$

式中 f_{cu}^{c}——混凝土芯样抗压强度，MPa；

a——不同高径比芯样试件混凝土强度换算系数；

P——极限荷载，N；

A——受压面积，mm^2；

d——芯样截面的平均直径，mm。

混凝土圆柱体强度与立方体强度的关系见规范规定。

14.5.3 回弹法检验混凝土强度

14.5.3.1 回弹法的基本原理

回弹法是采用回弹仪的弹簧驱动重锤，通过弹击杆弹击混凝土表面，并以重锤被反弹回来的距离（回弹值，反弹距离与弹簧初始长度之比）作为强度相关指标来推算混凝土强度的一种方法。

14.5.3.2 回弹法检测混凝土强度的原则

回弹法检测混凝土强度是对常规检验的一种补充，当对构件怀疑时，例如，试件与结构中混凝土质量不一致，对试件的检验结果有怀疑或供检验用的试件数量不足时，可采用回弹法检测，并将检测结果作为处理混凝土质量问题的一个主要依据。

另外，施工阶段，如构件拆模、预应力张拉或移梁、吊装时，回弹法可作为评估混凝土强度的依据。

回弹法的使用前提是要求被测结构或构件混凝土的内外质量基本一致。此外，当混凝土表层与内部质量有明显差异，例如遭受化学腐蚀或火灾、硬化期间遭受冻伤等或内部存在缺陷时，不能用回弹法评定混凝土强度。

14.5.3.3 回弹法的测强曲线

回弹法测定结构混凝土强度的基本依据就是回弹值与混凝土抗压强度之间的相关性。这种相关性以基准曲线或经验公式的形式予以确定。

基准曲线的制定方法是在试验室中制作一定数量的、考虑不同强度、不同原材料条件、不同期龄等各种因素的立方体试块，测定其回弹值、碳化深度及抗压强度等参数，然后进行回归分析，求得拟合程度最好、相关系数大的回归方程，作为经验公式或画出基准曲线。因为混凝土强度与回弹值、碳化深度的相关关系受许多因素的影响，在制定曲线的过程中，所考虑的影响因素越多，曲线的适应性和覆盖面越大，但其离散性也越大，推算混凝土强度的误差也越大。当被测试的结构混凝土的各种条件越接近于制定基准曲线时所顾及的各种条件，测试误差越小。

为了提高回弹法测强的精度，目前常用的基准曲线可分为三种类型：

（1）专用测强曲线。专用测强曲线是针对某一工程、某一预制厂或某一商品混凝土供应区的特定的原材料质量、成型和养护工艺，测试龄期等条件而制定的基准曲线，由于专用曲线所考虑的条件可以较好地与被测混凝土相吻合，因此，影响因素的干扰较少，推算强度的误差也较小。

当被测结构混凝土的各种条件与专用曲线相一致时，应优先使用专用曲线进行强度推定。

（2）地区测强曲线。地区测强曲线是针对某一省、市、自治区或条件较为类似的特定地区而制定的基准曲线。它适应于某一地区的情况，所涉及的影响因素比专用曲线广泛，因此，其误差也稍大。

（3）通用测强曲线。为了便于应用，在允许的误差范围内，应尽量扩大基准曲线的覆盖面。国家在制定《回弹法评定混凝土抗压强度技术规程》时，在全国广泛布点，进行了研究。

最后选定的回归方程和有关指标如下：

$$R_n = 0.0250\ \overline{N}^{2.0108} \times 10^{-0.0358\overline{L}} \qquad (14-16)$$

式中 R_n——测区混凝土的抗压强度，MPa（精确至0.1MPa）；

$\overline{N}$——测区混凝土平均回弹值（精确至0.1mm）；

$\overline{L}$——测区混凝土平均碳化深度（精确至0.1mm）。

全国通用测强曲线所列测区混凝土强度换算表应为符合下列条件的混凝土：

1）符合普通混凝土用材料、拌和用水的质量标准。

2）不掺外加剂或仅掺非引气型外加剂。

3）采用普通成型工艺。

4）采用符合国家现行标准《混凝土结构工程施工及验收规范》规定的钢模、木模及其他材料制作的模板。

5）自然养护或蒸汽养护出池后以自然养护7d以上，且混凝土表层为干燥状态。

6）龄期为14～1000d。

7）抗压强度为10～50MPa。

制订该表所依据的统一测强曲线，其强度误差值为：

平均相对误差 $\delta \leq \pm 13.0\%$；

相对标准差 $e_r \leq 18.0\%$。

14.5.3.4 专用测强曲线的制定方法

（1）制定专用测强曲线的单位，需具有一级试验室的资质。

（2）制定专用测强曲线的试件应与欲测结构或构件在原材料（含品种、规格）的成型工艺与养护方法等方面条件相同。

（3）试件的制作和养护。

1）按最佳配合比设计5个强度等级，每一强度等级每一龄期制作6个130mm立方体试件，同一龄期试件宜在同一天内成型完毕。

2）在成型后的第二天，将试件移至与被测结构或构件相同的硬化条件下养护，试件拆模日期宜与结构或构件的拆模日期相同。

（4）试件的测试。

1）将达到龄期的试件表面擦净，以其两个相对侧面置于压力机的上下承压板之间，加压至30～80kN（低强度试件取低吨位加压）。

2）在试件保持30～80kN的压力下，用符合规定的标准状态的回弹仪和规定的操作方法，在试件的另外两个相对侧面上分别选择均匀分布的8个点进行弹击。

3）从每一试件的16个回弹值中分别剔除其中3个最大值和3个最小值，然后再求余下的10个回弹值的平均值（精确至0.1mm），即得该试件的平均回弹值R_m。

4）将试件加荷直至破坏，然后计算试件的抗压强度换算值f_{cu}^c（MPa）。

（5）专用测强曲线的计算。

1）专用测强曲线的回归方程式，应按每一试件求得的R_m和f_{cu}^c数据，采用最小二乘法原理计算。

2）推荐采用的回归方程如下：

$$f_{cu}^{c} = AR_{m}^{B} \tag{14-17}$$

3）计算回归方程式的强度平均相对误差δ和强度相对标准差e_r。当δ和e_r均符合规定时，即可报请上级主管部门审批。

如需制定具有较宽龄期范围的专用测强曲线，则应在试验及回归分析时引入碳化深度变量，并求得碳化深度修正系数。

14.5.3.5　回弹法测试混凝土强度的原则

（1）检测结构或构件混凝土强度可采用下列两种方式，其适用范围及构件数量应符合下列规定：

1）单个检测，适用于单独的结构或构件的检测。

2）批量检测，适用于在相同的生产工艺条件下，混凝土强度等级相同，原材料、配合比、成型工艺、养护条件基本一致且龄期相近的同类构件。按批进行检测的构件，抽检数量不得少于同批构件总数的30%且测区数量不得少于100个。抽检构件时，有关方面应协商一致，使所选构件具有一定的代表性。

（2）每一构件的测区，应符合下列要求：

1）对长度不小于3m的构件，其测区数不少于10个，对长度小于3m且高度低于0.6m的构件，其测区数量可适当减少，但不应少于5个；

2）相邻两测区的间距应控制在2m以内，测区离构件边缘的距离不宜大于0.5m；

3）测区应选在使回弹仪处于水平方向，检测混凝土浇注侧面，当不能满足这一要求时，可选在使回弹仪处于非水平方向，检测混凝土浇注侧面、表面或底面；

4）测区宜选在构件的两个对称可测面上，也可选在一个可测面上，且应均匀分布；在构件的受力部位及薄弱部位必须布置测区，并应避开预埋件；

5）测区的面积宜控制在0.04m^2；

6）检测面应为原状混凝土面，并应清洁、平整，不应有疏松层和杂物，且不应有残留的粉末或碎屑；

7）对于弹击时会产生颤动的薄壁、小型构件应设置支撑固定。

（3）结构或构件的测区应标有清晰的编号，必要时应在记录纸上描述测区布置示意图和外观质量情况。

（4）当检测条件与测强曲线的适用条件有较大差异时，可采用同条件试件或钻取混凝土芯样进行修正，试件数量应不少于3个。计算时，测区混凝土强度换算值应乘以修正系数。

（5）检测时，回弹仪的轴线应始终垂直于结构或构件混凝土检测面，缓慢施压，准确读数，快速复位。

（6）测点宜在测区范围内均匀分布，相邻两测点的净距一般不小于20mm，测点距构件边缘或外露钢筋、预埋件的距离一般不小于30mm，测点不应在气孔或外露石子上，同一测点只允许弹击一次。一测区应记取16个回弹值，每一测点的回弹值读数精确至1mm。

（7）回弹值测量完毕后，应选择不小于构件数的30%测区数在有代表性的位置上测量碳化深度值。

（8）测量碳化深度值时，可用合适的工具在测区表面形成直径约13mm的孔洞，其深度大于混凝土的碳化深度。然后除净孔洞中的粉末和碎屑，不得用水冲洗。立即用浓度为1%酚酞酒精溶液滴在孔洞内壁的边缘处，再用深度测量工具测量已碳化与未碳化混凝土交界面到混凝土表面的垂直距离多次，取其平均值，该距离即为混凝土的碳化深度值。每次读数精确至5mm。

14.5.3.6 回弹值的计算

（1）计算测区平均回弹值时，应从该测区的16个回弹值中剔除3个最大值和3个最小值，然后将余下的10个回弹值按式（14－18）计算：

$$R_{\rm m} = \frac{\sum_{1}^{10} R_i}{10} \tag{14-18}$$

式中 $R_{\rm m}$——测区平均回弹值（精确至0.1mm）；

R_i——第i个测点的回弹值。

（2）回弹仪非水平方向检测混凝土浇注侧面时，应按式（14－19）修正：

$$R_{\rm m} = R_{\rm ma} + R_{\rm aa} \tag{14-19}$$

式中 $R_{\rm ma}$——非水平方向检测时测区的平均回弹值（精确至0.1mm）；

$R_{\rm aa}$——非水平方向检测时回弹值的修正值，按规范查用。

（3）回弹仪水平方向检测混凝土浇注表面时，应按式（14－20）修正：

$$R_{\rm m} = R_{\rm m}^{\rm t} + R_{\rm a}^{\rm t}$$
$$R_{\rm m} = R_{\rm m}^{\rm b} + R_{\rm a}^{\rm b} \tag{14-20}$$

式中 $R_{\rm m}^{\rm t}$，$R_{\rm m}^{\rm b}$——分别为水平方向检测混凝土浇注表面、底面时，测区的平均回弹值，精确至0.1mm；

$R_{\rm a}^{\rm t}$，$R_{\rm a}^{\rm b}$——分别为混凝土浇注表面、底面回弹值的修正值，按规范查用。

（4）如检测时仪器非水平方向且测试面非混凝土的浇注侧面，则应先对回弹值进行角度修正，然后再对修正后的值进行浇注面修正。

14.5.3.7 混凝土强度的推算

（1）结构或构件第i个测区混凝土强度换算值，可按平均回弹值$R_{\rm m}$及求得的平均碳化深度值$d_{\rm m}$由规范查得。地区或专用测强曲线时，混凝土强度换算值应按地区或专用测强曲线换算得出。

（2）由各测区的混凝土强度换算值可计算得出结构或构件混凝土的强度平均值。测区数不少于 10 个时，还应计算强度标准差。

(3) 构件混凝土强度推定值$f_{cu,e}$的确定。

1) 当按单个构件检测中，以最小值作为该构件的混凝土强度推定值：

$$f_{cu,e}=f_{cu,min}^{c} \tag{14-21}$$

2) 当按批量检测时，应按式（14－22）计算：

$$f_{cu,e1}=mf_{cu}^{c}-1.645\ sf_{cu}^{c}$$
$$f_{cu,e2}=mf_{ci,min}^{c} \tag{14-22}$$

式中 $mf_{ci,min}^{c}$——该批每个构件中最小的测区混凝土强度换算值的平均值，MPa，精确至 0.1MPa。

取两者中的较大值为该批构件的混凝土强度推定值。

(4) 对于按批量检测的构件，当该批构件混凝土强度标准差出现下列情况之一时，则该批构件应全部按单个构件检测。

1) 当该批构件混凝土平均值小于 25MPa 时

$$sf_{cu}^{c}>4.5\text{MPa} \tag{14-23}$$

2) 当该批构件混凝土强度平均值不小于 25MPa 时

$$sf_{cu}^{c}>5.5\text{MPa} \tag{14-24}$$

14.6 桥梁结构应变电测技术

结构在外力的作用下，内部会产生应力，而直接测定结构截面的应力比较困难，目前还没有较好的方法。一般的方法是测定应变，通过应力与应变的关系 $s=Ee$ 间接测定应力。在应变测量中，应用最广泛的是应变电测技术。应变电测技术是凭借安装在试件上的应变片将力学量（如应变、位移等）转换成电阻变化，并用专门的仪器使其转换为电压、电流或功率输出，从而获得应变读数的测试方法，通常简称为电测技术或电测法。其转换过程如图 14－15 所示。

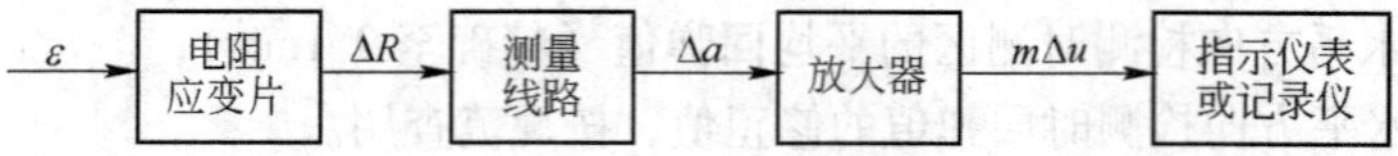

图 14－15 用电阻片测量应变的过程

与其他测试方法比较，应变电测技术具有以下优点：

(1) 灵敏度高，测量速度快，测量结果精确、可靠。

(2) 易于实现测试过程中的全自动化数据采集、多点同步测量、远距离测量和遥控检测。

(3) 应变片标距小、粘贴方便。测试时可不改变结构的原有应力状态，可以测量其他仪表（如机械式应变计）无法安装的部位处的应变或结构某个局部的应力。若大标距时可以测量混凝土结构的应变。

(4) 质量小。可在动态应力分析方面发挥作用，能用于模型实验，也能直接用于运行中的机械和实体结构各部位的静、动态和瞬态应变测量，可测频带宽。

(5) 适用范围广。在高温（100～800℃）、低温（－100～－70℃）、高压、高速、旋转和具有核辐射干扰等特殊条件下均能成功测量。

(6) 使用广泛。根据应变原理可以制成不同形式的传感器，用于各种物理、力学参数的测量，易于实现整个测试系统的自动化和电气化。

（7）操作方便，测试方法易于掌握。应变的电测方法虽然有很多优点，但也存在不足之处，如贴片工作量大、使用的导线多、易受温度和电磁场等的影响，特别是在野外测量时对仪器的抗干扰性能要求高，应变片不能重复使用等。

电阻应变片简称应变片或应变计。电阻应变测试中，将应变转换为电阻变化的传感元件，它借助具有一定特性的胶黏剂黏结成型，并安装到所需测量的设备或结构上用以测量应变。电阻应变片除用于测量应变、温度、压力、裂纹等外，还大量用于制造各种类型的传感器。

14.6.1　应变片的构造

应变片的种类繁多，形式各种各样，不过其基本结构则大同小异。图 14－16 所示是丝绕式电阻应变片的构造，由敏感栅、黏合剂、基底、覆盖层和引出线几个主要部分组成。

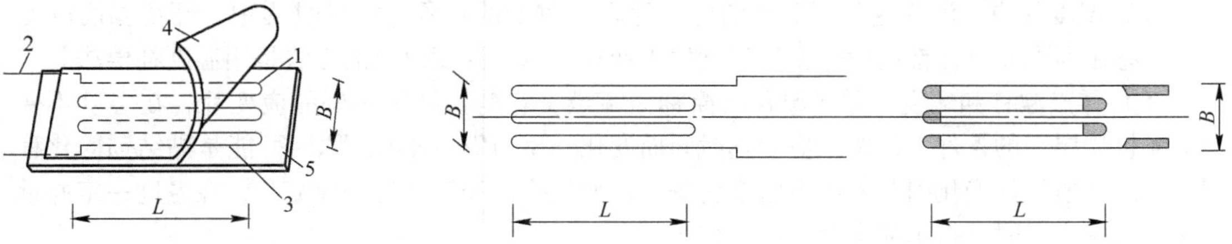

图 14－16　电阻应变片的构造

1—敏感栅；2—引出线；3—黏合剂；4—覆盖层；5—基底

（1）敏感栅：将应变片变换成电阻变化量的敏感元件，一般由金属或半导体材料（如康铜、镍铬合金）制成的单丝或栅状体。敏感栅的形状和尺寸直接影响应变片的性能。栅长 L 和栅宽 B 即代表应变片的规格。

（2）基底和覆盖层：主要起到定位和保护电阻丝的作用，同时使电阻丝与被测试件之间绝缘。纸基用厚度 0.013～0.02mm 高强度、绝缘性能良好的纸张制作，胶基则用性能稳定、绝缘度高、耐腐蚀的聚合胶制作。

（3）黏合剂：它是一种具有一定绝缘性能的黏结材料，用于将敏感栅固定在基底上或将应变片粘贴在试件上。

（4）引出线：一般采用镀银、镀锡或镀合金的软铜线制成，在制作应变片时与电阻丝焊接在一起。引出线通过测量导线接入应变仪。

14.6.2　应变片的技术指标

（1）几何尺寸：栅长 L(mm)是应变片电阻丝在其轴线方向的长度，栅宽 B(mm)是应变片垂直于轴线方向的电阻丝栅外侧间的距离。

（2）电阻值 R：在室温条件下，不受外力作用时测得应变片的电阻值，单位为欧姆（Ω）。应变片阻值应与测量电路相适应，一般取 120。

（3）灵敏系数 K：应变片安装于被测试件表面，在其轴线方向的单向应力作用下，应变片的电阻相对变化与试件表面上安装应变片区的轴向应变之间的比值：

$$K=\frac{\mathrm{d}R/R}{\mathrm{d}L/L} \tag{14-25}$$

式中　K——应变片灵敏系数；

dL/L——试件上应变片安装区的轴向应变；

dR/R——由此 dL/L 所引起的应变片的电阻相对变化。

应变片包装上标出的灵敏系数是该批产品由抽样标定测得的平均值。

(4) 应变极限 e_J：一般是指温度一定时，在特定材料上指示应变和真实应变的相对误差不超过10%的应变数值。

(5) 绝缘电阻 R_m：应变片引线与安装应变片的试件材料之间的电阻，单位为兆欧(MΩ)。

它是衡量应变片粘贴质量、粘贴剂性能及其固化程度的重要标志。一般情况下，绝缘电阻在200MΩ以上才能保证应变测量的正常进行以及测量的精度。

(6) 最大允许电流 I_{max}：允许通过应变片而不影响其工作特性的最大电流。一般静态测量时为25mA，动态测量时为75～100mA。

(7) 温度效应：温度变化而引起的应变片阻值改变的现象。测试过程中，环境温度的变化，敏感栅通电发热，都能使应变片温度发生变化。消除温度效应的方法是用温度补偿法。

(8) 零点漂移和蠕变：零点漂移又简称为零漂，它是指已粘贴好的应变片，在温度不变而又无机械应变的条件下，指示应变随时间而变化，用 mE/h 表示。原因可能是黏结剂固化程度不良或环境气候变化引起绝缘电阻变化等。蠕变是指已经安装好的应变片，在温度一定并承受一定机械应变时，指示应变随时间而变化。

(9) 疲劳寿命：已经安装好的应变片，在温度和机械应变一定的条件下，可以连续工作而不会产生疲劳破坏的循环次数。

14.6.3 几种常用的应变片

(1) 丝绕式应变片。丝绕式应变片是把敏感栅丝直接绕在各种绝缘基底上制成的，它是较为常用的一种应变片，如图14－17所示。由于采用较薄的基底材料，因此粘贴性能好，能保证有效地传递变形，稳定性好。敏感栅丝的材料一般为康铜、镍铬合金和铂铱合金等。这种应变片的制作设备和技术都比较简单，价格也低廉。

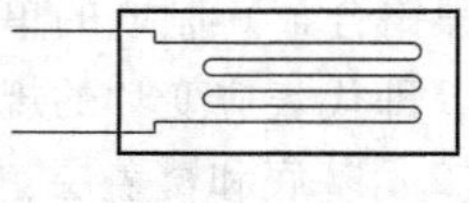

图14－17 丝绕式应变片

(2) 箔式应变片。箔式应变片是利用照相制版或光刻腐蚀技术，将箔材料在绝缘基底上制成所需形状的应变片。其粘贴性能好，传递变形的性能较丝绕式应变片为好，容易制成各种形状的应变片或应变花，具有良好的散热能力，允许增大工作电压，蠕变小、疲劳寿命高，但制作工艺复杂。图14－18是几种常见箔式应变片的构造形式。

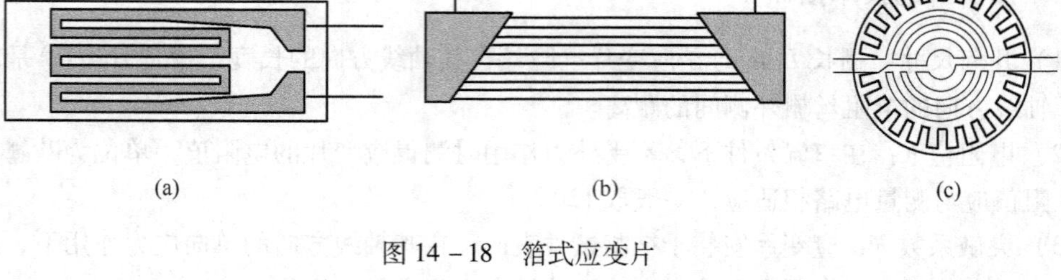

(a) (b) (c)

图14－18 箔式应变片

(3) 半导体应变片。半导体材料沿某一轴向受力产生变形时，电阻率会发生变化，这种电阻随应变变化的现象称为压阻效应。据这个原理制造出半导体应变片，图14－19是其构造图。半导体应变片的特点是尺寸小、灵敏系数大、频率响应好，但温度系数大，测量精度低。

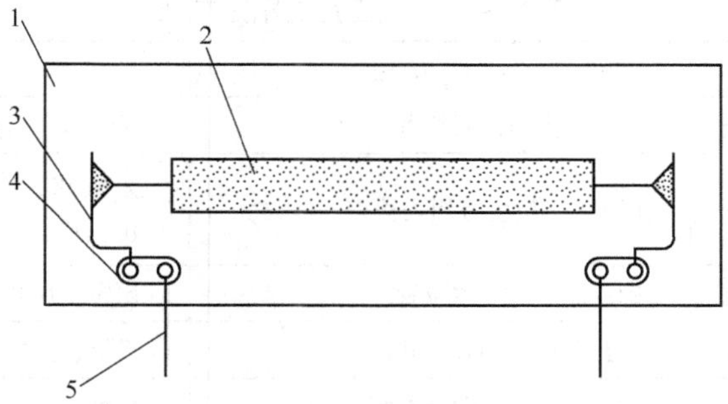

图 14-19 半导体应变片

1—胶膜衬底；2—P-Si 片；3—内部引线；4—内部接线端子；5—外引线

（4）应变花。在平面应力场中，需要测出两个或三个方向的应变才可以求出该点的主应力大小及方向，这就要使用粘贴在一个公共基底上、按一定方向布置的 2~4 个敏感栅组成的应变花。互为 45°、60°、100°和 120°等基本形式的应变花，如图 14-20 所示。

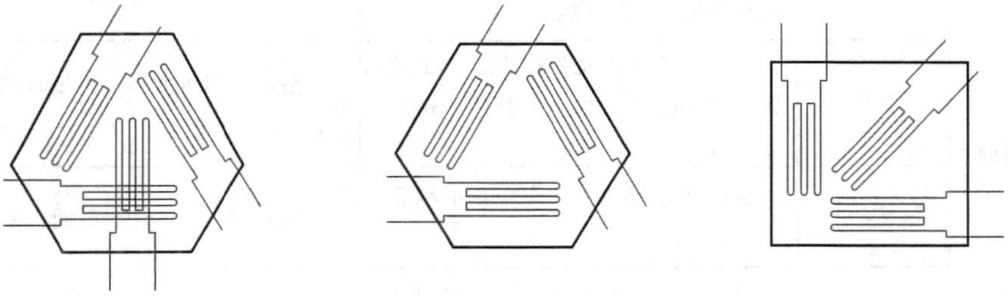

图 14-20 应变花的构造

14.6.4 应变片的选用

应变片的品种规格很多，选用时应根据被测试件所处的环境条件，如温度、湿度、被测材料、结构特点、检测的性质和应变的范围等来确定并应在尽可能节省开支的同时满足测试要求。以下从几个方面介绍应变片的选用方法：

（1）标距：根据结构特点和材料，在应变场变化大及用于传感器上时，应选用小标距应变片，如钢材常用 5~20mm。均匀材料上选用大标距应变片，如混凝土常用 8~130mm。

（2）应变片电阻：目前大部分应变仪按 120Ω 应变片设计，选用时应注意与应变仪相一致。

（3）灵敏系数：常用的应变片灵敏系数在 $K=2.0$ 左右，使用时必须调整应变仪的灵敏系数功能键，使之与应变片的灵敏系数一致，否则应对结果予以修正。

（4）基底种类：较为常用的有纸基和胶基两种。常温下的一般测试可用纸基应变片。对于野外试验及长期稳定性要求高的试验，宜用胶基应变片。

（5）敏感栅材料：康铜丝材的温度稳定性较好，适用于大应变测量。

（6）特殊环境或有特殊要求的，选用特种应变片，如低温应变片、高温应变片、裂纹扩展片、疲劳寿命片等。

14.6.5 应变片的粘贴工艺

应变片的粘贴工艺见表 14-13。

表 14－13 应变片的粘贴工艺

工作顺序	工作内容		操作方法	要求
1	检查分选	外观检查	借助放大镜肉眼检查	无气泡、污点、霉点、外观平直
		阻值检查	用1%Ω精度万用表检查	无短路、断路，同一测区阻值不相差0.5Ω
2	测点检查	初步定位	确定测点的大致位置	比应变片周边宽3～5cm的区域
		测点检查	检查测点处的表面状况	平整、无缺陷、无裂缝
		打磨	磨光机或1号砂纸打磨	平整、无锈、无浮浆
		清洗	脱脂棉、砂布蘸丙酮或无水乙醇清洗	干擦时无污染
		准确定位	准确画出测点的纵横中心线	纵线应与主应变方向一致
3	粘贴	上胶	用合适的小灰刀在测点均匀涂上预先调制好的一层薄胶	应变片的定位标志应与十字中心线对准
		挤压	将应变片放在定位线上，盖上塑料薄膜用手指沿一个方向挤压，挤出多余的胶	胶层应尽可能薄，挤压时注意保持应变片不滑移
		粘贴	根据粘胶特性，在应变片上稳压一段时间	应达到粘胶的初凝时间
		粘贴端子	接线端子靠近应变片引出线用贴片胶粘贴	胶达到强度后无松动、脱落
4	固化处理	自然干燥	根据自然条件和粘胶特性确定时间	粘胶强度达到要求
		人工固化	粘胶达到初凝时间后用红外线灯照射	加热温度不能超过50℃
5	粘贴质量检查	外观检查	借助放大镜肉眼检查	位置准确、无气泡、粘贴牢固
		阻值检查	万用表检查	无短路、断路
		绝缘检查	万用表200MΩ档检查	达到50MΩ以上
6	导线连接	引出线绝缘	应变片引出线底下涂粘贴胶或贴胶布	引出线不能短路
		导线焊接	用电烙铁、焊锡把应变片引出线和测量导线焊接在接线端子	焊点应圆滑，无虚焊
		固定导线	用粘胶或胶布固定测量导线	轻微摇晃导线不影响焊点
7	防潮防护	焊接完成，用万用表检查测量导线连接应变仪的一端，应略大于应变片阻值（含导线电阻）后，在应变片1接线端子涂上防潮胶		涂胶面积应大于应变片周边约1cm

在完成应变片的粘贴后，把应变片的引线和导线焊接在接线端子上，然后应立即涂上防护层，以防止应变片受潮和机械损伤。因为应变片受潮后会影响其正常工作，而且受潮的程度不易直接测量，所以防护技术是应变测量中的重要环节。常用应变片和结构表面的绝缘电阻值来判断。高的绝缘电阻值可保证测量的精度，但要求过高会加大工作量和增加防护工作的难度。

所以，一般要求静态测量绝缘电阻大于 200MΩ，动态测量可以稍小于 200MΩ，对于长期检测和要求精度高的检测，绝缘电阻应大于 500MΩ。图 14－21 给出了几种常用应变片防护措施，图14－21（a）、（b）适用于一般潮湿条件，图 14－21（c）适用于水中或极湿条件，图 14－21（d）适用于水中或混凝土浇注场所。

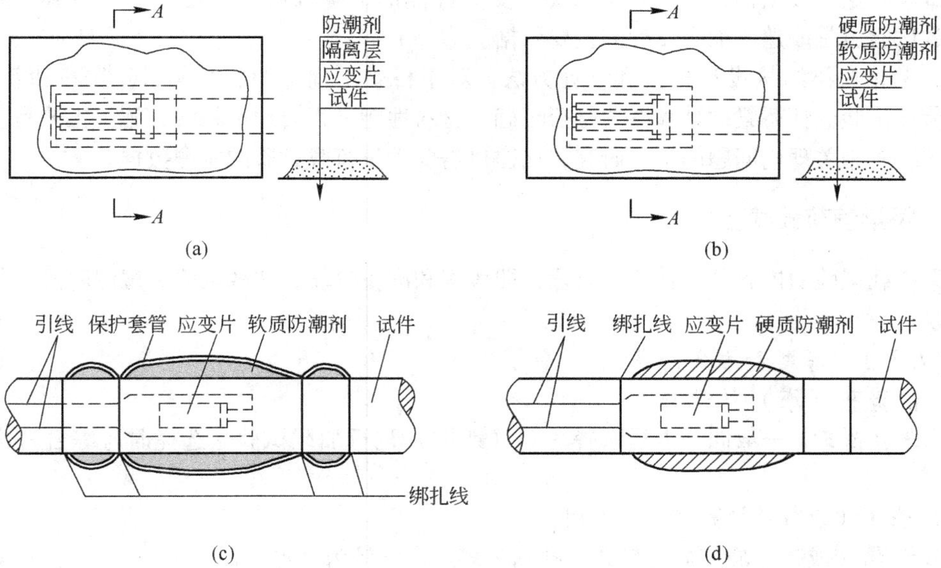

图 14－21　应变片防护措施

14.7　桥梁荷载试验简介

14.7.1　桥梁荷载试验的概念

桥梁荷载试验按荷载性质分为静载和动载试验两个部分：

桥梁静载试验是将静止的荷载作用在桥梁的指定位置上，检测桥梁结构的静力位移、静力应变、裂缝、沉降等静态参量的试验项目，然后根据相关规范和规程的指标，判断桥梁结构的承载能力以及在荷载作用下的工作性能。

桥梁动载试验则是利用某种激振方法激起桥梁结构的振动，测定桥梁结构的固有频率、阻尼比、动力冲击系数、动力响应（加速度、动挠度）等动态参量的试验项目，从而宏观地判断桥梁结构的整体刚度与运营性能。

桥梁荷载试验又可根据测试对象的不同，分为现场桥梁试验和室内桥梁模型（或部件）试验，前者多用于既有桥梁检定，后者多用于重要的或新型桥梁的设计阶段，必要时还可做模型或部件的破坏性试验。

14.7.2　桥梁荷载试验的目的

桥梁荷载试验的目的包括：

（1）检验桥梁设计与施工质量。对于一些新建的大、中型桥梁或者具有特殊设计的桥梁，在设计施工过程中必然会遇到许多新的问题，为保证桥梁建设质量，施工过程中往往要求作施工监控。在竣工后一般还要求进行荷载试验，以检验桥梁整体受力性能和承载能力是否达到设计文件和规范的要求，并把试验结果作为评定工程质量优劣的主要技术资料和依据。

（2）判断桥梁结构的实际承载能力。旧桥由于构件局部发生意外损伤、使用过程中产生明显病害、设计荷载等级偏低、原有设计资料遗失以及需要通过特种车辆等原因，都有必要通过荷载试验判定构件损伤程度及其承载力、受力性能的下降幅度，确定其运营荷载等级。有时，荷载试验也是改建、加固设计的重要依据。

（3）验证桥梁结构设计理论和设计方法。对于桥梁工程中的新结构、新材料和新工艺，应通过荷载试验验证桥梁的计算图式是否正确，材料性能是否与理论相符，施工工艺是否达到预期目的。对相关理论问题的深入研究，往往也需要大量荷载试验的实测数据。

14.7.3 桥梁静荷载试验

桥梁荷载试验的内容共包括三个阶段，即考察和准备阶段、加载试验和观测阶段、分析及总结阶段。

14.7.3.1 考察和准备阶段

A 试验孔（墩）的选择

对于多孔桥梁，一般同一跨径选择一孔（或墩）进行加载试验。选择时应综合考虑以下因素：

（1）该孔（或墩）计算受力最不利。

（2）该孔（或墩）施工质量较差、缺陷较多或病害较为严重。

（3）该孔（或墩）便于搭设脚手架，便于设置测点或便于实施加载。

选择试验孔的工作与制订计划前的调查工作结合进行。

B 加载方案的制订

在选择了加载孔（或墩）后，需进行具体加载方案的分析和计算，这是荷载试验前期准备中最重要，也是最核心的部分。

a 荷载试验工况的确定

（1）简支梁桥。需要确定跨中正弯矩工况、1/4*L* 最大正弯矩工况、支点最大剪力工况及桥墩最大竖向反力工况。

（2）连续梁桥。需要确定主跨跨中最大正弯矩工况、主跨支点负弯矩工况、主跨桥墩最大竖向反力工况、主跨支点最大剪力工况及边跨最大正弯矩工况。

（3）悬臂梁桥（T型刚构桥）。需要确定支点（墩顶）最大负弯矩工况、锚固孔跨中最大正弯矩工况、支点（墩顶）最大剪力工况、挂孔跨中正弯矩工况。

（4）无铰拱桥。需要确定跨中最大正弯矩工况、拱脚最大负弯矩工况、拱脚最大推力工况、正负挠度绝对值之和最大工况。

（5）刚架桥（包括斜腿刚架和刚构－拱式组合体系）。需要确定跨中截面最大弯矩工况、柱腿截面最大应力工况、支点附近截面最大应力工况。

b 试验荷载等级的确定

（1）控制荷载的确定。为了保证试验的效果，必须先确定试验的控制荷载，控制桥梁设计的荷载有下列几种：汽车和人群（标准设计荷载）；挂车或履带车（标准设计荷载）；需通行的特殊重型车辆等。

分别计算以上几种荷载对结构控制截面产生的内力（或变形）的最不利值，进行比较，取其最不利者对应的荷载为控制荷载。

（2）静载试验效率的确定。为了达到理想的试验效果，一般要求加载试验所用荷载根据设计标准荷载的最不利效应值进行等效换算，使试验荷载在主要控制截面产生的计算效应与其相近，其接近程度一般用静载试验效率 h_q 来表示：

$$h_q = \frac{S_{state}}{(1+\mu)S} \tag{14-26}$$

式中 S_{state}——静载试验荷载作用下控制截面内力计算值；

S——控制荷载作用下控制截面最不利内力计算值；

μ——按规范采用的冲击系数，平板挂车、履带车、重型车辆取为0。

交通部《公路旧桥承载能力鉴定方法（试行）》要求静载试验效率 h_q 一般在0.80～1.05范围内，试验效率一般不宜小于0.95。

对于病害比较明显的旧桥，为确保荷载试验过程中的安全，需按照相关规范对旧桥的承载能力进行检算，初步确定当前桥梁结构的承载力，保证试验荷载效应不超过结构承载力，进而合理确定荷载试验的静载试验效率系数。

（3）静载加载分级与控制。为了加载的安全和了解结构应变和变位随荷载增加的变化关系，对桥梁荷载试验的各试验工况的加载应分级进行。一般可按最大控制截面内力荷载工况均分为4～5级，对桥梁的调查和验算工作不充分或桥况较差时，应尽量增多加载分级，必要可在加载车辆未到达预定加载位置前分次对控制测点进行读数监控，以确保试验的安全。

C 搭设脚手架和测试支架

脚手架和测试支架应该分开搭设互不影响，脚手架和测试支架应有足够的强度、刚度和稳定性。脚手架应保证工作人员的安全、方便操作。测试支架要满足仪表安装的需要，且保证在试验时不受干扰。桥下净空较高，不易搭设脚手架时可采用轻便活动吊架。有需要时还需设置遮挡阳光的设备，雨季还需采取措施防雨防水。

D 静载试验加载位置的放样和卸载位置的安排

静载试验前应在桥面上对加载位置进行放样，以便于加载试验的顺利进行。加载工况较多，可预先放样，且标识工况名称以区分不同加载工况时的荷载位置。

静载试验荷载卸载的安放位置应预先安排。卸载位置的选择既要考虑加卸载方便，离加载位置近些，又要使安放的荷载不影响试验孔（或墩）的受力，一般可将荷载安放在桥台后一段距离处。对于多孔桥，如有必要可将荷载停放在桥孔上，一般应停放在距试验孔较远处以不影响试验观测为度。

E 试验人员组织和分工

桥梁的荷载试验是一项技术性较强的工作，应组织专门的桥梁试验队伍来承担，根据各试验人员的特长进行分工，每人分管的仪表数目除考虑便于进行观测外，应尽量使每人对分管仪表进行一次观测所需时间大致相同。在试验前，应对各仪器进行演练和调试，试验中，设试验总指挥1人，其他人员的配备可根据具体情况而定。

F 其他准备工作

加载试验的安全设施、供电照明设施、通讯联络设施、桥面交通管制等工作应根据荷载试验的需要进行准备。

14.7.3.2 加载试验和观测阶段

在完成准备工作后，即可进行试验加载和观测。加载试验应在现场指挥的统一指挥下有序进行，现场总指挥应检查不同分工的测试人员是否各司其职，交通管理、加载（或司机）和联络人员是否到位，加载设备、通讯设备和电源（包括备用电源）是否准备妥当，加载位置测点放样和测试仪器安装是否正确。然后，利用过往车辆对各测点进行预先演练，观察其规律性，使整个测试系进入正常工作状态。然后记录气候天气情况和试验开始时间，进行正式试验。

14.7.3.3　分析及总结阶段

通过静载试验得到的原始数据、文字和图像描述材料是荷载试验最重要的资料。虽然它们是可靠的，但这些原始资料数量庞大、不直观，不能直接用于评定承载能力，故进行承载能力评定前必须对它们进行分析处理，得出直接进行承载能力评定的指标，以满足承载力评定的需要。

14.7.4　动载试验简介

桥梁结构的动力荷载试验是研究桥梁结构的自振特性和车辆动力荷载与桥梁结构的联合振动特性。此测试结果是判断桥梁结构运营状况和承载特性的重要指标。重要试验项目包括：

（1）桥梁结构动力反应的测定，包括动位移、动应力和冲击系数等；

（2）测定桥跨结构的自振特性，包括自振频率、振型和阻尼特性等；

（3）测定动荷载本身的动力特性，包括动力荷载的大小、频率及作用规律等；

（4）疲劳性能试验：主要测试结构和构件的疲劳性能。

动力荷载试验一般偏重于（1）、（2）两项；对于铁路桥梁，第（3）项要实测机车在桥上的制动力和与旅客舒适度有关的列车过桥时车桥联合振动的动位移和动应力的时程曲线，第（4）项一般只在实验室对桥梁构件进行疲劳试验。

动力荷载试验一般主要通过跑车、跳车、刹车和脉动试验来进行。

（1）跑车：试验车辆以不同的时速通过测试桥梁；

（2）跳车：在预定激振位置放置一块13cm高直角三角木，试验车辆以不同的速度行驶，后轮越过三角木后立即刹车；

（3）刹车：车辆紧急制动；

（4）脉动试验：桥梁空载工况下，受风、地面微振等环境因素的影响，桥梁所受的激励是平稳的随机激励，结构响应的主谐量是在其固有频率附近的微振动，通过拾振器、放大器放大近万倍，记录桥梁受环境影响下的振动时程曲线，通常称脉动试验。

思　考　题

1. 桥梁工程用钢材的力学性能包括哪些？
2. 地基承载力检测方法有哪些？
3. 基桩完整性及承载力检测方法、混凝土结构及预应力混凝土结构构件检测方法各有哪些？
4. 简述应变电测技术的优点以及应变片种类和其构造。

15 公路工程质量评定

【本章概要】

本章主要介绍了公路工程质量检验评定方法、工程质量评分方法、工程质量等级评定方法、数理统计方法在公路工程质量评定中的应用，包括路基路面压实度评定，水泥混凝土弯拉强度评定，水泥混凝土抗压强度评定，喷射混凝土抗压强度评定，水泥砂浆强度评定，半刚性基层和底基层材料强度评定，路面结构层厚度评定，路基、柔性基层、沥青路面弯沉值评定，路面横向力系数评定。

【关键词】

竣工验收，质量评定，单位工程，分部工程，分项工程，基本要求，实测项目，外观鉴定，质量保证资料，数理统计，压实度评定，弯拉强度评定，抗压强度评定，厚度评定，弯沉值评定，横向力系数评定

【章节重点】

本章重点掌握单位工程、分部工程、分项工程层次划分相关内容，工程质量评分方法，工程质量等级评定方法以及九项指标的数理统计评定方法。

15.1 公路工程质量检验评定方法

15.1.1 工程质量评定的一般规定

根据建设任务、施工管理和质量检验评定的需要，应在施工准备阶段将建设项目划分为单位工程、分部工程和分项工程。具体划分标准见表 15－1。工程施工单位、工程监理单位和建设单位应按相同的工程项目划分进行工程质量的监控和管理。

表 15－1　一般建设项目的工程划分

单位工程	分部工程	分项工程
路基工程（每 10km 或每标段）	路基土石方工程＊（1～3km 路段）①	土方路基＊，石方路基＊，软土地基＊，土工合成材料处治层＊等
	排水工程（1～3km 路段）	管节预制，管道基础及管节安装＊，检查（雨水）井砌筑＊，土沟，浆砌排水沟＊，盲沟，跌水，急流槽＊，水簸箕，排水泵站等
	小桥及符合小桥标准的通道＊，人行天桥，渡槽（每座）	基础及下部构造＊，上部构造预制、安装或浇注＊，桥面＊，栏杆，人行道等
	涵洞、通道（1～3km 路段）	基础及下部构造＊，主要构件预制、安装或浇注＊，填土，总体等
	砌筑防护工程（1～3km 路段）	挡土墙＊，墙背填土，抗滑桩＊，锚喷防护＊，锥、护坡，导流工程，石笼防护等

续表 15-1

单位工程	分部工程	分项工程
路基工程（每10km或每标段）	大型挡土墙＊，组合式挡土墙＊（每处）	基础＊，墙身＊，墙背填土，构件预制＊，构件安装＊，筋带，锚杆、拉杆，总体＊等
路面工程（每10km或每标段）	路面工程（1～3km路段）＊	底基层，基层＊，面层＊，垫层，联结层，路缘石，人行道，路肩，路面边缘排水系统等
桥梁工程（特大、大中桥）	基础及下部构造＊（每桥或每墩、台）	扩大基础，桩基＊，地下连续墙＊，承台，沉井＊，桩的制作＊，钢筋加工及安装，墩台身（砌体）浇注＊，墩台身安装，墩台帽＊，组合桥台＊，台背填土，支座垫石和挡块等
	上部构造预制和安装＊	主要构件预制＊，其他构件预制，钢筋加工及安装，预应力筋的加工和张拉＊，梁板安装，悬臂拼装＊，顶推施工梁＊，拱圈节段预制，拱的安装，转体施工拱＊，劲性骨架拱肋安装＊，钢管拱肋制作＊，钢管拱肋安装＊，吊杆制作和安装＊，钢梁制作＊，钢梁安装，钢梁防护＊等
	上部构造现场浇注＊	钢筋加工及安装，预应力筋的加工和张拉＊，主要构件浇注＊，其他构件浇注，悬臂浇注＊，劲性骨架混凝土＊，钢管混凝土拱＊等
	总体、桥面系和附属工程	桥梁总体＊，桥面防水层施工，桥面铺装＊，钢桥面铺装＊，支座安装，搭板，伸缩缝安装，大型伸缩缝安装＊，栏杆安装，混凝土护栏，人行道铺设，灯柱安装等
	防护工程	护坡，护岸＊，导流工程＊，石笼防护，砌石工程等
	引道工程	路基＊，路面＊，挡土墙＊，小桥＊，涵洞＊，护栏等
互通立交工程	桥梁工程＊（每座）	桥梁总体，基础及下部构造＊，上部构造预制、安装或浇注＊，支座安装，支座垫石，桥面铺装＊，护栏，人行道等
	主线路基路面工程＊（1～3km路段）	见路基、路面等分项工程
	匝道工程（每条）	路基＊，路面＊，通道＊，护坡，挡土墙＊，护栏等
隧道工程	总体	隧道总体＊等
	明洞	明洞浇注，明洞防水层，明洞回填＊等
	洞口工程	洞口开挖，洞口边仰坡防护，洞门和翼墙的浇（砌）筑，截水沟、洞口排水沟等
	洞身开挖	洞身开挖＊（分段）等
	洞身衬砌	（钢纤维）喷射混凝土支护，锚杆支护，钢筋网支护，仰拱，混凝土衬砌＊，钢支撑，衬砌钢筋等
	防排水	防水层，止水带、排水沟等
	隧道路面	基层＊，面层＊等
	装饰	装饰工程
	辅助施工措施	超前锚杆，超前钢管等

续表 15－1

单位工程	分部工程	分项工程
环保工程	声屏障（每处）	声屏障
	绿化工程（1～3km 路段或每处）	中央分隔带绿化，路侧绿化，互通立交绿化，服务区绿化，取弃土场绿化等
交通安全设施（每 15km 或每路段标段）	标志 *（5～10km 路段）	标志 *
	标线、突起路标（5～10km 路段）	标线 *，突起路标等
	护栏 *、轮廓标（5～10km 路段）	波形梁护栏 *，缆索护栏 *，混凝土护栏 *，轮廓标等
	防眩设施（5～10km 路段）	防眩板、网等
	隔离栅、防落网（5～10km 路段）	隔离栅、防落网等
机电工程	监控设施	车辆检测器，气象检测器，闭路电视监视系统，可变标志，光电缆线路，监控（分）中心设备安装及软件调测，大屏幕投影系统，地图板，计算机监控软件与网络等
	通信设施	通信管道与光电缆线路，光纤数字传输系统，数字程控交换系统，紧急电话系统，无线移动通信系统，通信电源等
	收费设施	入口车道设备，出口车道设备，收费站设备及软件，收费中心设备及软件，IC 卡及发卡编码系统，闭路电视监视系统，内部有线对讲及紧急报警系统，收费站内光、电缆及塑料管道，收费系统计算机网络等
	低压配电设施	中心（站）内低压配电设备，外场设备电力电缆线路等
	照明设施	照明设施
	隧道机电设施	车辆检测器，气象检测器，闭路电视监视系统，紧急电话系统，环境检测设备，报警与诱导设施，可变标志，通风设施，照明设施，消防设施，本地控制器，隧道监控中心计算机控制系统，隧道监控中心计算机网络，低压供配电等
房屋建筑工程	（按其专业工程质量检验评定标准评定）	

注：1. 护岸参照挡土墙。

2. 表内标注 * 号者为主要工程，评分时给以 2 的权值；不带 * 号者为一般工程，权值为 1。

①按路段长度划分的分部工程，高速公路、一级公路宜取低值，二级及二级以下公路可取高值。

在分部工程中，应按不同的施工方法、材料、工序及路段长度等划分为若干个分项工程。

工程质量检验评分以分项工程为单元，采用百分制进行。在分项工程评分的基础上，逐级计算各相应分部工程、单位工程、合同段和建设项目评分值。工程质量评定等级分为合格与不合格，应按分项、分部、单位工程、合同段和建设项目逐级评定。

施工单位应对各分项工程按本标准所列基本要求、实测项目和外观鉴定进行自检，按相关施工技术规范提交真实、完整的自检资料，对工程质量进行自我评定。

工程监理单位应按规定要求对工程质量进行独立抽检，对施工单位检评资料进行签认，对工程质量进行评定。

建设单位根据对工程质量的检查及平时掌握的情况，对工程监理单位所做的工程质量评分及等级进行审定。质量监督部门、质量检测机构可依据标准对公路工程质量进行检测评定。

15.1.2 工程质量评分方法

15.1.2.1 分项工程质量评分

分项工程质量检验内容包括基本要求、实测项目、外观鉴定和质量保证资料四个部分。只有在其使用的原材料、半成品、成品及施工工艺符合基本要求的规定，且无严重外观缺陷和质量保证资料真实并基本齐全时，才能对分项工程质量进行检验评定。

涉及结构安全和使用功能的重要实测项目为关键项目，其合格率不得低于90%（属于工厂加工制造的交通工程安全设施及桥梁金属构件不低于95%，机电工程为100%），且检测值不得超过规定极值，否则必须进行返工处理。

实测项目的规定极值是指任一单个检测值都不能突破的极限值，不符合要求时该实测项目为不合格。

采用《公路工程质量检验评定标准》（JTGF 80/1—2004）所列方法进行评定的关键项目，不符合要求时则该分项工程评为不合格。

分项工程的评分值满分为100分，按实测项目采用加权平均法计算。在外观缺陷或资料不全时，需予减分。

$$\text{分项工程得分}=\frac{\Sigma(\text{检查项目得分}\times\text{权值})}{\Sigma\,\text{检查项目权值}}$$

$$\text{分项工程评分值}=\text{分项工程得分}-\text{外观缺陷减分}-\text{资料不全减分}$$

（1）基本要求检查。分项工程所列基本要求，对施工质量优劣具有关键作用，应按基本要求对工程进行认真检查。检查不符合基本要求规定时，不得进行工程质量的检验和评定。

（2）实测项目计分。对规定检查项目采用现场抽样方法，按照规定频率和下列计分方法对分项工程的施工质量直接进行检测计分。

检查项目除按数理统计方法评定的项目以外，均应按单点（组）测定值是否符合标准要求进行评定，并按合格率计分。

$$\text{检查项目合格率（\%）}=\frac{\text{检查合格的点（组）数}}{\text{该检查项目的全部检查点（组）数}}$$

$$\text{检查项目得分}=\text{检查项目合格率}\times 100$$

（3）外观缺陷减分。对工程外表状况应逐项进行全面检查，如发现外观缺陷，应进行减分。对于较严重的外观缺陷，施工单位需采取措施进行整修处理。

（4）资料不全减分。分项工程的施工资料和图表残缺，缺乏最基本的数据，或有伪造涂改者，不予检验和评定。资料不全者应予减分，减分幅度可按《公路工程质量检验评定标准》（JTGF 80/1—2004）3.3.4条所列各款逐款检查，视资料不全情况，每款减1～3分。

15.1.2.2 分部工程和单位工程质量评分

表15－1所列分项工程和分部工程区分为一般工程和主要（主体）工程，分别给以1和2的权值。进行分部工程和单位工程评分时，采用加权平均值计算法确定相应的评分值。

$$\text{分部（单位）工程评分值}=\frac{\Sigma\left[\text{分项（分部）工程评分值}\times\text{相应权值}\right]}{\Sigma\,\text{分项（分部）工程权值}}$$

15.1.2.3 合同段和建设项目工程质量评分

合同段和建设项目工程质量评分值按《公路工程竣（交）工验收办法》计算。

15.1.2.4 施工单位应提交的质量保证资料

施工单位应有完整的施工原始记录、试验数据、分项工程自查数据等质量保证资料，并进行整理分析，负责提交齐全、真实和系统的施工资料和图表。工程监理单位负责提交齐全、真实和系统的监理资料。质量保证资料应包括以下6个方面：

（1）所用原材料、半成品和成品质量检验结果。

（2）材料配比、拌和加工控制检验和试验数据。

（3）地基处理、隐蔽工程施工记录和大桥、隧道施工监控资料。

（4）各项质量控制指标的试验记录和质量检验汇总图表。

（5）施工过程中遇到的非正常情况记录及其对工程质量影响分析。

（6）施工过程中如发生质量事故，经处理补救后，达到设计要求的认可证明文件。

15.1.3 工程质量等级评定方法

工程质量评定分为合格和不合格两个等级，应按分项工程、分部工程、单位工程、合同段和建设项目逐级评定。

15.1.3.1 分项工程质量等级评定

分项工程评分值不小于75分者为合格，小于75分者为不合格；机电工程、属于工厂加工制造的桥梁金属构件不小于90分者为合格，小于90分者为不合格。定为不合格的分项工程，经加固、补强或返工、调测，满足设计要求后，可以重新评定其质量等级，但计算分部工程评分值时需按其复评分值的90%计算。

15.1.3.2 分部工程质量等级评定

所属各分项工程全部合格，则该分部工程为合格；所属任一分项工程不合格，则该分部工程为不合格。

15.1.3.3 单位工程质量等级评定

所属各分部工程全部合格，则该单位工程为合格；所属任一分部工程不合格，则该单位工程为不合格。

15.1.3.4 合同段和建设项目质量等级评定

合同段和建设项目所含单位工程全部合格，其工程质量等级为合格；所属任一单位工程不合格，则合同段和建设项目为不合格。

15.2 数理统计方法在公路工程质量评定中的应用

公路工程的质量评定是从分项工程评定开始的。而分项工程的评定又可以分为两个过程。首先是对分项工程的各个检验项目进行实测实量，后对得到的检测数据进行统计、分析、整理并与设计值相对照，从而确定出各检测项目的得分，经汇总后得到分项工程的实得分，从而对该分项工程作出客观准确的质量评定。对各分项工程质量评定的分数进行统计、计算，得到各分部工程、单位工程直至整个项目的质量得分，这样对整个公路工程的质量就有了一个客观科学的评定。

15.2.1 路基路面压实度评定

路基和路面基层、底基层的压实度以重型击实标准为准。沥青层压实度以《沥青路面施工技术规范》的规定为准。对于特殊干旱、潮湿地区或过湿土，以路基设计施工规范规定的压实度标准进行评定。

标准密度应作平行试验，求其平均值作为现场检验的标准值。对于均匀性差的路基土质和路面结构层材料，应根据实际情况增补标准密度试验，求得相应的标准值，以控制和检验施工质量。

路基、路面压实度以1～3km长的路段为检验评定单元，按本标准各有关章节要求的检测频率进行现场压实度抽样检查，求算每一测点的压实度K。细粒土现场压实度检查可以采用灌砂法或环刀法；粗粒土及路面结构层压实度检查可以采用灌砂法、水袋法或钻孔取样蜡封法。应用核子密度仪时，需经对比试验检验，确认其可靠性。

检验评定段的压实度代表值K（算术平均值的下置信界限）为：

$$K = k - t_\alpha \times S/\sqrt{n} \geqslant K_0 \tag{15-1}$$

式中 k——检验评定段内务测点压实度的平均值；

t_α——分布表中随测点数和保证率（或置信度α）而变的系数，t_α可查表15－2；采用的保证率：高速公路、一级公路：基层、底基层为99%，路基、路面面层为95%；其他公路：基层、底基层为95%，路基、路面面层为90%；

S——检测值的标准差；

n——检测点数；

K_0——压实度标准值。

表15－2 $t_\alpha/\sqrt{n}$值

n	保证率α			n	保证率α		
	99%	95%	90%		99%	95%	90%
1	22.501	4.465	2.176	21	0.552	0.376	0.289
2	4.021	1.686	1.089	22	0.537	0.367	0.282
3	2.270	1.177	0.819	23	0.523	0.358	0.275
4	1.676	0.953	0.686	24	0.510	0.350	0.269
5	1.374	0.823	0.603	25	0.498	0.342	0.264
6	1.188	0.734	0.544	26	0.487	0.335	0.258
7	1.060	0.670	0.500	27	0.477	0.328	0.253
8	0.966	0.615	0.466	28	0.467	0.322	0.248
9	0.892	0.580	0.437	29	0.458	0.315	0.244
10	0.833	0.546	0.414	30	0.449	0.310	0.239
11	0.785	0.518	0.393	40	0.383	0.266	0.156
12	0.744	0.494	0.376	50	0.340	0.237	0.184
13	0.708	0.473	0.361	60	0.308	0.215	0.157
14	0.678	0.455	0.347	70	0.285	0.199	0.135
13	0.651	0.438	0.335	80	0.266	0.186	0.145
15	0.626	0.423	0.324	90	0.249	0.175	0.136
17	0.605	0.410	0.314	100	0.236	0.156	0.129
18	0.586	0.398	0.305	>100	2.3265	1.6449	1.2813
19	0.568	0.387	0.297				

15.2.1.1 路基、基层和底基层

当$K \geqslant K_0$，且单点压实度K_i全部大于等于规定值减2个百分点时，评定路段的压实度合格率为100%；当$K \geqslant K_0$，且单点压实度全部大于等于规定极值时，按测定值不低于规定值减2个百分点的测点数计算合格率。

当$K < K_0$或某一单点压实度K_i小于规定极值时，该评定路段压实度为不合格，相应分项工程评为不合格。

路堤施工段落短时，分层压实度应点应符合要求，且样本数不少于6个。

15.2.1.2 沥青面层

当$K \geqslant K_0$，且全部测点大于等于规定值减3个百分点时，评定路段的压实度合格率为100%；当$K \geqslant K_0$时，按测定值不低于规定值减1个百分点的测点数计算合格率。当$K < K_0$时，评定路段的压实度为不合格，相应分项工程评为不合格。

15.2.2 水泥混凝土弯拉强度评定

混凝土弯拉强度试验方法应使用标准小梁法或钻芯劈裂法，试件使用标准方法制作，标准养生时间28d。按表15-3所列检查频率，高速公路和一级公路每工作班制作2~4组：日进度大于1000m取4组，大于等于500m取3组，小于500m取2组。其他公路每工作班制作1~3组：日进度大于1000m取3组，大于等于500m取2组，小于500m取1组。每组3个试件的平均值作为一个统计数据。

表15-3 水泥混凝土面层实测项目

<table>
<tr><th rowspan="2">项次</th><th rowspan="2" colspan="2">检查项目</th><th colspan="2">规定值或允许偏差</th><th rowspan="2">检查方法和频率</th><th rowspan="2">权值</th></tr>
<tr><th>高速公路
一级公路</th><th>其他公路</th></tr>
<tr><td>1</td><td colspan="2">弯拉强度/MPa</td><td colspan="2">在合格标准之内</td><td></td><td>3</td></tr>
<tr><td rowspan="2">2</td><td rowspan="2">板厚度
/mm</td><td>代表值</td><td colspan="2">-5</td><td rowspan="2">每150m每车道2处</td><td rowspan="2">3</td></tr>
<tr><td>合格值</td><td colspan="2">-10</td></tr>
<tr><td rowspan="4">3</td><td rowspan="4">平整度</td><td>σ①/mm</td><td>1.2</td><td>2.0</td><td rowspan="2">平整度仪：全线每车道连续检测，每100m计算σ、IRI</td><td rowspan="4">2</td></tr>
<tr><td>IRI②/m·km^{-1}</td><td>2.0</td><td>3.2</td></tr>
<tr><td>h③/mm</td><td></td><td>5</td><td rowspan="2">3m直尺：半幅车道板带每150m测2处×10尺</td></tr>
<tr><td colspan="3"></td></tr>
<tr><td>4</td><td colspan="2">抗滑构造深度
/mm</td><td>一般路段不小于0.7且不大于1.1；特殊路段不小于0.8且不大于1.2</td><td>一般路段不小于0.5且不大于1.0；特殊路段不小于0.6且不大于1.1</td><td>铺砂法：每150m测1处</td><td>2</td></tr>
<tr><td>5</td><td colspan="2">相邻板高差/mm</td><td>2</td><td>3</td><td>抽量：每条胀缝2点；每150m抽纵、横缝各2条，每条2点</td><td>2</td></tr>
<tr><td>6</td><td colspan="2">纵、横缝顺直度/mm</td><td colspan="2">10</td><td>纵缝15m拉线，每150m 4条；横缝沿板宽拉线，每150m 4条</td><td>1</td></tr>
<tr><td>7</td><td colspan="2">中线平面偏位/mm</td><td colspan="2">15</td><td>经纬仪：每150m测4点</td><td>1</td></tr>
</table>

续表 15－3

项次	检查项目	规定值或允许偏差		检查方法和频率	权值
		高速公路 一级公路	其他公路		
8	路面宽度/mm	±15		抽量：每150m测4处	1
9	纵断高程/mm	±10	±13	水准仪：每150m测4断面	1
10	横坡/%	±0.13	±0.25	水准仪：每150m测4断面	1

①σ为平整度仪测定的标准差；
②IRI为国际平整度指数；
③h为3m直尺与面层的最大间隙。

混凝土弯拉强度的合格标准为：

（1）试件组数大于10组时，平均弯拉强度合格判断式为：

$$f_{cs} \geqslant f_r + K\sigma \tag{15-2}$$

式中 f_{cs}——混凝土合格判定平均弯拉强度，MPa；
f_r——设计弯拉强度标准值，MPa；
K——合格判定系数，见表15－4；
σ——强度标准差。

表15－4 合格判定系数

试件组数 n	11～14	13～19	≥15
K	0.75	0.70	0.65

当试件组数为11～19组时，允许有一组最小弯拉强度小于0.85f_r，但不得小于0.80f_r。当试件组数大于15组时，其他公路允许有一组最小弯拉强度小于0.85f_r，但不得小于0.75f_r；高速公路和一级公路均不得小于0.85f_r。

（2）试件组数等于或少于10组时，试件平均强度不得小于1.10f_r，任一组强度均不得小于0.85f_r。当标准小梁合格判定平均弯拉强度f_{cs}和最小弯拉强度f_{min}中有一个不符合上述要求时，应在不合格路段每公里每车道钻取3个以上ϕ130mm的芯样，实测劈裂强度，通过各自工程的经验统计公式换算弯拉强度，其平均弯拉强度f_{cs}和最小值f_{min}必须合格，否则应返工重铺。

实测项目中，水泥混凝土弯拉强度评为不合格时，相应分项工程评为不合格。

15.2.3 水泥混凝土抗压强度评定

评定水泥混凝土的抗压强度，应以标准养生28d龄期的试件为准。试件为边长130mm的立方体，试件3件为1组。

15.2.3.1 制取组数应符合下列规定

（1）不同强度等级及不同配合比的混凝土应在浇注地点或拌和地点分别随机制取试件。

（2）浇注一般体积的结构物（如基础、墩台等）时，每一单元结构物应制取2组。

（3）连续浇注大体积结构时，每80～150m^{3}或每一工作班应制取2组。

（4）上部结构，主要构件长15m以下应制取1组，15～30m制取2组，31～50m制取3组，50m以上者不少于5组。小型构件每批或每工作班至少应制取2组。

（5）每根钻孔桩至少应制取2组；桩长15m以上者不少于3组；桩径大、浇注时间很长时，不少于4组。如换工作班时，每工作班应制取2组。

（6）构筑物（小桥涵、挡土墙）每座、每处或每工作班制取不少于2组。当原材料和配合比相同，并由同一拌和站拌制时，可几座或几处合并制取2组。

（7）应根据施工需要，另制取几组与结构物同条件养生的试件，作为拆模、吊装、张拉预应力、承受荷载等施工阶段的强度依据。

15.2.3.2 水泥混凝土抗压强度的合格标准

（1）试件不小于10组时，应以数理统计方法按下述条件评定：

$$R_n - K_1 S_n \geq 0.9R$$
$$R_{min} \geq K_2 R \quad (15-3)$$

式中 R_n——同批 n 组试件强度的平均值，MPa；

S_n——同批 n 组试件强度的标准差，MPa；

R——混凝土设计强度等级，MPa；

R_{min}——n 组试件中强度最低一组的值，MPa；

n——同批混凝土试件组数；

K_1，K_2——合格判定系数，见表15-5。

表15-5 K_1、K_2的值

n	10~14	13~24	≥25
K_1	1.70	1.65	1.60
K_2	0.9	0.85	

（2）试件小于10组时，可用非统计方法按下述条件进行评定：

$$R_n \geq 1.13R$$
$$R_{min} \geq 0.95R \quad (15-4)$$

实测项目中，水泥混凝土抗压强度评为不合格时，相应分项工程为不合格。

15.2.4 喷射混凝土抗压强度评定

喷射混凝土抗压强度是指在喷射混凝土板件上，切割制取边长为100mm的立方体试件，在标准养护条件下养生28d，用标准试验方法测得的极限抗压强度乘以0.95的系数。双车道隧道每10延米，至少在拱脚部和边墙各取1组（3个）试件。其他工程，每喷射50~100m^3混合料或小于50m^3混合料的独立工程，不得少于1组。材料或配合比变更时需重新制取试件。喷射混凝土强度的合格标准：

（1）同批试件组数 $n \geq 10$ 时，试件抗压强度平均值不低于设计值；任一试件抗压强度不低于0.85设计值。

（2）同批试件组数 $n < 10$ 时，试件抗压强度平均值不低于1.05设计值；任一组试件抗压强度不低于0.9设计值。

实测项目中，喷射混凝土抗压强度评为不合格时，相应分项工程为不合格。

15.2.5 水泥砂浆强度评定

评定水泥砂浆的强度，应以标准养生28d的试件为准。试件为边长为70.7mm的立方体，试件6件为1组。

15.2.5.1 制取组数规定

（1）不同强度等级及不同配合比的水泥砂浆应分别制取试件，试件应随机制取，不得挑选。

（2）重要及主体砌筑物，每工作班制取2组。

（3）一般及次要砌筑物，每工作班可制取1组。

（4）拱圈砂浆应同时制取与砌体同条件养生试件，以检查各施工阶段强度。

15.2.5.2 水泥砂浆强度的合格标准

（1）同强度等级试件的平均强度不低于设计强度等级。

（2）任意一组试件的强度最低值不低于设计强度等级的75%。

（3）实测项目中，水泥砂浆强度评为不合格时，相应分项工程为不合格。

15.2.6 半刚性基层和底基层材料强度评定

半刚性基层和底基层材料强度以规定温度下保湿养生6d、浸水1d后的7d无侧限抗压强度为准。

在现场按规定频率取样，按工地预定达到的压实度制备试件。每$1500m^2$或每工作班制备1组试件：不论稳定细粒土、中粒土或粗粒土，当多次偏差系数$C_v \leqslant 10\%$时，可为6个试件；$C_v = 10\% \sim 13\%$时，可为9个试件；$C_v > 13\%$时，则需13个试件。

试件的平均强度R应满足式（15－5）要求：

$$R \geqslant R_d/(1 - Z_\alpha C_v) \qquad (15-5)$$

式中 R_d——设计抗压强度，MPa；

C_v——试验结果的偏差系数（以小数计）；

Z_α——标准正态分布表中随保证率而变的系数；高速、一级公路：保证率95%，$Z_\alpha = 1.645$；其他公路：保证率90%，$Z_\alpha = 1.282$。

路段内半刚性材料强度评为不合格时，相应分项工程为不合格。

15.2.7 路面结构层厚度评定

评定路段内路面结构层厚度按代表值和单个合格值的允许偏差进行评定。按规定频率，采用挖验或钻取芯样测定厚度。

厚度代表值为厚度的算术平均值的下置信界限值，即：

$$X_L = X - S \times t_\alpha/\sqrt{n} \qquad (15-6)$$

式中 X_L——厚度代表值（算术平均值的下置信界限）；

X——厚度平均值；

S——标准差；

n——检查数量；

t_α——t分布表中随测点数和保证率（或置信度α）而变的系数，可查表15－2；采用的保证率：高速、一级公路：基层、底基层为99%，面层为95%；其他公路：基层、底基层为95%，面层为90%。

当厚度代表值大于等于设计厚度减去代表值允许偏差时，则按单个检查值的偏差不超过单点合格值来计算合格率；当厚度代表值小于设计厚度减去代表值允许偏差时，相应分项工程评为不合格。

沥青面层一般按沥青铺筑层总厚度进行评定，高速公路和一级公路分 2～3 层铺筑时，还应进行上面层厚度检查和评定。

15.2.8　路基、柔性基层、沥青路面弯沉值评定

弯沉值用贝克曼梁或自动弯沉仪测量。每一双车道评定路段（不超过 1km）检查 80～100 个点，多车道公路必须按车道数与双车道之比，相应增加测点。

弯沉代表值为弯沉测量值的上波动界限，用式（15－7）计算：

$$l_r = l + Z_\alpha S \tag{15-7}$$

式中　l_r——弯沉代表值（0.01mm）；

l——实测弯沉的平均值；

S——标准差；

Z_α——与要求保证率有关的系数，见表 15－6。

表 15－6　Z_α值

层　位	Z_α	
	高速公路、一级公路	二、三级公路
沥青面层	1.645	1.5
路　基	2.0	1.645

当路基和柔性基层、底基层的弯沉代表值不符合要求时，可将超出 $1 \pm (2\sim3)S$ 的弯沉特异值舍弃，重新计算平均值和标准差。对舍弃的弯沉值大于 $1 + (2\sim3)S$ 的点，应找出其周围界限，进行局部处理。

用两台弯沉仪同时进行左右轮弯沉值测定时，应按两个独立测点计，不能采用左右两点的平均值。

弯沉代表值大于设计要求的弯沉值时，相应分项工程为不合格。

测定时的路表温度对沥青面层的弯沉值有明显影响，应进行温度修正。当沥青层厚度小于或等于 50mm 时，或路表温度在（15±2）℃范围内，可不进行温度修正。若在非不利季节测定时，应考虑季节影响系数。

15.2.9　路面横向力系数评定

评定路段内的路面横向力系数按 *SFC* 的设计或验收标准值进行评定。

SFC 代表值为 *SFC* 算数平均值的下置信界限值，即：

$$SFC_r = SFC - t_\alpha/\sqrt{n} \times S \tag{15-8}$$

式中　SFC_r——侧向力系数代表值；

SFC——侧向力系数平均值；

S——标准差；

n——采集数据样本数量；

t_α——t 分布表中随测点数和保证率（或置信度 α）而变的系数，可查表 15－2。采用的保证率：高速公路、一级公路为 95%；其他公路为 90%。

当 *SFC* 代表值不小于设计或验收标准时，以所有单个 *SFC* 值统计合格率；当 *SFC* 代表值小于设计或标准值时，该路段为零分。

数理统计是具有广泛应用的一个数学分支，它是科学评价公路工程质量的理论基础。

思 考 题

1. 分项工程质量检验内容包括哪些部分？
2. 工程质量评分方法如何操作？
3. 质量等级评定的要求与标准是什么？

参 考 文 献

[1] 李立寒，等．道路建筑材料［M］．北京：人民交通出版社，2006.

[2] 申爱琴．水泥与水泥混凝土［M］．北京：人民交通出版社，2004.

[3] 张登良．沥青及沥青混合料［M］．北京：人民交通出版社，1993.

[4] 沙庆林．高等级公路半刚性基层沥青路面［M］．北京：人民交通出版社，1999.

[5] 胡长顺，黄辉华．高等级公路路基路面施工技术［M］．北京：人民交通出版社，2003.

[7] 邓学钧．路基路面工程［M］．北京：人民交通出版社，2001.

[8] 彭宝华．公路路基设计施工与质量验收标准［M］．北京：科学技术出版社，2005.

[9] 郭智多．桥梁工程施工便携手册［M］．北京：中国电力出版社，2006.

[10] 许克宾．桥梁施工［M］．北京：中国建筑工业出版社，2005.

[11] 刘夏平．桥梁工程［M］．北京：科学出版社，2005.

[12] 交通部第一公路工程总公司．桥涵［M］下册．北京：人民交通出版社，1999.

[13] 交通部第一公路工程总公司．桥涵［M］上册．北京：人民交通出版社，1999.

[14] 黄绳武．桥梁施工及组织管理［M］上册．北京：人民交通出版社，1999.

[15] 王钧利．桥梁施工技术及质量控制［M］．北京：中国水利水电出版社，2006.

[16] 王云江，邢鸿燕．桥梁施工技术［M］．北京：中国建筑工业出版社，2003.

[17] 中华人民共和国行业标准．JTG E60—2008 公路路基路面现场测试规程［S］．北京：人民交通出版社，2008.

[18] 中华人民共和国行业标准．JTG F80/1—2004 公路工程质量检验评定标准［S］．北京：人民交通出版社，2004.

[19] 中华人民共和国行业标准．JTG B01—2003 公路工程技术标准［S］．北京：人民交通出版社，2003.

[20] 中华人民共和国行业标准．JTG F40—2004 公路沥青路面施工技术规范［S］．北京：人民交通出版社，2004.

[21] 中华人民共和国行业标准．JTG D50—2006 公路沥青路面设计规范［S］．北京：人民交通出版社，2006.

[22] 中华人民共和国行业标准．GB 50092—96 沥青路面施工及验收规范［S］．北京：人民交通出版社，1996.

[23] 中华人民共和国国家标准．GBJ—2001 水泥混凝土路面施工及验收规范［S］．北京：人民交通出版社，2001.

[24] 中华人民共和国行业标准．JTG D40—2002 公路水泥混凝土路面设计规范［S］．北京：人民交通出版社，2002.

[25] 中华人民共和国行业标准．JTG F30—2003 公路水泥混凝土路面施工技术规范［S］．北京：人民交通出版社，2003.

[26] 中华人民共和国行业标准．JTG E41—2005 公路工程岩石试验规程［S］．北京：人民交通出版社，2005.

[27] 中华人民共和国行业标准．JTG E42—2005 公路工程集料试验规程［S］．北京：人民交通出版社，2005.

[28] 中华人民共和国行业标准．JTJ 034—2000 公路路面基层施工技术规范［S］．北京：人民交通出版社，2000.

[29] 中华人民共和国行业标准．JTJ 057—2009 公路工程无机结合料稳定材料试验规程［S］．北京：人民交通出版社，2009.

[30] 中华人民共和国行业标准．JTJ E40—2007 公路土工试验规程［S］．北京：人民交通出版社，2007.

[31] 中华人民共和国行业标准．GB/T 1346—2001 水泥标准稠度用水量、凝结时间、安定性检验方法［S］．北京：中国标准出版社，2001.
[32] 中华人民共和国国家标准．GB/T 17671—1999 水泥胶砂强度检验方法（ISO 法）［S］．北京：中国标准出版社，1999.
[33] 中华人民共和国行业标准．JGJ/T 98—2010 砌筑砂浆配合比设计规程［S］．北京：中国建筑工业出版社，2010.
[34] 中华人民共和国行业标准．JTJ E30—2005 公路工程水泥混凝土试验工程［S］．北京：人民交通出版社，2005.
[35] 中华人民共和国行业标准．JTG E20—2011 公路工程沥青及沥青混合料试验规程［S］．北京：人民交通出版社，2011.
[36] 李宇峙，等．路基路面工程检测技术［M］．北京：人民交通出版社，2003.
[37] 金桃，张美珍．公路工程检测技术［M］．北京：人民交通出版社，2002.
[38] 张超，郑南翔，王建设．路基路面试验检测技术［M］．北京：人民交通出版社，2004.
[39] 黎霞，李宇峙．路基路面工程试验［M］．北京：人民交通出版社，1999.
[40] 赵特伟．试验数据的整理与分析［M］．北京：中国铁道出版社，1991.
[41] 黄晓明．道路材料［M］．北京：人民交通出版社，2005.
[42] 徐培华．公路工程混合料配合比设计与试验技术［M］．北京：人民交通出版社，2002.

冶金工业出版社部分图书推荐

书　　名	作　者	定价(元)
建筑施工技术（第2版）（国规教材）	王士川	42.00
土木工程概论（第2版）（本科教材）	胡长明	32.00
土力学地基基础（本科教材）	韩晓雷	36.00
土木工程施工组织（本科教材）	蒋红妍	26.00
城市交通信号控制基础（本科教材）	于　泉	20.00
建筑环境工程设备基础（本科教材）	李绍勇	29.00
现代建筑设备工程（本科教材）	郑庆红	45.00
混凝土及砌体结构（本科教材）	王社良	41.00
理论力学（本科教材）	刘俊卿	35.00
土木工程材料（英文）（本科教材）	陈　瑜	27.00
建筑施工实训指南（高职高专教材）	韩玉文	28.00
交通土建机电技术	张铁志	32.00
建筑结构振动计算与抗振措施	张荣山	55.00
岩巷工程施工——掘进工程	孙延宗	120.00
岩巷工程施工——支护工程	孙延宗	100.00
钢骨混凝土异形柱	李　哲	25.00
地下工程智能反馈分析方法与应用	姜谙男	36.00
地铁结构的内爆炸效应与防护技术	孔德森	20.00
隔震建筑概论	苏经宇	45.00
岩石冲击破坏的数值流形方法模拟	刘红岩	19.00
缺陷岩体纵波传播特性分析技术	俞　缙	45.00
交通近景摄影测量技术及应用	于　泉	29.00
参与型城市交通规划	单春艳	29.00
地铁结构的内爆炸效应与防护技术	孔德森	20.00
建筑工程经济与项目管理	李慧民	28.00